U0961816

品质革命 对标世界

小地方如何走出大公司

胡智勇　林焕辉　叶洁纯　主编

佛山市工商业联合会（总商会）　南方日报珠三角新闻部　出品

南方日报出版社
NANFANG DAILY PRESS
中国·广州

图书在版编目（CIP）数据

品质革命 对标世界 ：小地方如何走出大公司 / 胡智勇，林焕辉，叶洁纯主编. — 广州 ：南方日报出版社，2020. 7

ISBN 978-7-5491-2200-4

Ⅰ. ①品… Ⅱ. ①胡… ②林… ③叶… Ⅲ. ①制造工业—企业发展—研究—中国 Ⅳ. ①F426. 4

中国版本图书馆 CIP 数据核字(2020)第 112567 号

PINZHI GEMING DUIBIAO SHIJIE

品质革命 对标世界 ：小地方如何走出大公司

主　　编：胡智勇　林焕辉　叶洁纯
出版发行：南方日报出版社
地　　址：广州市广州大道中 289 号
出 版 人：周山丹
责任编辑：刘志一　巫殷昕　黄敏虹
装帧设计：易　界　邓晓童
责任技编：王　兰
责任校对：魏智宏
经　　销：全国新华书店
印　　刷：广州市岭美文化科技有限公司
开　　本：787mm×1092mm　1/16
印　　张：25
字　　数：462 千字
版　　次：2020 年 7 月第 1 版
印　　次：2020 年 7 月第 1 次印刷
定　　价：68.00 元

投稿热线：（020）87360640　　读者热线：（020）87363865

发现印装质量问题，影响阅读，请与承印厂联系调换。

本书编委会

策　　划：叶德林　李　德　周其仁

主　　编：胡智勇　林焕辉　叶洁纯

主创人员：陈立坚　龙建刚　张培发　尚双鹤

袁纪琦　吴欣宁　罗湛贤　林东云

熊　程　华声宇　黎詠芝　杨杰利

杨　建　谷社军　杨文婷　李嘉欣

出　　品：佛山市工商业联合会（总商会）　南方日报珠三角新闻部

序　言

佛山走在中国制造品质革命最前列

特约评论员 / 龙建刚

2019年的佛山又一次引发全国关注：《新闻联播》头条、《人民日报》头版、新华社长篇述评不约而同地聚焦佛山，央视《对话》栏目把佛山作为中国产业地标城市率先隆重推出……

这座盛产新闻的城市从来不缺少媒体围观，但这一次的力度和规模却是空前的。尽管中国主流媒体的佛山报道大多以顺德村级工业园改造作为切入点，但核心指向却是一个重大的国家命题：品质革命。

一

人类走过的历史已经证明：大国崛起都是以强大的制造业作为中流砥柱，而制造业的强大过程就是品质革命的演变过程。今天的中国是一个制造业大国，但远远不是制造业强国。在500多种主要工业品中，中国有220多种产量居世界第一；但在全球知名的100个品牌中，中国只有华为、联想两大品牌上榜。这就说明中国制造有数量优势，尚不具备质量优势。

2016年5月，“品质革命”一词首次出现在国务院常务会议上。2018年3月，“品质革命”被写进政府工作报告。这样的举措无异于向世界宣告：中国将进行一场全方位的制造业质量升级的革命。

冲锋号吹响的时候，佛山是第一批“跃出战壕”的勇士。媒体广泛报道佛山市委书记鲁毅的一番表态：努力将佛山制造打造成中国制造最高品质。2017年7月27日召开的佛山市委十二届四次全会上，鲁毅的这番言辞被写进全会报告中：佛山制造，当以品质为生命，要努力将佛山制造打造成中国制造最高品质。

此后召开的一系列会议上，佛山领导反复强调：佛山要一马当先，来一场佛山制造的品质革命，为全国经济发展提供佛山新鲜的经验。

二

佛山之所以有这样的底气，那是因为“好雨知时节，当春乃发生”。

2016年初，也就是国家层面提出“品质革命”的时候，佛山刚刚确立一个目标：全力打造国家制造业创新中心。佛山分三步走：2020年确立中国制造业一线城市地位；2025年，制造业创新能力达到世界制造强国的中等水平；2049年，也就是新中国成立100周年的时候，佛山制造业综合实力达到世界制造强国水平。

33年的跨度，差不多是两代人的接力。这是一盘很大的棋。佛山如何下好这盘大棋，全国都在看。

在中国排名前十的制造业城市中，仅苏州和佛山是普通地级市，其他的不是省会城市，就是特区城市。就创新资源禀赋而论，佛山可能是其中最匮乏的一个。知己知彼的佛山做出一个选择和界定：打造“国家制造业创新中心”不是要搞大规模的发明，而是在新技术、新知识的大规模应用上做到全国最好，起码是最好之一。佛山的“棋路”是：世界科技+佛山智造+全球市场。通俗的表达或许是这样的：端佛山的碗，吃世界的饭。

美的集团也有一句名言：形成冠军思想，培养赢的习惯。这样的气魄足以代言整个佛山。

三

人总是要有一点精神的。品质革命更需要一种精神。

2016年6月21日，佛山以最高规格命名和表彰30位大城工匠，视之为佛山制造的灵魂和脊梁。政府赋予这样的荣誉和礼赞，在佛山历史上是第一次；这一天，佛山郑重宣告：将工匠精神和企业家精神作为全市人民共同的精神家园。如此旗帜鲜明的价值主张，在全国城市中也是第一个。它是一座制造业名城的担当，也是一座历史文化名城的情怀。

爱因斯坦说过：不是所有有价值的都能被计算，也不是所有能计算的都有价值。当工匠精神、企业家精神不再是一句应景的口号，而是内化为一座城市的心跳和脉动，其价值和威力是无法估量的。

8000万人口的德国，有2300多个世界名牌，著名经济学家罗多夫对此作出解释：工匠精神是德国制造业过去一百年成功的钥匙；日本有3146家寿命超过200年的企业，数量居全球之最，因为日本有太多敢于“一条路走到黑”的能工巧匠。日本制造畅销世界，得益于20世纪60年代实施的“质量救国”战略。

在中国制造业城市中，佛山不太一样。家电、家具、陶瓷、铝型材、食品……佛山的优势产业都是制造和人最近的产品。这就要求佛山制造要不断满足人们对产品质量追求的显著上升、对品牌价值诉求的日益增长。

这是佛山制造品质革命的背景。如果注定是一场艰苦卓绝的战役，那么，企业家精神、工匠精神就是关乎成败的决定性力量。

在中国，佛山是第一个，也是迄今为止唯一一个把评选、表彰大城工匠作为制度安排的城市。佛山明白，一座以制造业为根基和命脉的城市，佛山要有“票子”和“面子”，首先必须让大城工匠成为最体面的群体，让他们拥有崇高的社会地位和来自全社会的尊重和敬意。没有这样的土壤，长不出“工匠精神”的庄稼；没有这样的胸怀，也就没有资格拥抱天下的工匠。

佛山说：让企业家精神与工匠精神交相辉映，共同成为照亮佛山现代工业文明之路的“双子灯塔”。有一首歌这样唱：城里的月光把梦照亮……

四

2017年5月10日。杭州西子湖畔。

佛山市工商联组织50名佛山企业家到浙商总商会总部取经学习，浙商总商会秘书长郑宇民对来访的佛山客人说：中国改革开放近40年，解决了民营企业的起飞问题，却没有解决降落问题。他说的“降落”，是指民营企业家的接班和传承。

有资料显示：佛山第一代创业的企业家90%正在酝酿交班计划，4000多名青年准备接班，这是一个涉及2000亿元企业资产、5000亿元社会财富传承的高峰时期。能否接好班？这是一个大问题，关乎佛山制造品质革命的成败。

民营企业进入交接班的历史关头，佛山不敢怠慢。企业家急，政府也急。2016年岁末，佛山市党代会报告和佛山市政府工作报告出现同样一句话：“加强对企业家特别是新一代民营企业家的培养，推动民营企业稳健传承发展。”它传递出了一个重大信号：新一代民营企业家的培养已经被纳入佛山发展的战略设计之中。应该说，企业家的培养，佛山一直都在进行，但从未上升到这样的高度。

2017年，佛山市创二代青年企业家培训班在北京大学连续举办四期，随后又在复旦大学举办一期，培训学员在300名以上，这是佛山史上最大规模的青年企业家培训，也是北京大学、复旦大学第一次为地方举办“创二代青年企业家班”。中国最好的大学以最好的师资助力佛山破解一道艰难的时代命题。

尽管优秀企业家不是培训出来的，但优秀的企业家一定经过培训。

佛山制造从数量时代迈向质量时代，佛山企业家的代际传承非常关键。中国没有样板，佛山就率先作出示范。

五

2017年，有两位知名的德国人来到佛山，他们给佛山带来了不小的触动。

一位是被誉为“隐形冠军”之父的赫尔曼·西蒙，谈及佛山“隐形冠军”如何壮大时，西蒙给出的建议是：先尝试在本土市场做到最好，随后向全球市场扩张而非向其他产业扩展。

那时的佛山还不知道自己的“隐形冠军”分布在哪些地方。西蒙离开佛山整整一个月后，南海推出了佛山历史上第一份“隐形冠军”名单，南海或许也是中国第一个挖掘和盘点“隐形冠军”的县域经济体。

2017年岁末，首批70家南海制造业全国“隐形冠军”企业诞生，南海也于同一天成立了全国首个制造业“隐形冠军”联盟。这个联盟的成员几乎是南海支柱产业的骨干，尽管它们的名字让公众感到陌生，但在业界人士眼里却是响当当的。

2018年6月24日，29位南海企业家从深圳起飞，开启南海制造业全国“隐形冠军”德国交流活动。8天时间，走过柏林、沃尔夫斯堡、多特蒙德、杜塞尔多夫、慕尼黑，我见证了这个意义巨大的全过程：出访德国的中国企业家多如牛毛，但以中国“隐形冠军”身份拜访世界“隐形冠军”最多的国家，这是南海首开先河。

从评选“隐形冠军”到组建“隐形冠军”联盟，再到第一次以中国“隐形冠军”的名义走进德国，这是南海自我发现之后的自信：不出去走走，家就是你的世界；走了出去，世界就是你的家。

未来也许会有这么一天：想到南海就想起“隐形冠军”，想起“隐形冠军”就想到南海。

六

另一位给佛山带来触动的是时任德国库卡集团CEO蒂尔·劳伊特，他在佛山演讲时这样结尾：当今世界的“再工业化”格局中，美国有工业互联网、德国有工业4.0，中国有雄心壮志。

当时坐在台下的知名经济学家、北京大学国家发展研究院教授周其仁感到很受刺激。在随后进行的《佛山制造的品质革命》演讲中，周其仁教授这样结尾：我们难道只有雄心壮志吗？佛山要成为中国制造的品质高地，除了雄心壮志之外，我们还有没有更多可以落地的东西，把雄心壮志变成现实？我把这个问题留给佛山、留给在座的各位。

周其仁教授不是佛山制造品质革命的旁观者，而是身体力行的推动者。2018年7月，他亲自带领佛山品质革命专题调研组，以挖掘佛山企业品质经验为主题，连续30天走访34家佛山企业。

在当年9月5日举行的“品质革命 创新力量”2018年佛山企业大会上，周其仁总结了佛山企业品质革命的10条战法，他忠告佛山：品质革命形势逼人、革命首先在观念上发生。佛山企业家评价：这是聚焦佛山制造品质的思想盛宴。

七

他山之石，可以攻玉。

为佛山争创中国制造最高品质提供路径参考，周其仁教授策划了跨度巨大的“品质革命”跨省、跨国调研，亲自带领数十名佛山企业家从佛山出发，走访北京、深圳、青岛、长沙等国内城市的知名企业，奔赴德国、荷兰、丹麦等全球质造强国取经。

2019年9月5日，“品质革命 对标世界”调研组成员在丹麦哥本哈根商学院作了欧洲考察的总结，大家说得真诚、说得动情，场面热烈而感动。

调研组成员都不是第一次出国，有的走过世界上许多地方。大家的所见所闻、所思所感对佛山的品质革命有什么样的影响和推动，还需要时间来检验，但有一点可以肯定：这次出行，大家看企业、看世界的角度和方法已经发生了革命性变化。

每天晚上的复盘让大家充满期待、不知疲倦；周其仁教授精到的观察、精妙的复盘、精准的表达，让我们看到一个杰出学者的精彩和精神，也教会我们打开世界、打开自己的方法和角度。

八

欧洲归来，佛山发生着两件事情——

一是顺德村级工业园改造被中国主流媒体隆重报道，到处听到掷地有声的顺德声音：顺德不能拖着低端的村级工业园进入新时代。村级工业园改造是一场没有退路的战斗，是一场必须打而且必须打赢的攻坚战。新加坡国立大学教授郑永年如是说：顺德走在中国村级工业园升级改造的最前列，这是非常值得肯定的。更加可贵的是，顺德高质量发展不是单兵作战，而是系统谋划、系统推进。这样的组合拳打出来，就是为中国高质量发展贡献的顺德之路、顺德样本、顺德经验。

二是大型纪录片《佛山制造》热播，佛山观众第一次如此真切地感受到佛山制造的全球故事是那样的精彩。片子里有一句话：走出去，让全世界来验证佛山制造的强大。

佛山制造的品质革命就是为此而来。有一首歌这样唱道——

革命人永远是年轻，他好比大松树冬夏长青，
他不怕风吹雨打，他不怕天寒地冻，
他不摇也不动，永远挺立在山顶……

目 录 CONTENTS

第一章 全球纵论

第二章 走读中国

第三章　跨国对标

第四章 佛山笔记

第一章

全球纵论

造出好产品供应全人类　建品质革命登顶大本营

文/周其仁（经济学家、北京大学国家发展研究院教授）

从2018年开始，经济学家、北京大学国家发展研究院教授周其仁已在佛山连续三年开展“品质革命”调研。

他的调研足迹深入到佛山几十家制造企业，既涵盖食品、家电、陶瓷、家具等佛山传统优势行业，还有机器人、精密制造、环保新材料等佛山近十年来发展起来的新行业，其中不少是各自行业的龙头企业或“隐形冠军”。

对这些企业进行抽丝剥茧的研究，你几乎可以看到中国制造在这短短四十多年里的全部历程：发芽育苗、成长壮大、更新换代，当然也伴随着竞争替代和新陈代谢。

作为经济学家，周其仁最关注的还是：下一步怎么办？下一步去哪里？

所以，他与佛山的数十位企业家一起开始了更为广阔的实践与思想探寻：从2019年5月至9月，在佛山市工商联的组织支持下，他先后带领32位佛山企业家组成调研组，开展了主题为“品质革命　对标世界”的跨省跨国调研。在国内，调研组走遍大江南北，从深圳的柔宇科技、华讯方舟，到北京的小米、京东方，从长沙的楚天科技、星邦重工，到青岛的双星、海尔，佛山的企业家们与天南海北的企业家们进行了跨越地域、跨越行业、跨越时空的实践碰撞和思想对话。从南海之滨到长城脚下、从胶东半岛到湘楚大地，中国制造的品质升级浪潮正伴随科技创新的磅礴动力自南向北铺开。

但是，周其仁更大的期待是企业把视野放得更加宽广，把竞争能力升维到全球范围。

“‘中国家，佛山造’，这很了不起。但是，敢不敢立下更大的目标：‘世界家，佛山造’”，这是他常用来鼓励佛山企业家的话。带着更宏大的全球目标，在遍访大江南北的优秀企业后，周其仁带着调研组去到了德国、丹麦、荷兰。这三个欧洲国家有着共同特点：国家不大，人口不多，但是世界级的好公司林立，且都以生产高品质产品著称。

“小地方怎么做出大公司？”“小地方怎么做出好产品？”在异国他乡的调研途中，周其仁不断向佛山的企业家发问。他们中既有年届70岁的第一代创业企业家，也有“80后”“90后”的二代接班人或新一代创业人。他们成长的历程正值中国改革开放高速向前，他们思考周其仁之问时，美国不断挑起的贸易战正给世界带来巨大困扰，作为工业革命发源地的欧洲也不例外。调研组所重点探访的荷兰埃因霍温，更是因为光刻机顶尖企业ASML公司的存在而在中国更加名声大噪。

“小国家、小地方的企业，没有本国、本地的大市场，逼得他们必须走到国外去才能找到大市场。这样，反而让他们从一开始心里装着“世界地图”，他们从一开始就相信他们的产品是要给全人类造，而不仅仅是服务本国国民、本国市场的。”周其仁说。2019年10月11日，佛山召开“品质革命·对标世界”企业大会，他向在场的上千名企业家呼吁：“造出好产品，供应全人类”“建设品质革命的登顶大本营”。

周其仁当天演讲的主题是《攀登品质高峰》。他认为，企业一定不要自我设限，真正优秀的企业都是全球作战，全球配置资源的。好产品一定是经得起全世界最挑剔客户的检验，好品质需要获得全世界消费者认可，中国企业家一定要把全球消费者装在心中。

以下是周其仁当天演讲的实录：

小地方出大企业

很多大企业出自小地方。

我们佛山很多企业都在镇里、村里，如美的现在作为世界500强也是在小镇里，都是草根基础。

这次调研，我们第一站到德国慕尼黑和斯图加特，在离斯图加特市区大概80公里的地方有一个小山村，附近有一些建筑，是当地一个旅游名胜。不过我们不是去旅游，而是看一家公司。这是一家“村办”企业，也没有什么很特别，做的产业我们也不认为多厉害，就是做卫浴水龙头。这家企业叫汉斯格雅。公司一年的销售额也就是10亿欧元，大约80亿人民币。但是它主打全球市场，销售总额的77%来自海外。

我们之后看的其他公司也很有意思。德国巴斯夫是全球知名的化工公司，公司口号是“我们创造化学”，这个口号很大。它在历史上的许多创新成果，对人们的生活确实影响深远。就是这样一个在小城里的企业，2018年在全球市场的销售额达到625亿欧元。

在荷兰，我们去了一个很小的城市——埃因霍温，号称荷兰第五大城市，人口22万人，占地面积约88平方公里。这个地方出了一群企业，其中有一家是大家都知道的飞利

□ 周其仁以《攀登品质高峰》为题发表主旨演讲

浦。飞利浦最早是做灯泡照明的，后来是电子，现在主打医疗设备。一路走过来，飞利浦已成为百年老店。跟飞利浦一起，有一家很有名的公司叫阿斯麦。我们本来要看这家公司，后来由于种种原因没有成行。它是芯片产业的上游，生产用于制造芯片的光刻机，全世界都要用它的设备。

更有意思的是到了荷兰代尔夫特，这里出了一家瓷器公司——荷兰皇家代尔夫特蓝瓷公司。它每年有600万欧元的销售额，这家公司的负责人在介绍时说，他们做全球生意。虽然它在全世界没卖出去多少产品，但它还是面向全球销售。大家看一下它的策略与战略，美国、欧洲、中国等都是它的销售对象，即使它只不过是很小的公司。参观完这家公司后，我们晚上也在讨论，它只有60名员工，600万欧元的年销售额，国内很多企业的规模都比它大，但人家怎么就把生意做到全世界去了？

荷兰这么小的地方，占地4.2万平方公里，比佛山大不了多少。它有1700万人，佛山有800万人，荷兰人口数量是佛山的两倍多一点。它没有什么天然资源，部分地区甚至是围海造地形成的。大部分土地都用于农业。除了美国，现在世界第二大农产品出口国是荷兰，欧洲主要国家都购买他们的产品。这样一个小国家，有好多家世界500强企业、很多著名的品牌，算是全世界人均拥有世界500强企业最多的国家。瑞士也是小国家，在瑞士的一个小地方冒出来了雀巢，这是一家全球布局的公司，在80多个国家办了413个工厂，并创造了900亿美元的产值，实现30万人就业。

这样看来，全世界可能都有一个共同的规律：小地方出大企业，小地方出全球企业。

好产品为人类造

从这个现象出发，我们调研组进一步讨论：这些企业有什么东西值得中国的企业家去学习的？在这里，我们有两条要跟大家分享。

第一，因为国家小，国内市场很小，这些企业一开始就必须往外看，这是自然而然的。而中国刚好相反，国内市场很大，一讲行业情况就是国内的行业情况，很少讲全球怎么样。小国家的小公司却不这么想。

第二，中国文化悠久，让人们产生一个想法：很多中国人喜欢的东西其他国家的人欣赏不来。其实，好东西是给人类造的。很多优秀的小国、小公司后来那么大、那么强，起因是它最初的想法就不一样。他们认为，好的产品不仅是当地人需要，而是全世界的人都需要。

飞利浦起步所在的埃因霍温，也是一个非常小的地方，当时属于农业地区。我们去飞利浦的博物馆一看，迎面而来就是"点亮全世界"的标语。仅仅是荷兰人觉得电灯泡好吗？不是，全世界都需要好灯泡。这样的格局，让飞利浦很快成为欧洲第三大灯泡生产商，走向全世界。他们真的是有"世界观"，认为好产品是给人类造的。

我给大家看一张荷兰代尔夫特蓝瓷的图片，大家觉得它的产品怎么样？中国人一看就觉得很熟悉，它不是荷兰人发明的，这是中国特产——瓷器。我看了代尔夫特的历史，它是当年荷兰东印度公司6个本土据点之一。最早是皇室授权其在全世界做贸易，把东方好的东西带回来，瓷器就是其中之一。当年他们没有见过这么精美的东西，皇室也收藏了一套很名贵的瓷器。结果在明清时期，由于局势动荡，瓷器无法稳定供应出口，于是他们自己研发，最后才有了现在的代尔夫特蓝瓷，形成这样一个品牌。

瓷器不是代尔夫特蓝瓷公司原创的，但是它吸收、消化，加上自己的元素。仔细看蓝瓷产品，这个瓷器是中国的形式，但是产品中有很多技术细节改进了、提高了，更重要的是跟荷兰的文化结合起来。这样一个优质瓷器产品，仅仅中国人喜欢吗？荷兰人喜欢，英国人喜欢……好产品全人类都喜欢。我们在这家公司的博物馆参观后受到启发。从博物馆出来的时候，我们发现因为不能同时进去太多人，博物馆外面已经排满了人。他们将蓝瓷卖到全世界去，不是他们卖出去，是各国旅客走到那里买了带回去。相比之下，我国企业是不是有很大差距？

丹麦奥迪康，这是一家世界一流的助听器企业。20世纪初，奥迪康创始人的太太失聪，创始人听说英国女王买了一个助听器，千方百计给太太买来。后来，他发现很多人听力也不好，就开始研究这个产品，进而下功夫制造，不断研发，最后才有了世界第一流的助听器企业奥迪康。

有这样一个数据，全球总人口10%、60岁以上的人30%至40%有听力问题。可想而知这是多大的市场。奥迪康是丹麦这样一个只有500万人口的国家产生的公司，它能做到在全球布局，甚至在我国三线城市都有奥迪康。全世界每卖出去两副助听器，其中一副就出自奥迪康，每一副都不便宜。我到上海给我妈妈配过，一副好几万元，但是有这个需要。等到全球收入水平提高以后，亚洲、非洲、拉丁美洲的需求都会产生，它的市场前景可想而知。

汉臣是德国做液压缸的企业，是一个家族企业，已经做了三代。他们一个气缸可以用40年不坏、不渗漏。这也说明，在德国汽车工业强的背后，是有很强的零部件供应链提供支持，没有这个能力，单靠一家公司是强不起来的。汉臣出口的比例占40%，卖到23个国家。在我国，武汉万达的游乐场就用到这个液压器。汉臣说一定要找好客户，让好客户把他们带到全世界去。参观完这家企业的当天晚上，我们调研组总结的经验就是，要挑好客户，给他供货，他到全世界扩大市场，你就跟着他到全世界扩大市场。当然如果要做到这一点，首先你眼中、心中的格局非常重要。

你有好的东西，不要说只有我们家乡人才要、只有我们这个省才要、只有我们这个国家才要，而是要突围出去。我国在历史上是有这方面教训的，活字印刷是中国人发明的，可是到了今天，出原创的地方不是第一。在全世界排名前十的印刷机械设备企业，我国最好的公司只排到第六，其余都是日本和德国公司。

这个事情我们可能要从一个更广的角度来想。小地方出好公司，前提就是心要非常大，要看到好产品不仅只有我们这个圈子里才会享受。好产品全人类都需要，这个观念要突破。这是我们调研当中感悟很深的一条。china就是瓷器，我们的瓷器出去了，可是全世界最好的瓷器不只是中国公司生产的；茶叶也出去了，已经成为全世界的饮品了。我今天早上在住的酒店里看到了立顿茶，它的生产企业是联合利华。可能在某种历史条件下，我们觉得国内的“天下”就很大，其实外面有更大的“天下”。你喜欢的东西，别人也可能喜欢，这种态度就是一个根本性的翻转。过去我们的经济条件差，所消费的东西很难引起别人的注意，我们讲的东西别人也不信。那时候没办法，但你们看一看现在顺德的餐饮，那是人均GDP多少才吃得起的，今天条件不同了。

质量也要讲定位

在汉斯格雅公司，同样都是水龙头，这家公司将不同的牌子对应不同的档次。我在公司的整个展览厅走来走去，看到这么多的产品，没有头绪，最后发现“品质革命”就是一个走台阶的路程。

它的关键词首先是功能，然后是坚固，然后是质优，再往后就是舒适，然后再是极简。最后，还不是你认为好就好，客户体验好才是好。最终是环境，也就是生产产品的整个公司品质。

世界著名质量管理专家菲利普•克劳斯比认为，质量就是符合要求。定位理论创始人杰克•特劳特的最后一部著作《重新定位》提出，因为市场消费者的期望值在变化，需要重新定位。重新设定一种要求，重新做到符合要求，这是所谓“品质革命”。

汉斯格雅展览馆把人类洗浴的地方的历史变迁也展示出来。浴室慢慢地发展，美学观念诞生发展了，开始有欣赏价值了。它也是三个台阶，一个一个台阶来。第一个台阶是清洁。第二个台阶是享受，不是解决人类非解决不可的问题，而是身心享受的问题。第三个是可持续，环境要友好。全世界的很多楼宇，包括世界最高的迪拜哈利法塔，也使用了他们的产品。新加坡、上海、深圳最好的楼都这样，全世界最高端的客户都在他的手里。

汉斯格雅的年销售额是80亿人民币、大约10亿欧元，比较全世界卫浴主要品牌的税前利润，汉斯格雅利润率最高。这件事情中国的老总们要非常上心，如果毛利太低，“品质革命”是打不起、打不了的。刚才日丰企业集团副总裁李白千讲得很好，如果你的公司毛利太低，所有你想到的东西就没办法做。华为为什么厉害？为什么能招到那么厉害的人？因为华为是在高毛利行业。

首先，你有这个心很重要；其次，同样的钱在不在“战士”身上花很重要；第三，选择到哪里作战也很重要。

我们在长沙调研星邦重工，大家说这家公司不大，但是挺有志气。它要冲击一个高空作业平台的市场。美国和欧洲市场存量是60万台，中国目前是6万到10万台的数量级，城市在“长高”，高空上需要的作业平台都要有星邦的产品，这个心有多大？

星邦重工董事长和总经理是夫妻，他们大学毕业后都在国营企业和其他机构工作过，最后出来创业，杀进这个领域。2018年做到5.6亿元的销售额，42%来自国外市场。他们先把产品卖到日本，因为日本市场很挑剔，对品质的苛刻几乎“病态”，星邦重工能杀进去，在其他市场上就省了很多力。有的时候先升维，然后就更容易进入更广大的国家和地区的消费者心智结构当中去。

从质量到品质

从质量到品质，品质革命要换位思考。

品质是什么意思？“品”是三个口，得人家说你好才是好。现在很多公司为了说质量好，把一大堆技术指标列出来，不是博士是读不懂的，普通消费者哪有工夫看你的公式、数量、外文名词，谁搞得清楚？你要用很少的信息占领消费者的心智结构。

所以，从质量到品质，佛山现在发起品质革命，面对的不单单是自己说自己高质量，还要人家认同你的高质量、看重你的高质量。这是市场经济当中非常难过的一个关口。特别是佛山发展到今天，企业知道自己好，也用心把产品做好，但是怎么样让别人觉得你好，这是我们要思考的。

产品品质好，但别人不信或者别人根本就不看你的产品，你怎么办？他看的兴趣都没有，你所有的努力都使不上劲。这个问题怎么突破？

在美国拉什莫尔山国家纪念公园，有4座巨石刻的总统像。德国的卡赫（凯驰）是高压清洁机的发明者，这家公司的工程师带着团队去做免费清洗。

卡赫把这个叫文化支持项目。这几十年，这家企业一直在做，选的全是世界名胜。全世界著名的景点，它都去申请清洗。例如巴西里约热内卢的耶稣像，很多电影都拍过，脏了谁来洗？卡赫用它的高压水枪一个一个解决这些大难度的问题，而且是免费。公司专门有专家团队做这件事，每年支出大概是15万欧元，作为公司常年的开支。

让人怎么评价你的公司，要想很多的办法。广告是很重要，可是广告打到大家都看不进去了，那个广告还能打吗？有的时候有些企业是只看对手，不看顾客，这是犯大忌。你要弄清楚，竞争是竞争什么？竞争客户的注意力、竞争客户的满意度。我们经常打偏了，你打广告我也打广告，你降价我也降价。想想看，卡赫把美国总统像给洗干净了，美国公众、美国市场、美国消费者怎么想？

我在卡赫公司提了一个问题，你们洗一个总统像就不错了，怎么到处洗“上瘾”了？它在全世界一共做了100多个文化支持项目。

我想一件事情，一个小地方出了一家公司，在国内、欧洲做得挺好，打进美国市场就很好了，为什么还要打进全世界市场那么大、那么远的市场？这跟我们讲的品质有什么关系？

这个我要和大家好好交流分享。市场大有两个含义：

第一个含义就是我在上海一次会议发言时讲的，中国企业家要把全球消费者装在心中。你用最简单的算数，70亿大于14亿。中国是很大，但是有更大的市场，这是一个含义。

第二个含义更重要，大市场支撑高品质。你不把市场打开，不利用不同层次的产品去打开更大市场，品质革命很难推进下去。因为你的品质一旦提升，原来狭小市场中的人不熟悉，购买力撑不起你所做产品的品质，就会曲高和寡。像蓝瓷，如果光在荷兰一个国家卖，这个公司早就垮了，市场太小撑不住。但蓝瓷在全世界卖，每个地方都有一些人支持这个产品，就凑起来一个可以支撑品质提升的市场。

我做过食品产业的调查，研究山东农产品的质量。最后发现无论第一产业，还是第二产业、第三产业，好的产品都是做出口做起来的，尤其是做“刁难你”的出口。日本的市场很难进，但你只要进去了，这个公司就有机会。这个很重要。面对国际市场，你要没有一定的品质，主观、客观没有达到一定的门槛，你跳不过那道龙门。

有的时候不要仅仅在熟悉的领域里打，而要到一些难打的市场去。打完以后，市场就会倒过来逼你。任正非为什么一定要打出口市场？因为出口对提升品质有重要的意义。华为很早就提出迈向国际化，他们3G做了很多储备研发，4G也做了很多储备研发。当时国内还没有发牌照，也就是还没有这个市场。最后他们决定，先到发达国家去打开市场，到西欧国家、高市场门槛国家去，志在必得。你说什么不合格我就改什么，国际顾问费高达70美元/小时，华为照样付。几百个专家在华为上上下下不断研究。发现了问题，任正非跟这些专家说，你帮我解决了才走。最后的回报是什么？走出去了。华为是先在高端市场站住脚，再回到国内开发3G、4G市场。

这个对我们很有启发。跨国作战不是说赶时髦，更重要的在于，它对我们提升品质是一条非常现成的路径。难度非常大，一道一道的坎要过，但倒过来看，获得的回报是丰收。华为，现在1000多亿美元的销售额了，最厉害的是年报最后一句话说，它的产品服务全世界30亿人。敢于跨国作战，应该成为中国企业都有的想法。

中国市场是很大，但是外面还有更大的天地。我们还有很多好的产品，无论是我们原创，还是别人原创，都有条件把它做好，做到世界上去，而这个过程就会逼着你提升品质。中国大型公司很多，但可惜都是在国内挣钱的，如果他们都全世界去“打仗”，我认为对品质提升有格外重要的意义。这次佛山有4个企业家二代参加我们的调研访学，年轻人视野不同了，到世界各地留学、出国，见识都不一样了，有理由将整个产业水平往上打一打。

当然，永远天外有天。荷兰的阿斯麦公司，我们请了曾在阿斯麦工作的专家来给我们讲解这家公司。这是全世界最厉害的公司之一，它们解决的问题是：把小小的芯片用光刻出来。他们在快要倒闭的情况下杀出重围，整合光学、材料、芯片、机械领域的尖端技术，在世界舞台上杀出来了。

他们生意好到什么程度？全世界最牛的客户都必须当它的股东，要出钱入股，订货才能买得到。一台设备1亿多美元，全世界都等着，中国现在打芯片翻身仗，就要定制这家企业的机器。

为什么荷兰会产生阿斯麦这样的公司？他们的开发路线跟别人不同。首先，阿斯麦采取开放式路线，公司自己的研发人员1万人左右，外围协作的研发人员达8万多人。我们中国企业采取的是供应链，他采取开放创新，你有什么难题就找相应的技术开发方合作，谁出钱就支持谁的知识产权。第二，企业委托技术开发方做开发，开发不成也得付钱，开发成了是企业的，同时技术开发方绝对不把研发成果给第二家企业。

为什么要开放式创新，因为单个企业的思想、技术、知识跟不上市场、科技的变化。阿斯麦自己的开发人员约1万人，外面利用的开发人员8万多人，这一点就把日本尼康公司打赢了。想买机器的企业，只做它股东还不行，还要每年捐给他们一笔研发费用，这就是我们在荷兰22万人的小城市（埃因霍温）听到的故事。

建登顶“品质革命”的大本营

这就引出我最后一个跟大家交流的看法。真正打“品质革命”这个仗，单个公司如果不连片、不成气候，是不行的。

国庆期间，我看了电影《攀登者》，登山登顶要有一个大本营。曾经在阿斯麦工作的专家开了家公司，做荷兰和中国产业创新的桥梁。我们发现，品质革命可以利用埃因霍温这种开放式的创新环境。国内有市场，但是有些技术难题解决不了，就可以利用全球的资源来解决。所以，为什么品质革命要全球市场？现在我们加上一条，因为企业不仅是要把产品卖到全球去，而且还要用全球最好的资源来推进我们的品质革命。

埃因霍温开放式“创新场”是怎么形成的？就是飞利浦公司带出来的。飞利浦公司当年有三个“飞利浦”（创始人）：父亲是银行家，发现了照明市场的前景；哥哥是科学狂，最开始研发灯泡，灯泡搞出来了，但做生意不行，市场一塌糊涂；但弟弟是商业天才，他最先把飞利浦的灯泡卖到了俄罗斯的大市场，开启了飞利浦的全球化故事。

这三个“飞利浦”成就了一个飞利浦公司，但飞利浦的故事还不止于此。飞利浦是一个非常宽厚的老板，他鼓励员工出去干。员工离开，他不认为是背叛他，如果员工出去创业前景更好，他反而鼓励员工出去创业。结果就在埃因霍温形成一个像孵化器一样的“创新场”。整个荷兰1/3的研发基金差不多都用在这样一个小地方，形成一片热土，形成产业体系。到这个地方来，大家都是要做同样的事情，有共同的价值标准，有共同的氛围，离开这个地方那种空气就薄了，要成事就难了。

最后回到佛山。佛山是中国制造“品质革命”登顶的一个大本营。我看的那部电影，登顶的大本营建在5000多米海拔的地方，没有这块地方把后勤、供应、支持等各种麻烦问题解决，登山队怎么能够登顶？佛山市长朱伟讲，工业是系统的能力，不是光靠一家企业就能够冲上去的。佛山这个地方有传承，一把窑火烧了500年，很多基因就埋在这里头。从陈启沅到何享健，这些条件凑到一起不容易，现在就是要往里加东西，让佛山真正成为“品质革命”的大本营。

我到佛山后，研究了一个好玩的事：佛山的饮食怎么这么好吃？东西好吃，是需求引导的。粤菜靠什么？就是靠工商业，靠远洋贸易。没有发达的工商业和远洋贸易支撑起来的需求，佛山饭不会这么好吃，佛山的餐饮做不到这么高的品质。

我到佛山后参观了博物馆，看到以前的远洋贸易，还有我们说的海上丝绸之路。南海、广州的很多商业活动，都是在佛山这片地方上发生的。瑞典仿制了它在古代著名的远洋商船哥德堡号，2006年从瑞典重新航行到广州。现在公开展示说它过去3次到了广州，我看到记录，它的175次航行当中只有3次没有到广州。这样看来，佛山的远洋贸易、制造业是有根的、有传承的。就像龙建刚评论员写的：“一方水土一方人，文化是一种气质，也是一种气场，一个地方的风度；文化是一种氛围，文化是空气和水”，平时大家不在意，但一旦没有了空气那就活不下去。所以，佛山的氛围是千金难买，不像很多地方，怎么喊口号，底下都没有响应。

总结起来，这次调研得到的最大收获：

第一，小地方可以做全球大业，普通人心可以很大。我们看这些制造强国的大公司，早年都是从农业文明一步一步地做起来的。佛山有这样一个历史传承，完全有可能、有机会，像他们一样走向高品质。

第二，造好产品供应全人类。我们40多年的改革开放奠定了基础，很多不是我们原创的产品，我们也可以把它做得最好。现在再加上我们的原创，中国在很多领域的成就都让世界人民增加了对中国的兴趣，增加对中国的感知，我们可以把更多好产品卖到全世界、供应全人类。

第三，一定要换位思考，抵达消费者的心智结构。要让全世界的客户和用户感知到我们的产品更好、更精、更专、更特别。

第四，佛山要持之以恒登台阶、爬山坡、攀高峰。政府、企业、工商联、行业，还有老一代和青年一代共同努力，把佛山建成一个品质革命登顶的大本营。

品质革命的全球坐标

——佛山企业迈向高质量发展跨省跨国对标调研报告（2019）

2019年，广东第三大城市佛山实现GDP10751.02亿元，成为国内又一座GDP超过万亿的城市。与“万亿俱乐部”中其他城市相比，佛山有着非常独特的经济结构：2019年佛山工业增加值达到6044.62亿元，工业在地区生产总值中占比56.22%。这是现有GDP超过万亿的城市中，唯一一座工业占比超过50%的城市。

显然，不少城市令人担忧的“脱实向虚”，在佛山不但没有发生，而且制造业在佛山蓬勃发展，依然占据着主导地位。2019年，佛山工业增速6.3%，虽然增速比第三产业低1.8%，但工业增加值超过第三产业增加值近1500亿，工业并没有因为第三产业的发展而被挤压。

佛山工业发展的动力来自哪里？民营经济是最大推动力。2019年，佛山规模以上工业增加值4859.48亿元，居全国城市第六位，增长7%，其中民营经济对全市工业增长的贡献率高达85.2%。另一组数据则更加说明了佛山民营经济发展的强大后劲：2019年，佛山常住人口首次突破800万，达到815.86万，比2018年末增加25.29万，增长3.20%，继续成为人口净流入城市。比人口增长更快的是市场主体，2019年佛山新登记市场主体18.5万户，增长17.8%，总数达到82.1万户。在这些新增的市场主体中，也许几年后就将孕育出新的百亿级企业，就像人们已经看到的嘉腾机器人、安齿生物这些年轻而极具想象空间的企业一样。

佛山的实体经济在规模庞大的民营企业推动下大踏步向前。与此同时，外部大环境却发生了巨大变化，与中国深化改革和扩大开放的更大力度相比，不断抬头的国家保护主义和单边主义给经济全球化蒙上阴影。对于早已融入全球分工体系中的中国企业而言，一方面，适应更加不稳定不确定的全球市场环境成为企业家们新的挑战；另一方面，中国包括4亿多中等收入群体在内的14亿人口所形成的超大规模内需市场蕴含着稳定而确定的大机会。在面对未来的确定和不确定之间，企业是退缩于国内还是更大无畏地走向全球？

全球化是已经被证明资源配置效率最高的生产分工模式，即便是在非常不确定的2019年，佛山的进出口依然实现5%的增长。在全球供应链如此互相紧密依赖的今天，真的存在可以脱离于全球体系而存在的企业么？中国企业普遍只有40年左右甚至更短的生命，这40多年正是经济全球化高歌猛进、所向披靡的40年，全球化的红利滋养了中国企业，中国企业也成为推动全球化的重要力量。但放到更长远的历史长河中看，拥有长达40年的风平浪静，自大航海所开启的经济全球化历程中也是罕见的。还没有遇到过大风大浪的中国企业，是否在风浪刚起时就已经过于受限？

答案是肯定的。与历史上那些更大的冲击相比，如今诸如国际贸易萎缩、国际金融市场动荡、国际交往受限、地缘政治风险上升等经济全球化所遭遇的逆流也许只是小风浪。德国、日本等制造强国那些动辄拥有上百年历史的“隐形冠军”企业，所经历的可不仅仅是管理者的代际传承，更有“一战”“二战”这样令后来者不敢想象的残酷历史，但他们依然生存了下来，并持续保持着在各个细分领域不可替代的全球竞争力。在更宏大的家国变迁中，市场的力量推着他们一直向前，曾经有过的那些大风浪并没有中断他们走向全球的步伐。

中国经济由高速增长阶段转向高质量发展阶段，建设现代化经济体系，必须把提高供给体系质量作为主攻方向。而高质量的供给体系由一个又一个的微观经济主体相互交错、叠加组成，如若没有一大批以高品质为主攻方向的制造企业成长起来，就不会有高质量的供给体系出现。在充满更多不稳定不确定的国际生产和贸易体系中，中国制造要成为推动经济全球化的稳定器，微观企业面向全球的品质追求就是最直接的催化剂和推动力，微观企业也只有在更加开放包容的竞争体系中才可能练就更加持续的竞争力和经得起更多风浪挑战的实力。

在全球的市场坐标中，企业怎么看待未来和定位自己？面对不确定的未来，产品品质是不是企业可以确定和坚定的追求？在更加不稳定不确定的全球体系中，中国制造如何走向高质量发展？就佛山这个中国最为典型的制造业城市而言，正致力于面向所有制造企业推进“品质革命”，他们如何定义“品质”？品质，是本土市场认可的品质还是全球市场通行的品质？

2019年5月—9月，以对标国际国内最高最好最优为目标，经济学家、北京大学国家发展研究院教授周其仁带领佛山市工商联、南方日报和数十名佛山企业家联合组成“品质革命”专题调研小组，对北京、深圳、青岛、长沙等四座国内城市的知名制造企业进行走访调研，还去往德国、荷兰、丹麦等全球制造业强国的代表企业跨国对标。综合2019年度的调研成果，南方日报、南方城市智库联合佛山市工商联形成此份调研报告，希冀以佛山为样本，对标国内外品质企业标杆，为广东制造业迈向高质量发展提供参考。

一、调研目的：探寻制造业高质量发展的有效路径

当前，国际竞争加剧，全球制造业开始重新洗牌，中国制造业也步入了转型升级的关键时期。

面对全球发展新形势，如何推动中国制造业挺入产业价值链上游，实现新旧动能转换，提升其在品质、品牌、服务方面的竞争力，是中国制造业迈向高质量发展的关键。发起一场制造业的品质革命，不断升级制造业供给体系的质量，则是重要的具体路径。

面对高质量发展的新要求，制造业大市佛山所承担的任务艰巨、责任重大，需要尽快寻找品质突围路径，为加快打造中国制造业最高品质探路。

（一）全球形势："三明治"格局下的制造业挑战

当前，全球"三明治"竞争格局愈发凸显，我国制造业面临的内外环境正在发生变化。一方面是以美国、德国等为代表的发达国家纷纷实施"再工业化"战略；另一方面是以印度、越南等为代表的一批发展中国家利用成本优势，改善营商环境，积极参与全球制造业产业链的分工，吸引外国制造业投资。而中国恰好夹在两者中间，优势仍然存在，但面临一定的竞争挑战。

（二）中国课题：制造业高质量发展的路径选择

自2010年我国制造业增加值首次超过美国，成为全球制造业第一大国后，我国制造业增加值已连续多年稳居世界第一。从目前来看，中国制造业"大而不强"的情况仍然存在。

而制造业实现创新跃迁、转型升级的一个重要抓手，就是开展品质革命，以供给侧结构性改革为主线，推动经济发展质量变革、效率变革、动力变革。由此可见，品质革命是中国制造业从"大"到"强"、迈向高质量发展的战略方向。

（三）佛山样本：从"制造"到"质造"的探路先锋

作为中国制造业转型升级综合改革示范城市，佛山是观察中国制造业品质升级的重要样本。2019年，佛山实现地区生产总值10751.02亿元，工业对经济增长贡献率超过50%。

在制造业迈向高质量发展的新命题下，佛山切实探索开展制造业的品质革命。2018年，佛山积极创建全国质量强市示范城市；获批创建全国知名品牌示范区4个、累计达13个，驰名商标总量160件，均位居全国地级市首位；近两年，佛山大力弘扬企业家精神和工匠精神，高规格授予各行业优秀人士"佛山·大城工匠"称号，评选"佛山·脊

梁企业”“佛山•大城企业家”。

二、趋势发现：“品质革命”的十个新现象

在全球经济形势复杂多变、竞争越趋激烈的背景下，围绕质量升级、组织变革、创新跃迁等开展的“品质革命”，不仅是国内外企业的共同选择，更是区域和城市迈向高质量发展的主要动力，并展现出十个新趋势。

（一）质量竞争成为中国制造业竞争的新维度

在成本高企、消费升级的背景下，提升质量、创造品质优势，即“把东西造得更好一点”，正成为企业竞争的重要方向。

高品质成为企业获取头部客户的有力筹码。位于长沙的湖南星邦重工有限公司，主动创造了一个可靠的供应链生态：建立供应商门诊机制，每月统计、分析产品和配套体系问题，引入质量工程师追踪问题，再和供应商共同讨论解决方案；企业专门从国外引入一位全球供应链专家，对接国际一流标准，做好质量管控工作。这些举措保障的高品质产品，推动星邦打破欧美企业的行业垄断。

还有一些企业将优质产品作为提高企业效益的主要突破口。青岛双星集团投资建设工业4.0智能工厂，智能化改造让双星工人的劳动强度与过去相比降低了60%，产品不良率降低了80%以上，利润翻番。

□ 佛山制造企业加快迈向高质量发展。图为小熊电器的智能生产线

（二）“想到了造”成为中国制造的新追求

改革开放40年来，中国制造业历经变迁，已跨越初级阶段，从“看到了能造好”向“造得比看到的还好”迈进。同时，“想到了造”，即造出此前不存在的东西，实现从0到1的颠覆式创新也开始萌芽。

位于深圳龙岗的柔宇科技在全球第一个发布了业界最薄、厚度仅0.01毫米的柔性显示屏。这一技术起初来自其创始人刘自鸿的毕业论文。柔宇从基础的原理开始，从物理、化学、工艺、材料一步步摸索，做出最后的终端产品。此后，柔宇又率先发布可折叠柔性屏手机柔派，建立全球首条具有自主知识产权的类六代全柔性显示屏大规模产线，为手机、电视等产品的形态、性能带来革命性改变。

（三）“80后”“90后”成为“品质革命”新生力军

“人”是品质管理中最重要的环节。调研组发现，“80后”“90后”年轻人已经开始在制造业中挑起大梁，成为制造业高质量发展的生力军。

第二代企业家在与第一代交接中强化品质传承与创新。2015年底，万和创始人卢础其退居二线，二代卢宇聪正式接任公司总裁。卢宇聪传承了父辈对品质的要求，要求万和要进一步树立精品意识，同时要求重视链接新技术。

“80后”“90后”中高级管理人员成为企业质量管控的中坚力量。华兴玻璃的“80后”质量总监曾雪琴从质检岗位普通一员做起，她的机台连续3年实现客户零投诉与零退货。随后，曾雪琴升任华兴玻璃首任质量总监，推动公司各个生产环节的标准化。

职业培训与激励机制的强化，催生了一批高素质一线技术工人，以“80后”“90后”居多。如长沙医药装备企业楚天科技实行“向工匠倾斜”的股权激励，435名股权激励对象中，一线岗位员工占比超六成，技术工人占31%。

（四）“耐用又耐看”成为中国制造的新命题

产品的快速迭代客观上带来了资源浪费、财务投入增加、利润管理压力等问题。如何打造“耐用又耐看”的产品，正成为中国制造的新命题。这也倒逼企业必须真正推动品质革命，才能在未来市场竞争中取胜。

“耐用又耐看”的产品可以给企业带来巨大的经济效益和长远的社会影响，更符合绿色发展理念。佛山家具企业联邦家私在20世纪90年代生产了一款名为“联邦椅”的实木沙发，当年在市场上掀起了一股消费热潮。产品持续畅销了20多年，创造了一个单品销量过亿的记录。“联邦椅”的畅销得益于其创新的设计——融入了中国明代家具款式设计，同时结合了现代人体工学，其曲线与人体坐姿十分吻合。

（五）组织变革成为“品质革命”的重要保障

为了充分发挥“人”在推动“品质革命”中的核心作用，越来越多企业选择增加组织内部的弹性，通过组织变革激活员工的活力，保障品质管理和企业运营发展的质量与效益。

传统制造型企业积极探索科层化组织再造。青岛海尔从2005年起在内部推行“人单合一”的管理变革，调整了1万多名中层干部，组建若干的“小微”“链群”等单元，推动其以相互“抢单”竞争，并引入“生态圈”“生态收入”和“生态品牌”的概念，开创了有别于传统报表的“共赢增值表”来计算效益，通过激发员工的创造性，实现员工价值与用户价值、企业价值的相统一。

互联网企业则以“投资+孵化”打造产品生态链。从2014年起，小米从手机切入，逐步延伸到智能硬件、智能家居等领域。为了提高效率，小米投资了150多家硬件公司，孵化出近300个品类，最终仅用了9年时间，就实现从0元到1749亿元的规模扩张。

（六）引入强制力成为企业提升品质的新方法

如何在兼顾组织“弹性”之时提升组织“刚性”，如何引入提升品质要求、技术保密性等方面的强制力，强化对员工的行为规范，正在成为中国民营企业的新挑战。而一些具有国防军工准入资质的企业在这方面的经验，可为民企引入品质管理强制力提供借鉴。

位于北京中关村的华力创通，是北斗圈内掌握核心技术的为数不足10家企业之一。作为具备国防军工准入资质的企业，华力创通非常注重对核心技术、知识产权的保护，形成了一套涵盖硬件和软件的信息管理体系。该公司所有的开发环境均是封闭的，员工交流需要通过内部网络，以保证核心技术不外流以及相关保密信息不泄露。

周其仁认为，中国民营企业在推进品质革命中也应引入强制力，严控品质管理、确保品质的合格达标和提升。

（七）“以好客户为中心”成为企业迈向好品质的新策略

美国质量大师克劳士比提出，质量就是符合要求。好的品质不仅来源于企业对自身产品设立的严格标准，也与企业满足客户提出要求的能力相关联。

位于德国斯图加特的汉臣，是一家生产液压缸的隐形冠军企业，其液压缸技术及品类不少都是首创，且代表了全球质量的最高水平。汉臣多数产品和技术都是根据客户在实际应用中的需求研发出来的。以应用在医疗核磁共振设备中的液压缸为例，客户主动要求汉臣做一款不受电磁干扰、能用于核磁共振检查的液压缸。汉臣的工程师根据要求对标准液压缸进行改进，最终开发出专门用于医疗领域、对人体没有任何伤害的非磁性钢液压缸。随着代理商、经销商等多级客户在全球的业务扩张，好客户也带动汉臣的产品流向全球。

（八）消费升级成为“品质革命”的新动力

近年来，随着国民收入的增加，消费升级浪潮正在倒逼企业加快技术和产品的迭代升级，生产更多高品质产品，成为推进“品质革命”新动力。

京东方是推动技术迭代、满足消费升级的典型。从20世纪90年代起，京东方就制定了研发液晶显示屏战略，前瞻性地预测家电消费领域的市场动向。2001年以后，随着液晶电视在国内上市，企业加快对相关领域技术的投入，收购韩国现代电子的液晶显示业务，并在北京建设国内第一条5代液晶显示生产线，彻底掌握液晶显示技术，结束中国“无自主液晶屏时代”。

随着文化消费的兴起，消费者对产品内涵与价值的追求也在逐步提升。荷兰企业皇家代尔夫特蓝瓷有300多年历史，善于借助文化的力量，将传统技艺与当下的流行元素结合，开发出各种衍生产品，让其成为皇室供应商，并吸引了全球消费者。

（九）“创新场”成为城市锻造高质量发展的新抓手

创新是区域高质量发展的核心动力，也是城市崛起的引擎。

打造开放的“创新场”正成为城市增强竞争力的重要方向。人口只有22万的小城埃因霍温依靠龙头企业飞利浦的成长、裂变，衍生出城市“创新场”。由于许多公司都曾经是飞利浦的一部分或者由飞利浦的老员工创办，它们享受了飞利浦的人才、研发资源的溢出，与飞利浦进行多重合作。以生产灯泡起家的飞利浦不仅日后成长为科技巨头，还衍生出了全球光刻机冠军企业阿斯麦等多家行业知名创新企业。

在埃因霍温，许多创新协作的知识产权、利润分配规则已经成为人与人之间公认的“行规”，不用法律强制保障也能得到落实，大大提升了创新效率。

完善的创新分工正成为“创新场”持续发展的重要支撑。从一个还未成型的想法到技术最终产业化，创新过程被明确地分成了提出想法、共性研究、应用研究等数个阶段，分别由企业、大学、专业技术服务公司负责，形成最终的创新成果，锻造出埃因霍温成熟的创新链条。

（十）全球化为“品质革命”带来市场资源

高品质需要高投入，一定程度会拉高企业成本。为了消化高成本、确保企业的利润收入，以及找到能够消费高品质、高附加值产品的好客户，更多品质企业以全球扩张、满足世界范围内好客户的需求，为高品质产品提供更强大的市场支撑。

在全球寻找好客户和支撑高品质产品的市场，将企业的品质口碑与品牌效应扩展到世界，成为从小企业到大企业的共同选择。位于德国黑森林希尔塔赫的汉斯格雅，尽管生在小地方，但是其80%的销售量是在德国以外的地区，产品足迹遍布伦敦希思罗机场、迪拜哈利法塔等。其产品还会针对不同国家消费者的需要，做国别性的研发。

德国的清洁设备隐形冠军企业卡赫，发明了欧洲第一台热水压力清洗机以及全球首台便携式高压清洗机。卡赫会定期为全球各地的文物古迹做免费清洗，以作为检测产品质量、提炼产品新需求的重要途径，并以此在全球做营销，树立了良好的品牌形象，也巧妙地引来了“好客户”上门购买产品和服务。

三、总体启示：制造业推进“品质革命”的金字塔模型

基于前期调研成果和上述十点趋势发现，调研组以佛山样本为支点，以对标世界为坐标，以建言中国制造业高质量发展为视野，进一步提炼出推进制造业“品质革命”的“一个总方法论、两个核心特征、三类主要人才和四种文化支撑”。

（一）一个定位：“品质革命”是制造业城市实现高质量发展的总方法

制造业的竞争力是城市竞争力的重要组成。调研组发现，凡是能孕育出具有较强竞争力的标杆企业的城市，其城市竞争力也比较强。“品质革命”是制造业迈向高质量发展、提升企业竞争力的必经之路。从这个角度讲，抓好“品质革命”，就是抓住了城市竞争力提升的关键。这是制造业城市迈向高质量发展的总方法论。

（二）两大特征：开放与创新是“品质革命”的核心支撑

当今创新资源在更大的范围内加快流动，企业需要以更加开放的视野、更加主动的姿态融入更大的创新网络，在更高层次上推动开放创新，以更好地推动“品质革命”。

以开放眼光链接全球好客户和创新资源，是高品质产品扩张的重要抓手。好产品需要有全球观，不局限在一国市场，才能在更大的范围内找到好客户，并借助好客户融入更大市场，激发对先进的技术、工艺和管理的追求和导入。

在此基础上，打通内外部资源、打造开放生态链，可为品质企业效率增长注入更多动力。一些企业探索打通内外部资源、打造开放生态链，构建起一个涵盖研发、设计、制造、电商等环节的开放而高效的生态体系。

重视原创技术创新，更为制造业品质跃迁提供支撑。自主、原创的核心技术，能够增强企业在市场竞争中的主动性和话语权，成为产品品质跃迁的技术支撑。

而强化创新协作，则可为企业迈向高质量发展提供重要保障。越来越多品质、性能一流的创新产品，都不是企业单打独斗的成果，而是联合客户、高校、科研机构等多方力量合作攻关研发的结晶。

（三）三类人才：企业家、创新者、技能人才是推动“品质革命”的核心要素

调研发现，各大标杆企业背后都有一流的品质生态系统支撑，因为“品质革命”是个系统工程，而人才则是这一系统工程的第一要素。不同类型的人才相互协作，造就了系统的高效运作。其中，至少有三类人才值得关注。

一是企业家。他们是“品质革命”的火车头与推动者，对品质的追求是开展“品质革命”的主力军。

二是创新者。以企业研发员、工程师等为代表的创新者，是“品质革命”的引领者，是新技术、新发明、新产品的源头，懂得如何把技术原理与产品应用相结合。

三是技能人才。以高级技工、熟练工等为代表的技术人才是“品质革命”的实践

者，他们身处生产一线，其技能水平、习惯规范等直接关系产品质量。

（四）四种文化：品质文化、工匠文化、科技文化、企业家文化是孕育“品质革命”的文化土壤

全球标杆企业推进“品质革命”都有一个共同的基础，那就是需要“文化土壤”的支撑，具体包括四种文化：品质文化、工匠文化、科技文化、企业家文化。

品质文化以追求高品质为核心，把品质摆在企业发展的核心位置。这种文化可以带动企业上下形成尊崇品质的氛围；

工匠文化以尊崇工匠为核心，能集中释放工匠作为“品质革命战士”的效用，形成鼓励工匠、尊重工匠的氛围；

科技文化推崇科学精神，提倡以科学的工具、方法和现代化的创新技术与管理机制，提升企业的生产管理水平和创新能力；

企业家文化注重实现理想与社会责任，企业家不在质量上妥协，甚至以“为人类造”为使命愿景，这是推进制造业“品质革命”深层的文化动力。

这四种文化交融形成大的环境，为“品质革命”提供了更好的土壤。而打造这一环境，既需要企业的努力，同时还需要政府及社会各界协力提供环境和制度的支撑。

四、行动建议：推动佛山“品质革命”的六条路径

推动“佛山制造”向“佛山质造”转变，推动佛山从制造大市向制造强市跃进，调研组提出六条路径建议：

（一）打造品质高地，构建以高质量为核心的全球竞争力

制造业是佛山最大的底牌，将佛山打造成中国乃至全球制造的高品质“场”，是推动佛山制造业高质量发展的重要手段。一是依托重大创新平台，推进差异化布局。以建设三龙湾高端创新集聚区、佛山国家高新区作为重要抓手，推动优势产业、优秀企业向特色园区集中，引导优质资源配置向特色园区倾斜。二是内培外引重点项目，实现企业梯队发展。三是开展品质标杆引领行动，树立品质文化。

（二）扩大开放，“中国家、佛山造”走向“全球家、佛山造”

佛山需要在扩大开放中突破“自我设限”，找准价值链新坐标，推动从“中国家、佛山造”走向“全球家、佛山造”：一是推动国内创新走向全球创新，推动佛山企业在“走出去”中实现“走上去”；二是推动国内品牌走向全球品牌；三是推动国内渠道走向全球渠道，提高佛山品牌的国际认可度和知名度。

（三）优化营商环境，为中小企业打造百年老店提供坚实基础

一是以打造支撑网络为抓手，提高中小企业发展效率，借鉴欧洲国家培育百年中小

企业经验，深耕社区，围绕中小企业的需求，建设好包括金融、人力培训、创新中介服务等要素在内的支撑网络；二是以建立激励创新、包容审慎的市场监管体系为保障，支持中小企业发展；三是以制度的连续性和稳定性为基础，稳固企业发展预期。

（四）降低创新成本，形成惠及更多企业的要素流动体系

一是借鉴国内外制造业发达城市的经验，继续完善制造业创新体系，让技术、人才等创新要素在不同市场主体之间加快流动，让不同规模、不同特点的机构、院校、企业各有分工，相互促进，形成惠及更多企业的要素流动体系；二是提高“侵权成本”，加强对各种所有制企业产权的保护力度，打击侵犯知识产权和专利的违法行为，通过制度保障来建立有序的竞争秩序，实现“良币”驱逐“劣币”；三是打造拥有综合性服务支撑能力的技术创新服务平台。

（五）突出文化引领，大力弘扬工匠精神和企业家精神

一是继续大力培育以“专注”为核心的工匠精神，提升技术人员在新机械使用、新工艺改造等方面的能力，打造质量佛山；二是进一步弘扬开拓进取的企业家精神，鼓励企业家勇于向高品质看齐，打造企业家之城，推动传统制造焕发新生命力；三是发挥行业协会、标杆企业引领作用，鼓励制造业企业树立“工匠为先”的发展理念。

（六）强化职业教育，加快建设知识型、技能型、创新型劳动者大军

一是借鉴德国经验，联合政府、行业协会与标杆企业，打造系统化的工人培训体系；二是转变人才培养思路，探索“工匠+”模式；三是开展职业教育改革，推动政府、协会、企业和职教院校紧密合作，让职业教育培育和企业实习实践紧密结合，培育更符合市场需求的“一线战士”。

第二章 走读中国

品质革命浪潮掀起

2019年8月11日，央视《对话》栏目“中国产业地标”系列节目首站走进佛山。中国家电业老、中、青三代人同台，共论家电业的“中年危机”。镜头前，美的集团董事长方洪波公开谈及当年转型时的心路历程：“我今天想起来还觉得非常后怕。”

9年前，美的主动在全国各地退还7000多亩地，砍掉多个低价品类，聚焦精品工程。转型的阵痛让美的2012年销售额同比下降30%。9年后，美的在世界500强的榜单上实现四连升，排名从最初的第481位一路跃升到2019年的第312位。

周其仁把美的做产品减法、聚焦做精品的战法称为“善用减法”。2018年，周其仁在深入佛山34家企业开展调研后发现，品质成为当地众多企业的追求。2019年，从佛山出发，周其仁带着数十位佛山企业家观察员走出佛山后发现，这是一场全国性的品质革命浪潮。

从佛山到青岛，美的“善用减法”，海尔“从砸冰箱到砸公司”，张瑞敏推行“人单合一”，用组织变革的力量倒逼品质提升。

从深圳到北京，优必选正在思考如何破解虚实结合产品的品控难题；小米凭借互联网思维，提出了“坚持做感动人心、价格厚道的好产品”的口号。

无论是全球智能手机液晶显示屏出货量已经全球第一的京东方，还是第一条生产线在2018年投产的柔宇科技，都不约而同地把品质作为企业的核心追求。

这也勾勒出中国制造业的新图景：越来越多制造业企业以品质追求为新实践，共同汇聚成推动一座座城市迈向高质量发展的新动能。

自南向北的品质革命

与美的历经改革开放40年的发展历程不同，从创业到成为营收千亿级的公司，小米只用了7年的时间。7年间，小米从只做智能手机的厂商，到进军智能硬件、智能家居等领域，创业至今累计涉足品类200多种。

对于小米系列产品的品质，粉丝和非粉丝褒贬不一，但几乎所有人都不能否认的一点是，同样价格的产品中，小米产品的性价比确实不错，正如小米那句口号，“坚持做感动人心、价格厚道的好产品”。

和小米一样，国内越来越多企业结合自身的理解，喊出了自己追求的品质口号。

深圳企业大族激光科技产业集团股份有限公司是成立于20世纪90年代的装备企业。“超越客户期望，铸造标杆典范”的标语被高高挂在了大族激光子公司大族激光智能装备集团的车间内。

数据显示，2009年大族激光营收19.5亿元，到了2017年已突破百亿元。与此同时，公司的产品品类也在不断地扩张。

目前，大族激光多款激光设备产销量全球第一。在平衡“多”与“好”之间，大族激光正积极推动标准化、模块化、通用化、系列化、信息化、智能化“六化”标准生产，以此提高产品品质。

成立至今仅12年的湖南星邦重工有限公司提出质量是价值和尊严的起点，质量是企业的根基，需要人来扶持。这样的价值观令人刮目相看。

这是一家在“高空作业”的工程机械企业。早年，董事长刘国良及其妻子从国企“下海”后，决定进军高空作业设备领域。这是一个彼时被国外品牌所垄断的市场，但同时又是一个国内市场年均增速高达30%以上的蓝海。

为了杀入一个早已被巨头垄断的市场，星邦重工视品质为打开市场的唯一通行证。企业成立以来，星邦重工积极打造一个可靠的供应链生态：建立供应商门诊，每个月统计、分析产品和配套体系问题，甚至专门从国外引入一位全球供应链专家，以比肩国际一流的标准开展质量管控。

京东方科技集团股份有限公司供应着全球超1/4的显示屏。其“BOE”的简称代表“Best On Earth”，寓意成为地球上最受人尊敬的伟大企业。

在京东方内部，员工记住简称内涵的同时，还记住了另一句话：京东方要成为地球上最受人尊敬的伟大企业，必须要以质取胜，没有质量就谈不上受人尊敬。

从“超越客户期望，铸造标杆典范”到“成为地球上最受人尊敬的伟大企业”，不同的口号背后，彰显出中国制造企业对品质的追求。

中国制造的品质传承

65岁的鲍益新，又找到了职业生涯的新挑战。

作为在全球工业领域都有着知名度的“品质老兵”，鲍益新目前在深圳优必选科技股份有限公司担任首席质量官。此前他曾先后担任美国福特汽车公司质量总监、北美丰田汽车质量总经理、富士康集团首席质量官等职务，在品质管控领域拥有超过30年经验。

对于为何选择来到优必选，鲍益新看中的是优必选品控工作的“难”。优必选生产的人形智能机器人属于虚实结合的产品，品控难点在于没有标准。比如一辆汽车质量怎么样，有成体系的现成指标可以评估，但人机交互的智能产品要做到怎么样才算好呢？鲍益新说：“这对于从事品控的人来说是没有过的挑战。”

在这位公认的质量大师看来，中国制造对于品质的追求，可以在中国文化中找到深厚的基因，最远可以追溯到秦始皇兵马俑：2000多年前兵马俑本身是组装出来的，不同地方烧制的要求是不同的，所以写上了不同手艺人的姓名，如同打造了一个质量追溯系统。

穿越时空，随着市场环境的变化，不同年龄、不同出身的企业家都把品质视为企业的核心追求。

63岁的梁稳根，三一重工股份有限公司创始人。2011年，梁稳根一举成为福布斯、胡润富豪榜双料中国首富。但三一重工却开始步入低谷。如何逆转？梁稳根的选择是“咬紧牙”大力度投入智能制造，工厂经过改造后，相比原先的厂房，单台套能耗平均降低8%，物料齐套性提高14%，人均产值提高24%，到了2016年三一重工成功走出低谷。

佛山“二代”企业家叶永楷只有39岁，目前担任新明珠陶瓷集团常务副总裁。“我很小的时候就在想，意大利人、西班牙人都可以做出那么好的瓷砖，难道中国人不可以吗？”作为接班人，在他上任后，近年新明珠在肇庆禄步打造了行业首个绿色智能制造工厂，此举让这家素来以体量雄踞一方的陶企，成为以智造推动质造的行业样板。

从中国创一代到创二代企业家，品质成为他们不同代际间的共同语言。

作为一家医药设备龙头企业，楚天科技股份有限公司内有一条道路被直接命名为“质量路”。2019年被楚天科技定为企业的品质主题年。在公司的总部，抬头便能看到一块巨幅广告牌，上面是梁稳根为楚天品质主题年代言的画面。作为楚天科技的创始人，草根出身的唐岳如今深感品质革命已是迫在眉睫。

刘自鸿，海外顶尖大学毕业的海归人才。2018年，柔宇科技打造的全球首条类六代全柔性显示屏大规模产线正式投产。为了这条产线，作为柔宇创始人的刘自鸿连续两年的春节在车间过，光是与供应商的采购会议就开了3600多场，为的就是确保产线的生产品质。

从草根创业者到跨国高端人才，品质成为他们的共同追求。

创新驱动的品质支撑

面对品质革命这场战事，不同企业有不同的“打法”。

有的是科技创新的力量。数据显示，2019年第一季度，京东方在智能手机液晶显示屏、平板电脑显示屏、笔记本电脑显示屏、显示器显示屏、电视显示屏五大应用领域出货量均位列全球第一。早年，其只是一家濒临破产的工厂。

这种逆转的背后，得益于京东方对于创新的重视，专利正是一个很好的证明。2019年上半年，京东方新增专利申请量48725件，其中发明专利超90%，累计可使用专利超7万件，覆盖美国、欧洲、日本、韩国等国家和地区。世界知识产权组织发布2018年全球国际专利申请情况，京东方以1813件PCT申请位列全球第七。

有的是智能制造的力量。有近百年历史的双星正在车间开启工业互联网的探索。通过大手笔投入40亿元后，双星集团建立起行业全球第一个工业4.0智能化工厂，实现从轮胎制造向智能装备的巨大飞跃。如今，工厂中的设备包括11款智能机器人80%是双星自主研发和生产的，人工效率提高了近3倍，产品不良率降低了80%以上。

有的是组织变革的力量。与双星集团同处青岛的海尔，如今从砸冰箱走向“砸公司”。该公司近年一直推行“人单合一”，大胆地将一家正在飞行的世界500强企业，拆解再造成各种小微群，人人都变成了创客。组织变革让企业反应速度更快，员工活力更强。相比34年前的砸冰箱，34年后，张瑞敏实际上是通过“砸掉”传统的思维和管理架构，掀起了一场内部的效率革命。

□ 佛山多家智能制造企业合力打造的“工业4.0无人生产线”

有的则在锻造品质革命中的“战士”。2017年，在美的完成并购德国库卡一案的半年后，楚天科技成功并购德国Romaco。自并购完成后，楚天科技一直源源不断地把一线员工送往有着140年历史的德国Romaco进行培训。

唐岳观察到，这家百年的德企内存在大量年龄较大、经验丰富的老员工，且德国工人专注又严谨。而这一大批熟练工人，特别是有品质意识的熟练工人正是成就德国质造的重要力量。要学习德国工人的态度，学习他们的工匠精神。深谙这一道理的唐岳，前后派遣了50多名一线蓝领工人到德国开展为期半年的培训。

相比普通工人，工匠“从一开始就把事情做对”，这背后正是效率的保证。

殊途同归。这些“打法”的背后，无论是围绕技术的变革、车间的变革、组织的变革还是人的变革，最终都离不开创新的力量。

佛山案例

美的：产品做“减法” 创新做“加法”

《财富》杂志发布的2019年世界500强榜单显示，美的位列第312位，自上榜以来连续四年排名上升。在当前家电业激战一片红海下，美的如今的竞争力离不开其9年前战略转型释放的红利。

2011年，刚刚突破了产值千亿大关的美的，面对如雪片般飞来的订单，主动“踩刹车”，确立了“产品领先、效率驱动、全球经营”变革战略。

其中，美的质量变革的核心就是实施供给侧结构性改革，并形成了一套“先做减法，后做加法”的管理哲学。

在发展模式上，美的明确减量提质，专注核心业务，改善产品结构，提升资产效率。在经营思路上，减少规模小或经营欠佳的品类，2011—2016年，美的产品品类由64个减至32个，产品型号减少50％。

与此同时，美的又积极加大科研投入，过去5年，美的集团研发投入累计近300亿元，仅2018年研发投入就将近100亿元。不仅如此，2018年美的共申请专利15895件，发明专利6102件，累计拥有授权专利达4.4万件。

美的还加大对自动化、信息化的投入，收购德国机器人巨头库卡，全面提升自身智能制造的能力。早在3年前，美的集团平均自动化率已达到36％（行业平均为15％），应用机器人超过2000台，制造效率每年提升15％以上。

经过一轮对整体骨干架构的调整后，精品工程则是美的实现质量变革的核心支点。

所谓精品工程是在2010年由美的集团层面首次提出，当时明确的方向是外观精美、做工细致、性能卓越、稳定得当、物超所值；2012年进一步深化，2014年对方法论进行沉淀，并提出了“精准企划、精湛研发、精心制造、精品品质和精致服务”五大精品战略；2017年，这套方法论已经固化到各个事业部的整个流程体系。

其仁夜话

为什么要推动品质革命?

周其仁

为什么要推动品质革命?

我们面对的形势，说简单点就是一个全球“三明治”。全球格局发生了重要的变化，一些国家也面临不少困难，增长速度比不上中国，但是它的创新能力仍然强大。而往下，一些东南亚和非洲国家在走当年中国的道路，他们具有成本优势。

全世界各地但凡是成本经历了降下来后，一定会再升上去，这是不可抗拒的趋势，被称为“成本的诅咒”。很多企业家管理一家企业都有这样的经历，一家公司开始的时候成本可以往下降，降到最优点以后就会往上升，你要招更多的人，要有更多的地，这些都会抬升成本。

成本的问题怎么应对?全世界的商学院、业界、商业领袖成天交流成本控制的话题。如果成本掉头向上，你就要比你的对手上升得慢一点，这是应对成本问题主要的常规办法。还有一个办法，我移动成本线，同样的员工、土地和厂房，我做不同的东西，同样的人工成本做不同的东西，成本就会不一样。经济学的术语是将成本线不断往下面推，连成一条长期的、向下的、收缩的成本曲线。这是经济学的图形，高度抽象，但是包含着中国的经济往前走的启发。我们远远没有进入“舒适区”，还要长期艰苦奋斗。

全球的格局变化其实就是比较优势的变化。新的追赶者很多，我们的成本优势是不明显的，独到性优势还不足，这个“坎”怎么能越过去，这是一场躲不开的大考。此前我出了一本书《突围集》，也是到各地调查，要寻找“突围”的方法。当时讲到，第一是改革突围，因为改革可以降成本，特别是可以降低体制成本；第二是创新突围，同样的成本做不同的东西，做更好、更优的产品。熊彼特讲到，如果没有创新，经济会很平庸，人口增加、经济总量增加，人均水平没有显著提高，这不叫现代经济增长，现代经济增长是人均水平持续提高。怎么做到人均水平持续提高?就要突破这个循环，引进多方面的创新类型。

大家注意看，创新的其中一个类型不完全是造新产品，提升现有产品的质量，同样产品的品质提高，也是创新。我们从全国来看，各地都在推动创新，佛山也在推动创新，有一些企业做得很好，但是从全国的比较优势来看，佛山未来的比较优势有可能就是把东西造得更好一点。我们能不能在雄厚的制造业基础上，把东西做得更好一点？新的东西要给人用也要批量制造，量产到哪里去产呢？将来，好东西都到佛山来造。把品质提上日程，我觉得佛山市政府提出的制造业品质革命，抓住了关键所在。

从“看到了造”迈向“想到了造”

在深圳龙岗，柔宇占地10万平方米的厂房已投产两年。2016年这条产线开建后，柔宇创始人——从国外留学归来到深圳创业的刘自鸿曾在此度过两个春节。2018年6月，这条号称全球首条类六代全柔性显示屏大规模产线正式点亮投产。

2019年7月底，柔宇召开新品发布会，继在全球率先发布可折叠柔性屏手机后，刘自鸿又亲自发布了一款全新柔性电梯广告屏——弯曲轻薄的屏幕上，集成着新型柔性传感器与智能交互技术。广告屏的发布，有望重构电梯应用场景。此时离这位37岁的年轻人开始创业已过去7年。

回望中国制造业发展进程，对已成型的产品的生产或微改进曾占据主流，颠覆式的创新却并不常见。而尚未走向强大的柔宇却开创了中国制造的新图景：20世纪以“珠江水、岭南衣”为主体的轻工业，开始穿越历史的三峡，演变出创新含量升级、颠覆想象的高科技产品。

从“看到了造”到“想到了造”，中国制造正开启一场全新的创新与品质跃迁。

从0到1的颠覆

2018年6月6日，在柔宇投资百亿元的全新生产线点亮投产的那天晚上，创始人刘自鸿在生产基地外的空地上坐到次日凌晨1时多。看着眼前装着新工厂、包裹在夜色中的高大总部大楼，他感慨万分。

两年多前，这里还是荒草丛生。刚创业时的刘自鸿从未想过，在此会诞生世界首创的产线。柔宇做的产品是从无到有，靠的是一步一步摸着石头过河；柔宇走的颠覆式创新路，在此前的中国制造业领域上更是少见。

2014年，柔宇在全球第一个发布了业界最薄、厚度仅0.01毫米的柔性显示屏。几年后，柔宇又率先发布可折叠柔性屏手机柔派。薄如纸翼、可折叠放入口袋的显示屏上，集成了超过2000万个柔性超精密器件和近百种微纳米薄膜材料。来源于刘自鸿毕业论文中的产品技术，在现实中落了地。

“柔性屏幕技术是一开始没有的东西，我们从基础的原理开始，从物理、化学、工艺、材料一步步摸索做出最后的终端产品。”刘自鸿说。

这样一个“从0到1”的产品没有标准、没有参照，柔宇靠什么把它真正造好？

一批国际化人才的集结，让柔宇的颠覆式创新有了强大智囊团。柔宇的创始人阵容堪称豪华，均来自国内外知名高校学府；通过校友圈的扩展和全球引才后，柔宇又将不同国家和地区具有成熟研发制造经验的上千名人才招致麾下。

一流的团队带来原创技术的支撑。仅柔派手机的铰链上，就集成了110余项核心技术专利。

在距柔宇生产基地60多公里外，另一家深圳企业华讯方舟在神秘的太空领域探寻产业空间，深入开发新一代卫星通信主站系统。这家主打卫星、太赫兹等业务的科技新贵在Ku、Ka波段兼容卫星地面网络市场实现了全球市占率第一。目前，华讯方舟率先在“一带一路”沿线运营卫星通信；其综合各路院士、海归等高端人才的技术成果，能为海洋、电力等国家安全领域提供不断升级的通信解决方案。

2018年，华讯方舟成功发射可回收卫星，成为中国首家开展可回收卫星试验的民企。在卫星通信这个多由国企占据的高科技产业，华讯方舟这家民企的“敢想敢试”成了一个独特标签。

从深圳一路向北，在北京中关村科技园内，北斗企业华力创通同样在“想到了造”领域做着新实验。以贸易起家的华力创通曾遭遇供应商断供，之后它摒弃了继续代理的路线，转而走上自主研发道路，派员工出国学习，最终打造出拥有自主知识产权的高端实时仿真系统——一个可“上天入地”的应用。C919、国内首个海洋工程数字化技术中心等项目的设计、制造、论证等，都离不开华力创通仿真技术这一幕后功臣。

跨界重塑制造边界

当刘自鸿在发布会上示范手机折叠，展示着掌上小小科技产品背后的强大创新力时，远在长沙的工程机械巨头三一重工则在大国重器的打造上付诸新想法，并让全新的概念在产线上落地。

2011年，日本发生大地震导致核泄漏。三一重工临危受命，无偿捐赠一台价值100万美元的混凝土泵车进行国际救援，前往日本对核反应堆注水降温。这次救援的成功给了三一重工灵感：既然泵车能给反应堆浇水，当然也可以用于消防。

于是，三一重工跨入从未涉足的新领域，2015年三一重工首台48米举高喷射消防车

□ 深圳企业柔宇科技打造的全球首条类六代全柔性显示屏大规模产线

应运而生。这台消防车摆在三一重工的展厅内，一直是最吸引眼球的产品之一。

和传统产品相比，新型消防车臂架可以随意折叠、弯曲，甚至可以伸到建筑物窗户里对准火源的根部实现精准灭火；除了供水，它还可以喷干粉和泡沫，集多种功能于一身，工作高度接近50米，能彻底解决高空消防作业难的问题。

从研制出中国第一台开式混凝土拖泵，到自制大型履带起重机参与智利矿难救援，再到跨界造出消防车，三一重工的自主创新探索走向纵深，让产品性能大幅升级，成为其征战国际市场的一张王牌。以市场前景备受青睐的印度为例，2018年三一重工在当地销售额超20亿元，同比增长55%。

同为老牌制造业企业的青岛双星轮胎，则在轮胎这个传统制品上大做新文章。双星的轮胎生产范围深入各大应用领域。由双星生产的巨型轮胎立起来高达3.68米，专用的材料和生产工艺让其具有超强适应力、驱动力和耐载力，应用于矿山工程等。

而“穿上”军用级别防弹衣材料的“三防”轮胎、采用石墨烯这一高科技材料的轮胎等，更是颠覆了轮胎的应用想象。

三一重工、双星延伸着产品功能的创新边界，位于佛山的星联精密则在新材料上打响了技术升级的新战役，进而辐射全行业的品质变革。

专注PET吹瓶模具等产品研发的星联精密，是可口可乐等多家国际饮料品牌公司的供应商。4年前，星联精密与院士团队、高校联合投资成立新公司，开启“二次创业”。创业的核心筹码，是其开发的全新高分子材料加工成型原理。

这一新技术原理，改变了已经使用了100多年的传统材料加工成型原理，大大降低生产中对材料分子结构的破坏，降低能耗25%，同时节约材料、提升产品性能。更关键的是，新技术可广泛用于塑料挤出成型、橡胶加工乃至农业、环保领域，加工一些过去加工不了或是加工得不够好的材料，催生出一批具有高成长性的新产品和新材料。

"我们希望尽快将新技术工艺推广，拓展高分子材料的万亿级市场。"星联科技董事长张伟明说。

佛山案例

星联精密：掀起材料革命　开启"二次创业"

在佛山南海三山新城的一片广阔产业园内，一个更具革命性的新材料产业正在加速成形。

2015年，广东星联精密机械有限公司与中国工程院院士瞿金平团队等单位联合成立星联科技。该公司主打的产学研合作项目，正是位于三山新城、联合院士资源开发的高分子拉伸流变制造装备（下称"ERE"）项目。

在高分子材料加工行业，传统的技术存在能耗高、成本高、加工难等问题。而ERE项目开创出全新的材料加工成型原理，并打造相关工作母机，让高分子材料加工在能耗方面下降25%，节约生产材料和成本，同时制品力学普遍提高20%以上。新技术还能够加工一些过去加工不了或是加工得不够好的材料，催生一批新产品和新材料。

星联科技董事长张伟明爱引用瞿金平院士的比喻，来解释新旧两种技术原理的不同。"就像做牛肉丸一样，原来的技术是用刀剁，将材料一层层'剥'下来；而我们开发的新技术就像潮汕做法，用棍来打，在机器上用挤压的力进行塑化，这也将使材料原有的分子结构保持得更好。"

"从塑料挤出成型、橡胶加工到农业、环保领域，几乎所有涉及高分子材料的产业，若要提升产品与工艺水平，都能使用这一技术和相关设备。"张伟明说。

诞生于20世纪90年代初的星联精密，是业内老牌的隐形冠军企业。其研发生产的PET塑料瓶形、瓶坯等产品，长期被可口可乐、雀巢等全球600多个知名品牌采购。但是在一个企业竞争力越发依赖创新的时代，星联已不甘心只局限在吹瓶模具的制造领域，而是开启了向材料基础性技术创新的产业价值链上游的跃升。

牵手院士团队协同创新只是一个开始。在三山新城，以ERE项目为基础，星联正在建设一个产业园，孵化更多相关的新材料技术和产业；此外，星联开发的应用ERE技术的设备已进入小批量生产。

对于张伟明来说，星联精密开启的技术创新犹如“二次创业”：它将企业引向的，是更为广阔的发展天地。

其仁夜话

你的企业有多少“想到了造”的成分?

周其仁

中国制造此前大多是造出世界上已经存在的东西，这叫“看到了造”。当然，“看到了造”分四个阶段，一是“看到了不会造”，二是“看到了造不好”，三是“看到了能造好”，四是“造得比看到的还好”。

中国制造业“看到了造”的能力在全球都很突出。剩下的问题在于，如何在看到后把东西造好，甚至能造得比原创的还好，这是中国制造业下一步要跨越的难题。

在柔宇，我们看到了另一种制造模式——“想到了造”。在柔宇创始人刘自鸿创业之前，柔性屏幕这个产品还没诞生，作为斯坦福大学学生的刘自鸿起初在自己论文中先提出了相关技术，再经过教授指导、实验室研究后，将论文中的技术变成专利，并在深圳落地，让技术有了现实的生产载体，可以变成实实在在的器物。

这是一种更厉害的创新“打法”。人类发展到一定程度时，通常能学会“看到了造”；但在如今信息成本如此低的背景下，等你看到了再造的时候，天下已经有很多人同时看到并入场，在某个产业领域竞争，拼杀出一片产业红海，造成产能过剩。也就是说，“看到了造”产品在市场上的领先时间通常难以维持，这是“看到了造”的命门。

“想到了造”则不同。这种模式门槛非常高，“护城河”非常深。当然，“想到了”之后麻烦的事在于如何造，你可能遭遇“想到了没造成”，也可能面临“造出来后没有用”，产品缺乏市场前景，这些都是风险。但倘若想到的东西造出来后充满市场前景，那么你的产品“护城河”将又宽又深，其他企业难以追赶。

中国很多企业具有后发优势。所谓的“后发优势”就是别人先造出来，我看到了，然后再学着造，超越前人。其实“先造”“先想”才是最难的，你得说服其他人相信你，并投入相应资源。从这个角度看，柔宇的团队能走上这条路，实属不易，这需要很大毅力。

透视这个经济现象，我觉得可喜之处在于中国已经开始冒出“想到了造”的苗头，这个头开得非常重要，否则我们总是前赴后继地“看到了造”，自己会很辛苦，也会加剧整个产业的竞争程度。

在“想到了造”开始出现苗头的情况下，每一位企业家都可以思考一下，自己的公司有没有“想到了造”的成分？如果原创的想法没有，那么改进的想法是否存在？边际上的一个小想法，比如在内衣里面加芯片、收集人体数据制成智能内衣，也是“想了再造”。如果企业能把这个特质强化、总结经验，并将经验汇涓成流，将会在传统制造领域里发动创新革命。

其实只要你敢动脑，中国制造能发挥的空间还有很多。企业家能百无禁忌地想、脚踏实地地做，哪怕不一定成功，这也是给国家经济发展开路。而在“想到了造”的过程中，企业要能经受得起好听的话、难听的话、怀疑的话以及各种翻江倒海的挑战。如果企业家都爱惜羽毛，承受不住争议和怀疑，干每一件事情都一定要成功，就很难杀出一条路。

“中国质造”的组织变革

最近几年，海尔集团董事局主席、CEO张瑞敏每周的工作就是忙于研究，如何把公司“砸掉”。

在青岛，为推动公司向互联网转型，海尔在内部推行“人单合一”的管理变革，上万名中层干部被调整，不是当“小微”，就是做“链群”。

就在海尔推行“飞行中换发动机”之时，小米科技在北京总部的小米之家，已开发出琳琅满目的上百个品类产品。小米自己不负责生产，但通过“实业+金融”的“打法”，投资了150多家硬件公司，孵化出一批高性价比的爆款，成为“中国制造业的鲶鱼”。

在长沙，三一重工顶住压力推进减员增效。在最困难的时候，公司员工数量缩减了2/3，三一重工咬紧牙关，打造智能制造标杆18号工厂，发力工业互联网，最终推动7年间产值增长了80%。

从青岛到北京再到长沙，从北到南，制造企业“互联网化”、互联网企业“实体化”的产业趋势正在发生，组织变革在其中的动力作用越来越强，公司组织的弹性越来越大。

“什么是公司？公司的边界在哪？我们需要怎样的变革？”在和“品质革命　对标世界”佛山调研团走访长沙、北京、青岛的企业后，周其仁提出了这样一个问题。

这为一向稳打稳扎的佛山制造业企业家上了生动的一课。参加调研的佛山企业家不仅为这些企业主动求变的勇气和魄力叹服，更深刻感受到组织变革带来的中国制造品质跃迁的新力量。

海尔“互联网化”的传统产业变革

从2005年开始，张瑞敏率先在公司内部推行“人单合一”的管理再造，把公司拆解成平台、小微、链群等单位，上万名中层管理人员消失。对一家传统的家电巨头而言，他称之为“在飞行中换发动机”。

如今在海尔内部，员工对于“人单合一”已经耳熟能详，这种适应互联网发展的组织变革已深入人心。当海尔青岛总部接到一个来自广东的滚筒洗衣机订单，这个订单经系统层层转化，形成各个内部的单后，海尔的小微就会活跃起来。

就像滴滴网约车平台一样，无须上级的命令，成千上万的小微会争先恐后地去抢单。而为了能更好完成这单任务，小微之间还会联合组成链群，最终实现价值的最大化。

这是“人单合一”变革带来的传统产业转型最生动的场景。

海尔所处的家电业，是中国传统制造业的一个典型代表。近年来不仅有来自劳动力、原材料等成本上涨的压力，更受到小米等互联网公司的跨界冲击。

为了应对挑战，不少传统企业都主动拥抱互联网加速转型，在佛山，维尚家具通过“互联网+智造”，迅速从传统家具制造转型为现代家居服务企业。

相比之下，海尔的转型更聚焦在内部找动能。张瑞敏曾表示，传统经济将被互联网经济替代，企业要么被颠覆，要么自我颠覆。而传统企业的出路是转为互联网企业。海尔大学执行校长孙中元说，海尔第一个改变就是把过去的电器变成“网器”，将冰箱、空调变为一个互联网的入口，和用户建立深度的交互，让用户永远黏在他们平台上。

以洗衣机为例，如今海尔已构筑起一个“衣联网”的平台。整个“衣联网”变成了一个平台，将洗染、服装等利益相关方与洗衣机连接在一起，融合了不同场景，给用户提供了各类衣物护理的解决方案，而不再是单一的产品。

在这个生态系统下，海尔员工的个体能动性被充分激发起来。一个小微整合了研发、市场、质量、物流等其他小微，形成一个链群抢单成功后，会与公司签订一个对赌协议。成功打造出爆款，或最终盈利能力、生态收入越高，链群中的小微分享到的价值回报越大。反之，如未达到预定目标，链群就可能会解散。如果小微里有的人长期不能完成任务单，可能就要被解聘。

卡萨帝是海尔精心打造的高端家电品牌，冰洗产品平均单价在1万元以上，创造营收达100亿元，年增长40%以上。连美的集团董事长方洪波也将其视作对标的对象。

在今天新技术、新市场环境下，传统制造业不能固守过去的组织模型。中国企业的品质革命要通过加大组织弹性，想方设法把人的潜能调动起来，要从组织变革中寻找企业发展的新动力。

小米“海尔化”背后的万物互联

经过10多年的互联网转型积累，2019年6月，海尔公布将上市公司由“青岛海尔股份有限公司”更名为“海尔智家股份有限公司”，全面推进物联网智慧家庭生态品牌战略。

就在海尔高调布局物联网领域之时，依托物联网，小米这家互联网公司日渐“实体化”。

仅5年多的时间，从手机切入，到手环、移动电源等周边产品，再到电视、电饭煲、空气净化器等家电，再到牙刷、毛巾、内裤等日常消费品，累计孵化200多个品类，营收达500亿元……几乎每切入一个行业都能做出爆款，但这些产品并非由小米自己生产。

刘德，小米科技联合创始人，被称为“小米生态链之父”。从2014年开始，刘德就用小米做手机成功的经验去复制其他行业，打造一个小米的生态链，提前布局物联网。他表示：“我们那时觉得未来的5—10年里，可能我们所有用的设备都互联互通的。”

把小米生产的空气净化器买回家，传感器能感知到何时需要换滤芯。如果在北方空气干燥，它会建议买小米的加湿器；把加湿器买回来，当检测到用户家里的水质不好，又会推荐买净水器……“如此循环往复，买小米的产品，就相当于把一台自动贩卖机买回家。”刘德认为，物联网不仅带来美妙的用户体验，还极大提升了商业效率。

效率正是小米模式的本质。自诩做“中国制造业的鲶鱼”的小米科技创始人、董事长雷军认为，中国制造的核心问题在于效率低下，而小米生态链的“打法”正是从效率出发，通过“实业+金融”的方式，至今已经投资了150家硬件公司。

用刘德的话说，小米投资只关注产品技术，不关注商业计划书，同时要“按找老婆的标准来找团队”，也就意味着要有共同的价值观，通过股权来建构一致的利益。投资额度大，占股比例较小，愿意把更大的红利和收益让给创业团队，而不是只考虑小米自身的利益。

来自佛山的云米科技，就是雷军、刘德与美的前高管陈小平一拍即合，投资了400万元创建的生态链企业，仅用了4年时间就成功在纳斯达克上市。

除了资金外，在刘德背后，还有400多人的强大的工业设计团队、小米本身的供应链、庞大的“米粉”消费群以及小米之家、小米有品等新零售渠道的支撑，从而保证生态链上每一家公司都能高效运转。

在此理念的指引下，小米在不同行业内做出了诸多颠覆：把200多元的移动电源产品做到69元；把动辄四五千元的空气净化器卖到699元；把市场上4000多元的高档床垫定价为699元……

2018年小米总营收达1749亿元，同期海尔营收1833亿元。2019年《财富》世界500强榜单中，小米首次登榜，排名468位，成为最年轻的世界500强。而海尔则排448位。两者差距在逐渐缩小。

小米的边界在什么地方？“小米提出了一种经营模式，足以撼动除了手机以外的其他行业。”蒙娜丽莎集团股份有限公司总裁萧礼标感叹，小米生态链就是一个套、一个圈，把用户的需求不断套在圈里。

三一重工的“大象转身”

就在海尔、小米组织创新还在进行时，三一重工已经从一场艰难的内部变革中走向柳暗花明。

无论从产品性质还是公司地位来说，三一重工都堪称“大象”。各类庞大的工程机械是三一重工的主营业务，三一重工也在这个领域成为全球的龙头企业之一。不过，现在这头大象却一点也不“笨重”，而是处处显示出一种“轻盈”的姿态。

2011年之前，三一重工在一直保持着高速发展和扩张，2012年后，受到全球金融危机倒逼，三一重工又率先探路供给侧结构性改革。

2011年，三一重工董事长梁稳根在福布斯、胡润两大富豪榜上均被评为中国首富，公司在全球的扩张布局也到了最迅猛的一年，净利润超过100亿元，产值超过500亿元，市值超过1500亿元。也正是在这一年，全球金融危机的余波开始影响到工程机械行业。2012年开始，三一重工净利润逐渐下滑，甚至连续3年没超过10亿元。

那时，三一重工一方面在内部开启了各种大刀阔斧的管理变革，另一方面此次布局的智能制造、工业互联网逐渐发挥作用，让三一重工坚定了制造变革的方向。随后的几年时间里，公司发生了一系列深刻变化。其中最为显著的是，员工总数从最高峰时的7万人下降到了不到3万人。

2012年后，三一重工在各地工厂推广18号工厂经验的同时，对18号工厂的优化一直不停，2018年的人均效率已经比投产初期提升了400%。通过智能制造工厂改造，三一重工也对自身有了更深的了解与穿透，拥有了更强的品质把控能力。

“那几年我们真的是咬着牙做智能制造。”三一重工总裁助理陈爽是公司智能制造的主要推动者之一，对这个过程体会深刻。

如今，在三一重工18号工厂，工程机械的生产和运营已经实现了高度智能化。每个工位上都有一块屏幕，记载着每台机械的订单、原料、加工等信息。每台机械上安装了一个“黑匣子”，实时记录工作数据并将其传送到云平台。例如一台挖掘机，买家能够远程监控其工作情况。

这被称为“挖掘机指数”，是三一重工拥抱互联网“由重变轻”的另一大布局。

2016年，三一重工正式成立了树根互联技术有限公司，打造起“根云”平台，向外输出工业互联网服务。如今，该平台已进入61个工业细分领域，连接超过56万台工业设备，建设了14个行业云平台，成为全国最知名的工业互联网平台之一。

打破公司传统发展模式，从组织变革中寻求新动力，越来越成为中国企业拥抱互联网转型的共同选择，也逐渐形成一股中国制造推动品质革命的新趋势。

佛山案例

维尚家具：大数据驱动规模化生产又快又好

每个走进维尚家具位于佛山市南海区狮山镇的工厂的参观者，都会被眼前这一幕震撼。

偌大的厂房里，没有大件的木料，也没有工人忙碌的身影，更多是一台台机械手、机械臂依据信息指令，对眼前的板材进行快速分拣、输送。而工人站在一个显示屏前，通过“接收”机器指令，再把板材放在对应位置切割即可。

佛山是全国知名的家具制造重镇，近年来也面临要素成本上升的挑战。而由一群IT男组建而成的维尚家具，通过拥抱大数据为这个传统行业注入了新活力。近年来，维尚家具实现年均50%以上的迅猛增长，目前销售额已突破40亿元，成为全屋定制家居龙头企业和国家智能制造试点示范企业。

在人们传统印象中，快速扩张与品质保证较难兼得，但维尚家具以大数据驱动智能制造，成功实现效率与品质的双重跃升。

2016年，维尚家具投资10亿元的智能制造试点示范（全屋家居大规模个性化定制）项目正式启动，如今日产能达到30万至40万件，预计产能能够满足销售额100亿元的生产。

“目前我们在生产制造环节已基本实现了互联互通。”维尚家具总经理黎干表示，目前每天要处理的数据达到50万个，依托数据化生产，公司破解了定制家具难以规模化生产的难题，整个材料的生产效率提高至93%。

在对板材进行喷胶处理时，传统的人工喷涂常面临不均匀的问题，会使成品的结合率下降，从而降低板材的使用年限。而维尚家具利用机械手加上大数据的运算，能很好地解决手工操作不当带来的缺陷问题，降低出错率，保障产品质量。

除了从硬件上提升生产的可靠性，维尚家具还鼓励每个员工“挑刺”，培植和弘扬工匠精神。

黎干介绍，目前公司正在实行“全员报案”制度，员工在工作的过程中，发现质量问题都可以直接向专案小组进行报案登记，经实地认证问题属实就会确定专项整改，并且给予报案人一定的奖励。“每个月结案的大概有20到30项，不仅改进了产品品质，也在潜移默化中，让员工树立品质至上的意识。”

其仁夜话

公司的边界在哪里?

周其仁

几十年前，张瑞敏砸冰箱，现在“砸公司”。通过“人单合一”改革，他把原有的框架整个都打掉，1万多名中层管理人员消失了，这个事情要怎么评价，这么大的动作，到底成败得失如何，今天得不出结论。我觉得很多事情是“不明觉厉”。

我上次来海尔的时候，张瑞敏亲自介绍说，现在所有的事情都是“人单合一”，每周工作就是一个一个班组、一个一个群来座谈，一个一个创业人座谈，他组织集团最高的委员会整天看平台怎么做、群怎么做。一个功成名就的老总，一门心思去推“人单合一”变革，这个劲值得学习。

我们要问什么叫公司？公司的边界到底在哪里？根据“人单合一”，银行把贷款分给了某一个群，银行为什么借给它，因为整个海尔的无形资产和有形资产也会押给银行的，公司要为群来“背书”。这笔钱借了还不了，最后这个责任链条归海尔。回过头看，公司在又不在。

这给了我们启发：我们在做业务的时候可以大大增加我们的组织弹性。千万别以为公司就是一种，我是老板、我发起、我大股东、我控股，如果到今天为止只有这一个模型，很难适应千变万化的技术变动的市场。这个题目从小米到海尔一以贯之，新技术、新市场已经倒逼着中国企业增加组织弹性。能增加到多大弹性，要看每家企业的领悟能力和驾驭能力，但是所有组织都要增加弹性，千万不要固守在几十年前甚至100年前形成的传统企业的组织模式上。

人力、物力、土地、技术、想法，都可以通过一个合约变成权利义务，履行得好就变成一个新的公司形态。这个题目答案不一定都叫“人单合一”，但是值得佛山企业研究，组织变革非常重要。

现代市场最后是靠人的本事打出来的。我们今天讲对股东负责，好像仅仅对出钱的人负责，等到技术革命兴起的时候，你看硅谷，我有想法就是资本，我这个想法一旦做成就是亿万富翁。

未来的潮流是，厉害的人越来越厉害，自主性越来越强，如果没有新的合约能力，企业根本动员不了新时代的人力资本，有钱也没有用。这个问题值得引起所有佛山企业家的高度重视，找到什么办法把人的潜能调动起来，海尔现在的抢单状态就是积极状态，派命令是消极状态。

张瑞敏虽然年纪较大，对新技术、对互联网却不是抗拒的态度，而是拥抱的态度。佛山实实在在的企业家多，但是不要把长处变成短处。这个题目值得引起佛山企业高度重视，增加组织弹性、推进组织变革，然后运用新的技术手段。

“80后”“90后”的新生力军

2019年8月22日，2019中国民营企业500强名单正式公布。小米集团凭借1749亿元的营收，位列榜单第53位。这家成立至今仅10年、自称是“新物种”的企业，员工的平均年龄为28岁。

年轻人在企业当主角，也开始在制造业中挑大梁。从名校毕业的技术领头人到在全球知名制造企业中工作过的管理人员组成的企业决策层，正带领着年轻的技术工人成为中国制造业新的中坚力量。

在佛山，第一代与第二代企业家的交接正在大规模进行。格兰仕、新明珠、蒙娜丽莎，这些知名企业的创始人越来越多地走向幕后，一场父与子的接力让新生代企业家不断走向台前。在传承父辈经营理念的同时，他们对于产品和制造的理解也更具“现代化思维”。

与父辈洗脚上田创立简易工厂、从零开始不同的是，这些“80后”“90后”的接班人或创业者普遍受过更高的教育、接受过更专业的培训，他们在更高的技术起点和资本积累的现代化工厂里开始了中国制造迈向高质量发展的新探索。

父与子的新接力赛

2019年8月11日，央视《对话》栏目“中国产业地标”系列节目首站走进佛山。台上，中国家电业老、中、青三代人同台共论家电业的“中年困惑”。其中，万和电气总裁卢宇聪正是少壮派代表。

这位生于1979年的“创二代”，3年前刚刚从父辈手上接棒。2015年底，66岁的卢础其退居二线，将万和电气董事长的位置交给徒弟叶远璋。同时，被视为接班人的卢宇聪正式接任公司总裁一职。这标志着万和电气第一代创业者逐步退居幕后，第二代开始走到台前。

半年后，就在公司刚顺利完成新旧交替之时，万和电气举行2016年质量大会，提出质量强企的战略。会上，卢础其、叶远璋、卢宇聪、卢楚鹏等老、中、青三代高管及各级相关部门的管理人员约300余人共同出席这次会议。执掌万和电气的“老帅”和“少帅”在现场发言时共同提到要造精品的“匠心”。

这是一场父与子的交接，更是中国制造业“创一代”与“创二代”企业家质造传承的缩影。

两代人之间，既有传承，又有创新。

传承的是对于高品质的追求。卢础其坦言，自创业以来，万和电气一直秉承着工匠精神的基因，在产品创新及品质的追求上精益求精。而卢宇聪则认为，当前的消费趋势已经发生了明显的变革，追求精品成为诸多消费者的共识。万和要想进一步做大做强，就要确保产品质量的持续提升。

创新的是两代企业家的差异。相比“50后”“60后”等企业家大多是洗脚上田，以卢宇聪为代表的创二代普遍拥有高学历。不一样的成长背景，也让他们在追求品质时展现出不同的做法。

生于1949年的卢础其对于品质更多是一种意识的“觉醒”。早在2000年前后，在万和电气进入高速发展之时，敏锐的卢础其就提出由价格竞争向价值竞争转型。当年，万和电气引入卓越绩效管理体系，通过大力提升质量管理、自主创新构建核心竞争力。

实际上这也体现了市场环境的特点。第一代企业家的财富积累大多得益于改革开放初期的稀缺经济、经济高速发展之时，企业对于品质的追求并不敏感。

但到了新生代企业家接棒时，特别是这群拥有高学历的少帅掌舵时，他们大多已充分认识到市场对于品质的追求，且善于链接新技术。

在卢宇聪的主导下，万和电气成立技术质量管理中心强化品质管理，发力智能制造提高生产稳定性，与德国博世集团合作对标先进，在坚守父辈留下来的品质传统的同时也在不断创新。

一批拥有海外留学背景的“80后”“90后”企业家更是如此。

生于1983年的刘自鸿是一位海归博士。2012年，他带着研究成果回国创业，在深圳创立柔宇科技有限公司。这位技术出身的领头人，正在带领企业以新的技术路线寻求品质的提升。在他看来，技术路线的不同使得整个设备投资成本要小很多，工艺路线简化了，这就是技术创新带来的价值。

“95后”的格兰仕第三代接班人梁惠强，2019年首度以正式身份亮相格兰仕“328年会”。他的爷爷、格兰仕创始人梁庆德曾经提出“做500强不如做500年”的理念，格兰仕也以一流的品质成了“世界微波炉大王”。梁惠强对此十分坚持，“从我的角度来看，这条核心思想都已经融入我们的血液当中，永远都不会改变。”

□ 在柔宇科技全球首条类六代全柔性显示屏大规模产线上，工作人员对成品进行外观检查

“仰望星空”与“脚踏实地”

作为华讯方舟集团的创始人，学工商管理出身的吴光胜在2010年遇到NASA的科学家后，决定进军冷门的太赫兹领域。那一年，国内三大运营商手中的3G牌照还未捂热。

在1981年出生的集团副总裁骆睿眼中，比他大两岁的吴光胜是一个“仰望星空者”。

2006年，骆睿研究生毕业后加入了华为，后来在通信行业的多家企业担任过创始人、高管。以骆睿为代表，这家企业正以创新推动企业的品质升级。而主力军正是一群“80后”“90后”的高端人才。

作为“80后”，骆睿明白年轻人的行为方式。他觉得，把他们吸引过来并且用好非常难，“大多数有本事有能力的人都是有个性的”。

品质革命是一场“仰望星空+脚踏实地”的革命。正如吴光胜与年轻的高级人才一样，企业老板的“仰望星空”要真正与“脚踏实地”连接起来，离不开同样有理想的高级管理者、高学历人才。

11年前，27岁的宋科明获得中山大学高分子化学与物理博士学位后来到佛山，加入了联塑科技实业有限公司。从博士后开始，宋科明推动企业在行业率先解决了PVC产品无铅化等难题，并逐渐跃升至集团副总裁位置。

在品质提升上，宋科明的关注点一直都是技术。在华力创通，他注意到企业研发人员占比较高，关注企业的人力成本；在京东方，他希望了解企业在技术方面的规划；在双星，他关注企业从轮胎生产向智能装备领域跨界的变革过程。

这些善于学习、快速成长的品质中坚背后，一批中国制造业在过去数十年沉淀下来的力量正为他们赋能。如果说年轻人在创新上更有潜力，“60后”“70后”们在品质理念和战略方向上有着更深的根基，而且冲劲不输年轻人。

在优必选这家以“80后”“90后”员工为主的新生机器人企业，管理层中有不少前辈，向年轻人传承着智慧。曾在美国的丰田、福特工作，也曾在富士康等国内电子企业有过多年经验的高级副总裁鲍益新正是其中一人。“这里可能是我职场的最后一站。”鲍益新表示将在优必选全力以赴。

华兴玻璃的“80后”质量总监曾雪琴刚刚入职公司时，只是质检岗位上的普通一员。在负责海天调味瓶、李锦记调味瓶等品牌客户的产品检验工作时，她的机台连续3年实现客户零投诉与零退货。2009年，她升任华兴玻璃首任质量总监，负责整个集团的产品质量监控及把关工作至今。

从统一质检标准开始，曾雪琴推动公司各个生产环节的标准化，这成了华兴玻璃走向数字化、智能化的重要支撑。“如果没有标准化的前提，信息化不仅代替不了人工管理，而且会更乱；上完信息化之后，还要达到智能化。”曾雪琴说。

10多年前，华兴玻璃收获第一张白酒玻璃瓶订单后，生产出来的个别瓶身存在瑕疵，创始人李深华当即决定把数百万个玻璃瓶全部当废品砸碎——共计成本100多万元。但现在华兴玻璃再也不用砸瓶子了，因为有一批新的中坚力量为企业的产品质量作支撑。

让员工从一开始就把事情做对

三年前，美的成功并购德国库卡，引发关注。几个月后，位于长沙的楚天科技股份有限公司，成功并购德国老牌医药装备企业Romaco。此后，楚天科技开始派遣一线员工到Romaco培训。

2019年7月30日晚，楚天科技大剧院内座无虚席，几名从Romaco培训归来的“80后”楚天工匠正向同事分享学习心得。

“楚天工匠”刘志华和另外5名同事2018年被派往Romaco在意大利的公司学习两个月。出国前，他在长沙市2018年装配钳工竞赛中获得了第二名，技术实力得到了同行认可。

但在Romaco，刘志华把一个零件修完毛刺后交给海外同事，对方一看马上就做了一个“NO”的示意，还卷起袖子把零件往自己手臂上刮了刮，表示仍然有毛刺。在国内，对待这种不合格产品的通行做法是用机械再次打磨，但在Romaco，工人们选择手工修磨。这些观察与比较，让刘志华深受震撼。

“星星之火，可以燎原”，就是在与Romaco的对标、反思和交流中，楚天科技把工匠精神贯注到了从董事长到车间一线的所有成员身上。两年多来，曾被派往Romaco进行培训的楚天一线工人已经超过50人。而每个人回国后，都会在楚天大剧院进行激情澎湃的演讲分享，大部分公司员工都参与过这样的交流。

不只是装备制造业的楚天科技需要年轻的工匠，“新物种”小米科技也需要。员工总数超过2万人的小米，员工平均年龄仅28岁。

这家企业打出了“做感动人心、价格厚道的产品”口号。在极致的最高5%利润率控制下，还要做到产品的“感动人心”，这是一场可以颠覆许多行业的品质革命。小米期待，在工作的压力和日常工作排满时，年轻人能进步得更快一些。

无论在楚天、小米，还是柔宇、优必选，任何高新科技最后都要依靠这些一线的“战士”落地。周其仁认为，这也正是佛山的机会。

2017年开始，佛山高规格进行了大城工匠评选和表彰，盛路通信技术中心总经理陈志兴、欧神诺陶瓷电工高级工程师李天成、伊之密注塑机品管部整机检验组组长蒋振发等一批“80后”“90后”入围。他们所在的企业，都是以高品质产品在市场上立足的典型佛山企业，有华为一级供应商，有大众知名品牌，有行业隐形冠军。

历史上，佛山作为四大名镇之一，是手工业的中心。包括黄飞鸿在内的佛山历史名人，大多都有一门技术立身。随着一批“80后”“90后”工匠脱颖而出，对工匠的尊重正在重新回到文化的中心。

佛山案例

承安铜业：复制百亿颗铜球里的“品质密码”

一天之内参加两场创业大赛路演，似乎不像是一个企业接班人的事，但这对于佛山市承安铜业有限公司总经理周建新来说并不意外。2019年8月16日，周建新带着承安铜业的“小号”广东德同环保科技有限公司分别参加了中国创新创业大赛和“创客广东”大赛的区域比赛，并同时出线。

承安铜业是PCB线路板磷铜阳极领域的隐形冠军。磷铜阳极的质量对线路板十分关键，如在汽车上有数块线路板，线路板的铜材不好就会造成导电不良，引起刹车不灵、安全气囊弹不出来等隐患。目前，全球生产这一产品的主要企业不过10家左右，承安铜业在其中发挥领军作用，占据全球市场1/3份额。

20世纪90年代初，欧美一直占据磷铜阳极产业的主导地位。承安铜业是国内最早生产磷铜阳极的企业，彼时国内磷铜阳极生产一片空白，工艺检测、设备安装都是难关。承安铜业引入资金，购买海外先进水平的检测设备，吸收技术，自主攻关促使国内第一批磷铜阳极面世。同期，中国电子产业开始飞速成长，市场需求也推动了承安铜业的发展。

“做一颗合格的磷铜球简单，但多年来，承安铜业已出品近100亿颗磷铜球，品质稳定，不曾失误，这并非易事。”周建新说。

最大的优点也是最大的缺点，在占据全世界1/3市场份额之后，还要怎样提升？父辈在磷铜阳极领域的成功，让周建新倍感压力。2017年，周建新担任公司总经理之后，决定改变单一工厂、单一行业、单一产品的现状，向PCB环保、材料等领域拓展。周建新首先成立了面向PCB蚀刻液回收处理领域的德同环保，并在半年内完成了量化生产、技术升级、业务大幅拓展的三级跳。

正如承安铜业踏准了中国电子产业发展的节拍一样，德同环保也赶上了中国环保产业的机遇。随着近年来从中央到地方对环保问题的高度重视，德同环保一直保持着“满单”的状态。与此同时，众多社会资本也在切入这一领域，让德同环保面临着“牺牲质量抢市场”还是“牺牲短期利益抓质量”的选择。

周建新选择了牺牲发展速度。从2018年9月开始，暂缓开发省外客户，以服务现有客户需求为主，大力发展该领域的技术研发。2019年一开始，公司员工数量差不多每个季度都在双倍增长。

其仁夜话

品质革命需要怎样的“战士”？

周其仁

企业派大批一线员工到德国去学习，这需要付出多大的代价？楚天科技的老总就愿意在一线员工身上下功夫。不管他的做法是否成功，对中国制造业都是挺大的贡献。楚天科技对蓝领员工的管理，值得佛山企业好好学。

不重视员工的老板都不是一流老板。制造业是由谁来制造的？制造业所有的产品都是从员工手里出去的，如果产品品质不够好，就说明队伍不够好。

佛山到了要重视产业工人的时候了，因为孔雀已经开始往回飞。除非企业有能力全部用上机器人，如果做不到，就必须学会怎样把机器设备和人组合到一起。

企业培训有一个难点——参加培训的人有可能会离开企业。我们此前在佛山嘉腾机器人做调研时，公司负责人讲到，他们跟德国企业对标的时候发现一个现象：德国工人平均在同一个公司就业20年，而嘉腾机器人的工人是平均不到2年。我们企业的很多习惯、传承，都是只写在墙上。最后产品质量差，是这种状况的一个物化。

嘉腾机器人最后被逼出一个办法，只要工人坚持“连续在企业就业3年”，就可以获得一个奖励。增加员工的连续性，这是一个办法，因为没有连续性，员工没有持续在一个公司工作，企业就休想有稳定的批量的好产品。将来，佛山企业一定要比拼这个指标。

员工的问题解决不了，制造业的品质革命就无法进行。品质革命的“战士”不是一呼就有人来的，要培养熟练工。有品质意识的熟练工是稀缺资源当中的稀缺资源，这个变量是品质革命的要害。

中国工业到了现在这个拐点，要主动引进一些带有约束性的较为严格的制度、纪律和习惯。民营企业如何能够在企业管理当中增强约束性、纪律性，这是一门学问。工业就是要讲纪律，要守规矩。工业里面人的行为不是自发形成的，不像农业里，比如在田地里作业，多一步、少一步、快一点、慢一点都可以。农业和工业的差别就在这里，如果企业里个人想怎么干就怎么干、想来就来想走就走，品质革命就不可能成功。

耐用又耐看的哲学与美学命题

2019年8月22日，联邦家私集团的高管们集体转发了一则“9218实木椅，人称联邦椅”的宣传小视频。2019年，这家家具企业已经步入35周岁。而这款联邦椅已畅销20多年，在20世纪90年代诞生之初就奔着耐用又耐看的目标而去。

这是中国制造正在面临的新挑战。当一款产品不断迭代，既增加了企业的研发成本，也带来了资源浪费的环境压力。打造更多耐用又耐看的产品，正在成为中国这场品质革命的内涵之一。

但目前无论是企业的供给端、还是消费端，都以“换得快”为荣。在这样的市场环境下，品质革命的“战士”们能否打破局面？

网红产品要不要耐用

2019年8月23日，来自佛山顺德的小熊电器股份有限公司在深交所敲钟上市，这是佛山电商第一股。创办于2006年的小熊电器，曾与SKG（艾诗凯奇）、东菱（新宝）电器、贝尔莱德并称为顺德电商“四小虎”。而“四小虎”的起家，都离不开各自打造的网红产品。

小熊电器最初就是靠着酸奶机、煮蛋机等产品切入市场，每一款产品均销量惊人。以2018年小熊旗下的多士炉为例，这款“莫兰迪”色的产品光在天猫的平台上，一年就卖出了30万件。

互联网经济时代，成就了越来越多网红产品。这些产品动辄卖出上万甚至数百万的销量。庞大的销量背后，一个关于质的问题浮现：网红产品到底耐用不耐用？

有人曾自发拆解过网红产品大户——小米的插线板，发现其内部的铜片一体成型，在安全保障下可实现优质导电性，和其他偷工减料、内部电线容易短路的插线板迥异，而且价格公道。

追求性价比的小米，其创始人雷军曾表示，小米面向全球对标3家企业：同仁堂以老字号的百年积累，沉淀出高品质；苹果对从设计到零部件每一个细节的高追求，人尽皆知；Costco大卖场产品的低价和优质让消费者可以放心“盲购”。

当代的网红产品中，正在走出一批追求耐用的企业。在许多老牌爆款单品中，本身就有耐用的特质。

海信容声在1984年生产出中国第一台双温区家用冰箱。这台把手已经泛黄的绿色双门冰箱被陈列在海信容声冰箱顺德工厂。如今30多年过去了，这款冰箱仍在一些顾客的家里使用如常。

同样在顺德，万和20世纪90年代生产的第一代燃气热水器至今外观不破，内部不锈，通燃气后还可以点火开机，被誉为“镇厂之宝”。

不仅是传统消费领域，一些因技术客观规律导致产品迭代加快的“工业快消品”领域，也可见“耐用”的精品战略。

佛山宏石激光所处的激光切割设备行业，是一座产品使用周期短、技术更新换代快的产业城池。以激光器技术为例，其依托的半导体技术具有的高迭代速度，让其大约每18个月价格就下降30%，功率提高一倍。

为契合激光器的更迭规律，激光切割设备需要不断更新。如何保障创新速度与质量的平衡？宏石激光的做法是强化单元技术，并进行市场多元需求的二次开发，以此提高产品溢价和创新赋予的质量优势。同时，将原先的10个产品线压缩成3—4个产品线后，集中的资源投放让宏石更有条件在工业快速更迭中做出精品。

从规模扩张走向“耐用”品质，这是中国制造正在进行的蝶变。

能不能做到耐看

相比较而言，耐用容易，耐看不易。全世界好的东西都有耐看的特点。这要求产品要经得住审美潮流的考验，因为审美在不断发生变化，企业必须有美学功底。

小米是最常被提到的例子。走进小米北京总部的小米之家，上百款不同的产品琳琅满目，品类繁多，却不凌乱。小米系的产品，清一色乳白色调，风格简约。在大多年轻人看来，小米系产品“颜值”并不低。

德国iF奖、红点设计奖，中国红星奖……生态链战略实施以来，小米几乎将国际所有设计类奖项收入囊中。从手机到智能硬件、智能家居，做“中国制造业的鲶鱼”，工业设计是小米的核心竞争力之一。

刘德正是背后的关键人物。被称为“小米生态链之父”的刘德，在参与创办小米前，曾担任北京科技大学工业设计系主任，还在国外工作学习8年，拥有国际化设计视野和经验，曾主管小米整个设计团队，奠定了统一、极简、实用的风格。如今，小米拥有一支1500人的工业设计师团队，负责所有的产品定义和外观设计，由他们指导供应链和生态链公司开发各种产品。

在佛山，企业也在利用工业设计，穿越审美周期，赋予品质新的内涵。20世纪八九十年代，一款名为“联邦椅”的实木沙发从南海大沥横空出世，在中国家具市场掀起一股消费热潮，创造了销售过亿张的纪录，持续畅销20多年。

联邦椅的畅销得益于其创新的设计——融入了中国明式家具元素，同时结合了现代西方的人体工学，其曲线与人体坐姿相当吻合。联邦家私董事长杜泽桦认为，产品不是追求时髦，而是追求耐看、耐用。

2019年，央视《对话》“中国产业地标”系列节目聚焦“佛山制造的转型探索”，其中展示了嘉腾机器人自主创新产品“大黄蜂”。鲜为人知的是，“大黄蜂”的前身不过是由一堆铁板堆砌成的自动小车，但通过工业设计的改造赋能和产品的迭代升级，一举夺得德国红点设计奖，助力其登上德国汉诺威工业博览会核心展区，与国际机器人四大家族同台炫技，带动佛山智造走出国门。

工业设计产业也因此在佛山蓬勃发展。2009年，全国首个以工业设计为主题的“省区共建”园区——广东工业设计城诞生。十年后，广东工业设计城集聚国内外设计企业近300家，发明专利和授权专利逾3000项，云集了来自全国各地的8000多名设计研发人员。

从北京到佛山，从小米生态链到佛山制造业集群，越来越多企业正在参与到一场关于品质的美学实践。

耐用与耐看背后的品质学

一款产品要做得既耐用又耐看，是一个巨大挑战。但从创新的角度看，这样的产品研发费用已被摊薄到几乎为零。而且从环境的角度看，这样的产品有利于对冲当前工业垃圾不断增多的问题。

2019年7月，上海成为全国第一个实施生活垃圾强制分类的城市，一句“你是什么垃圾”再次引爆了垃圾分类的话题。

这背后源于环保的压力。以迭代更新最为频繁的电子产品为例，《中国废弃电器电子产品回收处理及综合利用行业白皮书2018》显示，2018年，废弃电器电子产品处理量为1.7亿台。据测算，目前我国有500多万台电脑、上千万部手机进入淘汰期，有3亿多台彩电正在进入报废期。

越来越多资源友好型、环保类产品受到市场青睐，早在2007年，蒙娜丽莎通过技术

□ 广东嘉腾机器人研发的AGV无人搬运车，屡次在国际上获得工业设计大奖

创新，建成国内首条大规格陶瓷薄板生产线。据测算，同样一吨原材料，用于生产传统瓷砖只能生产23平方米，但用于生产大规格陶瓷薄板，则可以生产83平方米。

这款比同等瓷砖更薄的产品刚推出之际，消费者一开始也曾困惑质量是否过关。然而，现在这款产品已被铺贴在众多地标产品之上。与此同时，定位行业绿色先锋的蒙娜丽莎，近年成功登陆A股市场，目前该公司的产品已应用到全国超过100座高层建筑幕墙。

市场对于这类企业的看好，也鼓励了更多人投身其中。

5年前，吹瓶模具行业隐形冠军广东星联精密机械有限公司联合瞿金平院士等，开始对一种新型塑料技术（ERE）进行产业化。利用该技术，在材料、工艺相同的情况下，生产地膜能够降低25%的能耗，此外，地膜回收率接近100%。目前，位于南海三山新城的高分子拉伸流变制造装备产业园正在快速建设，要将该技术推广到更广泛领域。

2019年5月24日，青岛双星集团与安顺市普定县人民政府签订了“双星集团废旧轮胎绿色生态循环利用智能化工厂项目”框架协议，项目计划总投资1.5亿元，占地约120亩。这背后源于双星集团的一项环保技术。

双星集团通过联合东南大学等9所高校，开发出填补全球空白的废旧轮胎绿色裂解和炭黑再生技术及智能化装备。通过该技术，一条废旧轮胎在裂解后，可回收约45%的初级油、35%的炭黑、12%的钢丝、8%的可燃气，对废旧轮胎“吃干榨净”。

6年前，小米就预测，中国未来10年或20年内将进入一个“大消费时代”，消费者不愿意随随便便买一件低质产品。在这个时代，人们消费的量和质都会提高，呼唤好东西，呼唤性价比高的东西。

过去十几年消费者都以“换得快”为荣，“我觉得拐点到了。”周其仁说。

佛山案例

联邦家私：一把椅子如何风靡20多年？

在位于佛山市南海区的珠三角工匠精神展示馆内，一款制造于20世纪90年代初期的实木沙发，被收藏展示在显眼的位置。这款被称为“联邦椅”的产品，承载着“中国现代家具发展的里程碑”的意义，历经二十几载春秋，至今仍是不少家庭的“重要一员”。

为何一把椅子可以风靡20多年？这源于联邦家私创始人杜泽桦及其团队在创业之初，就已经意识到原创设计和自主品牌的重要性。“我们的产品不是追求时髦，而是追求耐看、耐用。原创和品牌是企业的安身立命之本。”杜泽桦说。

联邦家私所认为的原创设计，是根据自身的市场定位，持续锻造出的一种为消费群体生活方式进行价值创造的体系化能力。在杜泽桦看来，家具是与消费者、使用者的求和，必须设身处地为用户思考，为用户去研发，以用户为核心，去了解用户的生活方式和追求。

联邦家私的设计均是围绕这个来展开的。从创业初期的藤制家具，到1986年推出8601、8602系列原木沙发，其设计理念均围绕好看、实用而展开，产品一经推出便畅销市场。

1992年，联邦家私推出9218实木沙发，即为大众所熟知的“联邦椅”。“联邦椅”的设计灵感源自明式家具，并首次引入人体工程学，开启了现代中国家具设计的先河，一时间掀起了全国抢购和仿效狂潮。

“联邦椅”的诞生依靠的不仅是原创设计，要让其成为红遍大江南北的大众消费品，还需在产品定型前攻克材料的使用和制造等难题。

比如，在成品测试方面，联邦家私重点关注产品的使用稳定性，包括强度、安全和耐久性等测试项目。如椅子座面要承受25kg、180mm高度的10次冲击破坏测试；沙发要进行“靠—座—扶手”耐久性测试2万次。

长期以来，为支撑联邦“大设计”工作的开展，公司持续在研发创新上加大投入。

2006年，联邦家私斥巨资成立行业企业首家CNAS国家认可检测中心。该检测中心可开展针对家具原材料，在制品及成品的物理、化学和耐久性等200多个测试项目，品质管理由此实现全链条的有效管控和预防。

同时，环保和循环经济理念贯穿于联邦家私的生产经营全过程，通过静电涂装技术、木材稳定性处理技术、太阳能干燥技术等一批新工艺、新技术的研发和投入生产，并在沙发生产线引入欧洲REACH环保73项标准、DMF标准和美国CARB P2级夹板标准等国际上严苛的三大环保标准，保障产品达到绿色环保家具的品质。

杜泽桦将联邦家私30多年生存与发展的精髓归结为四个字："坚守""嬗变"。"守"是坚守在每个年代，读懂消费群体之"心"，并以原创设计、品牌变革之心去呼应、连接这颗"心"；"变"则是围绕当代主流消费群体真实需求这一核心去变，"变"恰恰是为了回归初心，追逐联邦家私一直以来所坚守的价值。

其仁夜话

别以为创新就是不断换新花样

周其仁

一个东西耐用容易，耐看不容易，因为审美一直在变。联邦家私就有一把木头沙发，从20世纪90年代卖到现在还是热销。从财务算账的角度看，价值不得了，这个产品的开发费和成本早摊没了，剩下的全是利润。

科龙早年有一个冰箱，工薪家庭到现在还在用，最后公司出高价买回来做展览用。这个事情要引起中国制造业的思考。我们知道，耐用好办，难的是要耐看。全世界有一些值得研究的案例，一个产品可以销100年。比如阿司匹林卖100年还是热销，可口可乐卖107年还是热销，还有日本味千酱油卖了多少年？同样的颜色，同样的款，同样的成分，没有一样变的，这个要学到，这是最厉害的本事。

有一种创新，让你看着它是新的，但它一点没变，这是武功达到了顶级水平。别以为出一款款新品才是创新，这是没办法，因为过去那款没成功，不好看也不好用。企业有没有几款可以卖30年、50年的当家品种，可以一直畅销下去，甚至妈妈传给女儿的？所以，别以为创新就是不断换新花样。

我们多数行业几十年来没有走耐看这条路径，而是不断地时髦不断地扔，不断地时髦不断地加速淘汰，带给环境的压力是非常大的，我们的工业垃圾也是全球领先的。环境破坏有很多的原因，我们的消费方式就是让地球环境不堪承受的原因之一。不断地扔意味着要不断起用新资源，资源动员强度也是非常高的。另外，消费本身是满足国民的要求，但是怎么消费也会反过来塑造国民的性格。见一个东西扔一个，这样的国民素质不可能在全球立足。

所以耐看非常重要，联邦家私的那把椅子在今天看来也很好看。但问题是不容易做到，其他行业为什么今天一个款式上来明天就扔掉，因为做不到耐看。究竟是什么本事，可以做到东西看数十年还经得起看？因为耐用是耐看的必须条件，耐看的东西一定是耐用的，但是相比而言耐看更不容易。审美，要能抓住变当中不变的东西。我们很多消费行业都做不到耐看，而且我们以不耐看为荣，就看谁换得快。可能也到了一个拐点，中国人来回扔东西、来回换东西的生活方式到了反省的时候。

节约是东方的传统，简约、简美、简中，其实最早都是从东方文明中来的。但是可惜我们东方多数国家没有把这个审美能力变成产品，变成可以征服世界的产品。单品爆款这个理念是很重要的，老少通吃，这个理念工业领域没有几家可以做到。小米也在追求这个理念，小米的工业开发就是做完加法做减法，消费者写满三个黑板，然后团队就考虑什么东西可以砍掉，你说不能砍，那么所有人一块帮你推敲是不是真不能砍，直到最后确定是真的不能砍掉为止。

回到以客户为中心的概念，客户什么都要，但是你要满足他吗？你即使满足了客户的每个需求，客户也不一定会满意。其实长时间看，客户也许经常在自我否定。我对消费者没有太多了解，但是我觉得拐点到了，我们要的东西太多了，潮流要往另外的方向走了。

佛山VS深圳：珠江东西两岸竞逐

“以佛山目前的氛围，要走到创新前沿去比拼还很难，但至少要学会看懂怎样创新。”2019年5月，坐在长沙某酒店的会议室内，周其仁对着长桌周围的佛山企业家说。此刻，已接近凌晨0时。

在这场会议举行前的48小时，周其仁带着15名佛山企业家开启了一场深圳调研。两天的时间内，调研组既走进了深圳早年发展起来的科技企业华讯方舟、大族激光，也深入了近年刚冒出来的优必选与柔宇科技等新兴企业。

调研中，一群将“看到了造”做到极致的佛山企业家，在深圳遇上“想到了造”的年轻冒险家。这不仅成了企业家之间的学习，更成了两座城市之间的对话。而有着猎人般洞察力的周其仁，让这场对话更具时代的穿透力。

一个属于冒险家的乐园

吴光胜如今的坚持，在佛山企业家看来更像是一次冒险。

作为华讯方舟集团的创始人，MBA出身的吴光胜在2010年遇到NASA的科学家后，决定进军太赫兹领域。那一年，国内三大运营商手中的3G牌照还未捂热，而吴光胜决心进军的太赫兹领域被认为是发展6G的关键技术，有着“改变未来世界的十大技术之一”的称号。

9年后，与太赫兹领域几乎同期起步的卫星通讯设备业务已成为华讯方舟的拳头业务，贡献了华讯方舟过半的营收。在该领域，华讯方舟已成为全球竞争力TOP10企业之一。太赫兹业务仍在投资阶段。截至目前，华讯方舟累计在太赫兹领域投入的研发费用近10亿元。

但这并不影响华讯方舟的决心。“太赫兹目前依然属于技术培育阶段，国内现在专注于太赫兹领域的企业非常少，但我们在这个领域做强的决心还是很大的。”华讯方舟副总裁骆睿坚定地说，他的对面坐着的正是佛山调研团。

“深圳就是有这些‘狂人’，他们想方设法去做想做的东西。”欧神诺陶瓷董事长鲍杰军感叹。

优必选创始人周剑的故事则给予了佛山企业家更强烈的冲击。“周剑身上有一个词，叫ALL IN（孤注一掷）。”优必选首席战略官任健说。这位北大毕业的计算机硕士此前曾在联想、TCL和金山软件等担任要职。

不仅仅是任健，日本“机器人之父”高桥智隆、欧洲工程院院士陶大程、IEEE前主席霍华德•米歇尔、富士康前质量官鲍益新……这家2018年全球估值最高的AI企业如今成了各路专家云集之地。

但在这些专家选择走向优必选前，周剑一度是身边人敬而远之的“周三疯”。早在2009年，彼时30岁出头的周剑凭借从事木工机械已赚到第一桶金。但在这一年，因为在巴黎看到了一个叫“脑”的机器人后，周剑决定进军人形机器人产业。

此后，他带着12人的团队从电机研发开始。然而，进入一个全新的产业谈何容易。到了2011年，周剑为研发机器人已耗尽半亿家产，一度从千万富翁成了到处借钱的“周三疯”，在寻求贷款的路上，这位较真的上海人曾孤坐车中，痛哭流泪。

这一年，在公司弹尽粮绝之际，还欠着物业水电费的周剑选择背水一战。他带着一款开模开到一半的阿尔法机器人样品，苦求主办方多时，换到了深圳高交会上一个项目路演机会。当这台人形机器人首次亮相的那一刻，这位冒险家终于可以松一口气——项目一炮而红，风投接踵而来。

看准一个创新方向，坚定地走下去。无论是像华讯方舟这类早年发展起来的深圳科技企业，还是像优必选这样近年刚冒出来的势头正劲的企业，他们都成为深圳式创新最

□ 周其仁与佛山企业家走访深圳华讯方舟集团

有力的注脚。

这种创新背后的闯劲，让这座中国“硅谷”燃了起来。数据显示，在深圳，平均每天产生发明专利58.3件。“深圳正在成为冒险家的乐园。”星联科技董事长张伟明说。

怀疑中成长

一座引领创新的城市确实需要这样的冒险家。2019年以来一度处于风口浪尖的柔宇科技，在某种程度上为深圳的创新走出一条路。

“创业初期，我感觉就像拿着手电筒挖地洞，周围一点光都没有，只能自己打着光，然后不断地挖。我没有把握一定能挖穿，但我相信那个方向是对的。”柔宇科技创始人刘自鸿回忆道。

当时的柔宇科技正深陷“量产风波”。2019年4月底，一篇名为《柔宇科技——一场正在上演的公开处刑》的文章在某自媒体公众号发布，该文对柔宇科技旗下产品的量产真假与良品率高低提出质疑。文章一出，即引发热议。

争议声纷纷扰扰。但坐在柔宇科技的会议室内，周其仁感慨道：“我到处走，看了很多公司，想看在中国企业能否找到一个‘想到了造’的企业，结果就在你这里。”

在他看来，中国已经把“看到了造”造到世界第一，下一步要选择出路，就必须实现从“看到了造”到“想到了造”的跨越。而柔性材料的概念最早正是来源于刘自鸿在论文中的一个想法。带着这个想法他再生产产品，属于“想到了造”。

“想到了造”相比“看到了造”的门槛高很多，“护城河”也非常深。“中国需要更多‘想到了造’的苗子，不管将来成败如何，柔宇科技的贡献已经写在历史上。”周其仁说。

这样的创新让佛山企业家陷入了沉思。

“在前沿制造上，深圳远远超过了我们，而且很多还是创一代。”伊之密董事、总经理甄荣辉认为，佛山本土企业家目前在制造业领域的创业意愿和激情都有所不足。

“深圳的创新意识站的起点更高，创业者敢于去追求更大的梦想，而佛山企业则是善于做好自己的事情，慢慢推进自己的创新。”日丰企业集团副总裁李白千说。

对此，早年曾经在美的工作多年，如今又在深圳科技企业华讯方舟工作的何国林感受更明显。“深圳的创新是敢闯敢拼，佛山的创新偏向于自我完善。”何国林表示，以美的为例，这几年美的在生产线上做了很多改造，佛山的创新更多的是提高生产效率，在机械、产线、生产工艺上的系列创新，而不同于深圳完全开辟一个全新的领域。

创新冒险家与制造业老兵的握手

两座城市间的创新差距，一度让佛山企业家感到有些失落。“自己真的弱爆了。”李白千说。在结束深圳48小时的调研后，这位佛山企业家坐在即将从深圳北开往长沙的高铁上叹息道。

然而，在高铁即将启动前，李白千不经意间看到一块日丰管的广告牌。“我在那一刻重燃了信心。”李白千突然意识到，再高精尖的技术最终也要落地，而佛山恰恰可以发挥其制造业的配套能力以及市场敏感度，帮助高科技扩大应用范围，比如日丰就有几万家分销商，有这样的资源，就可以打起“地面战争”。

这恰恰也是周其仁对于佛山企业家最赞赏之处。“佛山企业家有非常强的‘地面作战能力’。”周其仁在深圳调研之旅中，甚至对柔宇科技建议，可以考虑与佛山企业家结盟。他认为佛山企业家也许“想”的能力不比深圳，但是“想到了造”以后，如何造大批量，造到布满市场所有角落，这正是佛山的长处。

确实，佛山是一个擅长把小产品做出大市场的制造业大市。在民间，人们用“有家就有佛山制造”这句话道出佛山企业“地面作战能力”之强。这也是深圳冒险家最需要强化的能力。多名参与调研的佛山企业家认为，基于两座城市的特点，实际上两地可以开展创新与制造协作。

□ 柔宇科技在深圳宝安国际机场展出的全柔性屏“大树”

有意思的是，作为调研组成员之一的精铟海洋工程总经理吴平平，正是这类合作的参与者。

2000年，手握海洋工程关键技术的吴平平，从深圳来到佛山南海，创办了广东精铟海洋工程股份有限公司。“为什么到佛山？因为这里有一流的产业配套，能够提供加工所需的各种元器件。”吴平平说。作为“过来人”，吴平平认为，“佛山应该放低身段，主动承接深圳产业上下游，为深圳创新提供落地支撑。如果这样做的话，深圳是需要我们的。”

事实上，越来越多的深圳企业将佛山作为对外辐射扩张的选择。“之所以选择顺德，主要看中当地深厚的工业基础、完善的产业配套。”天劲新能源董事长曾洪华说。天劲新能源于2017年2月正式签约进驻顺德高新区西部启动区，建设天劲新能源汽车锂离子动力电池产业基地，项目总投资为20亿元，达产后预计可实现年销售额约80亿元。

与天劲新能源做出同样选择的深圳企业正在增多。包括大族在内，不少深圳企业的佛山工厂已启建。顺德国资科创集团更是在深圳南山区设立了深圳顺创产业加速器服务有限公司，作为顺德承接深圳产业外溢的服务区。

以顺德为代表，佛山与深圳间两地的“招亲”活动也愈发频繁。2019年3月，时隔两年后，顺德再赴深圳开展重大招商路演活动，以村改优质载体向深圳抛出绣球。4个月后，由30余名深圳企业家组成的高规格考察团，到访顺德村级工业园改造一线。

再高的技术，最后都要靠‘地面战争’解决问题，技术再高明，最后都要和日常生活交织在一起。

华讯方舟：民企凭何回收卫星

一个外形结构酷似羽毛球的小卫星，在西北某卫星发射中心发射后，沿着预设路线，实现了亚轨道分离、返回、回收着陆。这是中国民营企业首次开展可回收卫星试验验证。在华讯方舟集团深圳展厅内，一直循环播放着这段卫星回收的试验视频。

民企敢于尝试回收卫星的并不多见。但对于从出生之日起就一直仰望星空的华讯方舟而言，这只是其向高科技发起挑战的一个缩影。

华讯方舟成立于2007年，公司目前涉足卫星、太赫兹与军工三大领域。在卫星通信领域，华讯方舟被列为全球卫星竞争力TOP10企业，在国内可谓一枝独秀，其在Ku、Ka波段兼容卫星地面网络全球市场占有率第一。

相比传统业务的绝对领先，华讯方舟更愿意向调研组展现其在太赫兹领域的探索，一个正在培育中的新业务。所谓太赫兹是指100—10000G的电磁波谱，是人类最后一个尚未完全开发的频谱资源。尚未开发往往意味着难开发。华讯方舟创始人是MBA出身，却笃定地看好这样一个高科技的“无人区”。华讯方舟目前打造了两家研究院，其中一家正是太赫兹研究院。数据显示，自进入太赫兹领域以来，华讯方舟投入的研发费逼近10亿元。

在太赫兹这样冷门的科技领域内，华讯方舟已研发出多款产品，部分甚至已量产并推向市场。目前华讯方舟已自主研发出全世界第一片石墨烯太赫兹芯片、中国第一台主动式太赫兹圆柱形人体安检仪、太赫兹时域光谱分析仪。其中，2018年华讯方舟面向市场推出的毫米波人体安检仪，现阶段国内能量产该产品的企业仅有两家。

在深圳，这座被预言要成为全球经济中心的城市，类似华讯方舟这样的企业并不少。

2018年，深圳平均每天产生发明专利58.3件。在这里，企业不乏仰望星空的敢想，亟待脚踏实地的落地。那段卫星回收的视频就像一个隐喻，能把卫星发射出去者不少，难的却是让它落地回收。

在佛山，这座中国制造业的风向标城市里，一大批务实的制造业企业擅长打“地面

□ 华讯方舟填补了国内民用商用通信卫星在该领域的空白

战争”，却缺乏敢于往天上想的创新。

创新，是推动品质飞跃的重要力量。从佛山出发，对话深圳。佛山的民营企业应该如何学会脚踏实地地仰望星空？在高科技未落地前，企业又该如何实现创新的可持续开展？

■对话

佛山实业家对话深圳“冒险家”：民企如何既敢想又实干

从卫星到太赫兹，华讯方舟一直行走在前沿技术中。而投身高科技往往意味着高额的研发费用，作为一家民营企业，华讯方舟面对众多存在不确定性的新方向，是如何做抉择的？在步入创新的良性循环前，又是什么支撑着华讯方舟长期在“无人区”中探索？

遇到一些关键的人

周其仁：华讯方舟怎么找到现在所从事的产业技术方向的？你们董事长原本不是搞技术的，他学的是MBA，怎么选定的创业方向？有没有什么故事、经验可以分享？

何国林（华讯方舟总裁办主任）：董事长进入通信领域，缘于一个偶然的机会。当时他接触了一名NASA的科学家和几名院士，共同解决了卫星通信领域一个很重要的瓶颈问题。瓶颈解决后，我们的产品一下子得到了极大提升，企业因此顺利地打入了卫星行业。

同时，从经济的角度来看，我们觉得未来的太赫兹市场将迎来爆发期，并实现可预期的应用。我们目前已经陆续将技术产品化。以光谱分析仪为例，我国以前的光谱分析仪都是以进口为主，国外的厂商垄断了整个中国市场，且光谱分析仪一台报价不低于100万元。

后来我们自主开发了光谱分析仪，性价比更高。我们的产品拿去学校竞标，校长握着我们技术负责人的手说："我们没有遇过低于100万元的报价，你们来了，终于把这个价格做到100万元以下了。"产品技术对中国经济的贡献，也是我们努力的动力。

鲍杰军（欧神诺陶瓷董事长）：你们建有5个研究院，还有若干个研究中心，一年的研发支出大概是多少？

骆睿（华讯方舟副总裁）：我们研发投入占营收的5%左右，超过了一般的高企。我们的研究人员分布比较广，一部分在总部，还有一些在南京、西安、成都、北京等地，我们大概有超过1000人的研究团队。

要离产生想法的源头更近

谢建（菱王电梯总经理）：做创新、做研发很烧钱，民营企业如何保证研发的资金投入？另外，华讯方舟的产品在国内和国际处于什么水平？如何保证质量和服务？

骆睿：我们内部在一些中长远的项目上，跟政府、科研机构以及高校在横向或者纵向课题上有一个联合，即"跟政府一起做一些未来2B的业务创新"。另外，我们在产业地产和金融服务，比如供应链金融、金融租赁上，都有一些布局，通过两翼带动一体产业化持续投入和持续发展。

在毫米波人体安检仪领域，我们参与了标准制定，逐渐设立门槛制度。我们在这个过程中，成为行业的积极参与者和贡献者，我们跟政府相关部门，包括民航总局、公安局、交通部等都有密切的互动，参与制度顶层设计。我们也希望相关的同行或者政府部门可以在接受的步子上再迈大一点，动作再快一点。

张伟明（星联科技董事长）：华讯方舟是一个科技型企业，对于你们所处产业的技术研发优劣势，华讯方舟是怎么理解的？你们如何激励研发人员？

骆睿：从研发的角度来说，在太赫兹方面美国走得比较前，这个技术仍处于比较早期的技术培育阶段。目前专注于太赫兹领域的国内民营企业和国有企业还非常少，因此我们在这一领域做强的决心是很大的。

该领域很多的产品都处于摸索阶段。我们2018年推出的毫米波人体安检仪是面向市场量产的产品，目前可以做出这类产品的国内企业只有两家，其中之一就是华讯方舟。

国外我们对标的是欧洲卫星公司。从2018年开始民航要定标准，我们从2017年开始是5家制定标准的企业之一。从2018年开始要入网测试，有一些专家测评我们后发现，从设备系统平台的性能上来看，我们的功耗比国外企业低很多。

关于如何激励人员。管人是最难的，因为有本事、有能力的人都有个性。华讯方舟首先是搭建良好的事业平台，给很多海外归国人才提供一个展现的平台。其次，在具体的日常管理过程中，我们在绩效奖、年终奖，甚至长期激励上都有一些部署、准备，不让人才吃亏。最后，我们在不影响工作或者公司规章制度的前提下，也充分给予研发人员比较宽松的空间，包括建立弹性工作制。

既要仰望星空又要脚踏实地

甄荣辉（*伊之密董事、总经理*）：何总在佛山顺德工作过，你感觉深圳和顺德两地的企业家有什么区别？为什么深圳能凝聚这么多人才，企业发展如此迅速？

何国林：其实佛山顺德也人才济济，只是和深圳的人才氛围可能不一样。我理解的佛山经济本土色彩更浓，尤其是顺德，大部分的企业是从本地做起来的。尤其是老一辈的企业家，归属感很强，做事情稳打稳扎，他们的冒险精神没有那么强烈。深圳不一样。深圳外来经济占的比例更大一点，人才、经济外向型特征更明显，且这几年深圳经济在向创新型经济转型，很多企业家敢闯敢干敢拼。

这两个地方企业文化差别非常大。佛山企业家创造的企业大部分以实业为主。他们把企业作为自己一生的使命。比如我曾效力的美的，其创始人何享健从20岁开始到他退休的时间，都花在了这个企业里面，他跟企业紧密相连。而深圳很多企业家都是年轻创业者，创业时间比较短。我觉得最大的区别在于产业与企业家文化。

另外，深圳这几年为什么创新型企业比较多？因为政府的引导，深圳企业家看到了创新带来的经济效应。

事实上佛山企业也在创新，但与深圳企业的创新重点不同。佛山企业侧重于企业自我完善和创新。深圳是电子产品创新多一点，包括金融创新、运营企业模式创新等。

鲍杰军：情怀和市场的开拓能力，在华讯方舟发展过程中发挥着怎样的作用？你们觉得董事长本人身上哪一个品质对华讯影响最大？

骆睿：我理解其实就是仰望星空和脚踏实地怎么样更好地结合。我觉得两方面都重要，就像马云说“一定要有梦想”。企业也好，个人也好，一定要有梦想，如果没有梦想，你可能做不了大事。

另外，为人民服务。衡量企业的唯一标准就是看你服务的客户是否买账，所以要以客户为中心。最后按照市场规律办事，我觉得这是底线思维。

技术应该是考虑未来的，是一个长远的过程；市场思维则是要在短时间内解决生存的问题。我们目前的战略，是用相对传统一点的地面微波业务，去撬动一些未来的产业。我们要做的事情不是今天吃饱不想明天的事了，还在想明天的事、后天的事，甚至未来几年的事。

其仁夜话

要敢想别人不敢想的事情

周其仁

像华讯方舟一样敢碰太赫兹、6G等前沿的通信技术，这是中国企业下一步需要做的。因为如果都不敢碰，就没有路了。过去通信领域没有放开的时候，深圳很多公司都是做电信起家的。后来，通信领域里面竞争很激烈，一定要找新的出口。因为当你看到市场已经能赚钱的时候，市场其实已经人仰马翻了，我看了很多“红海”竞争，表面看是不错的，实际上危险重重。

深圳的好处是其氛围能培养一批敢于碰稀奇古怪业务的企业，佛山相比较而言少很多，这是差异，这是我们的长处也是我们的短处。佛山的企业家需要做这种科目的练习，因为在未来的发展当中早晚总有一段时间会碰到类似的难题。你看硅谷全是马斯克的做派，敢想别人不敢想的事情。他一贯大胆，所有的题目都大开脑洞。

华讯方舟能往天上想是很了不起的，这是佛山企业需要学习的。因为大家都在找项目，找打赢下一场翻身仗的机遇。你找机遇的时候不要认为这件事只有央企才能碰，其实民企也可以。深圳很多民企就敢于尝试。尝试了以后他们也会积极主动利用国家的利好。这是非常值得我们学习的。

高科技有一环非常重要的是打“地面战”，完全高空、不打“地面战”是不行的。销售是为了更好地研发，但是另外一个问题很少有人问：销售多少是利润？如果销售额很大利润很小，你的研发就支持不下去。所以你首先要有销售额，要有很好的毛利，另外还要舍得拿这个钱做研发，这是非常地面的“战争”。

有一个很重要的问题值得企业重视，实际上佛山企业也遇到这个问题。现在仅仅把东西卖给人家还不够，你得有售后服务。每一个领域都有售后服务，问题是售后服务做到哪一个量级。别以为高科技企业全是天上走，高科技如果不落地、不打“地面战争”，很难持续。

对佛山企业来说，要经常把自己放到这些环境里：我是否做？我是掉头跑、还是咬牙做下去？佛山企业发展的路上多多少少都会碰到类似的问题，怎么对付？要经常看一些“胆大妄为”的公司。我们要借助人家的逻辑经验。

柔宇科技：一个“想到了造”的故事

2019年7月底，继在全球率先发布可折叠柔性屏手机后，深圳市柔宇科技有限公司联合伯亿传媒又推出了最新研发的一款全新柔性电梯广告屏。弯曲轻薄的屏幕上，集成着新型柔性传感器与智能交互技术。柔性广告屏的诞生，有望重构电梯应用场景。

此时距离36岁的柔宇科技创始人刘自鸿开始创业已过去7年。作为柔性显示设备生产商，柔宇科技是目前国内该领域唯一一家没有采用传统曲面显示技术路线的公司。

柔性屏幕技术最开始是没有的，是源于刘自鸿的一个想法。2012年，从国外留学和工作后归来的刘自鸿，带着自己当年博士论文中关于柔性显示屏的创意来到深圳创业。

2014年，柔宇科技在全球第一个发布了业界最薄、厚度仅0.01毫米的柔性显示屏，涵盖了新型电子材料的开发、柔性电子集成电路设计、软件控制系统开发等多项交叉领域技术。此后柔宇科技推动着柔性屏从1变为N、N变为“N+”，并提出了“柔性+”的概念。

2018年10月31日，在北京国家会议中心的聚光灯下，刘自鸿从口袋中取出一个手机大小的产品，轻松展开即变身为拥有7.8英寸大屏的平板电脑，折叠后又再收回口袋。这是全球首款消费级可折叠手机——柔派第一次公开亮相。

关于柔宇科技的创业故事，周其仁认为，这是一个关于“想到了造”的案例。在他看来，国内制造业多是生产世界上已有的东西，这叫“看到了造”，但柔宇科技却开了“无中生有”的先河，他们的产品是前人没有的，这叫“想到了造”。

无论柔宇科技未来发展得怎么样，在中国制造从“看到了造”走向“想到了造”上，柔宇科技“这个贡献已经在历史上写了一笔”。

■对话

如何找到创新的刚需

“我感觉就像拿着手电筒挖地洞，周围一点光都没有，只能自己打着光，然后不断地挖。”面对周其仁带领的“品质革命”专题调研组，柔宇科技创始人刘自鸿回忆起自己的创业心路。

从2009年的一篇博士论文开始，3个海归博士踏上一条少有人走的创业路，从0到1创造全球最薄彩色柔性显示屏，在一片荒地上盖起投资过百亿元的生产线。

聚光灯慢慢地围了上来，柔宇科技成了一家明星企业。越来越高的舆论预期，给企业带来了投资，也一度带来了巨大压力。手握尖端技术，柔宇科技如何找到创新的刚需，打开更大的市场？未来怎样继续突破创新的“N+”？

自己打着光，然后不断地挖

周其仁：现在国际上对创新的要求越来越高，中国的制造业怎么样能够突围？我们想要学习，柔宇科技是如何创新的？

刘自鸿：柔性屏幕技术是一开始没有的东西，我们从基础的原理开始，从物理、化学、工艺、材料一步步做到最后的终端产品。现在回过头来看，这几年是0到“N+”的过程，0到1是第一个阶段，1到N是第二个阶段，N到“N+”是第三个阶段。

从0到1的阶段是创业初期，我感觉就像拿着手电筒挖地洞，一点光都没有，只能自己打着光，然后不断地挖。我们没有百分之百的把握能挖穿，但是我们就相信那个方向是对的，坚持一直挖，最终把它挖穿了，真的做出来了。这个阶段过去以后，面对的挑战更多了。

第二个挑战是，如何把技术大规模产业化。2015年，我们开始规划生产线、招人和解决资金问题。从1到N需要把产品在大工业产业化的产线中做出来，有很多技术问题，也有产业化当中的新问题，并且我们没有任何参考对象。这个产业是全新的，它的技术路线、生产过程、工艺路线和设备都是新的。一开始很多传统产业的人认为这是不可能成功的，质疑非常多，但是我们坚定地相信我们能够有所作为。

我们开始招聘在生产制造方面有成熟经验的人，两年半时间前后来了6000多人。当时生产基地所在地还是一片荒草，我们除草、平地、打地基一步步走。打地基打到一定程度的时候，发现下面有溶洞。因为以前大部分地基不会打这么深，所以溶洞影响不大。但是我们的设备都非常精密，一点点的震动都可能会有影响，所以地基要打得很深，大概80多米。我们花了很多的精力、时间和金钱去解决溶洞的问题。

但这还不算最难的，最难的地方是产线里面很多设备是没有现成的，要自己去提要求定制。还有整个工艺路径要自己规划，当时仅采购会议就开了3600多次。2017年和2018年两个春节我和员工都没回家，大年三十，大家在生产基地吃年夜饭。

到了2018年6月，产线终于点亮投产。那天晚上，我在生产基地外的地上坐到第二天凌晨一点多，看着大楼觉得很感慨，当初刚开始创业根本没有想到自己要做这么大的产线，这是非常值得纪念的一件事情。

现在其他公司也开始做柔性、曲面屏，但柔宇科技是不同的，柔宇科技的技术路线是我们自己从基础开始，一步一步摸着石头过河做成的，没有现成的东西可以参考，而且我们做得比国外更快、更早。我们的投资规模比很多传统显示生产线要小不少，同样的规模可能其他公司要投几百亿元，我们只投了100多亿元。正是技术路线的不同，使得整个设备投资成本要小很多。同时，我们的工艺路线简化了，简化后带来了良品率的提高，而传统技术路线是简化不了的，这就是技术创新带来的价值。

从0到1实现了技术突破，从1到N实现了产业突破，现在我们要做N到“N+”的应用突破。因为市场以前没有见过这种产品，难以想象它的用途。很多时候用户其实也不知道自己要什么，把东西做出来了他才知道需要这个东西。

我们现在分出“柔性+”六大行业，这六大行业里有些已经开花结果，跟该行业里非常优秀的合作伙伴共同开发了一些新产品，用于提升用户体验，其中包括消费电子、手机、智能交通、汽车、飞机。

□ 柔宇科技的全球首条类六代全柔性显示屏大规模产线内，自动化设备传送柔性基材

柔性的价值超越了屏幕本身

周其仁：中国制造的特点是“看到了造”，没有“想到了造”的东西。“看到了造”也难，但是相对容易。中国如果没有“想到了造”的能力，下一个20年、30年是很难打的。这是几个基本的背景，也给佛山的企业交代这个背景。因为我们一定要知道大阶段的不同，我们希望中国出现更多的“想到了造”，敢想敢造，造出来的产品流行出去。

刘自鸿：在过去几年有这个勇气，或者说有机会做这件事情，我们感到很幸运，感谢现在国家对于科技创新的重视。

鲍杰军：我是松禾基金早期的合伙人，一直在关注柔宇科技。今天走进柔宇科技的厂房、生产线，我感动得想要流泪。因为我自己创业过，1995年的时候，哪怕十几亩地上建一个普通的厂房都睡不着觉，像做梦一样。你们这么高大上的地方是以前难以想象的。

我本身做大家居产业，我看到你们的产品，就思考要如何应用，这个东西应用起来能否形成刚需？这很重要，如果不是刚需，可能推广起来就慢。另外，在一个新领域靠自己打不容易，最好要结盟，尤其是你的核心产品是一个部件，你们为什么没有选择和手机企业结盟呢？

刘自鸿：我非常赞成确实要找刚需，我们现在在这个行业当中也是一边思考一边跟伙伴们共同尝试。我们已经慢慢找到了一些非常刚需的应用，比如手机，我是坚定看好这个方向的，不是因为我们今天在做这件事情所以才这样想。站在用户的角度来说，也有实实在在的价值。

回看过去几十年智能手机的发展，20世纪90年代的摩托罗拉、大哥大、黑莓都是当时代表性的手机，2007年苹果发布iPhone的时候，很多人认为这没什么了不起。那时候我还在斯坦福上学，当时觉得就是屏幕大了一点点。今天回过头来看，不是屏幕的问题，是整个人机交互方式的问题，用手指直接操控软件的方式远远超越了一个屏幕本身的价值。

今天，智能手机的一些基础问题还是没有解决，比如我们今天买手机和Pad，因为要满足我们不同场景下的需求，手机满足了便捷性的需求，Pad满足了看电影、阅读文件的需求，这些都是刚需，因为技术原因他们只能分离成不同的载体。以前有些人问，未来电子设备的形态是不是越来越多？我认为大道至简，应该是越来越少，越少越简单越好。

柔性屏幕起到了打破空间限制的作用，让手机、Pad能够融合起来，同时又不止于此。因为屏幕变化之后，人机交互界面的变化会使得整个硬件设计方式和软件，乃至整个操作系统都产生变化。

但是这个事情并没有那么简单，今天其他手机厂商在柔性屏幕上遇到的问题，我们都非常关注，也很感慨。我们很幸运比别人探索得更早，因为我们专注于这个市场，其他公司没有像我们专注于制作柔性屏，我们今天敢大大方方把这个产品拿出来销售，是因为那些问题都已经解决了。

关于我们为什么不跟其他手机公司合作，有多方面原因。我们做这个技术的第一年，就在思考新技术将来是B2C还是B2B，我们当时做了两手准备。新技术在大家不熟悉的情况下如何尽快走入市场，有时候需要自己先迈出去，所以我们开始组织B2C团队。很多人觉得没必要，认为把屏幕做好就可以了。2014年到2015年的时候，我们跟行业顶尖的手机厂商都接触过，其中也有人想要投资。我们考虑到中立性的问题，并非网传的我们找到很多手机厂商投资，而他们看不上这个技术。从我们的角度来说，我们知道这个东西整体的节奏、可靠性和可行性，我们内部在同步推进这一件事。

其仁夜话

把造出来的产品流行出去

周其仁

中国经济作为后发经济，从制造上看有一个重要特征就是“看到了造”，即看到东西我就跟着造，而没有“想到了造”的东西。而发达国家很多是“想到了造”，就像改变人类命运的很多发明，如果这些发明没有了，人类的生活方式就不会是今天这样。你“看到了造”是因为有人“想到了造”，这就是差别。下一步中国经济发展的出路在哪里？那就是从“看到了造”向“想到了造”跨越。

我在中国到处找“想到了造”的企业，结果在柔宇科技找到了。不管将来成败如何，柔宇科技的贡献已经在历史上写下一笔——中国人开始“想到了造”。从论文开始，柔宇科技提出柔性显示这个概念的时候，世界上还看不到这样的产品。这是非常难的跨越，也是非常重要的跨越。

相比“看到了造”，“想到了造”是一种更厉害的创新打法。人类发展到一定程度时，通常能学会“看到了造”；但在如今信息成本如此低的背景下，等你看到了再造的时候，天下已经有很多人同时看到并入场，在某个产业领域竞争，拼杀出一片产业红海，造成产能过剩。也就是说，“看到了造”产品在市场上的领先时间通常难以维持，这是“看到了造”的命门。

“想到了造”则不同。这种模式门槛非常高，“护城河”非常深。当然，“想到了”之后麻烦的事在于如何造，你可能遭遇“想到了没造成”，也可能面临“造出来后没有用”，产品缺乏市场前景，这些都是风险。但倘若想到的东西造出来后充满市场前景，那么你的产品“护城河”将又宽又深，其他企业难以追赶。

想法在未来制造业的地位越来越重要。如果我们今天对“想到了造”还感到陌生，不敢碰、不敢造，我们很大的概率会被未来淘汰。人类最厉害的就是想法，能动脑又动手，动手就是因为先动脑。但我们现在充分用了手，却没有好好用脑。只要你敢动脑，中国制造可发挥的东西还有很多。

创新分为上下行。其中下行就是从原理往下打，这种路线与硅谷、波士顿的创新类别很一致，风险大但前景极其广阔。因为人类了不起的地方，恰恰就是发现与探索。希望中国有更多柔宇科技这样“想到了造”的苗子出现，敢想敢造，把造出来的产品流行出去。

优必选：一位国际质量大师的“最后一战”

2019年，央视的春节联欢晚会深圳分会场上，深圳市优必选科技股份有限公司的6个大型仿人服务机器人Walker亮相，让人为之震惊。但对于业内人士而言，更让人震惊的是，这家公司的豪华团队阵容。

日本“机器人之父”高桥智隆，IEEE Fellow、欧洲科学院外籍院士和澳大利亚科学院院士陶大程，IEEE前主席霍华德•米歇尔……作为全球领先的人工智能和人形机器人公司，优必选科技的核心团队，几乎囊括了来自不同领域的明星级专家。

鲍益新是其中最受关注的一位。他曾先后担任美国福特汽车公司质量总监、副厂长和资深科学家，北美丰田汽车公司质量总经理，富士康集团首席质量官及副总裁等职务。2018年9月，优必选科技“官宣”鲍益新出任公司高级副总裁兼CEO特别顾问。

而早在鲍益新加盟前，优必选科技人形机器人的产品质量已得到了世界500强企业的“盖章”。在2016年，优必选科技的编程教育机器人JimuRobot成为深圳企业中继大疆无人机后，第二个准入苹果全球专卖店销售的非苹果自营产品，同时也是中国首个准入的机器人品牌。

但优必选科技对鲍益新的吸引力，并非企业的品控做得多么好，相反，这位质量大师看中的，是优必选科技品控工作的“难”。

“智能机器人是虚拟世界与实体世界的结合，质量管控的难点在于没有标准。”鲍益新说。此前，鲍益新既做过复杂的实体产品如汽车的品控，也做过虚拟产品手机的品控。但像机器人这样兼具两者的产品，对他来说，是一个全新的领域。

实际上，这是高科技产品面临的普遍难题。当前，在人工智能等新一代信息技术加速与制造业融合的过程中，孕育出众多未来产品，因而也延伸出了品控领域的新课题——如何对一个没有标准的未来产品开展质量管控？

以优必选科技为代表，中国高科技企业的“品质革命”显然已经开始。

鲍益新来到优必选科技以后做的第一件事，便是建立起了“逆向物流”。在该体系

□ 2019ces展上，优必选展示了Walker大型仿人服务机器人新一代走进家庭为用户提供服务

中，优必选科技所有出售的产品，一旦出现问题，都必须在一周内回收回来，无论产品是卖到国内还是国外。在他看来，无论是多复杂的产品，总结起来仍然是一句话：“质量管控第一要素是上游管控，管控不住的话，就要早发现、早解决。”

“如何在这样的未来产品上实现上游管控，这是对我个人最大的挑战，也可能是我职场的最后一战。”鲍益新说。

■对话

人工智能产品如何做品控

以智能机器人为代表，人工智能产业的蓬勃发展带来了质量管控领域的新课题：一批虚实结合的新生事物，在缺乏标准的情况下，如何做品控？作为智能机器人领域的龙头企业，优必选科技正在尝试破题。

“质量管控要做到上游监控，管控不住的话，就要早发现、早解决。”鲍益新表示，基于此，优必选科技目前已搭建起“逆向物流”的售后服务体系，也就是任何产品售出后一经出现问题，无论远近都必须在一周内回收，并利用这些回收数据反推管控工作。

人工智能的品控工作显然还不能就此解决。“这是对我的挑战，是对企业的挑战，更是对整个行业的挑战。”鲍益新说。

忍受造就“差不多先生”

周其仁：中国人生产什么、什么就“便宜”，但生产什么、什么就“好”的声誉没起来，你怎么看？

鲍益新：做便宜的和做贵的、做复杂的和做简单的，质量的观念是一样的。中国人做产品做不好质量，我个人觉得是因为意识不到位。意识不到位在于我们整体的文化、整体的教育没有提供这样的养分、因素，我们自己随便举个例子，我们常常讲我做这个东西用户体验最重要。“用户满意”，所有老板高谈阔论。但是你如果问他“什么叫客户满意”？一般说不上来，为什么？我在这边10多年，才悟出一个原因：他自己没有享受过，他搞不清楚。人家讲“客户满意”，他也跟着讲。但是真到客户不满意时，他就说这个客户很特别、吹毛求疵，花这么一点钱就跟我要求更高品质的东西，很容易找各种各样理由打破他当初讲的理念、观点。

看看我们从小到大，出去看电影、吃饭、游览景点、住酒店、坐公交，谁把你当成上帝一样伺候，给你鞠躬作揖？你有一点点细微不满意，他们都全力改进，有没有？没有。所以你没有享受过什么叫“用户满意”。

这些情况，我们都慢慢忍受下来了，慢慢就形成了文化。什么是文化？一大堆人普遍的做法和接受的习惯就叫文化。这些文化造就了什么？造就了不愿意改进的心理。

比如我做出100个产品，5个是坏的，95%的良品率，我觉得挺好的，那5个人不买就算了，我再继续开发，反正我国市场大，十几亿人口。这种东西不断循环、不断影响、不断污染所有人的心，造就了什么？又回到100年前胡适先生讲的“差不多先生”，就是5000年来的文化造就的“差不多”“忍受”“容忍”。

我国质量管控的祖先可以追溯到秦始皇。我专门研究过兵马俑，兵马俑里面有一条非常重要的举措，影响到今天我们的“扫条形码”。我们今天所有的产品出厂只要是批量做的都要扫条形码。扫条形码的目的是记录它什么时候做的、里面用的什么材料。万一将来产品市场出问题，我很快可以查出来。可追溯性是质量管控非常重要的信息。

这种追溯，2000多年前我国就有了，是秦始皇发明的。所有兵马俑在衣角底下都有制作者的姓名，由此说明兵马俑是谁塑造的。兵马俑是陶制的，每个俑长相都不一样，从面相结构目前可以看出来，除了关中的秦人外，也涵盖偏远地区的民族。兵马俑一般分成好几个部分模制后再组装、加工、烧结出来。兵马俑从上到下厚度都不一样，加上很高，跟真人一样，可达1.8米，因此烧结的时候很容易有的地方烧过了变形，或有的地方烧得不够、开裂。当时对制造时的细节把控得十分严格，在不显眼的地方留下工匠的姓名就代表了一个追溯系统，也是追责依据。

所以我国很早就有批量制造的质量管控，可后来怎么了？在整个历史发展过程中被慢慢丢掉了，改革开放后，发展迅速，大家重点强调快速，这时候质量就被忽略了。

质量到底还是管理意识的问题，做便宜的和做贵的质量意识应该是一样的，有人说便宜没有好货，成本低怎么做出高质量的产品。这是个错误的观念。看看优衣库，我就是它的粉丝，大家去试试就知道了。成本管控、售价、市场、客户是你自己决定的，所以用要生存这样的说法来牺牲质量都是借口，这个借口是有传染性的。

“虚实结合的产品没有标准”

周其仁：我们怎么抓复杂产品的质量？从意识到操作到行动，具体怎么做？

鲍益新：我2018年9月份加入优必选科技，之前我做汽车很多年，也做过手机、智能硬件。

周其仁：都是复杂产品。

鲍益新：到目前为止，我认为做汽车最复杂，这主要从流水线角度来说。飞机更复杂，但是飞机一般不是流水线作业。

我来优必选科技，也是给自己的一个挑战。我看过一些智能机器人的视频。智能机器人跟机器人不一样的地方在于，机器人是一个硬件，有一个开关像小孩子的玩具一样，开了以后灯会亮、脚会动、会跳舞，但是它跟人之间没有交互。智能，是虚拟世界，它跟人之间存在交互，通过嘴巴、眼睛、耳朵、后台算法、大数据，把虚拟世界和实体世界合在一起，这是我当时加入优必选科技的主要原因，我觉得非常有趣，因为我两方面都做过。手机已经变成了一个虚拟的东西，因为你的信息基本是通过大数据、互联网的搜寻。汽车是实体的，智能机器人是一个“虚拟+实体”的存在。

智能机器人会动，所以我那时候刚进来时花很多时间去了解产业和公司的产品结构、软硬件。将来如果要管控它，我怎么管控？这个东西的质量管控最难的在于没有标准。

质量管控方面，我们就要下很多功夫，质量管控的理念是一样的：质量是上游管控，“检”是不得已而为。

质量是否可以靠“检”测出来？可以的。“检”不是一个长久之计，但它却是一个立竿见影的方法。比如你有20%的产品不良率，我安排200个人马上下去检测，结果出来可能只有2%—3%的不良率，百分之十几就降下来了，是有效的，但是你付出了惨痛的成本代价，而且不稳定，一不小心不良产品又会流出去。所以“检”固然可以暂时起作用，就像割破皮后你贴一个创可贴一样，是一个暂时的做法。质量永远是上游管控，发生问题以后是6个字“早发现、早解决”，这个观念极端重要。

我们一般的3C产品，早发现、早解决非常不容易。因为你的东西卖给他，他出货，如果遇到问题时，你们要上网拿号码，拿到号码以后物流来你们家取件了，取了以后再送回给电商。你以为东西就直接回去厂家，实际上回去之后可能在仓库里面待很久才会送到厂家手里。这个时间可以长达几个礼拜，甚至几个月，这跟“早发现、早解决”的理念背道而驰。

我来了以后就快速建立起“逆向物流”机制。质量，除了把东西做好，当问题发生时，你要能够早发现、早解决。相对来说，早发现难、早解决容易，这里面就涉及整个流程团队、组织的建立，即客服、运维、售后质量。

我们希望做到，任何产品出现问题后，一个星期以内，包括国外，就能回收回来，因为产品出去以后出现问题你得赶快分析原因，找到原因你才知道怎么管控。如果原因分析不出来，你就不知道怎么评估市场风险，也不知道该怎么管控。一方面客户抱怨这件事情，你就给他换机、维修、退款，另一方面你的工厂还在生产这样的产品，这是非常糟糕的。所以质量管控第一要素是上游管控，就要早发现、早解决。

原理简单但操作起来不容易。因为仅仅是判断这些风险就需要几十年的经验。我来了以后建立起整个质量体系，我们的主管都有16年的经验，工程师都有10年的经验，一线员工和检测员都有9年的经验。我的经验告诉自己，不是每个人都适合做质量管控，并不是说现在成立了一个质量部门，经理或者总监出缺，你觉得谁不错就让他做。质量管理人是有特质要求的，所以你要挑对人，经验的积累非常重要。为什么？因为很多事情的解决就在于经验，经验是无价的，可是很多企业不重视。他觉得找一个人跟你差不多，你是20万元年薪，他是10万元年薪，你可以离开了？错。经验在处理质量危机时的价值可能10倍都不止，企业家如果不了解这些特质和意识，质量永远做不好。

如何在虚拟和实体世界结合的未来产品上面做好上游管控，能够早发现、早解决，是对我个人最大的挑战，也可能是职场最后一战。

“变异是质量管理中最可怕的东西”

周其仁：你们自动化程度非常高，是否意味着质量管理相对容易？

鲍益新：理论上讲是对的，因为自动化减少了变异的程度。因为质量从生产角度来说，生产是图纸做完了、模具开完以后，料进到工厂要做组装测试、包装出货。这一端目前不可能完全自动化，一旦经过人手就会有变异。变异是最可怕的东西。

变异是什么意思？人、机、料、法、环5个因素都可以造成变异。譬如人的变异，我们每一个珠三角城市的代工厂，大概都有每个月8%—10%的员工流失率，即一个人进来大概一年就离开了。就算是标准操作流程不变，如果人一直在变，就会在制造过程中引进许多未知、无法防止的变异，这些变异积累起来，到一个程度就会对产品质量造成影响。所以做制造最重要的就是人，业界才有“造物先造人”一说。可是大部分企业最不重视的就是人。这是因为大家不懂一个道理：先要稳定才有能力。

只有人、机、料、法都稳定了，你的各种量测指标才有意义，也才可以从里面看出哪些地方做得不好。如果今天工人到不齐，明天机器坏了两台，后天料没进来，这些变异弄得工厂停停走走，产出和质量也不稳定，试问你如何改善制程、增加效率？你连可以依据的数据都没有。

我看过上百家企业，发现懂得这个道理的管理者少之又少。这里是拿制造业做例子，其实其他产业又何尝不是如此。

人、机、料、法这些东西除了变异外，还有一个魔鬼，就是变更管理。这里的变更管理特别指两块：工程设计变更和制程变更。任何产品从开发到量产都离不开这两样变更，因为在不同的阶段一定有些设计或制程需要优化、变更。变更本身并没有错，错在忽略了某一个变更导入时对全局或下游带来的影响或伤害。为什么会忽略？因为发动变更的往往不是深受其害的。

变更是需要管理的，不过很困难。难在缺乏一个系统化的评估方法论。譬如今天有一颗经过设计变更后的螺丝钉进到工厂，你要怎么切换才能做到不出错。没有做过这方面工作的管理者觉得这没什么大不了的，但做过制造的就知道要做到把旧的螺丝钉全部排除，用新的取代，从工厂的环境、制程、机台设置、仓储、物流角度看还真的不简单。大部分人不理解变更管理也是人类的一个短板。

我早年在美国工作的时候，上班要穿西装、打领带，福特汽车是一个传统的制造公司，这种穿着也是他们的传统。我早上起来都有一套流程，其实每个人都有自己的一套，从起床到出门都有一套过程，时间久了这个过程基本固化了。我就故意打乱这个流程，连续几天，随意地改变先后顺序，而且不刻意在脑海里去想。结果没有一次做对，不是忘了打领带，就是忘了刮胡子，或是忘了洗脸。因为我把整个流程打乱了，我引入了变更，可是脑子缺乏一套管理机制，所以错误就避免不了。

所以变更管理是人类的短板，也就是说人类不擅长管理变更。全世界流水线制造最好的公司丰田汽车，在我离开的时候都没有想出真正有效的变更管理的工作方法论。

因为很难管理，你就得想办法减少变更，质量好的公司尽量在开发前期引入变更，后期量产时不会允许太多变更，这就是减少变更带来的管理风险。可是很多企业不重视这个，视变更如家常便饭，任何时间都能变，不幸的是，无法有效管理变更，因此造成各式各样的问题，质量也做不好。这是管理者不懂变更管理造成的。

周其仁：这是多少年的经验，真是非常好。刚才讲到的都很关键，咱们上次在佛山有一家公司讲了，跟德国人一对标，德国人平均在一个工厂的工作年限是22年，我们是2年，这就是质量差别。除了变更，还有什么？

鲍益新：另一个重要变异点就是来料。这和供应商有密切关系。供应商怎么选？一般挑供应商前得去稽核他们，除了商务、质量、成本稽核外，我去的时候还看几个重要东西，去产线看，还有看他们的主管、老板。如果老板不懂自己的产品，就不会选正确的人，里面就有很多乱七八糟的事情他都不懂，因为他不懂行。

选供应商就跟选老婆一样，企业选供应商就是“婚姻”，你把婚姻所有的要件提出来，如果供应商都考虑到，那么这个供应商就是你的合作好伙伴。

中国人讲的门当户对，一直有很多负面的意义在里面，其实是非常有道理的。门当户对才会观念一致，比如今天优必选科技去找世界体量最大的供应商，他们可能都不会理我们。可是我们去找一个很小的，刚刚起来，老板跟我们有一样的创业心态，缺的就是客户、生存的订单，给他订单就是雪中送炭，他一定给我们好好地干，我们一起成长。这个才对，这就叫门当户对。

供应商如果只选低价的，或者听了你们的属下，说可以省30万，你觉得这个采购太棒了，可你被他坑了，产品出了问题，可能赔60万元。所以门当户对，慎选供应商，企业才能一步一步地往前走。

“最高的质量管控是工匠精神”

李白千（日丰企业集团副总裁）：你刚刚提到质量很重要，提到工程师都有10年的经验。你也做过质量总监和研发总监，同样一个10年资深工程师，研发工程师和质量工程师两个薪酬上有什么不一样？

鲍益新：研发当然多了，全世界都这样。

李白千：你怎么稳定质量工程师？因为现在很多年轻人都愿意往薪酬高的地方走，都是大学毕业，都在一个行业里面做10年，因为你两边都管过，你怎么激发质量工程师？

鲍益新：薪酬不仅是唯一的追求，但完全不谈薪酬也不现实。这个世界上不是所有人都做高薪工作，那低薪就没有人做了。所以这一定是有一个平衡的，每个工作都有它的乐趣，我也不是学质量的，全世界没有任何大学有质量工程系，质量只是工业工程里面的一门课，而且学的只是统计分析，所以质量是一个现实的东西。做质量的都是转业、转行的，它是基于产业实战需求诞生的。

质量工程师基本是靠经验积累磨出来的，就算我今天去大学设置一个质量学系，四年的课都不知道怎么开，就算硬开出来，它能不能训练出一个合格的质量工程师也说不好，因为他没有做过实物。软件的质量、硬件的质量，不同行业的质量管控，跟它本身的研发、使用、供应链、制造息息相关，所以他必须毕业以后在业界一点点通过解决各式各样的问题慢慢磨出来。目前所有的质量工程师都是转业的，质量部门的人很多都是做研发、制造出来的。这批人能在其中找到乐趣和挑战，并乐此不疲。

当初投身质量工作时我也不知道质量是什么。我在美国福特汽车本来是做研发，后来管材料工程。有一天人力资源打电话给我说："有一个制造质量部门的升迁机会，你有没有兴趣？"我说具体要干什么。他说到制造质量部门做"二把手"。那天和制造质量部门总监面试，虽然只进行了半小时，他居然对我很满意，可是说实话，面试时我几乎听不懂他在说什么，因为我那个时候不懂质量管理。后来我觉得对方都愿意雇我，我又有什么好怕的，就这样一头扎进了质量领域。人生很多事都是这样，不试试哪里知道适不适合你。

你问我这些人为什么会做质量？也许和我一样，一开始一头雾水，但是慢慢做出兴趣了，就留下来了。做质量不见得会画图纸、设计电路板、选芯片、做仿真计算、开模具，可是他必须要管控这些流程、对结果的风险做出评估，然后推动问题的解决。流程管控和风险的识别是考验质量工程师能力的最重要环节。

要管理好一个流程，这里面的十八般武艺你不见得样样精通，也不需要精通，但是你得会问正确的问题。能问出正确的问题，你就能知道风险在哪里，就能让研发、制造、供应商把事情做对、做好。这是基本的质量管控。但是最高的质量管控就是去掉这些质量工程师，人人具备了工匠精神，自己能把自己的事情做好，真正做到"不良不流入，不良不制造，不良不流出"。交代你明天5时做好，4时前已经做好了，而且东西完全没有问题。这就是自我的内建质量精神。

李白千：我们在20世纪80年代时都学日本的全员质量管理，人人都是质量管理。现在开始学9001体系的管理，你比较这两个体系有什么不同？

鲍益新：差不多，这些都是学者专家取的名字。看这些东西，跟你把公司的质量管好没有太大的关系。这些理论教你该做些什么，可是无法告诉你怎么做，在什么条件、情况之下如何做、做的先后顺序是什么。一知半解反而误事。看看所有质量做不好的公司都有通过这些认证就明白了。我个人觉得质量的观念、理念很简单，天下所有复杂的事情能够把它梳理出来，其实都很简单，不过简单不代表容易。我觉得全员质量管理当然好，假如你的企业产品被抱怨、退货率很高，人员流失很快、资金有问题，这个时候推动全员质量管理，我觉得是自己搬砖头砸脚，你绝对推动不下去。因为在不同的状况下该做什么是不一样的。你得了解自己处在什么状况之下，然后抓大放小，选择最有效的、最重要的先做。

质量管控三个步骤，包括信息、组织、流程。信息很重要，信息的展现更重要。你

□ 优必选展厅展示的智能机器人产品

得先让你的质量总监把信息用图表展现出来，我们公司现在出了什么问题、客户反映什么东西、来料情况如何、制程不良如何分布等等，通通画出图表来，画不出来就是无能、失职。质量的观念是上游管控，观念很重要，上策给观念，中策给方法，下策给钱，很不幸我们大部分父母和老板都走下策。

质量管控虽然强调上游管控，一旦出了质量问题，就是倒挂，从下游管控往前推。你不能说市场出了问题就回到上游从图纸开始，从采购、从供应商开始，这时候工厂还在源源不绝制造有缺陷的产品，这是不行的，得先止血。

做质量，已经发生问题的管控一定是从出货端卡住，往前推，慢慢改进。新产品是从上而下，老产品是从下而上，顺序别弄错了。基本的观念抓住了，你才能够选择优先顺序，根据公司现在处于什么样的市场位置，采取什么样的策略。买手机和买机器人的客户一定不一样，我没有必要把手机客户的需求完全套在机器人上面。这就要做取舍了。对产品、对市场要了解，做质量的人什么都得懂，你才能从里面抓大放小、有所取舍，找到对公司最有效的，又不让公司停线、停货，还不让市场上的客户不满意，甚至造成批量退货。

这方面的取舍就在于风险的判断，风险的判断在于你多年的经验，以及对企业、行业和技术的了解。最后还要有胆识，做质量在于判风险、推动各部门改进，没有点胆识最好别做质量这一行。

其仁夜话

创新就是敢于对未来做判断

周其仁

优必选科技那么豪华的团队就做那几款机器人，这个机器人也不复杂。这种现象在佛山很少见到，为什么？我在现场讲过，这是面对不确定性的办法，因为未来谁也不知道。所谓创新听着很好听，但是一些新的东西出来这个市场是否需要，对社会的意义如何，怎么判断？深圳大概有大大小小1000多家私人投资公司，他们就是做判断。

这套打法，我们佛山还不会，如果没有这个土壤，谁也不敢创新，因为创新了以后可能没有人对付未来的不确定性。你让政府去判断，如果赔了财政的钱，怎么向“两会”交代？所以佛山目前的氛围，我们要走到创新前沿是很难的，因为不具备基础条件。但是我们至少要看懂人家怎么创新。你到硅谷去看，你觉得稀奇古怪的想法简直如天方夜谭，他们怎么判断？一大堆风险投资人泡着，他们的职业就是判断一件事情，就从3页PPT，判断你这个团队这个事能否做成。这个玩法，我们现在还不会玩，但是我们不能连看都看不懂。

其实，优必选科技到底如何？没有一点关系，重要的不是他想告诉你什么，重要的是你看到了什么，你想到了什么，豪华团队给投资人看，我们是否懂这个玩法？我们心目中创业投资人、风险投资人是什么角色，我们会不会跟他们说话？会不会让他们对我们有信心。这个本事今天没有，5年后有没有？15年后有没有？

优必选科技这么大的团队，一共做两个蹦蹦跳跳的机器人，我觉得与其看机器人还不如看其团队及其履历。包括鲍益新博士这么厉害的质量专家，优必选科技怎么说服他的？他讲了一句“硬软结合、虚实结合的品质控制，非标的我还没碰到过。”他冲这个去的，公司成不成不重要，重要的是有一个对付新领域的经验，重要的是他的能力提高了。优必选科技最重要的是让我们看到什么叫作创新，在什么环境下可以创新。

我看优必选科技就老想到联邦家私的老杜（联邦家私集团董事长杜泽桦），优必选科技这种出新花样的东西，最大的命门反而是佛山的强项。因为电子产品不耐玩，很多人玩完就扔了。倒过来看，这是我上次在佛山学到的东西：一个东西耐用容易，耐看不容易。审美观一直在变，怎么才能让这个东西更好？联邦就一把木头的沙发，从20世纪90年代卖到现在还在热销。要是从财务算账，价值不得了，他的开发费和成本早已摊没了，剩下的全是利润。

佛山VS长沙：两座装备制造业大市的对话

在位于长沙的宁乡高新技术产业园，星邦重工突破海外巨头垄断生产的全球最高自行曲臂式高空作业平台，收到了来自欧美租赁公司的新订单。

距此不远的另一片工业园内，楚天科技并购有140多年历史的德国Romaco后，与之联合研发的制药设备，正以超越国内水平的技术参数进行着药物测试。

在三一重工号称“中国最聪明的工厂”的18号厂房，所有环节实现自动化。这家国内工程机械龙头企业，在智能制造时代再次实现引领。

不知从何时起，一批来自长沙的企业站在了国内外产业竞争的潮头，展现着湘商的力量。而在他们的背后，是长沙这座内陆城市的崛起。

依托中部崛起战略，放大产业优势，并以高铁打开时空格局、强化与珠三角等经济发达地区的联系，长沙将身处内陆的区位变成了一种发展优势。而佛山等珠三角城市最鲜明的开放政策理念、先进企业管理意识和敢拼的企业家精神，也持续在长沙这座中部城市涌现。

追溯长沙的崛起，有哪些因素是佛山容易忽视，却又值得借鉴的？

黑马的崛起

2018年，用三一重工总裁助理陈爽的话来说，这算是公司史上最好的一年。这一年，这一工程机械龙头企业的利润和现金流都十分充足，且增幅大。

但在七八年前，情况却完全不同。2011年，受到此前金融危机余波影响，加之控制风险的水平有限、对客户的把握能力不够，三一重工在高速扩张的同时，也遇到了业绩波动的经营挑战。

为了突破瓶颈，三一重工优化管理、精简人员、重塑投资策略，同时坚定在工业互联网这一业务领域开拓新价值。挨过困难周期后，三一重工反而在结构与效率上有了新飞跃。

其实，三一重工的发展轨迹与长沙整个装备制造业的路径是吻合的。受国内基建步伐放缓、外部环境和宏观政策等影响，2012年下半年起，长沙工程机械产业发展增速放缓。三一重工等一众企业从技术与管理深处的深刻改革，不仅拯救了自我，也带动了整个产业的复苏。

与支柱产业装备制造业的浴火重生、走出低谷后一路上扬相呼应的，则是长沙经济体量的逆袭。

这几年，长沙成了“黑马”的代名词。

这个原本普普通通的中部省会城市，在近十多年内经济总量一路上升，超过了挡在它前面的一个个计划单列市、副省级城市，直至迈入GDP的万亿俱乐部，创下了惊人的发展增速。

长沙的快速增长始于2006年。这一年，长沙实现地区生产总值1790.66亿元，比上年增长14.8%，增幅比全国快4.1个百分点，比全省快2.7个百分点。

经济向上的势头由此不断凸显。有人统计过2005年到2015年这10年间中国经济增幅最大的城市，长沙名列首位，其GDP在这10年内的增幅达到460%。

2017年，长沙经济发展迎来新拐点，经济总量突破万亿元，排在中国第14位。2018年，长沙GDP为11003.41亿元，比2005年增长了接近1万亿元，相当于再造了一个发达城市的经济体量。而此时，长沙已将不少明星城市、省会城市抛在身后，包括无锡、福州、石家庄、郑州、济南等。

总体来说，这些年长沙的产业经济画像与发展轨迹，一定程度上与700公里之外的佛山有相似之处。在21世纪之初，作为普通地级市的佛山也曾以“黑马”之姿，在经济体量上超过一些省会、副省级城市以及计划单列市。而以制造业立市的佛山，同样在装备制造业领域创造过亮眼的成绩。其装备制造业产值占据珠江西岸先进装备制造产业带一半，工业母机类制造业占比达到了1/5。

此外，佛山是全国县域经济的领头羊，顺德、南海常居中国百强县（区）第一梯队。而长沙则在县域经济上领跑中西部，全国中西部的GDP千亿县大多来自长沙。

但看似相近的区域产业经济特征背后，支撑发展的动因以及城市的发展逻辑与模式，又完全不一样。

打开时空格局

以佛山为代表的珠三角，是改革开放的前沿阵地，更是靠“三来一补”代工产业发家的典型地区之一。改革开放之初，佛山是香港、台湾企业以及不少跨国公司产品制造和转口贸易的大后方。著名社会学家费孝通将此概括为“前店后厂新形式”。

此后，通过消化吸收或嫁接外来技术，很多佛山企业从外资企业的后方工厂一跃成为自主经营、技术密集型的合资企业。而随着产权改革等领先全国的改革探路之举，佛山进一步掀起民营经济发展浪潮，并成为珠三角这一“世界工厂”中重要的制造基地。林立的工厂中装着来自全国的劳动力，以及流向全球的各类货品，这是佛山的常见景象。

开放创新，市场经济发达，外来人口充足，这些构成了包括佛山在内的珠三角发展路径。这一探索被证明为这些年最有活力的区域发展路径之一。

而位于我国中部的长沙，则是近年来内陆城市崛起大潮下的佼佼者。

2004年，中部崛起战略被提出，包括山西、安徽、江西、河南、湖北、湖南在内的中部六省作为中国版图的脊梁位置，开始以建全国先进制造业中心、新型城镇化重点区等为战略定位，走向崛起。

其中，长株潭城市群作为“两型社会”综合配套改革试验区，以及中部六省中的城市群建设先行者，站上了发展风口。

高铁是长沙新机遇来袭的最大助推器之一。京广、沪昆、柳衡三条高铁线在此交会，贯通东西、南北的交通动脉带动技术、资本、人力等经济要素的流动，让长沙的通达度显著提升，更让长沙与佛山乃至整个珠三角发生深刻的联系。

从广州南站出发的高铁呼啸而过，不到3小时便可抵达长沙南站。时空距离的缩短让劳动力的流动频率加快。过去，珠三角涌入大批包括长沙在内的湖南劳动力，上演“孔雀东南飞”的景象。而随着长沙区位优势以及城市发展的进一步崛起，不少在市场经济前沿地带珠三角受过训练的长沙人回到家乡就业或创业，形成珠三角一种新的知识外溢。

“我们企业有近1/3的员工在珠三角工作过，甚至有一些是企业中层。比如我们一位商务部长在珠三角干了10多年。”国内高空作业设备龙头企业星邦重工董事长刘国良说。

近两年，长沙城市竞争力的提升和低成本优势的保持，让本地人才回流的现象更加频繁。“孔雀”开始往回飞。据刘国良介绍，最近企业本土人才回流明显，尤其是30—40岁年龄段、工作七八年之后的人才。“相比沿海地区，长沙生活成本不高，产业发展快，带动就业机会增多。”

与此同时，坐拥深厚产业、金融基础的珠三角，对内陆城市长沙的产业、资本外溢仍然十分显著。“珠三角制造业门类齐全、风投发达，我们很多原材料供应商来自佛山，还有几位投资人来自广州、深圳。”刘国良说。

宏观战略规划带动了产业、交通的升级，加深了长沙与佛山等珠三角城市的互动，更改写了长沙的空间发展格局。长沙区域经济发展“黑马”的角色进一步坐实。

2019年6月，中国社科院财经战略研究院与中国社科院城市与竞争力研究中心联合发布的《中国城市竞争力年度比较报告》显示，在全国各大城市中，近两年长沙都市圈竞争力上升幅度较大。

湘商突围实体经济高地

身居内陆的长沙在城市实力崛起的同时，也涌现了一批勇于在新领域创造新价值的企业。曾经在珠三角企业家身上常见的果决敢拼与大胆变革的精气神，同样也成了这批“湘军”在产业江湖上的标签。甚至这些企业身上的不少新特质，也是佛山企业可借鉴的。

离许红霞和刘国良夫妻俩离开国企、创立星邦重工已过去了12年。星邦重工所处的高空作业设备行业，是片国内市场年均增长达30%的蓝海产业，却长期由欧美企业垄断。这个产业散发着诱惑力，又充满了未知。早几年，跃跃欲试的国内工程机械企业不少，甚至不乏巨头，但真正入场的却很少。而星邦重工则是湖南乃至全国率先闯入拼杀的“搅局者”。

目前，全球最高的自行曲臂式高空作业平台正是出自这家年轻的长沙民企。而在成功撬开国际市场以及国内本土市场飞跃发展的情况下，星邦重工的销售额在两年内翻了3倍。

在星邦重工凭着果断、铆足劲冲向一片高增长市场的时候，老牌装备制造企业三一

□ 依托装备制造业优势与高铁红利，长沙产业经济不断崛起。图为星邦重工工厂

重工刚走出困难周期。而即使在经营十分困难的情况下，三一重工咬紧牙关坚持，反而大胆地在智能制造上进行投入，并在此基础上开拓出新的业务——“树根”工业互联网。

这一开放的工业互联网平台为不少企业的产能拉动作了贡献，也大大提升了三一重工的生产效率。设在宁乡的三一起重机工厂，2011年7000多名员工产出60多亿元；2018年3000多人产出了108亿元。

湘商的敢拼敢试，也伴随着对品质的扎实追求。2015年，长沙医药装备企业楚天科技曾实行向工匠倾斜的股权激励，435名股权激励对象中，一线岗位员工占比超六成，技术工人占31%。这家企业还前后派遣了超50名一线蓝领工人到德国开展为期半年的培训。这样重视一线员工的质造投入，在民企中少见。

政府也通过更大的手笔、更系统的设计，来推动重点产业在长沙的根深叶茂。2017年，长沙提出建设国家智能制造中心，到2020年形成530家（个）市级智能制造示范企业（示范车间）。

与此同时，长沙还在中长期计划打造一个世界级的装备制造、工程机械的博览会，并集中资源、技术力量，建设一个世界上最大的工业园。

为了集聚最优质的企业资源，形成富有竞争力的产业集群，目前长沙梳理了22条产业链，这些产业链划分细致，其中不乏人工智能、大数据这样的新兴产业。

而如何升级与珠三角沿海地区的对接，继续深挖互动红利，也是长沙接下来的一个战略重点。目前长沙至香港的高铁车距最快3小时14分钟，长沙和粤港澳大湾区的融合将更紧密。

星邦重工：在全球巨头垄断中“高空作业”

在长沙宁乡高新技术产业园区，一台台高大的橙色高空作业设备放满了一个厂区。在国内高空作业仍以脚手架为主，甚至用起重机顶部安装一个简易平台框就能进行的背景下，这些橙色“大家伙”却改变了整个安全生产业态；它所处的高空作业平台产业，则是一片国内市场年均增长达30%的“蓝海”。

这个宝藏般的产业江湖长期由欧美企业垄断，但一家年轻的中国民营企业却率先闯入了拼杀，成为市场“搅局者”。

这就是位于工程机械之都长沙的湖南星邦重工有限公司。这是一家成立不过10年的年轻民营企业，却冲入了世界权威的高空作业平台榜单前20强；而其征战市场所面临的挑战，则是曾牵动中国制造业神经的问题：如何杀入一个早已由巨头垄断、高度竞争的市场？又如何在高增长的亢奋中保持管理冷静和品质定力？

一切要从星邦所涉足的高空作业设备这个“特殊”行业说起。尽管全球市场增长快，但高空作业设备有着很高的行业壁垒。欧美国家凭借巨大的经济总量和强大的技术积累，既是高空作业设备的最大消费市场，又在该市场形成了寡头垄断。

这样一个产业散发着诱惑力，又充满了未知。早几年，留心观望、跃跃欲试的国内工程机械企业不少，甚至不乏巨头，但真正入场的却很少。彼时，在大型装备制造业国企中沉淀了不少经验的刘国良和许红霞夫妻俩，却很快做出决定：从国企离职，马上自主创业闯入高空作业装备市场。

“虽然当时国内这块市场很小，但是未来增长空间和机会却非常好。”星邦创始人兼总经理许红霞说。

在2008年成立初期，星邦的首要任务就是打入欧美这一全球高空作业设备最大市场。该市场发展成熟，且有着相当高的门槛。尤其欧美以产品租赁为主，市场被几大租赁商占据，凭何让头部租赁企业选择星邦，从而立住脚？这是许红霞思考最多的问题。

在这样一个主打安全性能的高端产品市场，唯一的通行证就是品质。而对于星邦来说，品质命题的题眼首先在供应商。

星邦积极主动地创造了一个可靠的供应链生态：建立供应商门诊，每个月统计、分析产品和配套体系问题，引入质量工程师追踪问题，再和供应商共同讨论提出解决方案；星邦甚至专门从国外引入一位全球供应链专家，以比肩国际一流的标准坐镇质量管控。

坚定地入局，并严控品质，让星邦在这个一直被国际巨头占据的江湖中逐步突围。目前其自主研发的46米自行曲臂式高空作业平台，为全球最大高度；同时，星邦重工填补了高空作业平台行业民族品牌的空缺，打破了此类产品以往完全依赖进口的格局。

而赶超欧美巨头的新契机，也正在浮现。

近年来，随着安全生产在国内越发受到重视，加上本身产品市场基数小，中国的高空作业市场经历了爆发式增长，最高年增长率达到50%。本土市场的猛增带动星邦的销售额在两年内从2亿元升到6亿元，并在2019年立下10亿元的目标。

许红霞最初对市场的判断，得到了印证。

当然，新的挑战也随之而来。这一国内罕见的高增长市场，正迎来更激烈的争夺。海外巨头纷纷在中国布局，三一、徐工等国内巨头也相继入场。这个产业已进入跑马圈地的时代。

这个节点下，企业的管理和产品品质也备受考验。为了让产品质量与管理跟上发展速度，许红霞反思了公司KPI（关键绩效指标）的设置，她发现，KPI里有收入、利润、产量维度，却没有质量维度。品质是部门级的绩效指标，但没有上升到公司层面。

为了改变部门重量轻质的情况，星邦重新梳理绩效指标，重新制定激励机制，把重视量的指标转为重视质的指标。“激励机制是一把双刃剑，激励指标往哪指，下面的人才会往哪里走。”许红霞说。

■对话

当速度与质量冲突时，“一把手”站哪边？

星邦重工所涉足的行业，是个让佛山企业羡慕的朝阳产业。30%—50%的高增长率及其潜在的利润，让企业家兴奋。而星邦所面临的问题，同样也是佛山企业一直探索解决的。企业发展如何平衡“快”和“好”？作为一个产业的后来者，企业如何追上该行业内的国际巨头？

将供应商的建设、扶持作为战略任务

鲍杰军（欧神诺陶瓷董事长）：2016—2018年，星邦重工经历了年销售额2亿元到6亿元的爆发式增长。在高增长中，你在经营过程、生产质量控制等方面采取了什么措施？

刘国良（星邦重工董事长）：供应链对我们公司至关重要，我们高层很明确，供应链也要成为公司的竞争力。

我们将供应商的体系建设、遴选和扶持作为战略任务。我们此前成立了8个人的商务部，负责供应商的开发、辅导、扶持、评价。

关于供应链保障，我们分为几部分。一是供货的及时性，我们通过沟通、亲自去走访，调查供应商的困难，在内部及时解决；二是供应商的信息协同，我们需要什么样的物料、什么时间、地点，这些生产安排、交付信息通过协同工具，都能与供应商共享。

我们还建立了供应商门诊，每个月统计、分析产品和配套体系问题，引入质量工程师追踪问题，再和供应商共同讨论提出解决方案。

许红霞（星邦重工总经理）：现在星邦重工在过销售额10亿元的门槛，从安全到各种体系都在慢慢涌现问题，星邦重工的解决方案不是依托某一个点，而是建立一个体系。此外，我们需要专业化和国际化的人才。此前我们引入了第一位外籍高管，是全球排名第一的供应链专家。

我们还跟国内一些顶尖的培训机构、咨询机构合作，一年的培训费用投入接近300

□ 成立不过10年的星邦重工，冲入了世界权威的高空作业平台榜单前20强

万元。

鲍杰军：做高空作业最需要安全，你的产品和国际巨头比品牌效应还不够。竞争过程中，你如何让别人认可？如何保证产品安全性和创新性？

刘国良：高空作业平台产品最大的隐形门槛就是如何保证产品的安全、高效、耐用。看似简单的东西其实要做好并不容易。保证安全方面，我们首先从设计质量上面保证，几年前我们就推广使用一些分析工具产品，比如我们设计的绩效模式分析、工厂绩效模式分析。

同时，任何新的产品设计都要通过产品设计流程控制，包括技术方案的评审、施工的评审、产品设计实验第三方认证、市场推荐试验等，以这样的流程保证产品尽量少出问题。

个性化定制“俘获”头部客户

周其仁：目前高空作业设备这个市场有多大？产业的壁垒高不高？

许红霞：欧美是主要市场，在美国这个产品市场容量是60万台，欧洲30多万台，新加坡2万台，香港市场1万台。中国现在只有8万台，预计2019年超过10万台。

根据欧美发展经验，高空作业平台市场一般在人均GDP达1万美元之后才进入快速发展。根据中国经济现状，目前国内市场已进入了一个高速发展期。2012—2015年全球经济都不景气的情况下，中国高空作业设备市场仍保持了30%左右的增速，2019年复合增长预计超过30%。未来中国必然会是全球最大的单一市场，预计到2025年或2026年时市场容量达70万台。

这个产业壁垒比较高。美国的两大公司占了超50%的全球市场份额，他们在2010年左右先后在中国投资建厂，看中的正是中国市场未来巨大的潜力。同时国内不少巨头也陆续进入市场角逐。

星邦重工在2008年创办。在创建星邦重工之前，我和丈夫在大型国企工作多年，离开国企后我本人也做了很多创业尝试。后来我想还是在自己熟悉的行业里创业有优势，于是开始寻找合适的产品，了解到高空作业平台这个产品虽然当时在中国还没有什么市场，但是未来面临很大机会。我和丈夫非常互补，我是行动型，他是慎重考虑型。因此我们合作创业，进入了高空作业平台行业。

那时候高空作业平台在中国非常少见，就连三一、中联等工程机械行业领军企业也不做这个产品。当经济发展到一定程度，社会对效率、安全产生了更高追求，国家也陆续出台相应政策法规，国内市场才会爆发。起初我们主要靠国际市场支撑发展，现在国际、国内市场比重各占一半。

周其仁：终端客户通过怎样的方式使用你们的产品？

许红霞：一般是通过租赁公司。海外几大租赁商巨头占据了市场，还有一些中小型的租赁公司。所以要进入头部租赁企业的采购范围非常重要，否则你的品牌在全球的影响力、在消费者心目中的形象以及未来的发展都会面临困难。而进入欧美、日本这些成熟市场的头部企业客户名单非常艰难。

我们正在这方面努力。针对头部客户，进行一些个性定制和独有的产品开发。美国最大的租赁商联合租赁在对我们发起供应商调查，全球第二、欧洲第一的一家租赁公司已经完成了对我们的样品试验，之前我们在德国宝马展会收到了试机符合的通知。

周其仁：现在是租赁公司挑你，还是你挑租赁公司？

许红霞：目前是他们挑我。这些大的租赁公司也必须找到全球优质、未来有成长潜力的制造商，因为采购成本的控制、品质和服务方面，对他的经营质量影响最为关键。它的客户千千万万，但是他的供应商绝对不会超过4个。

坚决不做“差不多先生”

黄喜华（*星邦重工常务副总经理*）：我们也一直有个困扰。2016年开始，星邦重工进入了一个非常快速的发展阶段，销售额从2亿元迈向10亿元大关。快速发展中，企业如何让管理的节奏和企业发展的速度吻合，解决过度管理或者是管理不足的问题？我们想请教佛山企业家。

鲍杰军：现在星邦重工刚好处在这个风口上，处于一个非常亢奋的状态，这是很可喜的。需要注意的是，企业引进了非常高端的人才，但如何形成一个紧密、更开放、更完整的团队，这从经营角度来说是一个紧迫的问题。

另外，如何从亢奋状态下冷静下来？面面俱到可能非常难，能否抓住一些经营重点来突破？面对国内外巨头快速进入这个市场，星邦需要快速建立产品的护城河，在产品创新上面还要找到更高点，从高点往下打，不要怕竞争。

许红霞：我们有过因质量问题造成损失的经历。我们现在也感觉在快速发展过程中，各种质量问题就会体现出来。激励机制是一把双刃剑，激励指标往哪指，下面的人就往哪里走。我们现在梳理绩效指标，把重视量的指标转为重视质的指标。

张伟明（*星联科技董事长*）：星邦重工有比较宏大的目标，进入了这样一个朝阳行业。如果将来要爬得更高，走得更远，你要打造什么样的核心竞争力来支撑发展目标？

许红霞：一个企业的战略、机制、文化、团队，我认为是其最核心的竞争力。我还在学习过程中，一点一点完善用人的机制、选人的机制、激励的机制、分配的机制等方方面面。

我们希望代表中国的高空作业平台走向世界，告诉外界中国一样可以制造让人骄傲的产品，中国一样有非常值得尊敬的企业。所以我们追求卓越，我们坚决不做“差不多先生”。

此外，长沙把工程机械装备制造业作为第一支柱产业打造，聚集了大量的供应链资源、人力资源。所以我们把东西设计出来后，可以在长沙及周边找到任何一个零件的供应商。长沙的区位优势很关键。

其仁夜话

要给予质量部门更大否决权

周其仁

速度和质量之间有永恒的矛盾。企业越是高速增长，越要把做优质量放在首位。前线的销售经理一般很看重订单量，但长期管质量的人在企业发展速度加快的时候，往往神经会绷得很紧。这个时候企业一把手、二把手怎么决策非常关键。

企业在高速发展中的一个安全做法，是推动品质更上一个台阶。企业发展速度越快，决策者的权力越要往品质方向移，要给予质量部门更大的否决权，不要因为订单增长速度快而放松质量要求。

企业增长速度很重要，但前提是产品不能出问题。两者若发生矛盾，企业一、二把手一定要站在质量部门这边。前线经理因为业绩考核和激励机制，可能会看重订单数量；但如果不把品质放到前面，激励机制有时会变成闯祸机制。

以星邦重工为例，这家企业有大量组装业务，很多零部件产品从外部来，但这些产品组成设备后最后都是以星邦的品牌形式走出去。所以星邦重工要为产品负责，一定要强化质量部门的建设。

企业常见的决策思维是，我这个单不接就丢单了，企业规模就小了。但你要知道，劣质产品占了的市场份额，将来都会“吐出来的”。高速增长的行业内，肯定有很多过去不干这一行的公司为了短期利润而冲进来。他准备不足、缺少管理，很容易垮。他一垮，就是给优质的企业打广告，衬托出了你的好产品。

所以企业一定要有品质的定力，这是可以在行业进行长远“战斗”的法宝。企业家不要被短期利益迷惑。因为怕丢市场份额而抢订单、重量轻质的前车之鉴已经不少了。高速增长是把双刃剑，发展越快就越考验企业的品质定力。企业要加大对品控资源的投入，强化企业的发展筹码。

星邦重工带来的另一个启示，是关于用户。他的设备供给租赁公司，再由租赁公司租给其他人。因此，如何收集使用产品的用户的信息，这对企业来说是个挑战。

我们谈“以客户为中心”，这句话很简单，但是不容易做到。不少企业只有供应链的概念，没有用户链的概念。所以企业不能光盯着对手，还要注重提升对用户的理解。

楚天科技：开启对标世界的工匠培育赛

在走向楚天科技股份有限公司车间的路上，沿着一条名为“质量路”的小径，抬头便能看到一块硕大的广告牌，上面贴着三一重工创始人梁稳根的头像。2019年被楚天科技定位为“品质主题年”，梁稳根正是楚天科技的“品质主题年”代言人。

作为一家从事医药装备研发制造的公司，19年前，楚天科技从长沙郊区的破旧牛棚起步。19年后，这家总资产超过40亿元的医药装备龙头企业，已把产品卖到全球近40个国家和地区。当楚天科技的产品卖向越来越多地区的时候，作为创始人的唐岳深感市场对于质量的需求与日俱增。

而工匠正是楚天科技提升品质的主要抓手。2019年7月30日晚，楚天科技大剧院内座无虚席，刘广文等几名刚从德国企业Romaco培训归来的80后“楚天工匠”正向同事分享学习心得。

“楚天工匠”刘广文和另外5名同事2018年被派往Romaco在意大利的公司培训两个月。出国前，他在长沙市2018年装配钳工竞赛中获得了第二名，技术实力得到了同行认可。

这是楚天科技高度重视工匠的缩影。2011年，楚天科技提出建设工匠文化、打造工匠队伍，并且从管理到薪酬向“工匠”倾斜。2015年，楚天科技实行股权激励，435名股权激励对象中，一线岗位员工占比超过六成，技术工人占比达31%。

到了2017年，在美的完成并购德国库卡一案半年后，楚天科技成功并购德国Romaco。自并购完成后，楚天科技一直源源不断地把一线员工送往有着140多年历史的Romaco进行培训。

他们不做错事，一次性把事情做对。唐岳观察到，这家百年德企内存在大量年龄较大、经验丰富的老员工，且德国工人专注又严谨。而这一大批熟练工人，特别是有品质意识的熟练工人正是练就德国质造的重要力量。

要学习德国工人的态度，更要学习他们的工匠精神。深谙这一道理的唐岳，前后派

□ 楚天科技前后派遣了50多名一线蓝领工人到德国开展培训

遣了50多名一线蓝领工人到德国开展为期数月的培训。在他看来，当前品质革命的开展已是形势所迫。企业要实现从制造到质造的跃升，必须开启一场对标世界的工匠培育赛。

■对话

如何把蓝领“真正当一回事”

“你们中，有谁被派去德国培训过的？”提问的话音刚落，坐在会议室的十多名“楚天工匠”几乎全部站了起来。这一幕发生在品质革命佛山调研组赴楚天科技调研的现场。

作为一家医药设备龙头企业，为了提升产品品质，这家民企做到了把蓝领“真正当一回事”。在该公司内部，从表述上就只会区分管理者与骨干人员，而从不单独划分蓝领工人。不仅如此，该公司还有众多利益机制和培训机制向蓝领工人倾斜。

如此重视蓝领的企业，在国内并不多见。但在楚天科技董事长唐岳看来，“熟练工人是稀缺资源”。在这场全球的品质革命中，只有牢牢把握住这样的稀缺资源，实现“从一开始就把事情做对”，这样中国人所有的勤奋才能真正彰显价值。

“唯一的方法就是在质量上崛起”

唐岳（楚天科技董事长）：我认为质量问题的根源在于三点。第一点是企业“一把手”的问题；第二是价值观问题；第三是执行力的问题。

楚天科技2000年拿着20万元，在长沙畜牧农场一家破旧工地里面起步。那个时候是中国经济高速发展的初期，无论是社会舆论还是公众基础，抑或是创业者的自我认识，都远远达不到我们今天对“品质革命　对标世界”的理解程度。回顾这些年，我们有喜悦的地方，更多的是遗憾和后悔的地方，那就是一开始我们没有站在更高的高度重视品质，而是逐步地被迫提升。

品质革命这件事现在已经到了关键的历史关口，已经不以人的意志为转移，更不以哪一个企业的具体情怀而包容你。世界经济与贸易格局已经产生巨大的变化，我们在一些领域、一些产品、一些行业跟西方已经产生结构性竞争，不再是互补性经济，而是竞争性经济。

这种变化势必把中国企业推向没有退路的墙角，唯一的方法就是在质量上崛起，否则就没有前途。同时，国内产业转型升级也把企业逼到了墙角，几年前国家提出“三去一降”，即去库存、去产能、去杠杆、降成本，所谓的“三去一降”归根到底就是质量问题。

张伟明（星联科技董事长）：能否介绍一下楚天科技的战略决策机制是如何建立的？

唐岳：战略决策机制是一个很复杂的问题，我也是摸着石头过河。我的本科和硕士专业都是发动机，制药跟我的专业“八竿子打不着”。1999年辞职后，我曾经跑到深圳观察了3个月。后来觉得心中没底，又回了湖南。有人问我当年如何进入医药行业，我回答是“稀里糊涂”进来的，但我进来了以后没有稀里糊涂过了。

因为公司初期无人才、无资金、无技术。首先要解决技术问题，解决技术问题依赖人才，解决人才问题依赖资金，但我没有资金。我找到农村信用社贷款100万元，给专家买了住宅和轿车，又给了20万元的安家费，还有每一年税后20万元年薪，外加5万元活动经费。

接着，专家说需要一个团队合作，又开了一个清单，其中包括研发工程师、高级技师等。最少的一个人要付20万元现金。我想拨付股份，但当时拨付股份他们不想要。最终我又花了近300万元，累计达400万元。

人来了就开始着手研发产品。几年以后，又遇到工厂落地的问题，还有解决市场营销、技术创新等很多需求，不断作决策，包括走向资本市场、IPO上市等。总结一句话“19年的楚天是一部苦难史”，这里面经历的决策都是痛苦的抉择。

“熟练工人是稀缺资源”

何文俊（德冠薄膜新材料轮值总裁）：我们企业遇到了一个困惑，即年轻的同事不喜欢在制造业基层学习，或者说担任基层的一些干部，这方面楚天科技是怎么解决的？

唐岳：作为企业老板，我们都希望手下的员工经验丰富，但事实上，随着企业的发展，不可能全都是熟练员工，特别是楚天所在的细分行业里面，熟练的员工都是稀缺资源，做航空发动机、工程机械、汽车制造的来到楚天科技都不一定用得上。这就迫使楚天科技将培训作为解决员工问题的唯一渠道。

面对大量的年轻员工，楚天科技也走过一些弯路，现在走到一个比较新的阶段，就是建立三个机制。一是利益牵引机制，告诉新员工，前方有一份利益，你只要沿着正确的路走下去就是你的，不要光喊口号。二是压力传递机制，告诉新员工，获取利益时有规矩，包括一系列的质量管理和标准。最后就要上升到自主阶段即文化引导和渗透。告诉员工，楚天科技不仅仅是为了盈利，我们还在承担世界和中国医药装备的社会责任，这是我们的核心价值观。

周其仁：你们对工人的重视，以及起步的时候，发展的初期阶段，这么重视蓝领，这个经验非常值得佛山企业学习。刚才说流动率比较低，骨干黏性非常强，到底有什么办法？

唐岳：蓝领工人稳定性的问题带有普遍性，它确实是和质量紧密关联。楚天科技的蓝领工人流失率非常低，在楚天科技工作10年乃至更长时间的，不在少数。

但更重要的是对蓝领工人的看法和定位的问题。我们从创业以来就进行了末端调整，在楚天科技不把蓝领工人跟管理人员人为划分成群落，我们只分管理者、骨干力量，从表述上面也做了修改。其次，我们始终认为一名骨干员工能够长期在这个企业，他的诉求无非几种，包括物质利益诉求和工作平台诉求，以及企业提供公平公正环境的诉求。

工人流失往往有一个原因，即企业的用人评价机制失去了公正公平。掌握资源、权力的高管和核心岗位上的中层干部要特别慎重，不能用自我喜好评价员工，一定要用公司的绩效标准评价，以数据来评价，以过去的行为记录来评价。

我觉得珠三角企业员工流失有主观的原因，也有客观原因。一方面企业数量多，员工的选择余地大。另一方面外来工人多，工人首先图的是工资，如果企业没有营造一个很好的文化氛围，让员工在企业看到前途和未来，看到落地的可能，他基本上不可能跟企业一条心。

还有就是珠三角生活成本相对较高，导致一些骨干人员无法落地。只要长沙这些地区出现跟广州、佛山水平差不多的企业，那广佛就留不住湖南人，他们都会回来。这不是哪一个企业能够自我克服的，除非像华为那样，远远高于同行的收入水平，平台也很漂亮。

从并购技术到学习态度

鲍杰军（欧神诺陶瓷董事长）：楚天科技在收购德国企业Romaco后，这两年的融合过程中出现了哪些问题？怎么解决的？未来如何产生更大的协同效应？

唐岳：这是一个非常关键的问题，我们目前的整合基本上是成功的，这给了我们较大的信心。我经历的过程是这样的：

首先，我发现两个企业的经营思想、经营风格差异很大。Romaco有140余年的历史，但是它并不是以客户为中心，甚至整个德国企业都差不多。因为Romaco受德国当地的法律、社会约定俗成的影响，员工高福利、高收入，以及社会管理体系使他们逐渐丧失了奋斗，没办法做到完全以客户为中心。但是他们有积累下来的强大的技术创新能力，有品质能力。

这种经营风格的差异，怎么办？第一，我们把Romaco的管理层、工会干部、普通员工成批邀请到长沙楚天，用中国文化感染他们。第二，把我们的员工派到德国去训练严谨性、科学性和工匠精神。虽然德国员工劳动时间很少，但是他们不做错事，一次性把事情做对，整体效率比我们高。我们要学习一次性把事情做对，并且永远把事情做对，奋斗才真正有效果。

文化融合不要侵犯对方的利益。我明确地告诉Romaco员工，我不转移技术，我们支持创新，且我们跟Romaco的产品不冲突，技术不重叠，也不存在转移。同时，我接管Romaco后，为其做了未来5年、10年的发展规划。

此外，我们还要学习对方的优势，把对方当老师一样尊重。当对方发现你尊重他，又不侵犯他的利益，并且还在发展他的利益的时候，他的警戒就会结束。我们仅派了两个人去Romaco，一个负责财务及投融资的高级副总裁，他没有决策权，只有知情权。还有一个协助开拓中国市场的副总裁。

楚天科技并购Romaco是2017年初，到2018年Romaco在中国市场的合同订单翻了3倍。相比在中国开拓市场的德国同行，他们的增长速度最快，楚天科技做出了巨大贡献。如今Romaco很多员工对楚天科技都另眼相看了。

其仁夜话

有品质意识的熟练工人是稀缺当中的稀缺资源

周其仁

我第一次到楚天科技，印象很深刻。其中非常重要的一点是，一个民营企业对员工这么重视，不是一般的好，是真当一回事，做了很多工作。楚天科技董事长唐岳说了一句话“熟练工人是稀缺资源”。有品质意识的熟练工人是稀缺当中的稀缺资源。这个资源不是现成的，不是我们过去40年高速增长已经造就的。

这是品质革命很大的问题，需求已经有了，但供给是短板。制造业的品质是普通工人在岗位上一天一天、一个一个动作、一个产品一个产品做出来的。我们要认真学习楚天科技的经验。

企业培训有一个难点，即培训的人有可能会走。我们在佛山嘉腾做调研的时候他们曾经讲过对标德国的经历，这家公司跟德国企业对标发现，德国公司的工人平均在公司就业20年，而嘉腾的工人平均2年。企业的很多习惯，很多传承，都是只写在墙上。最后产品的质量差是这种状况的一个物化。

培育人才是一件很难的事情，德国最值得学习的地方是，他们不仅仅是企业努力，而是政府、行会、头部企业联合造就了全世界独一无二的培训体系。不管人员怎么流动，整个工人群的平均素质都高，不够素质就不能碰机器。这是我去德国调研后感触最深的地方。相比之下，这是我们系统性培训的一大弱点。

楚天科技除了斥资百万元请工程师“大牛”，还有30万元请蓝领的故事。请蓝领的故事某种程度比请“大牛”还重要。鲍益新在《人人都是首席质量官》这本书里讲，他在很多国际公司做过质量高管，汽车行业质量最好的就是TOYOTA。TOYOTA很重要的一点就是尊重员工。好品质跟尊重员工之间有非常强的逻辑关系，这是中国企业普遍弱的地方。因为中国有大量的工人，这造成我们对蓝领工人普遍不重视。想重视也没有办法，所以楚天科技既重视又积累了一套办法，这个经验非常值得学习。

企业家有企业家的问题，高管有高管的问题，员工有员工的问题，其实精益生产法非常重要，日本一线工人比美国工人有更大的话语权。美国最后就落后在这里，他们的等级制一级压一级，高管不到第一线去。这也是鲍益新博士提到的现象，日本企业的高管一定要去现场，在总部开会是没有用的，要go and see，去到现场直接看。

三一重工：唯质量不可妥协

2019年7月底，全球首台实现无人驾驶的电动混凝土搅拌车下线。这是三一重工股份有限公司从2016年回归高速发展通道以来，斩获的又一个“世界第一”。

但比起三一重工现在和过去的成就，人们更关心的是其如何度过此前数年的逆境。

2011年，三一重工董事长梁稳根成为福布斯、胡润富豪榜双料“中国首富”，三一重工也展开了史上最大规模的全球扩张。但没人想到，接下来等待他们的，竟然是长达数年的低谷。全球金融危机的余波给工程机械行业带来强烈冲击，作为龙头企业的三一重工首当其冲。

用梁稳根的话来说，他们在那几年深刻认识到了“经营企业是有周期的”。

三一重工打出了一组连环牌。除了在自身困难期也坚持把客户利益放在首位外，三一重工还利用业绩波动期加强内部管理、控制外部风险，解决了以往一直忽略的系列深层次问题。

尤其值得注意的是，三一重工在资金非常紧张的情况下，反而更加大胆地在智能制造上进行投入。就在2012年，投资数亿元打造的智能制造标杆“18号工厂”全面投用，相比原先的厂房单台（套）能耗平均降低8%，物料齐套性提高14%，人均产值提高24%，坚定了其在全公司乃至整个集团推广智能制造的信心。

几年时间里，三一重工对“18号工厂”进行了持续升级，也不断复制着“18号工厂”的经验。在这个拥有喷泉、工人休闲区的花园式厂房，每个工位上都有一个交互屏幕，工人可以实时查看和记录当前产品的各种信息，在提高效率的同时保障产品质量。同时，每台产品上都安装了一个叫“SYMC控制器”的“黑匣子”，伴随产品从制造到客户使用的全周期，可以收集和传输产品运行中的各种数据。

随着智能制造的推进，三一重工的员工数量也在迅速减少，一度给其带来了不小的舆论压力。但事实证明他们的坚持是正确的。如位于宁乡的三一起重机工厂智能化改造前后，2011年的7000多名员工产出60多亿元，2018年的3000多人产出了108亿元。

在智能制造的基础上，三一重工逐渐开拓出新的业务——工业互联网。三一重工分析这些数据之后，发现可以赋能到很多行业。三一重工总裁助理陈爽介绍，三一重工旗下“树根云”工业互联网平台总部设在广州，是工信部认可的三大平台之一，被三一重工寄予了带动转型的厚望。

“你们的工业互联网是宝贝。”周其仁在考察三一重工后，给予了高度评价。“中国消费互联网非常发达，比发达国家还发达，但是产业互联网不行。”他给三一重工和品质革命佛山调研组的企业家们抛出问题：“工业+互联网”这场仗到底怎么打，是互联网“往下”打还是工业“往上”打？

对话

高速提量　低速提质

在浴火重生中，三一重工对品质的重视也更加深入骨髓。“品质改变世界、质量是价值和尊严的起点、质量是唯一不可妥协的事、质量就像空气。”三一重工质量总监陈康说，这是在整个三一集团从董事长到一线员工，印在脑海里的四句话。

穿越经营周期

陈爽（三一重工总裁助理）：2018年在三一重工历史上算是最好的一年，此前我们经过了2011—2016年非常艰难的几年，那个时候活下去比什么都重要。2016年下半年开始，我们迎来了一个新的发展机遇。

鲍杰军（欧神诺陶瓷董事长）：企业经营周期的管理，我觉得是很痛苦的过程。整个企业在2011—2016年处于波动期，周期风险比较大。三一重工在这段时间日子肯定非常难过，是如何度过的？

陈爽：经过了2011—2016年，确实有一些经验可以总结。用董事长梁稳根的话来说，我们深刻认识到“经营企业是有周期的”。不会一直都在增长，一定会有高峰和低谷，要学会用思维和思想适应这种变化。

在转型升级过程中，我认为公司有几点做得挺好：

第一是重视客户。即使在我们状况不太好的情况下，我们仍然把客户放在第一位。我们通过各方面的渠道，帮客户解决很多问题，与客户一起共同成长。其实，公司业绩下滑也是因为客户遇到了困难。

第二是优化内部管理。公司因为一直以来的超高速发展，有很多漏洞没有发现，在管理上有很大优化空间。我们现在的员工人数并不多，但是经营情况却比以往更好，因为管理做得更精准、人均产值更高了。全球的员工加起来，现在还不到3万人，但我们最高峰的时候有7万人。

第三条是智能化。现在我们所有业务都在线上，大数据让我们对营销风险的控制能力更强，所有风险都要在线上实时体现。

鲍杰军：做智能化改造需要投资，但那个时候公司也处在非常困难的时期，你们是怎么面对的？

陈爽：经营情况不好，但是我们对智能制造工厂的投资并没有减少，不是因为情况不好就不做智能制造工厂了，还是做的，真的是咬着牙做的。

刚刚开始推智能制造工厂时阻力挺大，因为原有的生产模式挺好，也能达到客户的要求和标准。做智能制造工厂，和之前那个团队要做很好的融合，肯定有压力的，从上到下做了很多思想动员工作。

通过智能制造工厂改造，我认为给企业带来最大的效益是，提升生产效率，整个车间的管理更强，拥有更强的品控能力，让你在经营角度做到更深的了解与穿透。工厂的车间与车间、工位与工位之间是有“墙壁”的，做了智能制造工厂以后这个墙壁打破了。

离开了空气就活不下去

陈康（三一重工质量总监）**：**从董事到一线员工，整个三一重工都知道下面四句话。第一句话，品质改变世界。这句话是最重要的，在我们很多宣传资料里面都有。质量永远是三一重工最重要的事情。第二句话，质量是价值和尊严的起点。质量永远是我们最基础的，要有价值、要有尊严，就要以质量为基础。第三句话，质量是唯一不可妥协的事。我们在日常工作中一直贯彻这个理念，生产进度也好、经济效益也好，都以质量为基础。第四句话，质量就像空气。空气看不见摸不着，但是我们如果离开了空气就活不下去。公司也是一样，质量就像空气一样不能离开。这四句话，是我们集团从上到下深入骨髓的，印在了脑海里。

从一线班组到集团层面的四级质量会议，是我们具体开展质量管理的重要工作。我们有质量月度报告，还有集团年度质量通报。

周其仁：这些报告是公司内部的秘密性质？

陈康：都是机密文件，里面有很多的质量数据、质量指标。搞质量工作，我们董事长有一个概念，“只有被测量才能被评价”。所以我们在质量管理工作上，有多项具体指标，包括采购的质量、车的质量、客户质量满意度、综合质量等。

陈爽：品质革命跟我们的理念特别契合。我觉得非常重要的一点，是我们对“品质

□ 三一重工曾经在发展放缓的时期，更加大胆地在智能制造上进行投入

改变世界”的坚持。我们要有高品质的产品、高品质的服务、高品质的技术，特别是要有高品质的管理，这一直是企业文化当中非常重要的部分，我们一直在秉承、坚持和贯彻。我们坚持品质，这种理念并非只是老板，或者只是员工、只是干部，而是从上到下一体都是这样的。

其仁夜话

互联网“往下”还是工业“往上”？

周其仁

三一重工的工业互联网是宝贝。因为中国消费互联网非常发达，比发达国家还发达，但是产业互联网不行。到底怎么打品质革命这场仗？是互联网“往下”打还是工业“往上”打？到底“谁+谁”，要探索。三一重工的工业互联网平台，被称为全国三大平台之一，我看值得好好研究。

咱们国家的大情况是，消费互联网做得非常好，产业互联网不好。我们的产业互联网情况比美国落后，这是很多人不知道的。在消费互联网里，消费者在网上一点击，东西就送来了，但是这个过程没有深入到生产里面，没有深入到整个环境、产品、交易、物流，中间很多环节没有深入，道理在于消费者是最容易说服的。

但是，信息技术凭什么只有小年轻可以玩？信息技术凭什么只能帮助解决消费问题？

一个新的技术要进入产业领域，比进入消费领域困难。当你要用互联网去武装产业的时候，每个老板都是打出来的，都有自己的经验、辉煌、自信心，他不会轻易听你的，每个行业都有自己的一杆秤。但是倒过来，这就是下一个经济增长点的来源。

中国如果在产业互联网方面做得跟消费互联网一样好，中国经济就不怕目前的复杂国际环境，不怕短期的冲击，因为我们内生的生机不得了。产业互联网会带动大量的设备需求、培训需求，会很大的提升生产力。

我去参观过德国的工业4.0。德国许多公司手里有精密制造，已经是看家本领了，但是他们原本的信息化程度很低。互联网本来是美国人的发明，德国现在追上了，就是通过模范工厂带动。

他们挑出一些好公司作为样本公司，川流不息组织参观，参观了以后动心、有兴趣，这家公司再派一个专家组到你公司去看，看完了以后给你一个方案。给你一个报价，你看是否可行，如果你不满意报价，他给你再调整。你说全要德国设备太贵，那就看能否把这个设备换成韩国的。所有的方案都可以按照你的需求定制，你可以去试，这样就带动德国企业一批一批地将信息和制造结合起来。

中国人很有意思，我们是非常实在的民族，不太相信抽象的东西，光看概念我们不太会真正行动。但是看见了实在的东西，我们的眼睛就会亮。只要看就会动心，动心就会行动。一个行业一个行业来，走在前面的企业先自己解决问题，再帮别人解决问题，对中国制造、佛山制造意义非常重大。

佛山VS青岛：传统制造“砸”出新天地

最近几年，海尔集团董事局主席、CEO张瑞敏正忙着在“飞行中换发动机”，通过推行“人单合一”的组织变革，他想把这家大公司“砸”出新活力。这也吸引了每年1万多家企业，合计约40多万人次参观学习。

约100公里外，双星集团也在“砸”。过去几年，从海尔过来的董事长大量地砸钱，打造工业4.0智能化工厂，助力这家老牌国企“二次创业”。

青岛是我国最早接触工业文明的城市之一，佛山是中国改革开放的制造业重镇，两者在产业结构上有颇多相似之处，都以传统制造业为主。近年来，青岛在新旧动能转换上成果突出，而佛山也在加速推动产业的转型升级，双方企业家的相遇，能碰撞出怎样的火花？青岛制造的探索又能为佛山制造带来哪些借鉴启发？

新老“金花”，从汗水型迈向智慧型

走进青岛制造业一线，当地新旧动能转换的气场，让佛山企业家大感震撼。

20世纪八九十年代，以海尔、海信、青啤、双星、澳柯玛“五朵金花”为首的青岛制造强势崛起，为青岛经济增长注入强劲的动能。此后，青岛一跃成为中国的制造名城。

历经数十年的发展，当年给予青岛制造无比荣光的家电、食品饮料、橡胶等已变为传统产业，但老“五朵金花”依旧保持旺盛的生命力，长开不衰。

走进双星集团，窗明几净的车间里，机械手腾挪翻转，智能化AGV小车穿梭如燕，智能立体仓库有条不紊地安排一个个成型产品，背后是独创的MEP智能平台，将原材料、人、设备、位置进行信息智能匹配，形成一个由用户指挥、数据驱动、软件运行的生态系统。

作为一家有近百年历史的国有企业，双星集团的破题之道是拥抱工业4.0。2016年6月，全球轮胎行业第一个商用车胎全流程工业4.0智能化工厂全线投产。如今，双星集

□ 双星集团通过打造“工业4.0”智能化工厂，正转型成为智慧型企业

团成为全球轮胎行业唯一一家同时拥有商用车胎和乘用车胎全流程工业4.0智能化工厂的企业。

“作为一个制造工厂，我觉得智能化是非常重要的。”联塑集团副总裁宋科明十分看好双星集团的发展前景，认为其未来有可能引领行业发展。

“我们要从一家汗水型企业变为一家智慧型企业。”双星集团副总经理李震说，这是双星集团努力转型迈向高质量发展的方向。

在老“金花”推动智造变革的同时，新“金花”又在青岛加速崛起。

走进被誉为青岛新“五朵金花”中“智造之花”的酷特智能，智能设备裁剪出各色布料，长龙般自动吊挂系统贯穿整个车间，RFID芯片卡记录传递数百万亿的海量数据。

在大数据的驱动下，酷特智能把定制生产流程分解为300多个控制节点，包含互联网下单、自动生成版型、智能排产等20多个子系统。企业管理成本降低50%，生产效率提高20%。

佛山定制家居龙头企业——维尚家具总经理黎干早年就来过酷特智能交流。此次再度探访，他感触颇深。“酷特智能的信息化确实做得很极致，相信你们在这方面的投入相当高。”

“我做内衣服装30多年了，对酷特智能的人机协同真的十分佩服。内衣定制可能是一个很大的市场。你们这套系统能否应用到内衣行业当中？”针对一直以来的转型困惑，美思内衣董事长吴艳芬现场求教。

从老“金花”到新“金花”，从橡胶、服装等传统制造到拥抱工业4.0、大数据的智能制造，从寻找新动能到向外赋能其他企业，青岛企业的探索，为佛山企业带来不少启发。

构建品质护城河

与佛山以民营企业为主不同，在青岛，国企是当地经济的中流砥柱。国企的大手笔投入，让来访的佛山企业家既感震撼，又有点望而却步。

2013年，双星集团遭遇挑战，徘徊在生死边缘，当时的海尔集团常务副总裁柴永森临危受命，开始担任双星集团董事长、总经理，由此开启这家老牌国企的“二次创业”。

从2015年开始，营收还不到30亿元的双星就敢于大手笔狠砸40多亿元，打造工业4.0智能化工厂。“我们花了20个月对这个智能化工厂进行设计，把旗下的9个工厂全部进行了重新改造，这方面的投资压力肯定比较大，但从未来的趋势来看非常好。”李震介绍，目前双星工厂90%的设备都是自给自足。

听过李震的介绍，德冠薄膜新材料董事长罗维满不禁感叹：“我们佛山基本都是民营企业、私人企业，私人企业很困惑，我们很难做到用几十亿元的负债去做‘工业4.0’的投资。”

兴奇金属副总裁、党委书记吴翠霞也认为，双星集团处于一个非常好的行业，但也确实是重资产。“从我自身的企业来讲，要学习还有很长的路要走，因为这个投入不是一般的企业能承受得了的。”

双星集团的探索是通过投资提升企业竞争力的典型。自工业4.0智能化工厂投用以来，人工效率提高了3倍，生产不良率降低80%以上，产品虽然提价了10%，但订单同比增加六成，利润翻番。

在此基础上，双星还成功向智能装备领域拓展。“目前生产线上的智能装备，有80%都是双星自主研发和生产的。”双星智能装备公司总经理周志伟说，目前双星的智能装备有60%是外销，不仅自身拥有了发展新动能，还具备赋能其他企业的能力。

品质革命离不开投资，品质的提升需要新的生产线、新的技术，新的人进入到新的产品领域。

大公司裂变出新活力

“敢砸”是青岛企业独有的气质。如果说“砸钱”是为了注入技术新动能的话，“砸公司”则是为了赋予组织变革的新活力。

30多年前，在海尔集团董事局主席、CEO张瑞敏的带领下，海尔用铁锤将76台不合格的冰箱一锤锤砸掉，砸出了重视质量的美名。30多年后，张瑞敏致力于研究，如何把公司“砸掉”，以组织变革提升用户的体验。

从2005年起，张瑞敏在内部推行“人单合一”的管理变革，1万多名中层干部被调整，不是当“小微”，就是做“链群”，以相互“抢单”竞争的方式，最终实现价值的最大化。这对一家创立了35年，营收达1800多亿元的老牌家电巨头而言，无疑是一个创造性的破坏。

在海尔相关负责人看来，“人单合一”的关键在于打破了大公司过去传统的科层式结构、企业治理模式和利益分配的方式，引入了“生态圈”“生态收入”和“生态品牌”的概念，开创了有别于传统报表的“共赢增值表”来计算效益，最终目的是通过激发员工的创造性，实现员工价值与用户价值、企业价值的合一。

无独有偶，在20多公里外的酷特智能，张代理从10年前开始去科层化改革，让工人直接通过互联网与客户订单对接。张瑞敏为此专门7次考察酷特智能。

如今在酷特智能的工厂里，没有厂长、车间主任、班组长，一线的员工都被引导面向消费者的源点需求。每块面料、每件衣服上面都有一张ID卡，包含着客户的需求信息，每个员工一刷卡，就能从身前的屏幕上清楚看到自己要做什么、能获得多少报酬。客户与员工不用见面但能无缝对接，让企业实现流畅高效的运转。

“服装这个产业非常传统，但是我们把它做得不传统。”张代理说。

从砸冰箱到“砸公司”，青岛企业“创造性破坏”的基因一以贯之，这是传统企业转型的突破口，也是中国制造品质跃迁的动力支撑。

□ 酷特智能通过大数据驱动和人机协同，极大提升着企业运营效率

双星：百岁企业“二次创业”

青岛西海岸新区，国务院批准的第九个国家级新区，双星在此建立的全球轮胎行业首个全流程工业4.0智能化工厂内，机器成了绝对的主角，懂得自动识别和操作，完成从轮胎成型、硫化到搬运、入库仓储的多数力气活。别具机械感甚至是科技感的画面，在整个轮胎行业比较少见。

打造这一科技画面的双星集团，却是一家已经拥有近百年历史的老牌企业。它的身上，几乎浓缩了中国工业的发展变迁：经历造鞋、造轮胎和造机器，最终实现从“汗水经济”到“智慧经济”的转型。可以说，双星是一个以产业形态蝶变促品质跃迁的样本。

这样的“二次创业”伴随着阵痛和自我否定，是众多中国制造业企业还在艰辛探索的。那么双星是如何做到的？

双星曾创出中国鞋业历史上第一个著名品牌。2002年，双星收购了青岛华青轮胎，进军当时市场前景广阔的轮胎行业。2005年，通过收购十堰东风轮胎，产能进一步扩大。2008年鞋业改制，双星全面转行到轮胎和机械行业。

然而几年前，轮胎业因低端重复建设导致产能过剩，整体订单下降近两成，利润也大幅下降。市场寒意变成生存压力向双星袭来。2013年，双星领导班子进行调整，曾任海尔集团常务副总裁的柴永森，到双星担任董事长、总经理。在他的带领下，双星这家轮胎企业走上了一条与海尔“砸冰箱”有异曲同工之妙的自我革新之路——将落后产能连根拔起。

当时，轮胎行业的智能工厂鲜见，业内更是普遍认为在传统轮胎生产领域耕耘多年的双星，不可能建得起工业4.0智能工厂。在这种压力下，柴永森坚持带领双星将集团旗下9个工厂全部关闭，淘汰了90%以上的落后产能，同时上马全球首个全流程卡客车胎工业4.0智能工厂。

经过一番认真细致的调研和多次到欧美先进的制造企业参观考察，柴永森和双星的管理团队认识到，工业4.0绝不是简单的自动化工厂，而是一个以智能系统为核心的制造模式，包括智能产品、智能装备、智能工厂、智能服务等。想要实现工业4.0，就要在学习和借鉴国际不同行业先进的技术、经验和模式的基础上，找到属于自己的路。

在做了大量的产业趋势、前沿技术研究和市场调研之后，柴永森带领团队审慎地进行顶层设计。特别是在智能系统、智能装备等关键环节上，双星前后花了将近20个月时间，历经上百次的修改和完善，之后又用了近1年的时间实施工厂建设。

2016年6月，全球轮胎行业第一个卡客车胎全流程工业4.0智能工厂在青岛全线投产。2018年6月，双星全球领先的轿车胎全流程工业4.0智能工厂全线投产。至此，双星成为全球轮胎行业唯一一家同时拥有卡客车胎和轿车胎全流程工业4.0智能工厂的企业。

双星用重资产筑起了一条品质护城河。最先进的机器设备和技术为产品质量与企业运营树起的优势，让双星有了其他企业难以触碰的竞争地盘。

智能化改造让双星工人的劳动强度与过去相比降低了60%，但劳动生产率却提高了3倍，产品不良率降低了80%以上。

在一系列的自我重构中，这家轮胎制造商开始向智能装备开发的创新链条跃升。目前，双星工厂80%的智能装备由其自主研发设计。由此，双星也拓展出智能装备、工业智能物流、废旧轮胎绿色生态循环利用三个新产业。

2018年，双星正式控股韩国锦湖轮胎，获得全球化扩张的新筹码。这也一举让其成为中国规模最大、全球前十的轮胎企业。在推动中国轮胎产业全球突围的征途上，这家98岁的企业又迎来了“二次创业”的新使命与新契机。

对话

怎样从“汗水经济”转向“智慧经济”

从制鞋跨入轮胎行业的双星集团，在面对制造业数字化浪潮时，率先选择了拥抱。它不仅打造了全球轮胎行业第一个全流程工业4.0智能化工厂，而且一跃成为智能装备和智能工厂方案的提供商——佛山企业家想知道，双星转型的秘诀在哪里？

双星把这一转型概括为从“汗水型”转向“智慧型”。目前，双星淘汰了90%的落后产能和产品，但是现总产能已经比原来扩大了好几倍。尤其重要的是，企业员工伴随着工业4.0也得到了成长。

“你们的发展历程也是中国工业的一个缩影。”经济学家、北京大学国家发展研究院教授周其仁说。

让员工成功

罗维满（德冠薄膜新材料董事长）：青岛很多著名国企是我们的“老大哥”，我们一直跟着你们的步伐、学习你们的管理而成长过来的。来到有近百年历史的双星，看到了你们对工业4.0的实践，确实震撼人心。

李震（双星集团副总经理）：正如大家所知，双星是一家具有近百年历史的老国有橡胶企业。以前主要做鞋，2008年以后，鞋业全部改制，双星全面转行到轮胎和机械产业，而这两个产业全都是通过并购老的国有企业而来的。我们生产的产品虽然有市场需求，但由于落后的厂房、设备、工艺等原因，毛利率、质量、能耗、用户美誉度都大大低于行业平均水平，企业一直在亏损的边缘上徘徊。行业对双星的评价是“当别人赚大钱的时候，双星赚小钱；当别人赚小钱的时候，双星亏损”。

从2014年开始，双星开启“二次创业、创双星世界名牌”的新征程，主动淘汰落后产能，并建立全球轮胎行业第一个全流程工业4.0智能化工厂和国际领先的实验室。双星已经从一个“汗水型”的企业发展为一个“智慧型”的企业，并率先在轮胎行业探索和实践“研发4.0+工业4.0+服务4.0”生态系统。

生态系统的建立，伴随着企业人才体系的变革。在工业互联网时代，企业可能面临的最大问题是人才问题，最核心的竞争是人才的竞争。双星的人才观有三句话：一是

□ 借助新技术，双星正从“汗水经济”转向“智慧经济”。图为双星工业4.0智能工厂

“让员工成功就是对员工最大的尊重，不让员工犯错误就是对员工最大的爱护”；二是“把员工的优点发挥到极致，以让他的弱点变得微不足道”；三是“把权力装进流程的笼子交给决策者”。

在人才机制方面，通过市场化的用人制度，双星大量地吸引和引进了外部人才。本科以上人才由5年前的不到40人发展到1700多人，其中硕士、博士超过300人。现在的人员结构和层次，对比几年前有天翻地覆的变化。现在，我们对人才的要求更多着眼于高质量发展。

罗维满：你们怎么样评判“员工的成功”？内部有没有一个标准？

李震：双星始终强调以人为本，再好的标准、再好的流程也要靠人来运作。我们说企业的“企”字，上面是“人”下面是“止”，如果企业不以经营人为主，那企业就要停止。双星提倡“让员工成功”，靠的是预算、流程和机制，通过建立适应信息化时代的开放组织和高效运营平台，让员工在平台上为目标服务，而不是为上级服务。

对于很多一线员工来说，他的收入变化、劳动强度的变化、家庭获得的幸福感以及他在社会上被别人尊重的地位，对他来说很重要。如果这些都满足了，他就认为自己是成功的。比如我们智慧转型以后，很多员工会很自豪地说“我在一个工业4.0的产业园里面工作”，这让他幸福感、获得感、荣誉感得到了很大的增强。

借力工业4.0走向世界一流

周其仁：双星的历史，是从何时算起的？

李震：双星是1921年建立的，曾创出中国鞋业历史上第一个著名品牌。2002年收购以生产卡客车胎为主的青岛华青轮胎公司，2005年收购以生产轿车胎为主的湖北十堰东风轮胎公司，2008年鞋服从集团剥离，全面转行到轮胎产业。2018年7月，双星正式控股曾名列全球前十的韩国锦湖轮胎，一跃成为中国规模最大、全球前十的轮胎企业。

周其仁：你们的发展历程也是中国工业的一道缩影。

李震：中国虽然在十几年前就成为轮胎大国，但至今还没有一个叫得响的轮胎世界名牌。特别是2013年以来，中国轮胎行业逐渐进入寒冬期。双星抓住环保搬迁、互联网+、工业4.0和全球并购的几大机遇，变“新常态”为“新拚态”，将一个即将面临破产的老国有轮胎企业，发展成为中国轮胎第一品牌。

借助青岛市委、市政府对国有企业“腾笼换鸟、凤凰涅槃”的战略部署，双星事先对搬迁工作制定好预算和战略，调整好生产，并通过产品转型、产业升级、模式创新等举措，做到了搬迁不欠产。

我们在搬迁改造中实现了技术的升级换代，在青岛董家口经济区建立了全球轮胎行业第一个全流程工业4.0智能化工厂，还开创出智能装备、工业智能物流、废旧橡胶绿色生态循环利用三个新产业。

探路轮胎行业高质量发展

宋科明（联塑集团副总裁）：我对你们的智能装备工厂非常感兴趣，你们现在自己开发生产设备。第一个问题，这些设备是否往外面卖？第二个问题，双星设备开发和轮胎生产的相互成长关系怎么样？

周志伟（双星股份智能装备本部总经理）：智能装备产业是双星在建设全球轮胎行业第一个全流程工业4.0智能化工厂过程中，逐步发展起来的一个新产业。我们的机加工水平、装备设计能力、装配能力和与生产工艺的结合能力均达到国际领先或先进水平。

从市场的角度来讲，现在国内轮胎产业的很多知名品牌，包括部分国外品牌都有用我们的设备。我们生产的智能装备，一部分外卖，一部分服务集团内的轮胎产业。此外，我们还可以提供智能工厂的整体方案，包括智能排产、智能检测、智能仓储等全流程，而不仅仅是卖设备。

双星的全流程工业4.0智能化工厂中采用了双星独创的MEP智能信息匹配系统，实现物、人、设备、位置的信息智能匹配，解决了全球以液体或粉体为原料的制造企业无法全流程实现智能制造的难题；工厂采用的APS智能排产系统，被德国西门子公司专家称为“全球第二家将APS应用到实际生产中的轮胎企业，走在了世界前列，引领了世界轮胎智能制造的方向”。

以你们看到的工厂为例，现在11大类、接近300套智能装备和机器人，80%都是双星自主研发、自主生产的。此外，在工业机器人领域，我们联手韩国现代成立合资公司，共同开发智能物流关键装备与核心技术，助力提升中国智能制造的产业化水平。2018年12月，双方联合建设的工厂已经投产，主营业务涵盖工业机器人、智能物流装备、软件控制系统等。

其仁夜话

重资产是品质“护城河”

周其仁

当所有人都倾向走轻资产路线的时候，重资产就是一条“护城河”。在金融服务好、资金充裕的情况下，中国的民营企业到今日需要把重资产作为防御他人轻易进入我方地盘的“护城河”。

这是我从双星身上得到的启发。双星的老总能够将90%的落后产能连根拔起、换成新的，这需要很大的气魄。但是这一招一下就打开了一个新空间，把原来所有“追兵”挡在这条“护城河”对面。

吉利汽车也是如此。我2007年访问吉利时，订单正如雪片般向吉利飞来，采购的大多是低价车。但当时吉利董事会开始调整战略，挖掉低端生产线，上中高端生产线。当时去考察的所有企业家代表团都提出疑问：低端车卖得很好，为什么要砍掉？当时创始人李书福不为所动。现在事后看，吉利升级的所有投资是值得的，它如果坚持做低端车，就绝对没有今天这个市场。

我们要把好钢用到刀刃上，看准一种东西，企业要敢砸、敢赌，敢豁出去。所谓的品质革命，离开投资是发动不起来的。不是说企业有体量就有品质，很多品质需要上新线、新技术，用新人，老产线的品质就是上不去。而这一切都需要投资。

投资产能改造首先是一个企业家的决心问题。下这个决心不容易，但是如果不下，企业的行业地位就很难保住了。

另一方面，企业需要挑一座雄厚的产业城池。双星所处的轮胎行业就是如此。和轮胎紧密关联的汽车产业方兴未艾，且目前也没有什么技术、产品能替代轮胎，我们听说过无人汽车，但是没有听说过无轮胎汽车。

这说明双星选的这座产业城池很大，其进来以后，成功自然有一定道理的。问题难点在于，同样一种轮胎产品其低价和高价之间差额巨大。因为轮胎的附加值、品牌世界影响力不同。

目前国产轮胎在配方方面仍存在软肋。没有配方，企业就很难抢占行业制高点。从轮胎本身来讲，还有很多难关要攻克，它需要足够的投入，以及高分子等行业的尖端人才。此外，与整车厂的配套关系、中国汽车工业的发展情况等，也都影响着轮胎企业的发展。这些都需要时间去检验。

还有一点值得注意，那就是汽车是一个很神奇的东西，可以跟人的很多心理活动结合，张扬人的个性。轮胎产品也要往这个方向增加附加值。轮胎行业既面对企业也面对消费者，要善于利用互联网来影响年轻人，这是所有产业的“命门”。若你的产品在年轻人的心目中不占位，将来你在市场上就没有立足之地，而年轻人都在互联网上。

所以轮胎产业要从附加价值这条线往上走，硬的、软的都要抓。硬的，就是攻克最核心的技术、配方；软的，就是利用互联网俘获未来年轻的消费者。

佛山VS北京：未来十年属于什么样的企业

“小米生态链之父”刘德一直在思考一个问题：“未来十年会是怎样的？”想象未来，这是他向来的习惯。

早在6年前，刘德和小米的一帮工程师就构建了对未来的所有想象。而这些想象在今天几乎全部落地：无论是一己之力搭建一个万物互联的生活场景，抓住无处不在的消费商机做大供应链，还是发起渠道革命彻底颠覆商品的流通销售效率。

时至今日，和刘德一样，一大批经历过发展起伏的北京企业都在聚焦面向未来的时代命题。

企业不只关注眼前，更要着眼于长远发展。很多当下发展势头迅猛、拥有一流竞争力的企业今日所取得的成就，都得益于其过往对未来的洞悉、研判以及作出的反应。

与身处国内政治、文化中心以及国际交往前沿地带的北京企业相比，深入生产生活各领域的佛山企业，对未来和趋势的研判同样有自己的一套逻辑。

未来十年属于什么样的企业？这不是个遥不可及的问题，它关乎当下的经济发展路径与方向。而从北京与佛山两地企业的差异化思考和探索中，我们或许可以窥见国内企业正练就的发展新格局。

开辟新赛道

“真正能够推进一个业务达成千亿级规模的动力只有一个，那就是时代的动力。”在小米位于北京海淀区的总部，小米集团联合创始人、副总裁刘德的一句话诠释了小米这个成立不过9年的年轻企业，为何总能立在市场与产业的时代潮头。

实际上，小米打造面向未来的竞争力，首先向时代要的一个动力就是技术革新。

早在5年前，小米就畅想了一个所有设备互联互通的IoT（Internet of Things，物联网）世界。如今，一切都已实现。融入人工智能技术，小米音箱能与人对话直接实现导航功能；将传感器置入，小米的净水器能够感知空气变化和滤芯使用情况，并通过手机APP提醒用户更换滤芯，目前小米净化器在中国净化器市场大概占40%左右的份额。

“物联网驱动的技术革新，除了给大家的体验带来巨大的提升，还能大大提升商业效率。今天大家可能觉得不新鲜了，但是在6年前把这些问题想清楚还是挺难的。”刘德说。

无论何时，企业都需要有一种洞悉未来趋势与市场需求的能力。而不管下一个十年发生什么，有一件事却可以笃定，正如周其仁所说的，对技术和原创的重视会与过去截然不同，这成为未来10年的一个竞争核心变量。

当下，整个工业界对技术的敏感度不断提升。是否拥有自主、原创的核心技术，成为企业立足未来市场的一块基石。这更倒逼不少身处京城这一巨大产业竞技台的企业，彻底摆脱技术依赖，走上独立研发道路。

在北斗圈的1万多家企业中，华力创通是特别的一家。这家国内为数不多掌握核心技术的企业，早年以贸易起家。然而2000年，国外对高端实时仿真系统软件的突然断供，却改写了华力创通的发展轨迹，让其从代理销售模式走向了自主研发路线。

在派员工出国学习，了解相关技术的各项指标和功能数据后，华力创通最终自主研发出高端实时仿真系统。正是这款产品奠定了华力创通如今在国内仿真平台中的地位。而这一创新跨越，也让华力创通迈入了未来发展的新天地。

对于京东方来说，“未来是属于原创技术的时代”这个认知，则早在20世纪90年代其成立时就清晰了。

□ 从企业对未来的思考中，可以探究制造业发展新趋势。图为“品质革命”佛山企业家观察团在京东方调研

彼时，国内仍是内含真空管的CRT电视的天下，如今占据市场主流的液晶电视在2001年左右才上市。而京东方的TFT—LCD薄膜晶体管液晶显示器项目组，却在1997年就成立了，着手研发最新的平板显示技术。

在原有的真空电子管、微电子等技术积累基础上，京东方收购韩国现代电子的液晶显示业务，并通过消化、吸收、再创新的方式，彻底掌握了液晶显示技术，结束中国大陆“无自主液晶屏时代”。

如今，京东方在代表未来技术趋势——柔性显示屏的全球生产竞逐中领跑，并成为华为Mate新手机的供应商，这样的探索犹如为未来战略蓄力。而鲜为人知的是，关于柔性屏的研发，京东方早在2001年就拉开了序幕。

做好打造原创技术的提前量，摆脱跟随式创新的“后发优势”路径依赖，这样的自我挑战已经提上了不少北京企业未来发展的日程。

“大消费”催生产业新逻辑

原创技术冲向的一个主要方向，则是一片大消费市场。征服这片以新一代通讯产品、医疗保健等为代表，未来潜力巨大的民生市场，成为让不少北京企业最为兴奋的事情之一。

如今国内多数家庭能买得起液晶电视，和位于北京亦庄的高科技企业京东方的产业突围有莫大关联。

在21世纪初，液晶显示屏技术完全由日本、韩国等企业垄断。这导致国内液晶电视价格高昂。正是京东方在液晶显示器研发上撕开的口子，让国产液晶屏从海外的技术和价格垄断中突围而出，以更高的性价比进入更多普罗大众的家庭，改写了电视、电脑的消费人口结构。

“从20世纪90年代起，我们研发液晶显示屏的战略非常坚定，我们综合分析过，这就是未来的市场需求。”京东方首席质量安全环境官曹红说。

2019年一季度，京东方智能手机液晶显示屏、笔记本电脑显示屏、电视显示屏等产品出货量全球第一。

当下，新一代显示屏在消费升级大潮下，仍然蕴藏着蓬勃的市场潜力。在这座深厚的产业城池上，京东方还在继续深挖，瞄准的则是未来更加广阔的利润。

京东方推出的物联网透明显示系统搭载在智能冰箱上，不仅可以支持个性化订制天气、食谱等各类生活信息，还可以下单购物、视频互联，甚至实现健康管理等功能，在当今生活消费方式升级下掘金辽阔的智能家居市场。

而早在几年前，小米的一群工程师就聚首在一起，将“大消费”研究到极致。这帮理工科人才分析不同时代的消费者特性，找到自带流量的产品；有了目标后，小米工程师就去投资、找供应商，用具体路径去实现目标。

一系列探索后，小米形成了自己的商业逻辑和品质观：中国的人口红利还远未释放出来，14亿人对美好生活的期许和力量是无尽的；所以未来20年是“大消费”时代，人们将呼唤更多高性价比的东西。

“在‘00后’走上历史舞台的那一天，你不知道我们有多兴奋，有一批更能消费的人出现了。”刘德说。在他看来，人们对生活质量提高的需求是不可逆的。

于是，这家卖手机起家的年轻企业围绕着手机、手机周边，以及小米用户日常消费用品去逐步对外投资：手环、移动电源、耳机、电视、电饭煲，甚至毛巾、内裤，形成了强大的小米生态链，也找到了一片巨大的商业海洋。

“小米的模式可以撼动除了手机以外的其他行业，它的生态链就像一个圈，把用户越套越紧。可能有一天，越来越多的佛山企业也会成为其中一部分。”蒙娜丽莎陶瓷总裁萧礼标说。

北京企业对大消费的透彻研究，不禁让人联想到创造了“有家就有佛山造”辉煌的佛山企业。齐全的产业集群，让佛山制造的产品深入生产生活各个领域，充分汲取着人口消费红利。

类似“米粉”在西班牙等国家的小米专卖店外排起长龙的盛况，也曾在佛山上演。1997年，顺德组织了148家企业、3600种名优产品，在北京的中国国际贸易中心展览厅举办“顺德名优产品（北京）博览会”，打出的口号是“请首都人民检阅顺德改革开放成果”。展会吸引3万多人次，引起了不小的轰动。

当下美的、格兰仕、万和等家电企业巨头从走入“千家万户”到挺进全球各国，更是以具有高度竞争力的产品覆盖更多消费人群。而小米在新时代的消费“人口观”对立足长远发展的佛山企业来说，也是一种新的启迪。

“未来的品质革命也包括消费革命，做民品的企业必须对产品有精准的定位，取得较好的市场反馈。”佛山市中格家具总经理陈晓峰说。

创造品质新红利

在原创技术带动的创新效应发酵以及企业对大消费的追逐下，一场效率变革正伴随着制造业的品质革命而铺开。而立足“四个中心”和首都城市战略定位的北京，无疑是这场变革的前沿地带。

当企业有机会制造出质优实惠的好产品，消费者也对好产品产生了越来越大的需求，为什么市场上仍然有那么多不尽人意的产品？用小米创始人雷军的话说，就是与制造业相关的一系列社会运作出现了效率问题。未来十年中国制造业转型升级，效率是一道必过的关口。

2018年，小米之家的费用率不到10%，为企业创造了利润，更让消费者享受了实惠。同样是实体卖场，这一指标不仅远低于传统的百货店，而且低于沃尔玛等以性价比著称的连锁店。“费用怎么降低？就是看你能不能建立一套成功的商业模式，和你整体的运作水平。”小米集团高级副总裁祁燕说。

效率的提升不仅出现在流通买卖环节，更贯穿了从研发、生产、质检到交易乃至投资孵化、人员培训等制造业全流程，这是小米、京东方、华力创通等北京企业为品质革命带来的启示。

在京东方，提升员工培训效率是企业运营的最重要任务之一。无论是过去的传统生产还是如今的智能制造，员工素养都是决定品质的关键因素。京东方首先对各个岗位的员工能力提出要求，再不断强化这一要求，通过许多创新的方式来确认培训效果。一名京东方质检线上的员工就借鉴太极拳的姿势，编了一套“检验记忆法”，按照太极拳的运动规律让大家做一个操，大大提升了培训和后面的工作效率。

在华力创通，由于从事尖端科技的研发，企业建立了一套完整严格的保密流程，封闭了所有的开发环境，系统中的每一项操作都记录在案，所有的数据对外仅有一个出口。从表面看，这似乎降低了企业的研发和运营效率，但是保证了核心技术的安全，从技术上保障了企业始终走在行业前列。同时，企业对于每个项目的流程有清晰定义，在各个阶段的产出都透明可见，积累的知识在后续开发中可以得到高效使用。

在小米集团，庞大的生态链体系帮助其将自身的提质增效经验，复制到不同的制造业领域。一方面，小米通过投资孵化，传递自身的价值观与理念，输出企业管理的经验，帮助生态链企业打通各个环节，以高效的运转生产出与小米一样“感动人心、价格厚道”的产品；另一方面，小米把生态链企业具体的研发、供应链管理都放在了体外，以灵活的运作形式激活整个体系的效率。

而对于以制造业见长的佛山来说，持续进行效率提升更是不变的主题。尤其是近几年来，以美的、新明珠等各个行业龙头企业为代表，佛山掀起了智能制造浪潮。“生产线人员从过去的200多人一条线减到只要50多人，工厂生产效率成倍提升。”新明珠陶瓷集团董事长叶德林说。

从注重核心技术研发到洞察消费趋势，再到制造业全环节的效率变革，无论是地处产业经济中心的北京企业还是身在制造业前沿区域的佛山企业，都在为品质革命闯出新路径，并着力为中国制造下一个十年创造新经验。

■对话

未来十年的机会在哪?

“用10年把营收做到1000亿元”，真正完成这一目标，小米仅用了7年。这一“奇迹”是怎样炼成的?小米集团联合创始人、高级副总裁刘德的回答十分简洁：这是巨大的时代动力。

曾经有一段时间，雷军、刘德等小米高层人员每天都在思考，有什么东西能够支撑起10年1000亿元的规模。他们不但得出了“时代动力”这个答案，而且把时代的趋势理解为技术革新带来的万物互联、需求提升带来的“大消费”以及线上线下互通的渠道变革。小米抓住了这些动力，有了今天的成就。

未来10年，新的时代动力在哪里?哪些在变哪些没变?面对来自制造业大市佛山的企业家观察团，刘德分享了他的思考。

小米的“三个发动机”

6年前，小米首先意识到万物互联的前景。“那个时候，我们觉得未来的产品都是互联互通的。”刘德举例说，比如用联网的电动牙刷来刷牙，在手机上能够追踪到每天刷多久、几点刷的、感受如何；比如坐在马桶上，跟马桶说“明天给我送两箱卫生纸”，然后卫生纸就会送到。

小米为此成立了生态链部门。但是怎么抓住这个机会，把生态链迅速做强?刘德说，他们找到了这个时代的“三个巨大动力”，这些动力像发动机一样推进整个生态链发展。

第一个动力是巨大的技术革新带来的物联网。刘德举例说，大家把智能净化器买回家，它能感知到家里的空气变化，主动提醒你需要换滤芯。这样的“小事”，刘德和他的同事们想清楚以后觉得异常兴奋。“在这个世界上，第一次有一台机器、设备比你更先发现你的一个需求，这种感受太美妙了。”刘德说。

小米眼中的第二个机会是“大消费”。“当时我们认为，中国在未来的10年或20年里，一定会进入到一个‘大消费’时代。”刘德说，这就是现在人们所熟知的消费升级。很多人很难理解，小米一个科技公司为什么做毛巾?“因为他理解不了我们对‘大消费’的判断。”刘德说，新一代年轻人的消费观念跟老一代完全不一样，人们对生活质量提高的需求是不可逆的。

“第三大动力，我们觉得是渠道革命，后来被人重新总结成‘新零售’。”刘德说，时代有着强大的动力，呼唤比传统线下渠道和传统电商都更高效率的新渠道。在线下的大卖场，卖东西的人比逛商场的多。在线上，商家获客成本、品控难度提高，消费者更无所适从。为此，小米开拓了线下的小米之家和线上的有品等新渠道。

怎样“拼”出一个万亿公司？

“我们过去对IoT、大消费、渠道革命的想象，今天全实现了。”刘德说，通过小米自身和生态链企业几年的数据沉淀，小米具有了更宏观的视角。由于数据互联，在世界上每有一个地方增加了小米的用户，小米就点亮后台地图上的一处。“这就是经济的版图，所以它有巨大的大数据价值。”他说。

未来10年，小米给了自己更大的目标——“干一个1万亿的公司”。在刘德看来，每个人对生态链的理念认同正越来越强，小米在推出毛巾、床垫、枕头这些生态链产品的时候，每种产品都有相当的科技属性，例如极强的抗菌性、可收纳性等，未来这条道路仍将延续。刘德说：“这东西得拼在一起，拼出1万亿。”

同时，未来10年的中国会产生一些新特点，小米也在研究和适应这种变化。刘德说，“第一个特点是‘大企业的十年’。小米非常有幸，在过去的几年里成为相对的大企业，跻身世界500强。这个‘大企业的十年’，对小米这种大平台还是有巨大机会的。”

此外，未来的十年可能是“民生的十年”。刘德认为：“民生相关的东西，都有巨大的商业机会。”事实上，小米生态链体系的四个圈层中，最外的一圈“生活耗材”正是瞄准了民生领域。

对文化的重视也被提上日程。“经济的复兴都会带来文艺的复兴。”在刘德看来，过去中国在物质生活上曾经“掉队”，但是这一状况正在改变。而未来则将是“文化复兴”的十年，会有文化产业、艺术的繁荣，文化领域藏有巨大的商业机会。

华力创通：遭遇断供后的逆袭

在北斗圈的1万多家企业中，北京华力创通科技股份有限公司是特别的一家。

这家企业坐落于中国“硅谷”——中关村。在园区内，年产值不足7亿元的华力创通从规模上看似乎并不起眼，但这家早年从芯片研发起步的企业，是北斗圈内为数不足10家掌握核心技术的企业之一。数据显示，目前在导航芯片领域，华力创通拥有20多项发明专利。

这样一家高科技企业，早年却以贸易起家。1996年，华力创通创始人高小离带着初创团队从事国外软件的代理销售业务，但没想到在2000年遭遇的一起“断供事件”，改写了华力创通的发展轨迹。

彼时，国外对于实时仿真系统，特别是高端的实时仿真系统还处于一种禁运状态。作为代理商的华力创通团队，当时还能通过各种渠道购买到高端实时仿真系统的硬件，但在软件部分，国外控制得非常紧。

这一年，在一起合同中，由于国外某供应商突然断供，导致华力创通团队无法把高端实时仿真系统交付给客户。面对这样的情况，高小离及其团队做出了一个重要的抉择：自主研发。

当时，高小离马上派出员工出国学习，了解这款高端实时仿真系统的各项指标和功能数据。这批员工在回国后开始从事自主研发，最终研发出拥有自主知识产权的高端实时仿真系统。

这款产品正是后来发挥了十多年作用的华力创通自有产品——半实物仿真平台HRT1000的前身。以此为基础，华力创通在此后推出了多个自主研发的仿真平台产品，这也奠定了其如今在国内仿真平台中的地位。

回过头来看，遭遇断供，企业实际上也可以找另一个卖家，但华力创通选择自主研发的路径，恰恰为企业打开了一扇大门。

因为研发正是一种“想到了造”。在市场当中，供应链一“翻脸”就可能成为断供链，供应链也存在不可靠性。但“想到了造”不仅是应对供应链不可靠供应的好办法，当企业具备了自主研发能力后，还可以进入更多的领域。

华力创通正是一个生动的例子。此后，同样是沿着自主研发的路径，华力创通从仿真软件开始，逐步拓展到卫星应用、雷达信号处理与无人平台，形成了四大业务板块。

目前，在C919、北斗产业化、国内首个海洋工程数字化技术中心等项目背后都有华力创通的身影。近年，华力创通更一度被福布斯评为“中国上市公司潜力企业榜100强”之一。

如今，这家企业正寻求打破成长的“天花板”。华力创通希望通过切入民用市场的方式，做大企业规模。在迈向千亿市值的发展愿景下，华力创通这次面临的挑战并不亚于当年的断供，但对华力创通来说，方向早已明确。

■对话

民企如何引入强制力?

“半实物仿真平台这个产品面世将近20年，到目前为止一直有生命力。”华力创通总经理王伟说。这是20多年前，华力创通被国外供应商断供后，自主研发的成果。从仿真平台开始，通过每年20%到30%的研发投入，华力创通用核心技术构建起企业“护城河”。

核心技术产生的同时，也衍生出关于如何保护技术的问题。在这方面，华力创通专门打造了一套涵盖硬件和软件的信息管理体系，以保证企业的核心技术不外流。

对于佛山的企业家而言，保护知识产权正在成为民营企业发展过程中必须面对的课题。与此同时，企业若能运用好强制力进一步规范员工行为，对质量管理也能起到重要作用。那么，华力创通这套信息管理体系背后，可以给佛山企业带来哪些启发?

护城河：R&D最高超过30%

罗维满（德冠薄膜新材料董事长）：在你们这个行业里面，竞争的格局是怎样的?

王伟（华力创通总经理）：竞争很激烈。拿北斗这个圈子来说，应该有1.2万家企业参与进来，大家数得出来的比较知名的可能只有10家、20家。有一些相对比较小的企业，不做很多的核心技术，但是能在各行各业做应用。

宋科明（联塑集团副总裁）：你们最区别于同行、最核心的竞争力在什么地方?

王伟：华力创通从1996年最早的时候做代理，把国外的先进软件、硬件引进国内，2001年的时候研发自己的防伪仿真平台。这个过程怎么来的? 因为我们原来把国外很多先进的平台销售到国内，突然之间美国一家公司不供货。我们这边签了合同，要交付没有办法，逼着研发队伍研发这样的平台——一个半实物仿真平台。这个产品面世将近20年，到目前为止一直有生命力。

华力创通经过这么多年的发展，我们的核心竞争力到底是什么？大家通过我们整个研发投入就能够看出来，华力创通是一个非常重视核心技术的公司。在2014年高峰期，研发投入占销售收入超30%。这两年降下来了，但也有20%。我不得不说，我们公司的董事长、大股东都有这么一个共识，这也是我们的压力所在。

我们对人的投入、对核心技术的投入，都毫无保留。现在600多人的员工中，有大部分在做研发。研发人员高峰时有300多人，现在将近300人，销售人员60—70人，生产人员不到100人。另外，我们不保守。比如，我们原来做北斗导航时，发现还有卫星移动通讯、卫星广播、卫星遥感，我们沿着这条路，一直想把这些东西结合起来，也是与核心的基础结合起来，与芯片结合起来。我们一直希望把不同的新型东西加起来，保持跟同业的非同质化竞争。

引入强制力

邓锦明（景兴健康护理副董事长）：佛山是制造业大市，很多的产品是自己研发的，但是我们现在面临泄密或者知识产权被侵权的问题。华力创通有专利，保密性肯定要很强，所以是否可以分享一下你们在知识产权方面和保密方面怎么管理的？

陈康（华力创通副总经理）：我们在一些核心知识产权方面，不仅是运用外在的知识产权、专利保护手段，还涉及信息输出输入的管理。我们在内部的员工共享方面，也增加了很多障碍。内部的局域网里面他们是共享的，通过我们的软件技术控制。公司专门设计了文档中心，所有的外来文件输入输出，我们都统一起来，有专人把控，也有专门的记录，每一份文件的流向都是有专人记录的。

从2006年开始，我们采用了很多信息系统对U盘等进行管理，你做任何事情都得记录、都可以导出来。对于工作设备，我们是全生命周期的管理。比如这台电脑进了公司以后，从什么时候买，有没有国家颁发的资质，包括中途的维修，一直到最后的报废都要管理。公司一些流动的介质，包括打印机也都纳入进来，这是信息管理体系的管理特点，也是大多数同类企业采取的一种方式。

王伟：人员有很多流动性，不少员工在这个圈子里面跳槽到不同公司，这个现象很常见。部分人员需要签竞业协议，但也不是所有人都签，这个要付出一些代价。我们一定要评估好哪些人需要签这样的协议，因为你与他签这样的协议，如果他真的要离职、不允许到同行业做事情的时候，你要每个月给他一定的金额补偿。核心人员签这种竞业协议，公司也要付出代价的。

□ 华力创通目前已形成仿真软件、卫星应用、雷达信号处理与无人平台四大业务板块。图为佛山企业家走访华力创通

打造企业内部学院

邓锦明：你们是如何吸引人才的？是否跟研发单位等进行点对点培训？或者有其他的人才培养方式吗？

王伟：其实北京的人才流动性很大，尤其像我们这样的高科技企业，周边也几乎全是大企业，我们在这个区里面是体量最小的企业。从人才角度来说，我们也是比较吃亏的，这个问题就必须解决，我们进行人才培养的方法有几个。

第一，我们跟北京航空航天大学有一个合作，北航专门给我们公司做一个研究生班，我们送员工过去培养，公司出钱，但是你得在公司待几年，这是一个比较常规的模式。我们公司到目前为止通过这种方式从北航毕业的有几十人。

第二，从2018年开始，我们又专门下大力气，成立一个华力学院，长期为公司进行不同类型人才的培养。华力学院每年做管理骨干培训2期，都是脱产学习，时间可能是一个月，从我开始，所有人都可能要去脱产学习一个月，这是管理学院的必修课。

华力学院还有其他课程，针对不同层次的人，包括技术人员、销售人员、质量部门人员。这些班是长期存在的，基本上我们每个月都有这样的学习。在人才培养方面，华力创通花了很大力气。每年出大额预算、聘请专人，这个学院请了很多有名的老师，内部的讲师80%是外国人，包括各行各业的大咖，甚至在技术上与我们的业务没有特别大关系的，比如生物技术、制药技术、互联网技术等其他的技术，范围十分广泛，把员工的眼界打开了。

邓锦明：你们公司里是否有设置一个部门专门评估同行？就是去发现本地乃至国外的整个大行业内有什么样的人才，适合你们用的，要么请他过来，要么把他变成顾问，或是派人提前去跟他学？

王伟：做人才评估是有的，但是要吸引过来没有其他的特殊办法，我们毕竟没有条件直接跟体量不是一个量级的企业竞争人才，还是主要通过自己的方式培养和挖掘人才。

我们有几个层次，一是送出去培养，二是开办自己的华力学院，这种是长期的。此外，我们每年与学校合作举办一些活动，例如科技竞赛，相应的人才毕业后自然可能就到我们这里来了。而为什么还要分层次呢？因为人才竞争。如果我们都想要清华大学毕业的学子，这样肯定是不现实的。因此，我们选择北航长期跟我们合作。此外，还有成都理工大学，虽然是地方性大学，但是某些特定专业跟我们的岗位需求很匹配。

其仁夜话

品质革命需要引入强制力

周其仁

佛山以民营企业为主，民营企业缺乏强制力，强制力是一个关键词。但是民营企业没有这个东西，我们怎么保护知识产权？我觉得这值得向华力创通学习，学习如何在自由、民营的市场里面恰当引进强制因素。

如果没有强制性因素，很多问题解决不了。我第一次到佛山调查就问了这件事情，5万元的一辆汽车，谁要开就必须考驾照，这是强制。但是对于100万元的一台设备，不见得要进行培训才可以上去开。这是我们第一次到佛山看到的反差，他们没有统一要求，其实一台设备比一辆汽车贵得多。这两样东西弄坏了后果都很严重，汽车是因为有破坏性，开车可能会撞人，所以一定要考驾照，否则就是违章。

其实中国的品质革命当中，市场机制中引进强制性是一个课题。强制性不完全是国家规定，公司章程也有强制，只要你签约，你就有某种义务一定要履行合同。你签约到公司工作，就表明你愿意服从公司的有关章程，所以你进了研发室就不能使用自己的手机。

你去看德国公司，他们给人的某种感觉跟军队一样，不是自由散漫的，不是想怎么样就能怎么样的。中国的工业到了这个拐点，要主动引进一些严格且带有约束性的制度、纪律、习惯，否则完全靠民间想怎么干就怎么干，想来就来，想走就走，品质革命就不可能完成。品质革命后面要有一套行为准则跟上，要有约束。

民营企业怎么能够在企业管理当中增强约束性、纪律性，增加某种强制性的行为，这是一门学问，我们要好好地研究。其实很多公司章程带有强制性，只是很多公司章程写完以后，员工不怎么看它，更不会执行它。但是有一些公司是按照这个章程做的。

华为的P30车间，我们上次去参观的过程中，注意到它的严格性，里面每一个工序、动作都有检查，合格了怎么奖励，墙边上工人的操作规范都有。我看过好多好公司，这一条都让我佩服。工业就是要讲纪律，要守规矩，行为不是自发形成的，也不是多一步、少一步、快一点、慢一点都行。

工业生产本身就是产业大军训练的一个结果。试问各位老总，员工进行培训时，纪律方面有严格要求吗？你要求了以后，万一他做不到，你会采取措施吗？一开头如果守不住，后面就有更多的问题。

品质好的前提是这些细节都要做到，如果做不到，这个仗是打不下去的。品质要提升，首先是我们的“人”要提升，很多产品质量不够好，就是人的规范差。如果我们太习惯将农业文明的自由散漫应用到工业生产上，某种程度虽创造了源泉，但也是做不了好产品的一个根源。

京东方：一块显示屏的产业突围

从一家年收入仅6000万元的电子元器件公司，成长为多类显示屏全球出货量第一的行业巨头，要迈过多少坎？使出多少绝招？从京东方科技集团股份有限公司的一段产业逆袭故事中，我们或许可以找到答案。

很多人不知道，如今国内多数家庭能买得起液晶电视，和一家位于北京亦庄的高科技企业有莫大关联。

这家企业就是如今供应全球超1/4显示屏的京东方。在京东方创立的20世纪90年代初，中国制造业刚开始腾飞，传统电视还如日中天。创立不久的京东方却做了个决定：跟踪当时最新的平板显示技术发展。

彼时，国内家庭购买的多是CRT（彩色显像管）电视。如今占据市场主流的液晶电视在2001年左右才上市。而早在1994年，京东方就成立了平板显示预研小组，跟踪研究等离子显示、液晶显示等技术，并于1998年明确提出“进军液晶显示领域”，正式开启战略布局与技术积累。

这个探索于当时而言有多前瞻？时任项目组第一任组长的曹红至今仍记得那个年代CRT电视生产销售的火爆景象，日本松下在北京开设的工厂门口，等待拉货的车子数不胜数，现货难求。“即便如此，我们研发液晶显示屏的战略非常坚定，我们综合分析过，这就是未来的市场需求和技术发展方向。”

此后，在原有的真空电子管、微电子等技术积累基础上，京东方收购韩国现代电子的液晶显示业务，并于同年在北京建设国内第一条5代液晶显示生产线，通过消化、吸收、再创新的方式，彻底掌握了液晶显示技术，结束中国大陆“无自主液晶屏时代”。

也正是京东方在液晶显示器研发上撕开的口子，让国产液晶屏从海外的技术和价格垄断中突围而出，以更高的性价比进入更多普罗大众的家庭，改写了电视、电脑的消费人群结构。

在京东方所在的北京经济技术开发区内，可以看到康宁、冠捷科技和住友化学等诸多世界500强企业的工厂身影。身处全球供应链中，京东方吸引国际大供应商就近配套建厂。近距离的配套可以让玻璃等原料避免长途运输带来的质量损害，提升原材料的良率，同时节约运输成本。

为了激发员工自我升值的积极性，一线工人独创了“工时银行”的体系。员工每获得一个新技能，其工时会相应增加。不同的工时数量对应不同的奖励和薪酬，储存的工时越多，员工可提取的奖励就越多。这样的制度，让京东方自我催生出劳动力素质的新气象。

如今，京东方又加入了全球柔性显示屏创新与生产的竞逐，并成为华为Mate新手机等多家科技企业新产品的供应商。新的征途开启，从跟跑到领跑的京东方，如何完成新的发展跨越？

■对话

从跟跑到领跑，品质哲学如何变？

从遭遇垄断的市场中突围，依靠自主研发，最终成为全球智能手机液晶显示屏、平板电脑显示屏、笔记本电脑显示屏、显示器显示屏、电视显示屏等产品出货量第一的企业。京东方的产业发展历程，与不少草根出身、打破技术垄断成长为行业冠军的佛山民营企业的发展史，有相似之处。

尽管双方的体制、特点与发展策略有很大差异，但两者间也有不少发展经验值得共享。

“京东方的质量控制体系有哪些值得我们民营企业借鉴？”“你们如何保持行业龙头地位？”……在对京东方的调研中，不少佛山企业家努力探寻京东方产业逆袭、创新的密码。

质量是受人尊敬的基础

吴艳芬（美思内衣董事长）：京东方有很大愿景，成为地球上最受人尊敬的企业。会议室的标语是“全力以赴推动客户成功”。从品质来说，如何实现以上愿景？

曹红（京东方集团首席质量安全环境官）：京东方从创立之初，就始终坚持创新引领企业发展，着力全面提升产品和服务质量。26年间，逐渐形成了“以战略为驱动、以客户为导向、以创新为动力、以质量为生命，不断强化具有差异化的核心竞争力，提高供给能力”的全面质量提升系统，通过高端供给、优质供给，为客户创造价值，让消费者体验质量更好的产品和服务。

质量是受人尊敬的基础，是企业的生命。为全面提升公司经营质量，2012年，京东

□ 京东方以创新研发突破液晶屏的海外技术垄断。图为京东方（北京）第8.5代TFT—LCD生产线

方全面导入卓越绩效管理模式，以质量奖为抓手，聚焦战略、人才、质量、创新、品牌、经营绩效等方面，挖掘提质增效的最佳实践，发挥集团内质量标杆的示范作用，提升整体质量水平。其间，京东方形成了具有企业特色的评价标准，推动创新、质量和品牌三个能力的提升，通过创新管理确保产品先进性，通过质量管理提高产品的可靠性，通过品牌管理增强顾客的依赖性。

京东方还创新性提出案例式评价方法，引导全员，以战略为驱动，聚焦客户需求和瓶颈问题，创新思路和方法，选用适宜的工具和方法，进行持续提升。通过案例评审，挖掘京东方的最佳管理实践，在集团内树立质量标杆，弘扬质量先进，交流分享经验，全面提升管理水平。

抓好“人”的教育

周其仁：中国企业员工流动率高，所以培训投资是不足的，容易带来产品质量问题，不能在公司形成良好的产品文化标准。京东方如何解决以上问题？你们的工人流动率怎么样？你们的培训怎么样？

曹红：我们也有一些人工操作，我们会将人对生产的干预逐步自动化、让人造成的失误尽可能小。我们采用了一套专门激励员工成长的制度。我们有一个“工时银行”的案例，不同岗位的员工增加一个技能，我就给你一个等级，也给你记工时，你可以随时支付和使用，比如兑换成假日。同时，你的技能越多、熟练度越高，薪酬就越高。低技能的员工想要工资高就要提升自己的技能，这就是工时银行的作用。

周其仁：自己努力提升技能，这是好办法。这个激励机制是京东方自己创造的？

曹红：这是我们公司员工自己发明的，主要是针对人工操作比较多的特点，希望员工能提升技术和价值。另外，因为现在市场变化很快，有很多个性化、定制化的需求，我们的生产有时是大批量的，有时是几千个、几百个的小批量，这些都是客户需求。因此，我们专门设计了一些灵活的生产线应对，这对工人的要求很高，但是性价比也高。

我们也在推动好习惯的形成。举个例子，我们某一个工厂是做产品检验的，人工检验环节的动作有些人可能会投机取巧。我们有一个工人非常聪明，他用太极拳的姿势，编了一套“检验记忆法”，按照太极拳的运动规律让大家做一个操，规范检测动作。每个人都要会做这套操，你动作做标准了，才可以上岗。

宋科明（联塑集团副总裁）：显示屏是一个投资规模很大、技术门槛很高、周期性也很明显的行业，京东方今天已经是行业的龙头。在品质管理方面，京东方未来怎样做才能长久保持行业龙头地位？

曹红：主要有以下几个方面：一是优化风险预防体系，提升质量攻关能力。通过长期实践，京东方形成一套正反向质量管理系统。此系统具备双向、双关闭、可复制、易展开的特点，贯穿原材料管控、产品设计、生产制造以及售后服务全过程；

二是立足智能制造，加强质量信息化建设。随着信息时代的发展，京东方积极探索“互联网+质量管理”模式，以CIM（城市信息模型）、生产数据云平台、WMS（仓库管理系统）等智能制造系统为基础，打造全方位质量管理的信息平台。京东方在用的信息平台有全面质量管理系统、供应商管理系统、绿色产品管理系统等，功能包括客户服务、采购寻源、供应商绩效、研发生产过程质量管理等，大幅提升了质量风险预防能力和质量管理效率；

三是深耕细分市场，以质取胜。目前，京东方成为众多国际一线品牌的第一供应商，并在多个细分领域的市场占有率保持第一。根据全球市场咨询公司IHS数据显示，2019年上半年，京东方液晶显示屏总出货数量位列全球第一，显示器件五大主流应用产品市占率排名持续领先。

从“客户满意”向“客户惊喜”转变

周其仁：中国企业在很多领域基本是跟跑。显示器是国外先造出来的，不过目前京东方也在全球行业内率先提出了一些工艺技术。问题是跟跑的质量管理是一回事，领跑的质量管理是另一回事。京东方在技术创新上是否领跑？如果是，你如何保证作为领跑者的产品质量和服务质量？

曹红：从品质管理来讲，我们用的方法都是一样的，只是您刚才提的一个技术面的一些变化。关于品质的管控，我们建立了一套管理要求，去分析判断每一个阶段的市场需求，尤其您刚才提的新技术的需求。我们会建立指标，让客户提出潜在需求来，我们按照这个分段管理。

张晓兰：质量发展战略方面，我们提出了三大质量管理系统。第一是“魅力质量识别系统”，通过这个系统充分挖掘市场需求，提升引领需求的能力；第二是“正反向质量管理预防系统”，通过这个系统夯实质量基础，增强风险预防的能力；第三是“战略驱动的质量提升系统”，通过这个系统深化卓越绩效模式，加强创新驱动能力。

通过这些系统的实施我们要实现三个转变，一是从客户满意向客户体验和客户惊喜转变；二是从品质管控向风险预防转变；三是从自主创新向系统创新和联合创新转变。

夯实质量基础方面，我们现在仍需应对国际市场激烈的竞争，基于这些考虑，我们在产品质量竞争力方面提出了几个关注点，包括高可靠性、高性能和全面创新，产品的质量目标是零缺陷。为了实现这个目标，我们提出了正反质量管理预防系统。正向主要是需求驱动，通过设计预防和控制管理以减少系统问题发生；反向主要是问题驱动，通过触发问题提前暴露，寻找根源以防止问题再发。

同时，对于产品的信赖性管控，我们在光电特性、气候环境、流通环境、整机特性方面提出了产品测试的方法论，这些都是京东方独有的测试技术。

深化卓越绩效方面，我们设立了京东方质量奖，每届的质量奖都要挖掘很多的最佳管理实践案例，在集团进行分享、推广，以提升整个集团经营质量。

其仁夜话

让“品质”成为中国工人的习惯

周其仁

从中国消费者角度来看，京东方液晶屏幕走进寻常百姓家，让用上液晶屏的人口数量扩大，这是非常有意思的现象。

华为和京东方不同，但是他们干的事情是一致的。原来中国的通讯靠手摇，通讯一多怎么接得过来？所以当年自动交换机需求旺盛。但当时没有中国公司可以造，该产品都依靠进口。如果华为不出来做自动交换机，生意全让外国企业做了。

华为自主研发的机器面世后，让国际上交换机的价格降低了一半。华为为中国整个信息产业的基础设备生产立了功，这对国家和老百姓都很重要。

京东方开发液晶屏、柔性屏也是一样。京东方在创立初期就设定目标，主动往高技术产业上冲，这是值得肯定的。

另外，京东方对员工培训的重视和投入也值得借鉴。所有的产品缺陷最后都在人的行为、人的习惯当中。一个稳定的工人和公司关系，是质量的源泉。但如今不少企业员工流动率、跳槽率非常高。这种人才溢出对国家产业有好处，可是对于支付了员工投资成本的公司损失较大。因此，从逻辑上讲，这容易让企业更不愿投资，造成对工人培训的投资不足。

培训的开支是经济学上研究的一个难题。德国的经验是开支不完全由公司付，而是政府、行会、企业三合一支付，这才形成德国强有力的培训体系。

中国员工流动率高，所以培训投资是不足的，容易带来产品质量问题，不能在公司形成良好的产品文化标准。这应该引起企业和城市的重视。

在职业培训方面，德国的经验值得借鉴。德国所有的培训大纲是工业部、行会、定点公司一起制作的。考试怎么考、培训课程等也都是三方确定，这种三合一系统经过法律认定。劳动力如果不经过这个培训系统认定，就不能摸机器。德国的这个系统不是一蹴而就，但可以作为参照经验。

在德国的职业培训体系下，质量标准成了工人的习惯，习惯一旦养成了会影响深远。我去德国考察，发现经过德国工人之手出来的产品差不了很多。他们从技校开始训练，已经养成了动作习惯。

这就好比，一个孩子从幼儿园开始被教导不要随地吐痰，他成人以后，就算让他吐痰，他也吐不出来。这是行为逻辑里面非常值得注意的东西。培养好习惯是全社会的投资过程，中国工业到了这个阶段应该把这个问题提上日程，否则会造成巨大耗费。因为，所有质量问题最后都是人的规范问题。

小米："高性价比"如何炼成

在小米集团北京总部的小米之家，上百个品类琳琅满目。小米自己不负责生产，但通过"实业+金融"的打法，投资了150多家硬件公司，孵化出一批高性价比的爆款，成为"中国制造业的鲶鱼"。

从手机切入，逐步延伸到智能硬件、智能家居等领域，累计拓展近300个品类，业务遍及全球80多个国家和地区。仅用7年时间，小米营收就突破千亿元。2018年，公司营收1749亿元，净利润86亿元。在2019年的《财富》世界500强榜单中，小米首次登榜，排名468位，成为最年轻的世界500强。

对于产品，小米定义为"高端产品大众化、大众产品品质化"。用小米集团董事长兼首席执行官雷军的话，就是"始终坚持做感动人心、价格厚道的好产品"。其标准就要达到"三高"：高品质、高颜值、高性价比。

依托庞大的"米粉"，小米围绕着手机及其周边和小米用户日常消费用品去逐步对外投资：手环、移动电源、耳机、电视、电饭煲甚至毛巾、内裤……小米参与到生态链企业中，负责产品定义；由刘德带领的400多人生态链团队输出工业设计理念，确保小米产品的风格统一；利用原有的供应链为生态链背书，并将小米品控体系去约束后者，确保产品品质；最后依托小米之家、有品电商推广销售，从而形成一个生态闭环。

俗话说"一分钱一分货"，小米又是如何成功做到精品价格大众化？打破传统的定价逻辑，小米采取的是反向定价模式，即依托海量的"米粉"用户群，假设一个巨大的需求，然后再在确保质量的前提下压缩成本，最终得出一个企业可以承受的零售价。

在小米集团联合创始人、副总裁刘德看来，生态链的成功关键是要找到对产品有共同价值追求的人去投资。几年前，小米看好从美的集团出来的陈小平，投资了做净水器的云米科技。这些年来云米迅猛发展，2018年成功在纳斯达克上市，开创了佛山制造业的一个新纪录。

对于小米的模式，来访的"品质革命"调研团的佛山企业家是既感震撼，又不乏反思：曾几何时，佛山制造的产品也是风靡全国，而在新消费时代，跨界的小米通过对用户的研究和产品的精准定位，已抢先一步打动年轻消费群，佛山制造该如何应对小米模式的挑战，又将如何打造更多感动用户的好产品？

■对话

如何让产品感动人心？

仅仅9年时间，小米从0到接近2000亿元的规模，成为最年轻的世界500强。从手机到智能硬件、智能家居、智能交通，小米投资了100多家硬件公司，其中不少还是上市公司，孵化出数百个品类……

朝着万亿营收的目标迈进，小米抓住了IoT（物联网）、大消费等时代动力，通过生态链战略，将小米“感动人心、价格厚道”的理念借助投资来对外输出，将整个生态链企业变成一片“竹林”。这令来访的佛山企业家颇为震撼。

如何做到“高端产品大众化，大众产品品质化”，如何在短时间内打造出一大批极致的产品，多样化、跨领域的品类如何做好产品品控和供应链的管理？把握住机会，佛山企业家与有“小米生态链之父”之称的刘德深度对话，掀起了一场传统制造与互联网企业的头脑风暴。

投资自带流量的产品

周其仁：小米怎么把自己的模式扩大到生态链上，不只有小米自己这么做，而且像竹林一样，长出这么一片小米？

刘德：这是一个非常有趣的方式。过去的5年，我们投资、孵化了大概150家硬件公司，从单一品类一下子扩展到200—300个品类。如果在其他企业里要完成这样的扩张，它需要很长的时间，管理难度非常大。但是，我们采用生态链的方式，把研发、供应链管理、产品管理放在体系之外，让整个体系的性质效率非常高。

那时，我们想用7—10年的时间做到1000亿元的规模，那什么样的动力才能支持这1000亿元的规模？后来我们发现，只有时代动力，真正能够推进千亿级规模业务发展。所以我们那时提出了3个这个时代的巨大的动力，它有可能像发动机一样，推进我们整个生态链发展。

第一个动力是技术革新，就是IoT。我们觉得在未来的5—10年里，可能我们所有用的设备都互联互通，都是联网的，不管是电子产品还是电器。这种互联互通除了会给大家的体验有巨大的提升以外，还能大大提升商业效率。

□ 位于佛山的云米科技是小米生态链企业，凭借做净水器起家，2018年成功在纳斯达克上市

第二个动力，我们觉得是大消费。5年前我们认为中国在未来的10年或20年，一定会进入到一个大消费时代。后来有些大佬们重新定义叫消费升级，我们那个时候没有这个词。

第三个动力，我们觉得是渠道革命，或叫新零售。我们理工科的人描述它就是渠道革命，渠道效率提升，带来一场巨大的革命。那时候我们想说，如果国内有14亿人，哭着喊着要好东西，而我们又有无数做得非常好、性价比很高的消费产品。当两边都聚集起来以后，就有强大的动力在呼唤高效率的渠道。

当我们知道了外部的动力以后，下一步就是要再找原始业务、既有业务有什么动力来支持这件事情。所以我们寻找公司内部有哪些动力，能够支持我们把生态链的业务做出来。那个时候公司所有的经历基本上都围绕在做手机业务上，尤其是到了2015—2016年，手机低迷的时候，我们要让一个新业务在公司内部活下来，怎么找动力、怎么能够让各个部门愿意支持你？我觉得大概有这么几点。

第一，我们尽可能地来享受小米的流量红利、人口红利。当时小米手机，包括MIUI，大概有3亿的活跃用户，这3亿用户大概在17岁到35岁，理工男为主，今天看这个数字已经大很多了。

第二，是要做有自带流量的产品、单品爆款的产品。因为只有你产品做得好，你才能够反向吸引销售业务部门的同事参与。所以那时，我们生态链就是一定要做出吸引流量的产品，能够为小米这个品牌添彩的好产品。

第三，要在企业内部，恰如其分点燃起创业的激情。我们当时在内部“忽悠”了一批工程师、大股东去参与生态链这件事情。因为生态链以投资为主，它对个人的要求很高。这个人不仅要懂产品、有交流能力，判断一家公司是不是有价值，而且也要对小米熟悉，他才能把外边的公司和产品嫁接到小米的体系来，对外输出小米的价值观。

早期，我们提出了一些投资的原则：一是要投足够大的领域，有100亿的规模，你再笨也能赢；二是找一些有热度的产品，自带流量的产品；三是找最强的队伍，我们的移动电源做得很好，一年下来占据了中国市场的40%份额，为什么能做这么好？这个队伍原来是做手机的，技术都非常好，所以一定要投技术团队；四是要投跟小米用户群相关的领域，离手机近的早点投，离手机远的晚点投。我们的用户群都是理工男生，他买你的手机就可以买你的手环，买了手环后还可能买移动电源、笔记本等。所以要投这些跟用户群特别紧密的领域；五是要投那些对方的老大跟小米有一样价值观的，他说我们不赚快钱，我们为了努力提高一代中国人的生活品质，我们等明天。我觉得我们投了一批跟小米有一样价值观的团队。

把产品做到大众化

萧礼标（蒙娜丽莎集团总裁）：我理解小米做产品，是从把产品做精做极致到把价格做到大众化，或者比大众化价格还低的一个过程，跟我们原来想象的很不同，我真的觉得很不可思议。小米是怎么能够做到这一点的？

刘德：其实这东西不难，你想一想，它本质上是你的出货量。我以移动电源为例，我们在做移动电源之前，大概是6年前，中国每年移动电源价格大概在150—200元。我们做移动电源的时候，用了假设成功原则，就是小米有3亿用户，每年当时大概有四五千万台手机。我们再假设一年能卖1000万只移动电源，压缩成本，大概可以承受49元的零售价。所以我们按照这个逻辑，按此定价。

虽然刚开始卖移动电源，成本控制不好，前200万—300万台都是亏本的，但是你发现大概卖到400万—500万台时情况就好转了。传统定价方式是正向定价的，如产品成本5元，计算再加多少钱就不亏了，然后一点点做量，再把成本降下来。但我们事先假定了一个巨大的量，按我们业务的用户群，你能精准地算到大概能卖出多少产品。

所以这样的话，我们就是反向定价。这就是为什么我们的产品都可以定一个令人咋舌的价格。我们离用户群越近，判断得就越准确。像手环也是这样的，我们觉得做好了能卖三四百万只，第一年定价79元，结果那一年我们卖了1400万只。移动电源我们估计能卖1000万个，定价定到49元，那一年我们卖了将近2000万个。

当然，这也要求企业有一定用户群规模，供应链控制能力有一定水平，用精准的后台大数据来辅助你做决策。这些小企业很难做到，但当我们用这些逻辑来孵化生态链公司时，他们相对要容易成功。

打造有共同价值观的“新商帮”

宋科明（联塑集团副总裁）：我们集团旗下有个子公司，是小米净水器的供应商。我特别想了解一下小米的供应链管理体系。你们对产品质量要求非常高，但在这个过程中，有这么多产品，怎么去管好系列产品的整个供应链？

刘德：今天手机整个供应链体系是掌握在我们自己手里的，但随着生态链产品品类做得越来越多，它已经难以支撑覆盖全部。当我们做生态链时，我们原有的供应链体系帮忙做了巨大的“背书”。比如说一个小公司，他做了一款净水器，这个小公司跟供应链说我能卖100万台，没人信。但是陈小平（佛山市云米电器科技有限公司创始人）做了净水器，他跟供应链说他能卖100万台，因为至少他是小米生态链公司，供应链愿意试一试。

我们没有能力把两三百个品类的产品供应链都做好。除了手机，我们其他都不懂，我们把这些供应链都放给各个生态链公司去管理。那这些公司怎么能管理好呢？很简单，你要投那些有背景、有经验的团队，像陈小平，他在美的就管60亿的业务，他的供应链就没问题。

此外，我们还要利用制度。比如所有生态链企业我们都是不控股的，我们占部分股权，把大部分的股权给团队，通过制度来保证他们可以一心一意做好自己的产品，不用监管。

老有人问我，你看你投了这么多公司，早晚都会崩盘的，因为它们非常难管。我说不用管理，我觉得不用管理的原因是，我们投有共同价值观的人，然后再通过股权建构一致的利益，你就真可以放心不去管了，他们在各个领域比你还有经验。

所以，这也是一种特别有趣的新的商业关系。我们老说整个生态链项目的商业形态有点儿像商帮，大大降低了相互做生意以及小米与供应链做生意的信任成本，是个“新商帮”。

邓锦明（景兴健康护理副董事长）：小米现在有这么大的体量，你们把供应商和消费者拧成一条心，愿意薄利多销，做成这么大的一个体量。那么公司刚成立时，你们是如何建立消费者和供应商对你们的信任的？

刘德：早期也没人信我们的。但我们第一步就是会“忽悠”。2010年底，我们被所有的供应商否定，都不愿意给我们供货，因为我们没干过手机业务，也没有成功经验。

就在我们一筹莫展的时候，日本发生地震了。日本地震两个星期后，我们就去到大阪，到夏普本部。在夏普的第1VIP会议室时，本部部长跟我们讲，地震以后，小米是第一个、也是唯一一个专门赶过来要货的。如果你们没来，我一定不会跟你合作，因为不认识你是谁，但是你们来了，我们愿意跟你们试一试。当我们从夏普回来，就拿着这个订单去说服所有的人。

其仁夜话

企业要比客户更懂客户

周其仁

小米的现象理解起来要加一些背景。雷军从金山出来以后，对他影响很大的有几个东西，我跟他聊过，小米的模式很大程度上来源于美国的Costco。Costco不是一个生产企业，是一个零售商，是一个大卖场，这就是行行出状元，大卖场也可以做到这么好。到Costco买东西，你想买一个被套，尺寸对，装上；买一个收音机，装上；里面的产品一定是质量最好、价格最低的。这跟雷军讲“盲购”是一样的道理。

小米2010年才创立现在做到1000多亿元，这跟他们当年想问题的方式有关。用7到10年做1000亿元生意，哪些生意可做？他是在这个前提下去理解人类的生活，理解中国消费者的生活。

我挺喜欢刘德这个理工男。他对市场对经济趋势，对消费者的日常生活习惯，我觉得都是下了功夫的。他把目标客户的生活需要纳入客户服务范围，小米的产品虽然杂，但逻辑不杂，凡是17—35岁的理工男想要的东西，小米都想办法生产。

对“目标客户怎么生活”下功夫去研究，这个思路是佛山企业家值得学习的。你既然为他服务，就要懂他。你要懂得比客户自己还懂，客户才能把需求拨到你这个方向来。我们现在对客户下的功夫，总的说来都应该向华为学习，华为提出以客户为中心，这可不是喊一个空洞的口号。华为的成功经验，就是挑一座肥厚的城去攻。攻城这么难，如果城里啥也没有，有意思吗？

所以战略选择首先是哪些事情值得做，不值得做的事情就不做，选对正确的事情。佛山的企业先天就有这个能力，瞄准的都是全国这么巨大的人口的日常需要。“中国家佛山造”，早年，佛山企业都做得很成功，但现在问题是怎样重新出发。时代发生这么大的变化，怎么看变化看趋势？

小米喜欢看趋势，这个方法佛山企业家要跟团队研究，花1—2年时间去好好做做这方面的工作。

第三章 跨国对标

小乡村里走出全球企业

从德国斯图加特出发，驱车约两小时，便到了一座环山而立、四周尽是木桁架结构建筑的欧洲小镇。这是地处德国黑森林地区的希尔塔赫，当地仅有4000多人，有着卫浴界“劳斯莱斯”之称的百年老店——汉斯格雅就藏身于此。

这是一个关于全球化的故事，这家欧洲乡村里的企业，每年有80%的营收来自德国以外。这也是一个关于品质提升的故事，100多年前的汉斯格雅只是一家铁匠铺。但如今，汉斯格雅的产品被广泛运用到如世界第一高楼迪拜哈利法塔等地标性建筑里。

像汉斯格雅这样的乡村隐形冠军，在欧洲并不少见。他们大多产生于“小地方”或“小国”，但却敢于打破本土市场边界，在全球市场中驱动企业的品质提升。

好的产品需要更大的市场来支撑，对于天然面对14亿人口大市场的中国企业而言，能不能拥抱更广阔的全球市场，成为品质革命中的重要命题。

欧洲乡村里的隐形冠军

斯图加特，一个名为奥斯特费尔登的小镇上，在一众白色的工厂楼房里，其中一栋不起眼的厂房是汉臣公司的总部。

这是分布在德国巴登符腾堡州的400多家隐形冠军中的一家。作为百年企业，汉臣是全球液压缸和驱动技术领域的品质标杆。汉臣参与了中国C919大飞机的制造，为其提供机翼等方面的测试服务，法国空客则从第一架飞机开始使用汉臣所提供的结构测试服务。

在欧洲，类似汉臣这样，藏身于小地方的大品牌并不在少数。埃因霍温是位于荷兰南部的一座城市。128年前，当飞利浦父子三人在这里创立日后名冠全球的电子巨头荷兰皇家飞利浦公司时，这里也只有6000多人，是一个穷困的小乡村。

即使到了今天，埃因霍温也只有22万人口，远远少于珠三角城市的人口规模。但这里，却走出了多家全球巨头，除了飞利浦，还有阿斯麦与恩智浦等赫赫有名的企业。

特别是阿斯麦，这是全球光刻机霸主，而光刻机又是生产芯片的关键设备。数据显示，2018年阿斯麦产值达109亿欧元，净利26亿欧元。其中，售价高达10亿一台的EUV一共卖出了18台，芯片企业想买到阿斯麦的设备需要排队“取号”，在付款两年后才能提货。如果说，芯片是工业领域的核心，那么光刻机就是制造业皇冠上的明珠，而在埃因霍温这座小城里的阿斯麦又是摘取明珠上的领跑者。

回溯历史，荷兰似乎从古至今就是一个成就“小国大业”的国度，早在17世纪时，荷兰人口只有150万，就已经把自己的势力几乎延伸到地球的每一个角落，被马克思称为当时的“海上第一强国”。如今，荷兰的人口也只有1700多万，从这个国家的任何一处要越过边界，开车只需要2—3个小时。但这里却诞生了15家世界500强企业。

与荷兰相比，人口只有580万人的丹麦是一个更加“袖珍”的小国，其最大城市哥本哈根占地面积仅97平方公里。但这里却诞生了全球最大的集装箱运输服务公司马士基、全球最大的积木公司乐高、全球最大的水泥设备与水泥生产商史密斯等。其中，全球最大的风机制造商维斯塔斯所在城市奥胡斯人口仅有26.9万人，全球最知名的助听器公司奥迪康诞生地欧登塞人口不到20万人……

而这些国家共同的特点正是，“小地方”产出大企业。

百年企业的“世界地图”

小国家、小城市、小乡村，如何支撑这么多的全球企业？

“Light up the world”，在位于飞利浦总部的博物馆内，写着这样一句标语。作为全球电子巨头，点亮全世界，可谓飞利浦128年发展史的缩影。

在100多年前，只懂荷兰语的创始人之一安东·飞利浦背起行囊，坐上了开往俄罗斯的火车，当时俄罗斯的人口总量位居全球第四。在结束21天的火车之旅后，安东·飞利浦在俄罗斯仅待了6天，就带回了15万只灯泡的订单。在国外市场的助力下，飞利浦在成立后的第八年，灯泡销量首次突破100万只。

到了一战期间，安东·飞利浦的“心更大”了。他带领业务团队继续开疆拓土，直接接收了同行的欧洲“失地”，到了一战结束后，飞利浦迅速晋升为欧洲最大的照明公司。

大企业胸怀世界，小企业也不遑多让。皇家代尔夫特蓝瓷是荷兰一家拥有300多年历史的陶瓷企业，其技术起源于中国明清时的青花瓷。直到现在，皇家代尔夫特蓝瓷的年营业额也只有600万欧元，员工只有60人。走访其生产车间可发现，皇家代尔夫特蓝瓷的大部分产品都是手工制作，它仍然是一家非常传统的大型作坊式陶瓷企业。

但这家企业野心并不小。该公司的市场部员工常常习惯于向访客展示一张世界地图，上面标注了这家百年企业在不同国家的销售情况。

目前，皇家代尔夫特蓝瓷与荷兰皇家航空公司、中国的南方航空合作生产定制化的产品，把蓝瓷的图案印在飞机的安全指示、酒店的墙壁、沙发的靠垫上，将蓝瓷做成女士的时装……除了作为荷兰皇家特供外，皇家代尔夫特蓝瓷已突破传统瓷器的局限，开发衍生出各种独具荷兰文化特色的产品，以迎合不同顾客的需求。

同为百年企业的德国汉臣公司，如今一年的销售额仅为2200万欧元，但它同样把产品卖到了全球市场。

在武汉的一家万达4D影院，动感平台跟随影音摆动，引来平台坐席上观众的连连兴奋喊叫。整个平台之所以能克服摩擦力，顺滑、同步旋转，很大程度上得益于其中的液压缸，提供这一装置的企业正是汉臣。

数据显示，汉臣有40%的产品销售额来自于对中国、法国以及瑞士等国的出口。

好客户要全球找

全球化带给企业更大的市场，这给企业提供了创造优质产品的空间。

斯蒂芬•汉臣是汉臣的第三代接班人，他从上一辈继承到的不仅是对液压缸这样细分产品的专注，还有一群好客户。

汉臣的规模和很多跨国企业不可同日而语，其业务模式以定制化非标产品为主，本身也不具备大规模生产与大范围扩张的条件，但其产品之所以能卖到全球，正如斯蒂芬•汉臣所说，“我们不专注扩张，而是满足客户需求，是客户把我们带到全球去的。”

以应用在医疗核磁共振设备中的液压缸为例，当时一个客户主动找到汉臣，要求做一款不受电磁干扰、能用于核磁共振检查的液压缸。汉臣的工程师按照这些要求，对标准液压缸进行技术改进，最终开发出专门用于医疗领域、对人体没有任何伤害的非磁性钢液压缸。

“我们之所以能达到世界顶级技术，很大程度得益于客户提出的新要求。”斯蒂芬•汉臣说。在好客户的引领下，汉臣步入品质的“无人区”。就在近期，汉臣最新研发出了一款既能减轻设备重量，同时还能保证密封性的碳纤维液压缸。如今，在德国只有汉臣一家能够生产。

但好的客户也需要挑选，而且还必须在全球“挑”。

每年，德国卡赫都会主动向不同的知名景点抛出绣球，提出免费清洗景点或文物的服务。几十年来，卡赫已免费对全球140多座重要建筑进行了恢复性清洁，包括中国故

□ 有着全球卫浴界“劳斯莱斯”之称的汉斯格雅，总部位于德国黑森林地区一个僻静小镇

宫、英国伦敦眼、美国总统山等。

实际上，这是卡赫在“挑好客户”的过程。卡赫公共关系部的凯•穆勒表示，公司会选择一些既能够帮助企业打响知名度，同时有利于帮助企业提升产品品质的场景。

比如说在埃及底比斯古城的门农巨像，经过3300多年风雨，沉积的破坏性污垢加速着整座石像腐蚀，普通的手段难以兼顾清洁和保护。但这样棘手的工作，对卡赫来说，却是刺激技术创新的好机会。

在主动挑选棘手客户的情况下，卡赫的创新能力实现不断飞跃，目前该公司已申请超过1800项专利，其推出的一款家用清洁机使用寿命高达20年，远高于同行。

更好的品质也把卡赫带到更远的市场。2018年卡赫在全球营收达到了25.25亿欧元。即使在万里以外的中国上海虹桥火车站，也采用了50多台来自卡赫的产品。中国是卡赫在全球增长最快的市场之一，2019年2月，卡赫中国总部在江苏常熟开业，进一步提速其 “2020全球战略”。

越是好产品，越要有全球观，因为只有全球市场，才能集合出对高品质产品的足够需求。

其仁夜话

在全世界挑选好客户

周其仁

好风凭借力，送我上青云。好风从哪来？企业好，就容易有好客户，而好客户就把你带得更好。这个循环正反馈，我们要非常注意，将它变成一个策略知识，即一开始要主动选客户。企业没办法的时候，任何人都可能成为你的客户；等到有办法的时候，就要把差的客户逐步淘汰掉。最后企业的道路就会越走越精，越走越好。之后我们做别人客户的时候也要做别人的好客户。

别人做你客户的时候，你对他很清楚，如果他把价杀到你根本没有办法做好东西的时候，这个实际上是坏客户。当客户把你逼到做差东西了，我们订货的时候也要当心。客户把价杀到尽，已经是不对应品质的价了，最后会把企业害死。好客户在商业上并不吃亏，但是要坚持一段时间才能把这个好的经济效益收回来。

汉臣液压在2200万欧元规模的时候，就开始做万达广场的项目，他们怎么掌握来自遥远的中国的市场信息？这当然是客户带给他的机会。所以我们应该怎么看全球化？中国同样类别的企业，他们的产品怎么样？敢不敢打到世界上去？打到世界上成本是否招架得了？

中国企业家要有一种意识，心要大，好东西要给人类造，不是给一个地区造的，不是给一个国家造的。只要是好东西，人类都会需要，我们手里真有好东西就要给全人类造。中国的企业家有时会自我设限，觉得中国市场已经够大的了。

任何一个品质都不可能覆盖区域内的所有人，所以任何品质往全球看，市场才会更大。

德国双立人有一句口号“一口锅100年”，倒过来有个麻烦，用100年那下个客户在哪？所以他必须做全球市场，只有全球市场才能集合出这么一个对高品质的足够的需求。所以好品质才需要做全球市场。越是好产品，越要有全球观，要把全球最喜欢这类品质的客户尽收过来，才撑得住这个好产品。

巴斯夫，世界化学巨头，这位科学家的发明，真的是改变人类命运。化肥可不是光一个中国需要，不管哪里都需要。塑料也一样，影响人类生活，无处不在。巴斯夫就做到全世界去了，做到全世界最高端。这股劲比技术还重要。因为有这股劲才会去好好开发技术，才会对技术一丝不苟，才会难中求难精中求精。我们的下一步就是这个劲儿要足够。

老技术与新科技

丹麦，腓特烈斯贝，一家银器工作室回荡着手工锻打声。

这里是大哥本哈根地区、丹麦的经济中心，人均GDP位列全球第一梯队。在这个寸土寸金的都市中心，这家被誉为丹麦“国宝级品牌”的银器企业——乔治杰生在这里存在了115年，并且其近100家店铺已经开到了全球10多个国家和地区的大城市。

全球化不仅是与高科技相关的故事，一些历经工业革命洗礼的传统行业，也在全球市场中焕发出新价值。

在技术的更新与迭代中，如何实现品质的传承与创新，这是保持产业竞争力的长远命题。从老技术与新科技融合的张力中，一批全球企业正努力发掘制造业新的活力之源。

传统银器的全球化故事

2019年9月，在位于北京的丹麦大使馆，从丹麦远道而来的菲利普·默奇面对着一帮中国客户，利用半成品展示乔治杰生的制银工艺，让客户更加了解这家丹麦皇室御用品牌的产品制作技术。

首次来京的菲利普是全球知名银器品牌乔治杰生的产品开发部负责人。1904年，学徒出身的创始人乔治·杰生在哥本哈根开了一间工作室，其手工制作的珠宝、银雕器皿一经推出即受到追捧。那些创立初期的原始手绘图纸有1.8万多份，至今都保存在工作室。

在屡次斩获国际大奖的同时，这家115岁的企业已在全球10多个国家和地区拥有业务，有近百家店铺在运营。除了丹麦腓特烈斯贝的工作室和工厂，其在泰国清迈等地也设有制造厂。

在全球化的扩张中，乔治杰生让手工制银这一拥有上千年历史的传统行业焕发新生命。

目前，世界各大高尔夫比赛的奖杯多出自乔治杰生的工作室。它还会专门为全球客户定制产品。其客户名单涵盖了丹麦女王、日本艺术家等不同人群。另外，乔治杰生与全球设计师形成了开放合作关系。如果产品卖得好，这些设计师除了能获得设计费，还能共享产品的全球收益。而乔治杰生的手工制品大多价格不菲，一个银壶售价就能达4万美元。

“我们也希望与更多的中国企业合作，为其定制产品。”乔治杰生银器部商务经理约尔根•雅各布森说。

对技术的尊崇，已经是欧洲制造的基因。但无论老技术还是新科技，都需要在全球化的应用中凸显价值。全球市场并非完全是新兴科技产品的天下，一些老行当在对世界市场的深入布局中，同样屹立在产业潮头。

腓特烈斯贝800公里外的荷兰代尔夫特小镇，亨克每年都会往返“中国瓷都”——江西景德镇好几次。在那里，他是一个固定展会的常客。

作为皇家代尔夫特蓝瓷的CEO，为了打开全球市场，亨克经常到全球参加陶瓷展销会——他会去柏林旅游展销会参展，也会赴巴黎、米兰等国际时尚之都推介陶瓷新品。

皇家代尔夫特蓝瓷是当地仅存的一家陶瓷公司。这里的工匠很多已工作超40年。他们所服务的这家陶瓷企业拥有300多年历史，其所依赖的制陶技术更是历经千年变迁。但从古老工厂出产的蓝瓷，仍受到美国、韩国等世界各地年轻人的追捧。

在奥迪康位于哥本哈根的总部，包含智能化技术的助听器都要在工具房经历各种测试的“千锤百炼”，达到高质量标准，才能出厂。这家成立于1904年的全球助听器龙头企业，在全世界拥有20余家子公司和近80家国家级代理商，并在波兰、上海等地设有工厂。

为确保产品品质一致性，奥迪康在全球设立了统一的质量标准。其海外工厂所有的员工培训、资质认证都由奥迪康自己控制。

这样的全球化理念，在多年前就确立了。奥迪康第二代管理者威廉•戴蒙特从接管公司起，就一直赴全球各地考察学习技术经验，逐渐构建起了全球供应链和物流销售渠道。如今，全世界销售的助听器，有一半在丹麦生产。而奥迪康则在世界助听器市场占据超1/5的份额。

布局全球、挖掘新的市场活力，更多老牌企业在全球具有了更强的不可替代性。

“百年产品”的现代创新

欧洲老牌企业的全球化成绩背后，是其历经工业革命洗礼所催生的技术成长。

在位于荷兰埃因霍温的飞利浦博物馆，从白炽灯泡到卡带、真空管、智能家电等展品，浓缩了这家国际巨头经历工业革命的百年发展史。

工业革命起源于欧洲，是人类历史上最重大的创新活动之一。从18世纪60年代掀起第一次工业革命起，其带来的每一波工业化浪潮都让欧洲企业产生新变化。而其带来的技术变迁，更是不断激发欧洲制造的新竞争力。

1891年，以电力技术诞生为主要特征的第二次工业革命进入高潮，两位荷兰人安东尼奥和杰拉德·飞利浦在埃因霍温创建了飞利浦公司。这家企业以生产碳丝灯泡为主，并在日后成为欧洲最大的碳丝灯泡生产商之一。

受工业革命影响，飞利浦很早就开启了技术创新与突破之旅。1914年，它成立了第一个研究实验室，研究物理化学现象，催生新照明技术，并在X射线和收音机技术方面首次实现了创新。

20世纪四五十年代，第三次工业革命爆发前夕，飞利浦进一步跨界，发明了旋转刀头，继而将其发展成为电动剃须刀，并为之后在晶体管和集成电路上的突破奠定了基础。1965年，在那个科学技术飞速发展的时代，飞利浦生产了属于自己的第一块集成电路。

此后的数十年，产品技术迭代一直贯穿飞利浦发展历程。从生产第一只灯泡至今，飞利浦已成为创新实力强大的科技巨头。

与飞利浦异曲同工的还有奥迪康。各种小巧的入耳式无线助听器样品摆满了奥迪康的实验室。然而一个多世纪前，刚诞生的助听器远非如此。

1878年，美国科学家贝尔发明了第一台炭精式助听器。20世纪初，奥迪康创始人汉

□ 在技术的更新与迭代中，老牌企业推动着品质的传承与创新。图为丹麦企业乔治杰生位于大哥木哈根地区的工作室

斯•戴蒙特为了帮助有听力障碍的妻子，开始涉足助听器贸易。彼时，第二次工业革命带来的电力技术发展和规模化生产，已经有了长期积累，汉斯也从贸易领域跨入生产领域。1953年，奥迪康研发了欧洲第一台晶体管助听器；1958年又首次研发头戴式耳内助听器。

第三次工业革命后，奥迪康更是创下了多个全球首创。它相继开发了全球第一台全自动助听器、全数字助听器、数字仿生助听器等。

经过了时代锤炼，时至今日，奥迪康仍保持了强大动手能力和机械化生产的结合。在其工具房，15名工匠和5名设计师会亲手制造工具，打造助听器概念产品，再交由波兰工厂量产。

“历经技术变迁，我们知道听力不仅涉及耳朵，更和大脑内复杂的神经有关。助听器形状越来越小，技术越来越先进。”奥迪康诊断设备部主管阿恩•博伊•尼尔森说。

而新的智能化浪潮下，奥迪康将助听器这种最早由炭精传声器、耳机、电线、电池组成的简易装置，变成了如今包含人工智能、数字化技术，可与手机相连的科技产品，让其运算速度比传统产品快了100倍；而运算速度越快则声音失真度越小，声音越清晰。

在欧洲，一批类似助听器这样的“百年产品”通过不断的自我革新树立新的技术标杆，打造了整个行业发展的里程碑。

老技术的时代价值

很多百年老店的成功故事都证明，老技术并非是一成不变的。科技创新往往不是完全推倒重来，而是传统技术与新技术、新场景的融合成果。

汉臣就是一个典型。走进汉臣位于德国斯图加特郊区的工厂，配有传感器的伺服缸、运用新材料的特种缸等不同产品从流水线上下线。作为全球液压缸和驱动技术领域的隐形冠军，汉臣在一个古老而简单的活塞运动原理上注入新技术，针对不同场景衍生出了一系列新型液压缸，在不同时代都具有核心价值。

在医疗领域，汉臣根据客户要求，对标准液压缸进行技术改进，最终开发出专门用于核磁共振、对人体没有任何伤害的非磁性钢液压缸。在汽车测试环节，汉臣开发的测试用液压缸能通过高频震动，测试汽车的底盘系统、疲劳耐久性等。而其新研发的一款碳纤维液压缸，能减轻设备的重量，同时保证密封性；目前整个德国只有汉臣能生产该产品。

这样的新产品拓展还有很多。在汉臣的产品体系中，85%都是自己改进或客户定制的非标产品。在其官网上，不同介质搭配不同材料，又能形成多种差异化的产品解决方案。

同样因应时代变化而迸发新内涵的，还有汉斯格雅。1901年以德国黑森林希尔塔赫金属制品厂起家的汉斯格雅，是全球卫浴行业的龙头企业。这样一家老字号，通过现代研发挖掘产品新价值。汉斯格雅与世界知名的独立工作室凤凰设计室合作开发产品，将现代化的物理技术、人体工学研究下沉到产品中，让存在多年的水龙头、花洒等变成功能性更强的产品。

汉斯格雅还设立了研究中心，其立足未来开发的新工艺，着眼于环境、气候保护等。在汉斯格雅位于黑森林地区的展厅内，有一块大屏幕自动计算其研发的智能节水花洒的节水、节能量。这样一系列新产品的诞生，让汉斯格雅成为整个全球环保体系的一环，释放传统卫浴产品新的时代价值。

在传统工艺中渗透新技术、新手段，往往赋予了传统制造业新的效率和生命。

菲利普•默奇如今的工作和过去已大不相同。作为乔治杰生的产品开发部负责人，如今他的设计工作交替应用着传统的手工活和前沿的3D打印技术。

乔治杰生的银器均为手工打造。在一个汤盅的小手柄上，可以集聚250个不同的零部件。产品设计和质量的高规格背后，是高技能的工匠。在乔治杰生工作坊，25个银匠每人都有一手绝活。在丹麦，每年可培养300名金匠，而相应的银匠数量却低得多。

几年前，为了提升产品开发效率和质量，乔治杰生引入3D打印技术，并开始寻找同时擅长手工制银和3D打印产品模型的人才。作为银匠被招入，专门学过电脑游戏和电影相关动画技术的菲利普，正是这样一位新工匠。

以往银器设计主要靠手画，然后由工人做成塑料模型；如今通过3D打印机打印模型交付给客户审查，菲利普可以根据客户意见反复多次调整设计。他为丹麦女王制作银器，就是通过这一模式让交付的产品高度符合皇室要求。

“3D打印技术和计算机替代了很多原本要由人来做的工作，让我可以同时做几个项目，而不是捆绑在一个项目上。设计和生产效率大大提高，银器开始抓住更多客户的心。”菲利普说。

正如英国历史学家大卫•艾杰顿所著的《老科技的全球史》一书所说，科技的发展并非新取代旧，用全球化视野和“使用”的角度来衡量会发现，老科技也有新价值。

佛山案例

海天味业：百年古法的现代方程式

在佛山海天调味食品股份有限公司高明总部，每一颗黄豆都要在天然晒池中晒足3—9个月，遵循广式酱油最传统的生产工艺。

与此同时，革新也在发生。在其自动化车间，生产效率大大提升，同时机器手按“菜单式”生产出的酱油将要经过494个质量检测关。

酿制酱油，是一项老手艺。在过去，即使是农村家庭，只要把黄豆蒸煮后晒制，加之盐水即可将酱油酿制而成。这项传统工艺已传承数千年。

在酱油中，广式酱油又具有独特竞争力，因其结合广东常年温度较高的特点，采用天然晒制，被公认是更高级的酿造工艺。

佛山是广式酱油的代表性生产地。早在300年前，佛山产酱油已行销东南亚和欧美地区。这些酱油产自佛山的20多家酱园。其中规模最大的一家正是海天。

在过去，即使是酱油厂，在口味上也只能依靠老师傅的经验来判别。低门槛让国内各地涌现大批酱油厂，而老师傅模式也让大多酱油厂很难做大。为此，20世纪90年代，海天创始人庞康率先提出了规模化的战略。

为了让传统工艺迈向现代化，并保证质量的稳定性，海天这家百年老店成了国内几乎最早一批引入自动化的企业。

早在20多年前，海天已投入3000多万元引入国外生产线。在此后，国内酱油压榨工序首条全自动化生产线、全自动封闭式圆盘制曲系统……一道道工序逐步被机械手所取代。

为了提升品质，海天还在生产环节融入信息化技术。传统的酿造中，老师傅的舌头就是标准。为了实现工业化生产，海天需要把老师傅的“舌头”变成可以量化的数据。

以检测为例，检验部作为独立单位，工作人员通过信息化软件，在检测指标上，把黄豆的蛋白质含量设定到了固定值并导入系统。只有质检合格的产品才会被转入仓库，之后随着产品进入生产环节，财务部门才会把货款发给供应商。

这种方式让这项传统的酿造工艺实现了“菜单式”的生产。目前，一瓶酱油的诞生在海天内部被分拆为119道工序，每一道工序都有固定的配方进行锁定。而“配方”的形成，正是海天对于每一个工序的标准化成果。

这样的信息化改造，避免了因为人为因素导致的对细微差别把关不严的情况。

坚持天然晒制这一最关键的老方法，同时从配方、工艺到操作引入新技术，海天这家老字号正迸发新的活力。

其仁夜话

企业要传承技术，还要传承好客户

周其仁

我对欧洲几家企业印象深刻。对于德国的汉臣，我的印象是其领导者都是非常本分的人，它本身也是很本分的一个企业。企业领导人从上一辈那里继承了产业和技术，就认为要对得起这个家族，或者要比上一代做得还要再好一点。

我觉得这个公司最幸运的地方在于，企业领导人从家族那里继承了最好的财产。这个财产不光是这门技术，更重要的是一群好客户。

从企业领导人的爷爷辈、父亲辈开始就一直在为这群好客户尽心服务，这种服务传承到了现在第三代管理者，仍然在延续。而好客户就是潮流，好客户就是时代。因为好客户也会非常在意他自己的客户，这个正向反应会连锁发挥作用。客户的反应会影响你，只要你在乎客户。客户做对了，自然也会把你带到好的地方去。

对于丹麦的奥迪康，值得关注的一点就是，助听器不是它发明的，它却做到了最好。1904年，奥迪康创始人为帮助太太到处找助听器。从美国找到了助听器以后就发现，客户会推着你从解决你们家的问题，变成你帮别人解决问题。所以他先做贸易，然后从贸易变成做生产。帮别人卖产品获得这么好的利润，遇到这么大的需求量，产品供不应求，这样的经历让他下定决心自己做助听器。最后他在全世界助听器市场都占据了重要地位。这个故事值得中国企业家注意。

这是一个关于“后发”的故事。企业不是最早的原创传统技术拥有者，他是从消费者层面打进去的，把一个非原创的技术、产品做到更好。这里头有一个问题可以聚焦。中国有不少产业都是有后发优势的。“后发”怎么“发”？不是说“后”就一定能发的。有很多企业一直掉在后头。也不是“后发”就一定发得很顺利，发得成功。

落后的国家、地区、企业、家庭能重新走到前头去，里头有道道。所以我一直强调，哪个东西是我们先想到再造的。“后发”就要重视“想到了造”的创新。

22万人小城的全球竞争力

走进荷兰埃因霍温火车站，抬头便能看到荷兰皇家飞利浦创始人之一——安东·飞利浦的雕像。128年前，荷兰皇家飞利浦创始人在埃因霍温创建第一个白炽灯泡厂，“点亮”了一座穷困的村庄。人们这时才注意到，在荷兰的南部还有这样一座城市。128年后，这座只有22万人的小城，让人们记住的已不仅仅是飞利浦这家跨国企业。

半导体领域赫赫有名的阿斯麦、恩智浦，扫描镜领域的FEI，照明领域的Sighify……据统计，埃因霍温诞生了数十家来自不同领域的“单打冠军”。全球有1.25%的专利诞生于此，这里已成为欧洲科技创新的重要中心之一，甚至被称为“全世界最聪明的地方”。然而，这座城市无论人口规模还是占地面积，都仅相当于佛山的一个镇。

放眼全球，科技创新的高地往往集中在几个地方。在物理学上，这就如同特定的“磁场”。对于埃因霍温，从一个穷困的村庄到被誉为有望成为欧洲版硅谷。埃因霍温的“场效应”背后，对佛山打造品质高地，能够带来怎样的启发？

光刻机冠军企业的诞生

在埃因霍温，阿斯麦是最负盛名的企业之一。

数据显示，2018年阿斯麦产值达109亿欧元，净利26亿欧元。以售价高达10亿一台的超高端EUV光刻机为例，在全球仅有阿斯麦一家能够生产，市场占有率100%。行业内有这么一句话，如果阿斯麦停产，那么全球的芯片生产都将停摆。

但创立于1984年的阿斯麦公司，并非含着金钥匙出生。实际上，阿斯麦的前身是飞利浦公司的光刻设备研发小组，原本因成本和技术问题已计划关停，后因一家设备代理商主动寻求合作，双方遂合资成立了阿斯麦公司，把光刻设备装入其中，创立之初总共只有42人，在起步阶段完全落后于人。

有人总结，阿斯麦之所以能在全球光刻机市场中后来居上，最为重要的原因是其开放创新模式。

尼康是当时行业内绝对的霸主，对比阿斯麦和尼康两家公司，阿斯麦的光刻机部件，90%是外包制造，远远高于尼康。高度外包的开放式创新，让阿斯麦的产品开发能力能够紧紧跟上摩尔定律的节奏。

但阿斯麦却不是没有核心竞争力的开放，在其复杂的创新体系中，它把“一头一尾”牢牢抓在自己的手中，除了整机设计、全局性关键技术开放和系统整合，其他全部通过开放式创新来完成。

在成立之初，阿斯麦就自觉地推行外部生态体系建设。光刻机本质上是一个“大照相机”。德国蔡司是阿斯麦最重要的合作商之一，在起步阶段，阿斯麦为争取蔡司的优惠协作，承诺超额利润分享。

为了争取更多合作伙伴的支持，阿斯麦更是提出了只有投资该企业才能获得最优先供货权的规定。通过这种方式，阿斯麦获得了英特尔、三星以及台积电三家世界上最大的芯片制造商，同时也是其三个最大客户的资金支持。

安东尼·范·阿格塔米尔在《智能转型：从锈带到智带》一书中认为，阿斯麦开放创新的做法，成功地把供应链变成价值链。“在价值链中，供应商还承担着合作研发的责任，它们在生产流程中参与得更早，在产品设计中贡献自己的知识，合作制定最优制造方案。”

实际上，阿斯麦已建立起了一个庞大的开放创新体系。阿斯麦目前拥有2.3万人，其中一半为研发人员。阿斯麦的研发人员保持着内外大约1∶10的比例，也就是阿斯麦目前内部有大约1万人做研发，但外部同时还有10万人在为其做研发支持。

在这个庞大的外部创新体系中，阿斯麦提出了明确的技术需求，让大量的外部术业有专攻的技术服务企业和研究院所从各个方向进行研发。这种高度开放的协作创新体系，成了阿斯麦快速创新的有力支撑。

在光刻机向浸没式技术这一代差性技术阶跃提升上，阿斯麦迅速打败了竞争对手尼康和佳能，一跃成为行业霸主。

开放式创新的启示

在阿斯麦的创立之初，飞利浦起了重要的作用。在最初，即使阿斯麦的设备不如同行，但飞利浦也会要求集团内的兄弟单位采购其设备，直接为其提供订单。

更为重要的是，这家百年企业的发展史，本身就是一部开放创新的发展史。

胡军，荷兰埃因霍温科技大学工业设计学院副教授，早年曾在飞利浦研究院工作。离开飞利浦多年后，他依然对其内部的创新氛围印象深刻。

在飞利浦，研究人员如果有什么新奇的点子，只需要写一页纸描述一下，专业的团

□ 飞利浦的发展推动埃因霍温的城市建设，也成为这座城市科技创新的重要支撑

队就会把这个点子拓展为可以申请专利的文件。而专利只要提交了，不论成功与否，研究人员都会获得一笔可观的奖励。

在内部，飞利浦还专门提出了端对端的创新模式。在传统的模式下，一个产品从理念到推出市场，需要经历研发、生产、市场、营销等环节。但飞利浦倡导的端对端中，则是成立专门的团队，成员抽自市场、研发、设计、采购等不同部门，这让涉及产品开发的不同部门在早期就实现了协作创新。

相比打破部门“高墙”的创新模式。飞利浦高科技园区的建立，则是飞利浦开放创新更典型的代表。

20世纪90年代，飞利浦的领导层决定在埃因霍温的郊外建设集中式的研发中心。1998年，飞利浦高科技园区建立。

这是一个连廊式园区。为了鼓励不同部门员工之间实现交流，园区内所有的公共服务设施，比如超市、餐馆等都设置在园区的中心地带，呈开放设计，被称为“交流街”。

园区早期是始建于20世纪中叶的飞利浦物理实验室，只是飞利浦的内部研发中心。2001年就任飞利浦首席执行官的柯兹雷主导了物理实验室的转型，强调园区要推动智力共享，走开放式创新的路径。

飞利浦率先做了示范。该公司史无前例地邀请了竞争对手进入自己的研发计划中，甚至有可能成为竞争对手的创业公司也获准进入了飞利浦的研发体系中。

不仅如此，园区内还兴建起嫁接企业与高校之间知识共享的平台。2005年，霍尔斯特中心在园区内成立。该中心由总部位于比利时国家微电子研究院和荷兰国家应用科学研究院合作，拥有超过250名来自世界各国的科研人员。

参与该平台的人，可以实现知识的共享，许多企业因此希望参与到这些项目中，并通过签署协议获得某项创意或者创新的专属权。在安东尼•范•阿格塔米尔看来，该中心的成立，标志着园区的开放创新达到全新的高度。

这里正是日后赫赫有名的埃因霍温高科技园区。这个占地仅有1平方公里的园区被誉为“欧洲最聪明的一平方公里”。福布斯杂志曾将埃因霍温高科技园区评为世界上最智慧的园区。

数据显示，目前，该园区内有超过140家企业入驻，集聚了来自全球各地的1万多名高科技人才，产生的专利占据荷兰的40%。

埃因霍温的小城大业

飞利浦的开放创新，也“点亮”了埃因霍温这座小城。

128年前，当飞利浦父子三人踏入埃因霍温时，这里是一个只有6000多人的穷困村庄。时至今日，占地88.84平方公里的埃因霍温，人口仅22万人。从占地面积来看，仅如佛山市一个镇的规模。

但如今这座小城，却是欧洲最有名的科技创新中心之一。如同珠三角的创新生态体系一样，埃因霍温已形成了完善的供应链体系。一般企业如果需要进行产品开发，几乎都能在这里找到研发或者外包合作方。

这离不开飞利浦的贡献。说埃因霍温是因为飞利浦而生的并不为过。在埃因霍温，随处都可以看到飞利浦的痕迹，比如飞利浦博物馆、飞利浦球场等。

飞利浦的发展，不仅推动着埃因霍温的城市建设，更重要的是成为这座城市经济发展的重要支撑。在荷兰这个以郁金香闻名的国家里，飞利浦就像是蒲公英，把种子散落在了埃因霍温的各地。

罗伯特•丁格尔曼一直在钻研怎么打造“空中汽车”。几年前在离开飞利浦后，他在荷兰创立了PAL-V（跑飞车）公司。在该公司的展厅内，摆放着其在2012年试飞成功的第一款实验车型，这是一辆既带飞机翼又有车轮的飞车，也是目前全球为数不多可实现量产的跑飞车。

埃因霍温诞生了数十家行业的“单打冠军”。而它们或多或少都与飞利浦相关，甚至可以称为“飞利浦系”。中欧技术合作与产业化公司总裁张少先认为，飞利浦就像是一个大国企，由于企业发生了业务的精简后，剥离出的不少业务，造就了一群细分冠军的诞生。

除了阿斯麦以外，在半导体领域还有一家排名前十的企业——恩智浦也源于飞利浦。2004年，飞利浦把目光投向医疗保健市场后，开始大规模精简业务。其中，半导体业务被以79.13亿欧元的价格卖给了荷兰的一个私募财团，这就是如今赫赫有名的恩智浦。

不仅如此，埃因霍温还走出了扫描电镜领域的FEI、电子组装领域的Assembleon、特种装备领域的VDL等多家来自不同领域的佼佼者。他们都诞生于这座小城市，却成为了各自行业内的一方领军企业。

龙头企业云集埃因霍温的背后，也缘于这里已形成了特定的“创新场”。

张少先认为，在埃因霍温，人们一旦开展创新，都会有三点共识。第一是在知识产权的核心归属上，大家都会遵循谁出钱谁拥有新的知识产权，同时技术供应方之间不会为同行业做相似的产品。另外两点则是在创新的风险把控、创新过程中的技术成熟度问题上，大家都会有共识。

这种特定的规则意识，大大降低了创新的交易成本。不仅如此，由于埃因霍温本身大量企业是从飞利浦中孵化出来，企业之间的信任度天然会更高，从某种程度上看又进一步降低了沟通成本。

这些都成为支撑埃因霍温打造开放创新体系的重要基础。而这个独特的“场”也被寄予厚望。财富杂志认为，这一座荷兰的南部城市有望成为欧洲版的硅谷。

佛山案例

佛陶集团：裂变出中国建陶半壁江山

就像讲到半导体发展史的时候，绕不开埃因霍温这座荷兰小城；讲中国建陶发展史，也绕不开石湾镇和南庄镇这两个中国佛山小镇——前者曾凭借佛陶集团跻身全国8大陶瓷产区之首，后者则在“佛陶系”企业的带领下，崛起为闻名遐迩的中国建陶第一镇。

“石湾瓦，甲天下。”20世纪70年代，石湾镇成为广东省最大的陶瓷产区。当时，佛陶集团的前身——佛山市陶瓷工业公司（下称“工业公司”）抓住了五小企业发展浪潮对于耐酸砖的巨大需求，一举成为该品类的全国销量冠军。

但随后五小企业的关停潮给工业公司“当头一棒”。最困难时，工业公司订单大量减少，利润出现下滑，厂内许多工人都处于半失业状态。1980年，44岁的周棣华在阔别12年后，再度回到石湾镇任职，接手岌岌可危的工业公司。

为了破解市场困局，周棣华动了引进生产线的念头，并很快转化为实际行动。1984年，在一座新建厂房内，我国首条从国外引进的彩釉砖生产线在工业公司旗下的石湾利华装饰砖厂一次点火试产成功。

这是中国建陶史上极具标志性的事件。此后出版的《中国陶瓷百年史》把这条生产线的引入，称为是拉开中国建陶工业现代化序幕的标志。引进生产线带动了工业公司腾飞，在此后十多年，该公司以年均29%的速度发展。1993年，工业公司正式改组成为广东佛陶集团股份有限公司。

在任期内，周棣华还推动了另一项影响深远的工作——佛陶集团在全国各地招兵买马，并投资建设了佛山市陶瓷职工中等专业学校，培养了大批专业人才。这一举措对此后南庄镇的崛起及“佛陶系”企业的诞生有着决定性影响。

20世纪90年代中后期，随着市场化进程的推进，以佛陶集团为代表的集体企业逐渐暴露出管理机制上的弊端，大批国企、乡镇企业纷纷走上改制之路，佛陶集团昔日的荣光成为改革路上的包袱，逐渐走下坡路。

一大批优秀人才在佛陶接触到了当时国内最先进的生产设备和技术，积累了经验。在离开佛陶集团后，不少人自立门户。其中包括科达洁能的卢勤、欧神诺陶瓷的鲍杰军、蒙娜丽莎陶瓷的萧华、马可波罗陶瓷的黄建平、简一陶瓷的李志林、恒力泰的杨学先、宏宇陶瓷的梁桐灿等。

接过佛陶集团的火把，“佛陶系”企业继续引领着行业的发展。2005年，中国建陶出口量达到4.21亿平方米，首次超过意大利跃居世界第一，佛山建陶是其中的主要力量之一。这一时期出口的陶瓷主要以代工贴牌为主。

在较长一段时间内，佛山建陶都以打别人品牌的方式“借船出海”。迈入21世纪的第二个十年，佛山建陶开始从输出产品迈向输出品牌。2015年，广东金意陶陶瓷有限公司与意大利一家知名陶瓷企业达成合作协议，该公司成为金意陶在意大利的生产基地，为金意陶代工经典仿古的古风系列MUSE产品。这开了中国陶瓷品牌在意大利制造的先河。

2016年，蒙娜丽莎陶瓷宣布与意大利GRUPPO ROMANI陶瓷集团合作，在意大利开设生产基地，让意大利陶企为其贴牌。2017年，简一陶瓷也对外宣布了自己的意大利代工企业。

值得一提的是，当年佛陶集团正是从意大利Welko引进了国内首条海外生产线。30余年间，从帮他人代工、贴牌到输出自主品牌，从引进生产线到输出生产线，从跟跑到并跑再到领跑，佛山建陶完成了一次又一次逆袭。

其仁夜话

如何打造创新场?

周其仁

物理学上有一个词叫磁场，一进去它引力就特别大。所有创新、科学、文化、艺术，在整个地球表面就集中在某几块地方，并不是哪里都有的。看上去人都一样，其他地方也会欣赏好东西，但是哪里能供应好东西?就需要这个“场”。

这个“场”强到一定程度以后，它交易费用就很低。合同在这里签，执行成本很低，而同样的合同在别的地方就很难执行。所以一块地方形成氛围，形成“场”，是这个地方发展的最重要的一个资本。佛山今天也有一些“场”了，有些事情到佛山就容易做。

任正非经常提到，他不同意片面地讲自主创新，他老提开放式创新。海银资本创始合伙人王煜全与经济学家薛兆丰合作写了一本名为《全球风口：积木式创新与中国新机遇》的书。企业家为什么搭积木?这个人是我雇的，我可以任命他，这种积木我们都会搭。但是不是你任命的人，是来自市场的人，就要通过合同来搭这个积木，这种积木我们搭的水平就差。

这里最大的学问是当大多数积木不是你的，如何通过共同利益将它搭起来，形成一个“大厦”。阿斯麦一台机器十亿元，其实里面很多细分部分都是来自别人的东西，我通过一个商业准则把它们连到一起，这是非常精彩的解释。

我们经常会用到协同这个词，什么叫协同?协同是生产力潜力非常大的一种现代组织方式。一个协同的组织，对于没有清楚定义的事情，它也能自发地作出反应。不是靠老板发命令才动，它会为整体目标自发地动。这种能力的培养很重要，尤其是几千、几万名研究人员，个个都是博士，都是有脑子有想法的人，互相之间如何协同?所以挑人不能挑错，一定要挑有协同能力的人。国际公司招聘的时候经常看重团队精神，这是我们的薄弱环节。大家要下功夫来理解协同。

人与机器的辩证哲学

略带白发的老工匠安装完一块部件，身旁的年轻学徒紧接着开始下一道工序，每个环节秩序井然。这里是德国上松特海姆，世界清洁设备龙头企业卡赫的重要生产基地，每年300万台清洁机从这里走向全球。

900公里之外的丹麦哥本哈根，全球助听器领先企业奥迪康在总部保留了研发环节。在这里，研发不是“纸上谈兵”，而是一项真正的“手艺活”。概念产品车间里，一批训练有素的工匠专门负责生产样品，他们只依靠简单的机械和自己的双手就能完成工作，无论多高端的助听器在面世前都要经历这个过程。

数字化的浪潮在全球涌动，但人的手艺依然活跃在制造一线，最早提出工业4.0的欧洲国家不例外，五六十岁的老工人也不例外。“工业4.0需要更多人的参与，尤其是这种接受过实践教育、有实践知识的人的参与。”柏林科技大学客座教授马丁·门拉特说。

这些传承着“手艺活”的工匠，许多为同一家企业工作数十年，有的甚至“三代同堂”工作。工匠对企业有一种家的依赖，企业对工匠提供着家的关怀。这种类似于东方社会的职业伦理，超越了生硬的商业契约，随着工匠们一同走进了智造时代。

工业4.0中的老工人

从上松特海姆的卡赫生产车间入口一眼望去，不少老工人头上已有白发。卡赫公共关系部的凯·穆勒介绍，这里一共有500多名工人，在最近一批新员工加入前，所有人的平均工龄已经超过25年。许多人从十几岁的学徒时期就进入卡赫，从未离开公司。

在每一个需要人工操作的环节，都少不了这些老工人。

一些专业级产品由于复杂程度较高，必须采用“人+机器”的半自动化生产。这也是卡赫在市场上的拳头产品，引领着业界潮流。这样的生产方式对于工人的素质要求更严格。这需要工作状态的成熟稳健，以及技术上的丰富经验。

一条半自动装配线上面，包括年长者在内的工人们不紧不慢，专注地进行着安装、打磨配件等工序。凯•穆勒说，公司对每条产线和每个班组设定了一个目标产量，按时按质完成即可。有超额部分也不会增加工资，因为企业对员工的考核主要基于品质而非数量。

对于一些全自动化的产品生产线，工人们除了维护设备的正常运转，最关键的位置是在质检环节。

无论是多贵、多便宜的产品，在卡赫都要经历同样严格的检测流程才能下线。产品下线后，卡赫还会定时抽取一部分进行寿命测试。一台好的清洁机，必须在温度、压力、化学性质和使用寿命等各方面全面达标，公司则会定期给合格率高的生产线和班组发放奖金。在这一系列过程中，老工人长期练就的“火眼金睛”与先进检测设备结合，成为产品交付前的把关人。

年轻人在一些发展中国家是制造业的主力，超过40岁、50岁还在车间工作的工人非常少。但是在最早提出工业4.0的德国，在卡赫这样的场景司空见惯，一批经受了传统制造岗位训练的老工人仍然发挥着重要作用。

如果说卡赫是工业4.0时代的一线亲历者，那么创立至今已有300多年的荷兰皇家代尔夫特蓝瓷，则是工业4.0时代的另一种坚守者。在这类以手工为核心的行当，企业传承了几百年来的传统产品和手工技艺，靠着一批高素质的工匠，在数字化浪潮下依然保持着旺盛的生命力，一件普通的瓷器就可卖到数十欧元，远远超过很多企业流水线上批量生产的同类产品。

走进蓝瓷公司的生产区，最先看到的就是两名工龄超过40年的老画师，长期的专注工作让她们看上去比实际年龄要年轻很多。在蓝瓷公司，培育一名合格的画师需要5—10年。在素色的陶胚上，画师们用毛笔、墨水和颜料画下融合了中国传统风格的山水园林景观，这项来自中国的技艺已经成了荷兰文化传统的一部分。

老艺人们的经验传承对这个行业至关重要。而面向全球游客开放工作坊，让每个来访者近距离感受瓷器背后的工匠精神，也已经成为蓝瓷公司的一种传统。事实上，这些老员工只要坐在那里，就能给企业带来“流量”。

数字化冲不掉手艺活

17世纪，荷兰人在海上世界畅行无阻。当荷兰东印度公司的船员从中国带回青花瓷时，第一次工业革命还未发生。从仿制青花瓷起步的蓝瓷，至今依然坚持手工制作的传统，成为荷兰的“国宝”之一。

在更多的欧洲工厂和作坊里，各种机械、智能设备和技术与人协同发挥作用，而非替代后者。过去300年的三次工业革命，让机器进入越来越多的领域发挥作用，但是一条由“手艺人”演绎的历史脉络从未被打断，工匠们在不断变化的生产场景中提升自己的技能和价值。

助听器是以电气化为标志的第二次工业革命的产物，发明者正是第二次工业革命中的重要人物贝尔。如今，丹麦奥迪康作为全球助听器行业的龙头企业，每年研发制造大量的高科技助听器，仍然有着一种当年手工作业的“发明家”风范。

奥迪康总部的概念产品车间并不大，低调地坐落在大楼地下室。在这里，有15名工匠负责亲手生产样品，还有5名设计师辅助他们。“不用依靠任何其他的机械辅助，只靠我们的双手，加上这个车间里的几种设备，就能制作出各种类型的样品。”车间负责人奥利弗对此十分自豪。

40岁的菲利普是丹麦乔治杰生银器公司产品开发部负责人，早年有着游戏开发、动画技术的背景。在乔治杰生，菲利普用几年时间掌握了手工制银的古老技艺，将其与电脑辅助设计、3D打印结合，成为传统技艺与现代技能兼备的人才。

“因为我熟悉银器的制作工艺，所以我的设计效率更高，也更能设计出体现公司水平的产品。”菲利普说。目前，乔治杰生是全球最著名的银器品牌之一，价格也远超一般品牌。

人始终是制造业品质革命的决定因素，这在以工匠精神著称的德国尤为明显。卡赫也诞生于第二次工业革命之后，创始人是一个热爱发明的工程师出身，在加热技术领域有自己的专利。如今卡赫由其家族成员掌管，保持了这种“接地气”的传统。虽然部分产品线实现了全自动，但在品质要求极高的大型专业液压生产线上，聚集了全公司最优

□ 数字化的浪潮在全球涌动，但人的手艺依然活跃在制造一线。图为德国卡赫生产车间

秀的30名工匠。“这部分工作非常复杂，必须使用人手。”凯•穆勒说。

凯•穆勒说，卡赫是同行业中唯一还在德国本土生产的大企业。德国清洁机领域的很多对手都已经将生产线转移到了海外，因为人工成本更便宜。卡赫虽然也在海外建立了多个生产基地，但是高端产品一直以德国本土制造为主，因为德国的工匠水平更高。

“企业要提高品质，不仅需要投资机器设备，还要对人进行投资。”马丁•门拉特说。马丁•门拉特本人曾经是一名制造业学徒，有过企业高管经验，如今是知名的全球领导力和质量管理专家。

企业与家的传承

2019年，凯•穆勒还不到30岁，但是已经在卡赫公司工作了10年。初中毕业以后，他成为一个工商管理专业的学徒，由学校与卡赫公司联合培养。两年时间里，他一半时间在学校，一半时间在公司，熟悉了公司每个部门的工作流程。后来他去读了职业技术大学，毕业后仍然选择回到卡赫工作。

如今，大部分学徒将在公司里接受四年培训，同时也在职校进行理论学习，职校的费用由公司支付。凯•穆勒介绍，过去10年来学徒训练的内容和形式也与时俱进，一个例子是现在卡赫的所有学徒都会首先配备一台笔记本电脑。

“只要这些学徒表现合格，公司都会在学徒期结束后提供一份正式合同，只要他们愿意就可以留下。”凯•穆勒说。对于正式员工，卡赫都提供一系列内部和外部的学习机会，包括帮助他们取得新的学位。同时，卡赫也为工人在事业上创造机会。对于生产一线的工人来说，工作一年后就会有可能晋升为班组长。

人与机器在工业4.0里协同的背后，是工匠与企业的精神传承。如同凯•穆勒一样，在以德国为代表的欧洲“双元制”职业教育体系中，许多学徒十几岁就到一家企业去学习，以后也留在这里工作，不会离开或背叛企业。

同时，企业也会一直为自己的员工去负责，创造出一种相互信任的关系。这样提升了员工的忠诚度，也增加了对新员工的吸引力。在卡赫全公司，所有员工的平均工龄达到10年。而且，过去10年卡赫在全球的员工总数翻了一番。

这种关系类似于中国文化当中的家庭伦理，成为一种处在商业契约之外的文化力量。

在丹麦，奥迪康公司建立了一个基金，员工子女都可以从基金里面得到教育资助。同时，公司也通过各种慈善活动传递着积极向上的公司文化。对员工来说，在奥迪康工作并不是为了赚钱去给老板“卖命”，而是有一种文化上的激励。“以人为本是奥迪康思考、工作和研发产品的根本。”从暑期工开始就在奥迪康、已在公司待了30年的奥迪康诊疗器械部主管阿恩•博伊•尼尔森说。

乔治杰生则有一条独特的原则：无论新员工曾经有过怎样的基础，都需要至少四年从头开始的培训。当然，培训都由公司最好的师傅来带。

经过这样一番历练之后的工匠，往往终身在乔治杰生公司工作，他们的许多二代、三代也会加入工厂。在一件名为“爱”的银器产品前，乔治杰生银器部商务经理雅各布森介绍，制作该产品的银匠，已经是家中第三代在乔治杰生工作的人。这名工匠有两个女儿，他期望其中至少有一个会继续在乔治杰生工作。

如今，欧洲制造业面临新的变化，年轻人的职业路径更趋多元化，通过接受职业教育、成为一名工匠的人相对以往更少了。2010年，职业教育体系内的学生占所有学生不到40%，而半个世纪前这一数字约为90%。在这样的背景下，“以企业为家”的工匠文化，有望成为欧洲制造业突破挑战、在工业4.0时代进行品质革命的支撑。

佛山案例

德冠薄膜：创新“铁三角”如何炼成？

面膜、矿泉水、蔬菜……这些日常生活中看上去各不相干的产品，都离不开薄膜包装，而BOPP（双向拉伸聚丙烯薄膜）是其中的主要材料。位于佛山顺德的广东德冠薄膜新材料股份有限公司，正是全国BOPP行业的隐形冠军。

一批“有科学精神的工匠”是德冠薄膜加速创新发展的重要源泉。近年来在该公司董事长罗维满的推动下，德冠薄膜一方面引入IPD（集成产品开发）等成熟的研发模型，一方面推动工匠精神与科学精神融合，让经验丰富的一线技术工匠与博士等高学历人才组成一个个“创新铁三角”，共同解决研发生产中遇到的问题，构建稳定高效的创新体系。

什么是好产品？在德冠薄膜看来，偶然做出一件好产品不算数，可重复、可预测、可预期是更重要的标准。以薄膜产品为例，做1吨的薄膜，与做10000吨的薄膜的品质需要达到一样，这样才算是好产品。可重复、可预测、可预期，就意味着要对产品从研发到制造的每一个环节剖丝剥茧，掌握原理。“这不是工匠精神，而是科学精神。”罗维满说。

在德冠薄膜发展早期，以本科生、大专生为主，硕士很少，博士更是很难有机会一见。“刚开始给公司招聘博士的时候，我们真不是为了具体的研发成果，就是为了培养公司的科学精神，增强尊重知识、尊重人才的意识。”罗维满说。当大家经常跟博士坐在一起开会的时候，博士就能给其他员工带来积极影响。

一线技术工匠和科研人才在德冠薄膜结成了“同盟”。为了解决一个复杂的技术难题，德冠薄膜经常会把“开得动机器”的经验丰富的一线技术工匠与“看得懂论文”的博士等高学历人才凑在一起，组成一个项目组。对于这样的项目组，公司提供时间、经费和最终的KPI，具体过程不进行干预。

这些技术工匠，有不少是大专毕业。有的虽然已经进入管理岗位，不用亲手操作机器，但仍然每天跟一线打交道。对于象牙塔里出来的博士来说，他们是另一种老师。

几年下来，博士跟着大专毕业的工匠一起，也成了经验丰富的工匠。“他是有理论、有科学精神的工匠。”罗维满说。与此同时，工匠跟着博士一起成长，视野和创新思维都有了大幅提升，成为新型的工匠人才。如果完全依靠工匠，好品质是难以重复的。工匠与科学的结合，弥补了经验摸索中的原理缺失。

事实上，要实现工匠精神与科学精神的融合有个前提，即是科研人才与工匠人才分别得到了有效的培养和管理。

德冠薄膜招聘的博士在进入公司后半年里可以任意选择研究内容，只要在高分子领域内即可。半年以后，博士需要提出自己的研究课题。如果那时候博士提不出明确的课题，公司会提供几个方向让其选择，或者进入现有的其他项目组。通过这样的方式，既给博士提供舞台，也能人尽其才。

对于工匠，德冠薄膜专门拨出一笔资金，用于奖励在各自岗位上提出的合理化建议、成功实现技术攻关等。这个做法大大提升了一线技术工人的创新热情，近几年这笔资金都几乎全部发完。同时，德冠薄膜从研发环节就注意到，要让最普通的工匠也能很容易地掌握一款产品的生产技术，这样就保证了工匠状态的稳定。

在德冠薄膜，如同工匠与博士的组合这样的各类“创新铁三角”已经十分常见。通过远学华为、近学美的，德冠薄膜对企业运行流程进行了全面再造。如今，跨部门、跨技术、跨学科、跨年龄的合作已经在德冠薄膜随处可见，持续对处于不同生命周期的产品进行研究开发。

其仁夜话

怎么带出一支会打品质战的队伍

周其仁

质量有什么难的？质量难在什么地方？为什么打价格战不需要训练？价格战里面，你卖一块我卖九毛，你九毛，那我就八毛……然后就摊到成本里头，去买更差的原材

料。中国很多产品就这么陷入恶性竞争。但是，价格战的学问很简单，不需要专门教，对手一出手就教会你了。因为“价”很容易说清楚，但是“质”很难说清楚。

克劳斯比在《质量免费》里说，质量就是要符合要求。这是制造业跟传统农业的区别所在。制造业是一开始就有一组要求，产品也好、服务也好，都要达到要求。

提出要求，是企业家工作的一个重点。这个要求是抄不来的、搬不来的。我们这个行当有几个档次知道吗？到底有哪几个品质台阶？然后我现在瞄准哪一块？好的企业家就要在这个问题上过关，这里头含着很多主观的考虑、战略性的考虑、策略性的考虑。

有一些企业家在这件事上太“毛糙”。经常同学请吃顿饭就上项目，一高兴就说来干这个、干那个。这是身家性命的事，哪能这么容易出手？随便这里干一个、那里干一个，干到最后哪个也没干好，然后也舍不得丢。这个情况追根溯源，就是对进入什么产品、做还是不做，没有认真的考虑。企业的命运其实在那个时候就定了。

同时，不光是企业家心目当中有要求就行，还要把它传递到整个企业。做事不能一个人做，你要带动你的队伍做。如果你发出的信号不清楚，怎么让人家把事情做清楚？这个要求就是一个学问。

企业的队伍大了之后，你自己做的产品可以符合要求，你的核心骨干、老师傅做的产品可以符合要求，但是带着徒弟呢？队伍扩大后呢？新来的员工呢？老板在的时候符合要求，老板不在的时候呢？能不能在任何情况下都符合要求？怎么挑人、训练人？

在很多欧洲企业里，离职员工跟老东家的关系挺好。荷兰pal-V飞行汽车的CEO罗伯特在介绍他个人经历的时候，说到他是从飞利浦出来的，然后就说了一句“我很感谢飞利浦”，让我很受触动。

这是两种文化。在欧美，你来我这里工作，领一份工资；你走了，工资就不领了。同时，不能把我商业秘密带走、不能去我竞争对手那里工作。中国很多企业不行，员工离职后就闹翻了，有的人还会把公司知识产权偷走，企业认为这是背叛了它。

在国内，西贝的贾国龙曾经给我很大触动。他的公司文化叫“成就他人”，公司是成就员工的、员工是成就顾客的，构成互相成就的一个体系。员工到公司打工，过几年你就可能成为店长，再过几年就可以解决你的同龄人解决不了的问题。他的生意能够做一两百亿元的规模，不是没有道理的。

那些看不见的力量

荷兰皇家代尔夫特蓝瓷展厅，一面贴满各色蓝瓷盘的墙，吸引了世界各地的游客拍照留念。300多年的历史融入时尚和文旅元素，令不少人不远万里而来，买几件瓷器留作纪念。

这是文化所带来的商业价值的体现。而在800多公里外的丹麦哥本哈根，一种“以人为本”的企业文化，已经潜移默化为推动欧洲助听器品牌奥迪康百年不衰的内生动力。

在全球的制造版图上，欧洲企业的强大，不仅在于形成了先进的技术、产品及工业体系，还凝聚了深厚的工业文明的力量——文化与商业的融合，为制造业注入了灵魂。

品质既有客观标准，也来自于主观感受。如今在欧洲，品质文化、工匠文化、科技文化、企业家文化等交融汇合，形成制造业推进品质革命的“土壤”，不仅提升了人们对欧洲制造的口碑印象，对佛山如何以文化助推品质革命也带来深刻启发。

看得见的价值

一个看似普通的瓷盘，因为出产在始建于1653年的公司，画上荷兰独有的精美图案，价格要卖到300欧元，还吸引了来自美国、日本、中国等地的游客购买。这是代尔夫特蓝瓷独特的商业价值的体现。

众所周知，陶瓷技术起源于中国。17世纪中叶，荷兰代尔夫特小镇上的工匠使用当地的黏土仿制中国青花瓷，后经不断改良形成独具一格的荷兰艺术产品。

如今代尔夫特蓝瓷成为当地仅存的一家陶瓷公司，而悠久的历史、鲜明的文化特色，也让它从原来普通的日常用品发展为被荷兰皇家认定的国宝级产品，并成为欧洲人追捧的经典。

走进蓝瓷的展厅，除了郁金香、风车等荷兰传统图案外，还有根据现代人的审美趣味，开发出各种各样时尚新品：如根据荷兰著名动漫IP米菲兔创作的主题产品；将瓷器制作成女士的时装；还在墙壁、沙发靠垫上嵌入蓝瓷的元素……传统与现代的文化元素在蓝瓷的产品中都得到充分体现。

此外，过去秘而不宣300年的工厂，如今被改造成博物馆，并与当地的旅游公司合作，开发旅游观光专线。

从一个简单的工厂变成融文化、旅游于一体的综合性企业，这是蓝瓷300多年商业发展史中的又一次重大的转型。目前蓝瓷已经放眼全球，希望吸引世界各地的旅客前来观光消费。

融合时代元素，把一个地方的传统产品做成全球流行的爆品，丹麦的乔治杰生选择与全球设计师开放合作，将世界各国文化植入到银器产品中。

自1904年创立至今，乔治杰生吸引了瑞典知名设计师薇薇安•朵兰、英国传奇建筑大师扎哈•哈迪德、日本建筑大师隈研吾、澳大利亚设计师马克•纽森等世界各地众多才华横溢的设计大师与之合作。

“他从不追随时尚，他创造时尚。”这是业界对乔治杰生的评价。乔治杰生2019年的新款产品中有一个叫做“爱”的蛋型容器。设计寓意是，当忙碌了一天回到家里，夫妻双方都能把手机放下来，与生命的另一半诚挚地沟通。

当冷冰冰的银器有了丰富的人文内涵，马上激发起市场的共鸣，目前这款银器已经卖到6.5万美元。“我们有信心等再过5—10年后，价格还会翻倍增长。”乔治杰生银器

□ 代尔夫特蓝瓷以悠久的历史和鲜明的文化特色，成为荷兰人乃至欧洲人所追捧的经典

部商务经理约尔根•雅各布森说。

因设计助推传统产品占据潮流的高位，丹麦的博森家具有很多鲜活的案例。

在这里，大量的产品因与世界知名设计师合作而变得经久不衰，常看常新。一个1969年设计的沙发，当年上市就大获好评，最近又重新流行起来。1944年一位丹麦建筑设计师设计的小椅子，博森觉得很有意思，把它重新生产销售，一下子又火了起来，拿去拍卖，还引起世界各地竞价抢购。

在欧洲，设计已经成为推动文化融入商业，凸显和提升产品内涵价值的重要手段。荷兰埃因霍温，以设计和高科技高度融合的创新工业举世闻名。埃因霍温设计学院更是被誉为“目前世界上最好的设计学校”。而在丹麦，强调以斯堪的纳维亚设计为引领，当地的制造企业与设计学院，正在致力研究如何借助设计为产品、科技注入更多人文关怀。

“随着消费者的收入越来越高，人们看的不只是功能性的东西，对文化、历史的品位培养起来以后，对艺术的东西就会爱不释手。”周其仁认为，文化与商业的结合将产生巨大的市场。

看不见的力量

如果说文化融入商业所带来的是看得见的价值，那么心怀世界的视野和企业文化，则是塑造众多欧洲百年企业的无形推动力。

“Light up the world”“Connect the world”“Let’s make things better”。坐落于荷兰的飞利浦博物馆内，这样一些标语分外醒目。

这既是飞利浦从一个小镇诞生，到成为全球化企业的120多年发展历程缩影，也表明其不断自我突破，致力于推动人类追求美好生活的价值追求。

从只有6000多人的小镇埃因霍温发家，靠生产白炽灯泡起步，到剃须刀、电话、电视等人们日常用品，再到芯片等电子核心产品，最后到如今全力向医疗健康领域转型。埃因霍温科技大学工业设计学院副教授胡军认为，是创新推动飞利浦不断改善人们的生活质量。

同样以全球化和创新著称，拥有150多年历史的德国化工巨头巴斯夫的愿景和使命是“创造化学新作用，追求可持续发展的未来”。

莱茵河畔的路德维希港，这座小城不仅风光如画，还因巴斯夫的存在而变得饱含人类工业文明的底蕴。

在这里，1908年突破了合成氨工艺的黄色老楼依旧保存完好，正是它开启了人类大规模使用高钾化肥的潮流，大大提高粮食产量，解决了大量人口吃饭的问题。21年后，这里首次大规模生产塑料，由此拉开全球塑料应用的大幕。而如今，巴斯夫的研究重点已经是能源一体化和排放物的循环利用。

技术创新助推巴斯夫改变和影响世界，而人则是巴斯夫创新的核心要素。在巴斯夫总部到处流露着对人的重视：所有员工卡都统一只写名字，不写职位，以示平等；公司经常通过民主投票征集意见，员工的想法被采纳会获得奖金，并为之配备团队做试验；为方便员工照顾小孩，公司还专门开了托儿所，并承担一半的费用。

“以人为本”，这也是欧洲助听器百年品牌奥迪康，自创立之初就坚持的理念。

将助听器越做越小，从挂耳式逐渐蜕变为入耳式，针对听障人士能听清听懂外文的需求，开发出具有实时翻译功能的助听器……从满足丹麦人需求到瞄准全球65岁以上人群的市场，奥迪康坚持不断迭代创新，每两年推出一款新产品，以满足听障人士过上更好生活的需求。

为了保证公司始终为听障人士服务的宗旨，公司二代接班人还设立了慈善基金会，在世界各地为听力康复顾问和普通大众组织了许多公益活动，仅2018年就捐赠了150万套助听器设备。

这样的人文关怀也让员工深受感染。“作为员工，当为公司效力时，我们想到的不是在拼命挣钱，也不是为老板在卖命，而是在给一个到处行善的机构服务。”奥迪康诊疗器械部主管阿恩•博伊•尼尔森说，他在奥迪康一干就是30年。

品质背后的文化密码

从看得见的价值到看不见的力量，欧洲标杆企业推进品质革命，都有一个共同的基础，需要制度、环境与文化的“土壤”。恰恰是这样的“土壤”支撑起德国、荷兰、丹麦等制造强国引领全球。

在德国，品质文化已经成为企业共识。全球最大清洁设备的生产商卡赫将品质视为企业的核心竞争力。这里对原材料检测的设备精度误差不超过1微米，所有产品出厂前都要经历严格的检测流程。根据检测的结果，员工可以定期获得奖金。

在巴登符腾堡州，与卡赫类似的隐形冠军还有400多家。他们成为德国乃至全球创造价值和抢占品质制高点的最佳样本。

品质文化离不开一批精益求精“品质战士”的坚守和支撑。在卡赫，很多一线技术员工工龄在25年以上，这得益于德国的“双元制”职业教育体系为企业输送了大量工匠式的人才。

而在丹麦哥本哈根，工匠文化同样深入人心。在乔治杰生，年近不惑的亨里克早已笃定自己的方向——像父辈一样做一个手艺高超的银匠。他的祖父、父亲都在这里工作，而他自己也在这里制作银器20年了。像亨里克那样的工匠在全球有1500名，每年为乔治杰生打造出各种新产品。

哥本哈根商学院教授图本•皮特森认为，在丹麦，已经形成一种均质化的文化，员工不但会非常忠于自己的公司，还会不断思考如何创新，帮助企业更好地发展。

与德国、丹麦专注制造的文化不同，诞生了飞利浦、阿斯麦等高科技巨头的荷兰，形成了独特的科技文化。

在被称为“欧洲硅谷”的埃因霍温，到处洋溢着鼓励创新、允许失败的氛围，技术提供方即使失败了，也拿到应该拿的钱；知识产权归属的核心问题，在这里无须经过太多讨论，因为有一套约定俗成的文化和商业规则；大学、应用研究所、技术服务公司、企业的创新协作分工有序。

“这得益于当地形成了一套成熟的生态体系、商业规则和共识。”荷兰Vision&Action中欧技术合作与产业化公司总裁张少先称之为“开放式的创新场”。

从德国到丹麦再到荷兰，每一个制造强国的背后都有一批优秀企业及其企业家们的共同努力，他们以奋斗为最终目标，注重实现理想与社会责任，对质量的推崇，成为一个地区推进品质革命的强大精神动力。

在荷兰鹿特丹港，百年港口焕发了新活力。荷兰人文森特和来自中国的留学生亚伟心怀创业梦，携手创办了3D打印技术公司RAMLAB。鹿特丹港务局是他们最大的投资人和客户，目前他们已经为客户量身定造出全球最大的3D打印的铜制螺旋桨。

德国斯图加特市，98%的中小企业都是从地方家族企业逐步发展成国际化公司。创办于1925年的汉臣，对液压缸技术的专注已经传至第三代。得益于不断满足优质客户的新要求，汉臣一直占据全球技术的制高点。

“质量没有一个准确的定义，每个人对质量都有主观的看法和客观的看法。”来自德国的质量管理专家马丁•门拉特认为，质量更需要侧重主观评价，包括产品的社会背景，客户的理解、思维和期望。而从全球来看，一个地方的人文环境正成为提升品质主观评价的重要推动力。

佛山案例

佛山设计：传统产品的文化升级之道

20世纪80、90年代，一款名为“联邦椅”的实木沙发从佛山南海横空出世，在中国家具市场掀起一股消费热潮，创造了销售过亿张的纪录，持续畅销20多年，成为名副其实的爆款产品。

联邦椅的畅销得益于其创新的设计——糅入了中国明式家具文化元素，同时结合了现代西方的人体工学，其曲线与人体坐姿相当吻合。联邦家私集团董事长杜泽桦认为，产品不是追求时髦，而是追求耐看、耐用。

同样因为设计的赋能，拥有数百年历史的佛山传统陶瓷工艺品——石湾公仔，近年来在传承的过程中焕发了新的生机。

传统的石湾公仔题材、制作手法、用料等多以传统元素为主，容易给人出品相对单一的感觉，针对鉴赏者和收藏者年轻化、多样化的需求，拥有60多年历史的佛山市新石湾美术陶瓷厂（下称“新美陶厂”）近年来力推生肖陶艺的产业化，引入大量中青年陶艺家，在题材、颜色、构图等方面设计开发符合当代审美的艺术新品。

此外，新美陶厂还开创了进军慈善拍卖、推动石湾公仔特种邮票发行、推行公仔限量版等多个行业第一，让石湾公仔不仅走进千家万户，也打进了高端收藏市场。

在新美陶厂的推动下，石湾公仔首次登上央视《鉴宝》节目，在全国引起广泛关注。“这次石湾公仔的北京之行，为石湾公仔影响力跨过长江打下了坚实的基础。”新美陶董事长陈月华说，节目播出后，不少北方省份的客户都开始慕名联系新美陶厂洽谈合作。

在老牌企业不断推陈出新的同时，越来越多的年轻人高扬起本土文化自信，将岭南文化与时尚文创“联姻”，凭借创新的设计打造独具特色的本土潮牌。

最近，一头佛山狮火遍了潮牌圈。在广佛地铁祖庙站出口，一间叫作银鳞堂的潮牌店将南方的醒狮符号嵌入到牛仔裤、背包、雨伞、钥匙扣、休闲人字拖沙滩鞋等产品上，格外引人注目。

“90后”设计师MK说，来到佛山后，被佛山悠久的历史和深厚的文化底蕴吸引。在MK和他的团队看来，创作要先有文化才能有产品，否则产品将会很空洞。

为此他们走遍佛山大街小巷寻找灵感，最终瞄准佛山醒狮文化进行了艺术化设计，从狮头形象到视觉色彩进行抽取提炼，贯穿于服装、饰品等全链条设计中。

现在这个团队已经开发出银鳞堂、HEA、HARDLYEVER'S等六个品牌，并在8个月的时间迅速发展至广佛、桂林的5家实体店。

在中国陶谷七号仓文化创作集聚区，推开其中一道掩门，你都可能发现一片新的设计世界。由青年陶艺人伍蔚蔚与其他3名合伙人创立的陶艺品牌“酉物”，正诞生于此。而在石湾陶瓷工业研究所附近，以石湾陶为主材的文创品牌“无非”，也在青年陶艺人何琦琪的手下，茁壮成长。

新美陶厂正与南风古灶片区等“八园”一起，在石湾建设中国陶谷，打造成国家级文化产业示范园区。在中国陶谷内，创意设计从原来的只注重陶艺往产业延伸，创意设计人才从原来的陶艺领域往各领域延伸。这使千年陶都聚集了一大批设计“生力军”，为产业转型升级、焕发新活力添薪加火。

其仁夜话

好品质需要关注主观标准

周其仁

今天的中国是开放经济，我们从全球采购很多关键的器件、元件和全球供应链来支持我们制造业的发展，所以中国的产品质量实际上已经提高得很快。

但是，全世界的人对中国产品的看法还有滞后性，还会停留在过去的印象。所以要学习德国的经验，怎么从一个被全球普遍认为很差的印象，变成一个全球认为高质量的印象，这个变化是中国企业家特别值得注意的地方。

什么叫质量？高质量是什么意思？我2018年在佛山的企业家大会上引用了美国的质量专家克劳斯比对质量的定义：质量就是产品符合要求。德国质量管理专家马丁跟克劳斯比的观点相似，但他用另外一个办法来定义质量，他先说质量没有清晰的定义，然后分成主观和客观两组来定义质量。这个观点非常有贡献，质量指标不完全是客观的，客观的是可以查的物理标准，各行各业的产品都可以找到测量仪器来测它，这是板上钉钉的东西。但主观的标准、主观的定义很难测出来。

主观既有生产方的主观，更重要的是用户、客户的主观，其中第一条就是对客户的承诺。你提要求，我永远满足你，不达目标誓不罢休。这是一个主观的质量标准。这种质量标准在客户心目当中就会有你公司的一席之地。

什么叫品质？品质，三个“口”是别人的口，别人说你好才叫品质。质量好是你可以查的，品质是人嘴巴里说你好，所以品质比质量还要难。人们嘴巴里的话常常会有滞后性。我们一定要注意这个，佛山企业家一定要与各种滞后性做斗争，一直斗到大家嘴巴里都说中国的产品好。

当然，全世界也没有一款产品是70亿人都觉得好的。代尔夫特蓝瓷打全球市场，就瞄准能认我这个产品的消费者。中国有句老话：好货卖与识主，好东西要卖给识货的人。你喜欢蓝瓷，说我的产品好，你就是我的客户，蓝瓷就是这样定义客户的。

汉臣：好客户“逼”出来隐形冠军

在武汉的一家万达4D影院，动感平台跟随影音摆动，使得平台座席上观众的连连兴奋喊叫。整个平台之所以能克服摩擦力，顺滑、同步旋转，很大程度上得益于其中的液压缸。提供这一装置的，是一家远在德国斯图加特的企业——汉臣。

这家已经将产品卖到全球的企业，2018年的营业额是2200万欧元。这个数字与很多中国大中型企业相比，实在不算突出。但其提供的不少产品，却是全球的独家供应。更重要的是，其身上突显的，是普遍存在于德国企业中的一种“穿越时间的韧性”。

在斯图加特的鲁伊地区，汉臣的白色厂房和7层高办公楼隐身在周边一众工厂楼房中，并不起眼。这与其特质十分一致：始终隐身在大众消费者视野外，在近百年的发展历程中创造的不过是超1亿元人民币的营收，似乎完全看不到其扩张的野心。但作为全球液压缸和驱动技术领域的隐形冠军和品质标杆，汉臣创造的价值又是巨大的。

这种价值从何而来？

这家最初以现代发动机维修专业厂起家的家族企业，进入的液压行业广泛应用在机械的运动中，本身具有特别高的品质标准。其领导者已传至第三代，在三代人的接棒中，汉臣不仅传承了对液压缸产品技术的专注，更难得的是，它将“好客户”这一宝贵财富延续并发扬光大。可以说，与好客户为伍、从优质客户中汲取发展动力，是汉臣创造价值、穿越企业兴衰周期的最大源泉。

“我们之所以能达到世界顶级技术，很大程度得益于客户提出的新要求。很多产品和技术都是根据客户的需求，结合客户在应用中摸索出的经验，然后研发出来的。”汉臣创始人赫伯特•汉臣的孙子、现任销售和采购总经理斯蒂芬•汉臣说。

在汉臣的产品目录上，提供特殊解决方案的特种缸占了相当的比例，其中不少是行业首创。而其最初的驱动力，都来自客户。以应用在医疗核磁共振设备中的液压缸为例，当时一个客户主动找到汉臣，要求做一款不受电磁干扰、能用于核磁共振检查的液压缸。客户提出了若干项技术要求，汉臣的工程师按照这些要求从零开始研发，对标准液压缸进行技术改进，最终开发出专门用于医疗领域、对人体没有任何伤害的非磁性液压缸。

而汉臣最新研发的一款碳纤维液压缸，则能减轻设备的重量，同时保证密封性，不仅达到了全球最先进的技术水平，还成为汉臣独创产品的代表。“这个产品整个德国也只有我们一家能做。”斯蒂芬•汉臣说。在整个汉臣的产品体系中，85%都是自己改进或客户定制的非标产品。

好的客户甚至像一股东风般，带动汉臣的产品流向全球。这家创立于欧洲中部西里西亚地区（原属德国）的小企业，最初立足本土业务；但其代理商、经销商等多级客户在全球的业务扩张，却让汉臣的产品在20世纪80年代起跟随其加速拓展到海外。

在斯蒂芬•汉臣看来，正是客户从地区性到全球性的扩大，倒逼汉臣形成全球观和产品供应的世界地图，供给适合海外和本土的产品和服务。

于是，一家销售额刚过亿元的企业，产品却出现在了中国从一线到二三线城市的专业市场。此前中国C919大飞机的研发项目中，汉臣作为合作伙伴参与，为C919提供机翼等方面的测试服务；供给武汉万达影院的液压设备，汉臣还供应了国内其他5家影院；而作为法国空客的老服务商，从空客第一架飞机A300开始，汉臣就为其提供结构测试服务。

从1981年开始，汉臣分别在奥地利、瑞士、法国成立分公司。2013年，汉臣在中国的分公司启动。

在汉臣如今所在的德国巴登–符腾堡州，和汉臣一样走“专家化+家族化+专业化+全球化”路径的隐形冠军企业还有400多家。他们成为德国乃至全球创造价值和抢占品质制高点的最佳样本。

对话

年营收2200万欧元的企业如何做全球市场？

用90多年时间实现一亿多元人民币的销售额，这样的扩张速度并不突出，甚至慢于不少佛山企业。但就是这样一家企业却让现场调研的佛山企业家一致发出赞叹。

“汉臣的技术确实非常先进，拉开了差距。”

“三代人、近百年专注做一个产品，这让人震撼。”

“打好基础，慢就是快”“体量不大，却立足全球”……

这些特质如何在企业日常运营中形成？在汉臣，佛山企业家与之展开了一场对话，探究德国制造到底如何创造价值。

需求倒逼行业领先

罗维满（德冠薄膜新材料董事长）：汉臣研发生产的液压缸，如何在行业领域达到世界顶级技术水平？

斯蒂芬·汉臣（汉臣第三代接班人之一、汉臣销售和采购总经理）：很多产品都是在客户的需求中摸索出开发经验，不断优化，最终研发出来的。比如，我们生产的一些活塞产品原本不是运用在工业上的，但是我们遇到了有工业生产需求的客户，就在活塞产品中引入其他领域的需求和理念，进行跨领域产品研发，将新的产品提供给新的工业客户。

也就是说，我们通过满足客户需求、深度开发公司研发实力，来保持行业领先。这样的案例还有很多。比如开发核磁共振仪里的液压缸，当时有一个客户找到我们提出对该产品的需求，它需要不受电磁干扰。于是，我们从零开始研发、测试到初代模型，整个研发过程我们针对客户需求不断进行技术改进，最终研发成功。

切尼·森（汉臣国际销售经理）：我们不做大规模的生产，也没有去拓展我们的产品领域，我们专注于做液压缸。而且我们生产的产品最大特点是贴合不同需求。不做大和全，保持专一和专业化，这是我们的核心。

吴平平（精铟海洋工程总经理）：你们研究碳纤维液压缸，是客户要求的吗？为什么会想到用碳纤维这一材料？

斯蒂芬·汉臣：这个是自己的工作经验总结。液压活塞都是颤抖性的运动，设备的重量会影响到颤抖性，所以我就想到了用碳这个材料。该材料广泛用于汽车制造业，它既可以保障液压缸的密封性，同时又能减少它的重量。这是我们自己从工作经验当中想出来的一个为产品减重、提升性能的新办法。

我们用了5年的时间才研发成熟，运用到现在的产品上。我们发展的近百年间一直在专注研发，也会学习补充很多基础的知识。目前能生产测试用的碳纤维液压缸这个产品的企业，全德国只有汉臣一家。

我们把新的领域的研发团队和老的领域团队分开。每个人都有自己掌握的关键领域的关键技术。但每个人毕竟不是全能的，所以我们的研发还是团队作战，每一个新产品都有特殊项目组跟进，平时标准件的研发创新也专门有一个团队。若涉及新材料和新技术，我们会招新的人进来。

在研发这块我们也十分重视，目前研发投入占营业额的12%。

跟着客户拓展世界

周建新（承安铜业总经理）：汉臣的产品在不同的行业领域都有应用。平时是你们找客户，还是客户找到你们？

斯蒂芬·汉臣：我们有很多稳定的客户，客户的产品线扩展的时候会来找我们，我们也会跟随客户扩展的脚步去扩展技术，这是相辅相成的。

但总的来说，我们专注于做产品，不自己寻找客户。客户是通过设备经销商向我们采购。目前来讲，我们更多是作为配套商提供产品和服务。

陈晓峰（中格家具总经理）：在开拓市场过程中有没有碰到低价产品的冲击？

斯蒂芬·汉臣：我们销售出口的产品中，基础款产品很少，高端型产品占比较多。针对这类高端产品，企业掌握的议价权还是比较大的。

同时，议价主要由设备商来完成，是否选择我们的产品也由设备商决定，给设备商供货的价格是固定的。设备商在选择采购企业时会考虑设备总价和性能服务。也就是说，我们不会直接和竞争对手竞争。

周其仁：汉臣最初的客户主要集中在德国吗？还是一开始就面向全球客户？一个地区性的公司是如何发展全球业务的？

斯蒂芬·汉臣：最开始我们是一个地区性企业，客户也是地区性的。随着这几年的茁壮成长，开始全球化拓展。1925年，汉臣在原属德国的西里西亚地区成立，当时是一

□ 通过不断满足客户需求，汉臣成为行业隐形冠军并跟随客户走向全球。图为汉臣车间

家现代发动机的维修专业厂，后来我们搬到斯图加特。在斯图加特时，也是以本土客户为主。

在20世纪80年代，公司第二代领导人时期，国际化步伐加快，在瑞士、法国等建立分公司；2013年在中国建立分公司；2019年我们新建了在法国的物流中心。

一个地区性的公司做全球业务，起源于特殊地区的市场需求。第二代领导人时期，很多客户把业务扩展到国外，这些客户需要我们的供应也跟随他们到国外，在当地为他们服务。所以是跟着客户拓展到全球的。

其仁夜话

好客户就是风口

周其仁

汉臣给人留下的一大印象就是专业、专注。尽管它发展了那么多年，但营收2200万欧元，体量也没做得很大。中国很多企业的营收都高于它。汉臣在行业中的地位却非常牢固，有些产品非找它做不可。中国的企业家也可以思考一下，天下事情有多少是“非找你不可”的？这个境界很难得。

这背后的原因，是汉臣专门去挑战那些行业做不到的事。这给我们的启示是很深刻的。如果企业要达到这种能力，需要怎样的供应能力？它一定要保持一个综合的配置能力，才能让别人无法超越你。

汉臣给我的另一个启发，就是企业做好质量需要有好的客户。汉臣从第二代企业家接棒开始，由一家地方性企业变成做全球生意，这不完全是因为领导人有想法和野心，而是客户向全球进军后把它带出去了。客户去做全球生意，其提出的要求汉臣必须全力满足，所以汉臣也顺势做起了全球生意。

因此，我觉得这家公司最幸运的地方在于，其从家族那里继承到了最好的财产——不光是开发液压缸的技术，更重要的是一群好客户。从他的爷爷辈、父亲辈开始就一直在为这帮好客户服务，到他们接班后这种优质服务仍在延续。而这些好客户就是潮流，就是时代。

很多人讨论风口，我参观汉臣时脑子里就形成一句话，好客户就是风口。好客户为什么会把你带到一个好风口去？因为如果好客户就是非常在意自己客户的客户，非常在意自己用户的客户，这个正向反应会连锁发挥作用。客户的反应也会影响你，只要你在乎客户。客户做对了，自然也会把你带到好的地方去。

这就涉及另一个问题，客户要不要选？当然，企业资金不充裕、发展不充分时可能没得选，客户来一个就接一个，这样能带来资金帮助。

可是，但凡“家有隔夜粮”，我们是不是除了选员工、选投资方，也应该有条件地挑选客户？我们应该对中国的客户做分析，分析哪些客户会让你的产品质量往好的方向走，哪些客户会把你往歪道上带。

跟谁为伍是完全可以选的。那么，企业有没有将不断筛选客户当作一项任务？如果企业拥有的全是整天给你砍价、鼓励短期行为、以次充好的那种客户，就容易被带到邪路上去。而这几类客户恰恰在目前中国的市场上存在。

所以，中国企业家一定要反思，我有没有条件去挑选客户？我们有没有在跟每家公司打交道时，用价值观来选客户？当你具备这种条件时，就不要再与不好的客户为伍和来往。

此外，从汉臣身上还引发了一个思考，那就是如何看全球化？营收只有2200万欧元的汉臣就已经将产品打入了武汉万达影院的项目，这固然是客户带给他的。但我们也要反观国内营收和汉臣同一水平的企业，他们的产品是否也已经卖到全球去了？他敢不敢打入世界？打到世界上的成本是否招架得了？他是否跟国际客户有往来，又能否通过代理商和商业通道走出去？

总结一下，很多信息来自好的客户和好的用户。如果在我们周围找不到好客户，我们是不是应该再往远处找一找好客户？将来佛山要成为中国一流的制造业基地，有一个前提条件就是，佛山企业需要的客户是一群好客户，而且是当今中国、当今世界的一群好客户。

卡赫：给千年文物免费“洗澡”

埃及底比斯古城，著名的门农巨像经过3300多年风雨，沉积的破坏性污垢加速腐蚀着整座石像，普通的手段难以兼顾清洁和保护。在埃及文物局的委托下，这道给千年文物“洗澡”的难题，最终被来自德国的清洁设备龙头企业卡赫破解。

对卡赫来说，积极揽下这类棘手的工作而且分文不取，不仅为了宣传品牌，更是为了用各种极端的清洁条件刺激技术创新。几十年来，卡赫已免费对全球140多座重要建筑进行了恢复性清洁，包括中国故宫、巴西里约热内卢耶稣像、英国伦敦眼、美国总统山等。

“如果没机会接触这么重要的清洁项目，许多创新知识就很难获得。”在位于德国上松特海姆小镇的卡赫公司生产基地，负责公共关系的凯•穆勒说。从一个职业教育学徒开始，穆勒已在卡赫工作十年。

清洁是一种“不起眼”的日常需求，但只要敢于扎根，也是一个穿越时代与国界的大生意。在企业的自我介绍中，该公司创始人艾尔弗雷德•卡赫是当地与博世、戴姆勒齐名的创新者，家族接班人也传承了其创新基因。1935年成立之初，卡赫曾聚焦于工程加热领域。二战结束后，由于社会上巨大的重建需求，卡赫一度跨界到环形炉、手推车等多个领域。但是从1950年开发出欧洲第一台高温高压清洗机开始，卡赫逐渐专注到清洁领域。

在清洁领域，卡赫投入了巨大的创新热情，企业专利数量与营收增速在近30年里基本一致。到2019年，卡赫申请了超过1800项专利，其中1/3还处于有效期。同时，创新也带来了产品的快速迭代。企业历史上，大约有90%的产品的生命周期都不超过5年，接着就被下一代产品淘汰了。

创新的成果，通过严格的供应链和制造环节管理，落地成为产品。上松特海姆是卡赫在德国的九大生产基地之一，平均每秒就有两台清洁机下线，很多员工工龄在25年以上。在这里，对原材料进行检测的设备精度误差不超过1微米，最贵、最便宜的产品出厂前都要经历同样严格的检测流程。“根据质量检测的结果，员工和所在团队可以定期获得奖金。”穆勒说。

使用寿命是卡赫另一项重要的品质指标。在世界各地的文物清洁工作中，清洁机常常连续工作好几个小时，对机器品质是一项严峻考验。因为对家用的高压清洁机来说，寿命标准可以降低到100个小时，而且不必连续使用。卡赫曾经做过调查，每个家庭每年使用清洁机的时长总共约5小时，一台家用清洁机的使用寿命可达20年。

围绕其赖以成名的高压清洁技术，卡赫目前开发了400多种相关产品。同时，卡赫也进入了真空吸尘器、净水器、空气净化器等新的清洁领域，全部产品超过3000种。2018年，卡赫的全球营收达到了25.25亿欧元，中国是该公司营收增长最快的市场之一。2019年2月，全新的卡赫中国总部在江苏常熟开业，其“2020全球战略”加速推进。

■对话

隐形冠军怎样直面全球消费者？

在德国和欧洲一些国家，卡赫的产品几乎家喻户晓。但在其他很多地区，卡赫更像是一个隐形冠军，影响力主要集中在行业内，大众知名度并不高。这种“低调”实际上也是佛山品牌全球化过程中的现实。

卡赫是怎样应对这种情况，从而实现全球销售额超过22亿欧元的？其独特的文物保护项目，在其中发挥了怎样的作用？卡赫上松特海姆基地公共关系负责人与佛山企业家进行了一场对话，提供了一条新思路。

周其仁：这些无偿清洁项目，是公司投标还是对方指定由卡赫去做？做清洗服务的工人是卡赫员工，还是公司请的第三方团队？

凯·穆勒（德国卡赫上松特海姆基地公共关系负责人）：这种公益性的项目是非公开的，不进行招投标。前期是我们自己寻找项目，后期有了知名度以后，就是这些负责维护文物的机构主动找到我们。

在任何一个项目中，都有一个从卡赫总部派去的负责人。这个负责人会带领当地团队完成工作。在清理过程当中，也有协作单位参与，这部分人员可能不是卡赫员工。

做这些服务，我们都是有成本考虑的。例如对美国总统山的清洗，我们大约花费了15万欧元。企业每年也会专门核算，拿多少钱来做这些无偿的品牌推广服务。

但是很多东西不能只从财务成本角度来考虑。一方面，这些项目可以在公众和政府心目中提升企业形象。完成这么复杂的难题性项目，也是公司实力的证明；另一方面，

□ 2018年，卡赫的全球营收达到了25.25亿欧元

如果一个项目能够带来新的、创新的思维源泉，这是无价的。

通过在各个国家、不同场景进行服务，我们发现了更多的技术创新需求，也对我们最先进的技术和产品进行检验，帮助我们一直走在行业前列。

张伟明（星联科技董事长）：高压冲洗的技术是你们的核心竞争能力，是不是所有的产品都围绕着这样一个核心技术发展？

凯·穆勒：我们目前3000种产品里面，有400种产品是跟高压技术有关的，同时我们只卖成品不卖配件。

一开始卡赫面向的是行业客户。在行业内，只要提到高压清洗机，人们第一个想到的就是德国卡赫。欧洲第一台热水压力清洗机是在卡赫诞生的，在这台设备之前，市场上大多使用普通的蒸汽清洁机，它开创了高压清洗的先河。

在中国上海的虹桥火车站，就有50多台来自卡赫的产品。原先，虹桥火车站使用拖把和水桶进行清洁，一名清洁工每天要走5万多步，而且会造成地面湿滑。现在每名清洁工只用走1万步就可以完成同样的工作，而且地面是干燥的，乘客可以安全行走。

我们从1984年进入终端消费市场，推出了第一台便携式高压清洗机。后来，我们还对商用和民用的产品进行了颜色区分，强化品牌在消费者心目中的形象。但是在技术层面，高压技术仍然是这些产品的重要组成部分。

现在，围绕着越来越广泛的清洁需求，我们的产品也涉及空气净化器、饮用水处理装置、扫地车等领域。

每个市场的消费者行为模式不一样，这是我们面临的挑战。比如德国，如果他们用过一个东西觉得很好，就会一直买。在有些国家，消费者用过一个东西，即使感觉好，下次也会用一种新的。另外，在世界各地名胜古迹的清洁项目，不但扩大了我们的行业影响，也提高了我们的公众知名度。

其仁夜话

佛山企业家的心要更大一点

周其仁

卡赫把广告做到了全世界的文物古迹上，凭什么？品质好、技术好、很专注，这都对。但是还有一条，这是相对中国企业家来说值得学习的：心要大。

只要是好产品，人类都会需要。普通客户不要你的产品，最厉害的客户会要的。今天不要，创造了条件他会要的。清洁机在短时间内把地毯搞干净，只是德国人需要，中国人就不需要吗？事实证明中国人很需要。卡赫在全球市场上，一年营收达到25亿欧元，中国市场增长得非常快。

我们在德国参访的几家公司，都有这个特点。巴斯夫是世界化学巨头，化学改变了人类命运，它的产品中国需要、美国需要、印度也需要。汉斯格雅生产的是洁具，但是把深圳、上海的高楼都放到了它的宣传片里，那是它用好产品在世界上打下的“制高点”。

好产品不是给一个地区造，也不是给一个国家造的。我们手里真有好产品，就要给人类造。就要把生意做到全世界去，就要做到全世界最高端——这股劲比技术还重要。因为有这股劲，才会去好好开发技术，才会对技术一丝不苟，才会难中求难、精中求精。我们下一步，这股劲要足够。

在这个问题上，中国很多企业家有一个自我设限，以为中国市场已经够大了。有的企业家讲，我们这个产品怎么国际化？国际高端市场会要我们这个东西吗？在我听来，这是我们自我设置的一个限制。好东西人家怎么会不要？

第一，你有没有这个志向？第二，你信不信这个道理？“好产品没有什么国界”，这是一种理念。还有一种理念，就是“好产品在哪里产的就在哪用”。这两种理念，本身没有什么对错之分，但是它会有极其不同的行为后果。为什么老在国内打价格战？不出去，就只能在国内“火拼”了。

大地方的企业，很容易被自己的市场“吓住”。“这市场已经大得这样了，其他我就不想了。”小国家的想法反而容易大，因为它太小。这是个辩证法。小村里的公司如果自己也不往外打，我们为什么要不远万里来访问它？

《超级版图》里面有一句话说，国界线是供人们跨越的。我是中国人、中国企业，可能还是不大的企业，那我把14亿中国人的市场做好，是不是就挺好了？这个问题跟品质问题是连到一起的。给定任何一个品质，它不可能覆盖区域内的所有人需求。所以你就往全球看，这个市场才会更大。所谓全球化，它是离不开品质的，不能指望一个烂东西全球化。

高品质的产品必须做全球市场。产品质量差有个“好处”，经常换，所以生意大。高品质的麻烦在于，一口铁锅能传几代人，那下一个客户在哪？我有一年随团到访德国双立人公司，就提出这个问题。对方回答说：只有全球市场才能集合出对高品质产品的足够需求。这给了我很大启发。

越是好产品，越要有全球观，要把全球最喜欢这类品质的客户尽收起来。“曲高和寡”这个定理在消费品领域也一样，所以品质跟全球化之间有内在的一个逻辑关系。不要认为有哪些国家是我不能去的——没有什么地方是不能去的。火星上有人，我们就卖到火星上去。只要你上火星，我的产品跟着上火星。

全世界是70亿人口，咱们先来30亿目标。咱们所有产品都往30亿人里头去想，这是什么格局？当然，你要有打出去的条件，这是另外一个技术性的问题。战略性问题首先是全球化，是脑子里这个东西不能被出生地框住。否则你就是一个县级企业，对不对？

“中国家、佛山造”这一页要翻过去。当年这一页，对佛山企业家来说很了不起，你们取得成绩，就是因为当年没有说“佛山家、佛山造”。如果当年佛山企业仅仅给佛山消费者生产，不会形成这么一个佛山现象。但是现在已经走过40年了，我们的心还要大一点才够用。你们很多公司都已经跨出国界，现在就要变成整个佛山企业界更自觉的一个意识。

奥迪康：无数次“极限挑战”炼出最优品质

一个指头大小的助听器，做到140亿元人民币的营业额，全球有一半都在这里生产。以奥迪康为典型，这是低调的丹麦制造背后蕴藏的大能量。

助听器并非由奥迪康原创，最早由美国科学家发明。1904年，奥迪康的创始人汉斯•戴蒙特为了帮助妻子以及像他妻子一样有听力障碍的人能更好地享受生活，开始从国外批量进口助听设备。

从贸易起家到全球领先的行业巨头，奥迪康作为后发者，凭借小产品成功逆袭，技术创新是最有力的武器。

如今，奥迪康每年研发投入高达10亿元人民币，每两年就要开发一款新产品。“现在就是未来。”奥迪康诊疗器械部主管阿恩•博伊•尼尔森坦言，技术和需求的变化非常快。30年前，他刚来公司的时候，10万元人民币开发出来的产品，可以一直卖10年。如今6亿元研发出来的产品最多只能卖两年。

为此，奥迪康不仅会研发2—3年短期产品，还会做10—15年的中长期技术研究。比如，与手机、电脑连接的技术、无线技术以及带实时翻译功能的助听器。

除了不断迭代创新的能力，注重品质也是奥迪康一直占据行业制高点的重要法宝。

走进奥迪康的质量控制部门，一款款助听器在经受着一项又一项的极限挑战。模拟人流汗的状态，用人造汗不断喷洒样品进行湿度测试；像跳楼机那样，从1.5米的空中扔摔100次，确保助听器能够经得住从人耳掉地上的考验；还有长达大半个月的零下40摄氏度的低温测试、强光测试，以及反复的按钮机械测试……“我们从不妥协，无数次测试新产品以保证我们的产品都是最优的。”奥迪康质控部门负责人保罗说。

为了确保产品质量，奥迪康会先在丹麦做出概念性产品。如助听器的塑料外壳，过去用微模机床，需要大约8小时才能制作一个产品，现在采用3D打印技术，一个晚上就能打印200个，而内部的零部件12秒就能出产一个。这些概念性产品经过研发中心的设计美化和质控部门检验合格后，再送到奥迪康目前规模最大的波兰工厂大规模量产。

奥迪康在中国上海也有工厂，主要生产40种助听产品。阿恩·博伊·尼尔森说，奥迪康的质量管理标准全球统一，这意味中国工厂和丹麦生产的助听器质量是一样的。公司会不断加强对上海员工在产品技术、销售等各种技能上的训练，也定期让中国员工到丹麦接受培训。

奥迪康始终把发展放眼全球。据其统计，目前世界上有10%的人需要助听设备，其中65岁以上的人中，有35%—45%要用到助听器。基于人口老龄化和听力下降人口比例增长，市场需求会逐渐上涨。

目前，北美是奥迪康最大的市场，但阿恩·博伊·尼尔森更看好中国市场的潜力。65岁以上的人在中国只占60%，预测到2050年将达到26%，意味着助听器产品需求的增长会直线上升，跃居到第二位。

“小产品、小口子，有大格局，攻占全球市场。”这是周其仁参观完奥迪康后的感受。丹麦制造的百年专注、不断创新和保持高质量，也让一同来访的佛山企业家深受启发。

■对话

全球化生产，如何确保品质一致?

从1904年仅为了帮助妻子买到合适的助听器而创办的贸易公司，到如今全球助听设备领先品牌，是什么支撑奥迪康持续发展、百年不衰?在世界各地布局了20多家子公司，产品销往全球130多个国家和地区，奥迪康又如何确保不同地方生产的不同产品的品质一致性?带着这些问题，佛山企业家与奥迪康的相关负责人进行了深度对话。

吴平平（精锢海洋工程总经理）：助听器里面的部件，包括电器零部件、软件研发和数据处理，都是你们在这里研发生产的吗?

奥利弗（奥迪康概念产品车间负责人）：是的，我们这里负责生产的概念助听器产品，是没有投入生产之前的测试产品。把它基本上做成跟真实的产品一样的放大版，配上未来可能即将会有的颜色，让我们的客户、经销商看怎么样，让他们提出一些客观的批评意见，然后再可以修正。

我们这边有15名工匠是负责亲手生产制造助听设备的，还有5名是工业设计师。我们在这里把这个概念的产品做好了以后，由研发中心将其进行合理化，设计美化，最后再送到波兰我们自己的工厂里去量产最终产品。

张伟明（星联科技董事长）：波兰生产的产品质量怎么样?

奥利弗：所有在波兰工厂里边工作的工人，他们的每一个工作的程序动作都是按照我们的要求，配套的标准来做的。所以，在我们波兰的工厂里边有一间和这里几乎一样的工具房。

阿恩·博伊·尼尔森（奥迪康诊疗器械部主管）：波兰工厂是我们在全球最大的工厂，有2000人。我们在中国上海也有工厂，有150名工人，生产40种助听产品，在中国生产的产品具有先进技术和复杂性。丹麦工厂和中国工厂、波兰工厂的质量管理标准是统一的，我们全球的工厂都是一致的。如今，中国市场对质量的要求越来越高，为了确保产品的高质量，我们会加强上海工人在产品技术、销售等各种技能上的训练。他们也会来丹麦培训，我们也会派高管去上海施教，我也去过上海几周培训当地的工人。

罗维满（德冠薄膜新材料董事长）：奥迪康公司创始人的儿子威廉把公司捐给了基金会，以确保企业可以永续发展。我也是一个慈善基金会的主席，想了解一下这个基金会是如何命名的？每年基金会的利润家族有一部分钱，会不会分给家庭成员？

阿恩·博伊·尼尔森：威廉用他的名字命名的基金会，基金会里有4名董事会会员。里面不但没有威廉的家庭成员，连从母公司来的员工都没有一个。这4人决定雇佣CEO等职业经理人去管理这个基金。但基金会的收入跟他没关系。

除非威廉在他捐赠给基金会之前，在基金会的条例里边写清他要给谁多少钱，怎么个给法，不然的话基金会是不会给家族成员分钱的。但是如果他要那么干的话，他可能就不会成立基金会了。

我20世纪90年代初来这里工作的时候，基金会的现金只有折合1.3亿元人民币，现在已经涨到500亿元人民币。基金会能挣更多的钱，因为它无须交税。基金会拥有我们公司60%的股权，另外40%属于其他股东和部分员工持有，这40%要受到股东们的压力，让我们拼命开发新产品去赚钱。

基金会每年捐赠给一些慈善机构，主要捐的都是助听器，好比农村有些地方医疗保健的标准比较低，可能有听力问题的，基金会直接就捐赠给农村很多助听器设备，2018年捐赠了150万套。

我们公司内部的员工，孩子如果要去受教育的话，也可以从基金里面得到资助。所以作为我们这些员工来说，我们当然想去为公司效力。因为我们想到的并不是拼命挣钱，不是为了一个老板去卖命，而是在给到处行善的机构做服务。每年我们都会收到4500份募捐的申请信。

其仁夜话

选一个小切口，去攻一座“大城”

周其仁

助听器不是奥迪康发明的，实际上最早技术来自美国。这家公司刚开始做贸易，后来从贸易变成做生产。现在做到全世界卖出去的产品每两副中有一副就是它的。中国企业家应该注意这个故事。

这个故事首先是个后发的故事，它不是原创，而是从消费者一步步打进去这个行业。这里头就有一个问题值得我们思考，中国就是后发的国家，后发应该怎么发？落后的国家、地区、企业要重新走到前列，只有其中一部分能够做到，不是全部都能这样，这里头需要一定的办法。

丹麦这家助听器公司，从全球的标准来看都是一家好公司。所谓好公司，第一要市场份额高，第二要领先，第三要内部管理和对外形象都好。它的大厅里的一幅画，上面是一个小孩对着一副耳机耳前一亮，我印象非常深刻。我们可能不知道，很多人从小就失聪，从来没听见过。现在它的技术成长非常快，能让失聪的人重新听见，这就是刚需。

无论从挣钱、技术，还是从做人、道德、社会责任来说，这家公司都没有什么好挑的了。佛山的企业要立志就要立这样的志向，光营销额做到多少亿元是不够的，要做到受人尊敬，要做到给人类做了多少代产品以后，还说企业有贡献，这才了不起。

然后，格局很重要，我们不管多小的生意，生意可以小，但格局不能小。格局大不是为了数量，而是为了支撑品质。这家公司的理念是“以人为本”，以什么人为本？一开始不可能马上以全世界70亿人为本，只能一群一群人来。所以定位就是确定你给谁供应东西，你不能给谁供应东西，尤其是品质较高的东西。

有一句老话叫作“好货卖于识主”，你不是我的客户，我不做你的生意。品质高的东西一定是开始或者在很长时间内只针对很小一群人。这时候就是两难问题。如果我限于在小地方作战，我的这个客户人群就支撑不住我做高品质的东西了，或者我做，也只能打价格战。这就是我讲的格局大小。如果你想做好产品，就要尽可能把这个格局想大，大格局做大事。格局越大，你集合的最小市场规模就越能支撑你。没有格局的扩大，品质革命很难支持下去。

最后，丹麦这些企业还得好好看看，格局做成全球公司的产品是很小的，口子是很小的，这也是后发的地区和企业需要非常当心的。后发的千万别说为了格局大，一下子就什么都做、什么都上。奥迪康就在这个缝隙里头，从别人看不起、看不中或看不上的地方下手。

这也是华为公司的战略，从交换机入手，选取一个小口子打拼30年一直打拼到5G、打拼到无人区，打拼到没人造了。一座大大的城，要找一个小口子撕开，然后就从小口子里一个中队、一个中队连着往里攻，直到成功攻下来为止。口子非常小，所以要挑选攻击点。不要格局一大，心也就一下变很大，脱离你的实力，那就是志大才疏。最后就是落不了地，口子小才有机会落地。

这次看了奥迪康，我们才知道还有这么一个了不得的市场。他们在上海已经有连锁店了，全是耳力听力检查中心，排队等检查的人络绎不绝，有听力问题的人多了去。全人类65岁以上约40%有听力问题，想想看这个市场会有多大？

所以，佛山的企业志向要大，格局要大，但是要选小口子狠狠撕开，专注往里打。如果挑一个城墙非常厚的城，小口子又把它打开了，你就有机会好好研究消费者、研究市场，这样永远会有机会，永远有比较优势。哪怕有些事情别人先做，你也可能后发做得比他好。最后早年引进的公司都没了，但你可能还在。让质量变成品质，这是一个飞跃，就是要以客户为中心，也要以人家的感受为中心。

代尔夫特蓝瓷：把瓷文化卖到全球

早上10时，荷兰皇家代尔夫特蓝瓷工厂，到处人头涌动——来自世界各地的游客争相一睹这个荷兰国宝级产品的风采。在一面经精心设计、贴满了各色蓝瓷盘子的墙壁，人们纷纷拍照打卡留念。

来自万里之外的中国佛山的广东德冠薄膜新材料股份有限公司董事长、总裁罗维满花了300欧元，特意选购一个瓷盘作为纪念。为的就是回国后，向亲朋好友展示中华文化如何在异国传承再造。

如今看到的代尔夫特蓝瓷工厂始建于1653年。众所周知的是陶瓷技术起源于中国，而青花瓷更是闻名海内外，荷兰的代尔夫特蓝瓷正是在中国明清时期受青花瓷的影响而兴起。当时，在荷兰一个名为代尔夫特的小镇上，工匠们使用当地的黏土仿制中国青花瓷器，并开始发展自己的陶瓷设计，后经不断改良形成独具一格的荷兰艺术产品。

如今，皇家代尔夫特蓝瓷已成为当地仅存的一家陶瓷公司。历经300多年时代变迁，这家公司不仅屹立不倒，还保持历久弥新。

制作各种旅游纪念品在各大商店、博物馆销售，与荷兰皇家航空公司、中国南方航空公司合作生产定制化的产品，把蓝瓷的图案印在飞机的安全指示、酒店的墙壁、沙发的靠垫上，将蓝瓷做成女士的时装……除了作为皇家特供外，代尔夫特蓝瓷已经突破传统瓷器的局限，开发衍生出各种独具荷兰文化特色的产品，以迎合时代和不同国家的顾客。

面对佛山企业家的来访，皇家代尔夫特蓝瓷CEO亨克•肖顿表现得十分谦逊："在荷兰，我们只是一家小公司，营业额600万欧元，员工仅有60人。"

企业规模虽小，但"野心"不小。该公司的市场及旅游部经理伊多•安塞一开始做介绍时，首先展示的就是一张世界地图。上面描绘着不同国家、不同大小的国旗。对他们来说，美国是最重要的市场，因为美国游客虽然不算多，但消费能力强。相比之下，比利时的游客，平均只消费1.75欧元。韩国游客更是对其产品的兴趣不大。

除了开发出各种创新的产品吸引国外游客，主动走出去也是代尔夫特蓝瓷全球化的重要一着。每年，公司都会到欧洲、中国参加陶瓷专业展销会，包括到柏林旅游展销会参展，到巴黎、米兰等国际时尚之都推介新品，以及到中国瓷都江西景德镇进行交流。

目前，针对海外消费正在崛起的中国市场，代尔夫特蓝瓷也在积极谋划布局。如专门做了一个微信公众号，向中国消费者推广产品和旅游信息。而在自己工厂的展厅里，即使是一般的店员，也能以普通话与中国游客交流。

一个来自中国技术的舶来品，穿越时空的障碍，能够在荷兰大放异彩，这是一段跨国文化、技术、商品交流的传奇。如何赋予传统产品时代生命力？如何借助文化的力量助推产品出海销往全球？这触发了同样以陶瓷制造著称的佛山当地企业家的深思。

■对话

吸收中国的技术，如何创新做出高品质？

“在荷兰，我们只是一家小公司，营业额只有600万欧元。”当代皇家代尔夫特蓝瓷公司CEO如是介绍企业时，来自佛山的企业家都禁不住惊叹。在荷兰，这家公司虽然规模不大，却凭借自身独特的经营之道，传承了300多年，还把产品销往全球各地，这背后有何成功的奥秘，又如何做出高品质的产品？

□ 跨越300多年时代变迁，荷兰皇家代尔夫特蓝瓷历久弥新

梁永标（菱王电梯董事长）：皇家代尔夫特蓝瓷与中国的渊源和目前与中国企业的合作是怎么样的？

亨克·肖顿（代尔夫特蓝瓷CEO）：清朝康熙年间，荷兰的东印度公司到中国采购的陶瓷传回荷兰后，震惊全国。之后才开始有荷兰陶瓷，现在每年中国的景德镇展会，我都会去参加。同时，我们和景德镇当地还有固定的文化交流活动，两地的画家之间都会互相来访学习。

伊多·安塞（代尔夫特蓝瓷工厂市场及旅游部经理）：代尔夫特博物馆建于1653年，直到今天依然生产代尔夫特蓝瓷，它是荷兰匠人受到中国青花瓷的影响的产物。

16世纪，荷兰的东印度公司第一次到访中国，采购了大量陶瓷，但随后由于16世纪中期中国爆发战乱，荷兰难以进口陶瓷，本土厂家就开始仿制青花瓷，代尔夫特就和中国的景德镇产生了渊源。现在，每年景德镇的陶瓷展销会我们都会参加，我们的CEO已经往返多次了。两个城市间还建立了固定的文化交流，包括两国的艺术家互访和博物馆交流。

梁永标：你们的工艺是怎样的？图案是用手工画出来，还是用电脑画出来的？

伊多·安塞：我们用石英、陶土等为原料，用石膏模具来制作瓶身，然后打磨、上釉，接着在1150摄氏度的高温里烧制，烧制完成后需要冷却20小时。然后再让画图师画上图案。画图完成后再进行二次上釉，之后再进行第二次烧制，温度是1200摄氏度，冷却也需要20小时。

我们这边全部都是手工制作的，但是手工制作分两种，一种是手绘，另一种是转印，就是用一张铜版纸印刷了图案，然后再由人去把颜色涂上，两者在价格上会有一些差别。

梁永标：你们公司工人数有多少？营业额大概多少？怎么样培养后备的工艺画师跟技工？你们的大师有没有分等级？

亨克·肖顿：在荷兰我们只是一家小公司，营业额只有600万欧元，工人只有60名。

我们对工人最主要的是培训画师，一般培养大师至少要五年到十年，是自己培养。它没有分类，但是有两个等级，就是你是达标的画师和大师级的大师，大师级的定位是必须十年以后才可以达到。但这些画师制作的产品价格上是没有区别，只是说他们有分工，大师画风景画和人像，而普通的、合格的画师是画花卉或者植物。

李深华（华兴玻璃董事长）：代尔夫特蓝瓷这个品牌是怎么传承和创新的？我看你们现在还往旅游方向转型，针对旅游市场，代尔夫特蓝瓷有哪些推广策略？

亨克·肖顿：我们有责任传承代尔夫特的品牌，但同时也必须要创新，我们工厂外面的玛利亚的塑像，就是一种创新的陶瓷产品。对于一个公司来说，除了传承以外，不停地生产研发新产品是非常重要的，每一个阶段都有每一个阶段的产品元素。

伊多·安塞：目前我们拥有四个销售渠道，分别为代尔夫特当地的销售、其他零售、网络销售和出口。其中，代尔夫特当地的旅游销售占比最大，占了70%。

针对旅游市场，我们采取了综合性的方式。举个例子，在每年的三四月郁金香花季，我们会把一些较为贵重的陶瓷租给荷兰大型酒店，增加它在各地游客面前的曝光率，也是一种很好的宣传；另外这些酒店还会配套销售代尔夫特蓝瓷博物馆的门票，也会在酒店官网上为我们做推广。

我们还会参加各地的旅游会展，包括在国际上具有很高影响力的柏林国际旅游交易会；我们也与交通运输行业取得合作，荷兰的公交车为我们开辟了专线，很多马车游路线也专门安排了代尔夫特蓝瓷博物馆。

如今，代尔夫特蓝瓷也贯穿到荷兰旅游业全链条当中，例如阿姆斯特丹国际机场、荷兰历史遗迹、各种博物馆等，都会出现代尔夫特蓝瓷的身影。

我们的游客中，18%的人来自荷兰本地，82%是国际游客。接下来，我们希望通过促销、设计个性化旅游等方式，吸引更多的荷兰游客，让游客结构更加平衡。

其仁夜话

把文化“装”进产品里

周其仁

代尔夫特蓝瓷，一家做600万欧元生意的公司，就敢向来客亮出一张世界地图。同样量级的中国公司，有几个会给别人亮世界地图的，就是卖到世界的也不亮。因为不是它卖去的，是别人给它捎去的。将来佛山的企业家打翻身仗，这是一个突破点。

今天，我们要以更开放的姿态来对付保守主义、对付贸易保护主义，要求更开放，这是跟时代的节奏合拍的。其实每一个产品都可以做全球市场。不同的国家，这里有一点那里有一点卖蓝瓷的产品，它就成为全球企业了，全世界各地的游客都等着进去。这家企业是很精致、很小，但是毛利率很高。好东西，能让一个画师从1978年画到现在，天天在这里画。

600万欧元的生意，这也是一种全球化，我把全球的人集中到这里来，然后都掏钱去买它的产品。美国人跑到这个地方来，日本人带着钱上门来买，然后把它运回去。他们住当地的店，吃当地的饭，全贡献给了当地城市的消费，这个本事值得学习。我们将心比心，能让人家带着钱到佛山来消费吗?

当这家公司成为一家全球化的企业，它的品质就不会掉下身价来打价格战。这个地方的人不买，但那个地方有五个人买，那我卖的就是品质。所以这个品质一旦要求提升以后，总能找到一个最优的市场规模来支撑它。反过来看，如果佛山的企业就只在广东打，打到最后就只有价格战一条路，只有越杀越薄的一条路。这是我在荷兰想清楚的一个逻辑。

回过头来看，蓝瓷的技术从中国来，在荷兰先卖给皇家，它是从上往下打的，先升维再降维。我们中国的公司有几家能够做到这样？所以小地方出大公司、好公司，大家还要把这个命题好好想想。

代尔夫特蓝瓷公司的CEO也提到，现在他们也在面临转型——从单一产品变成旅游休闲文化。它其实离开陶瓷的原料高岭土越来越远，离开盘子的原始功能也越来越远了。一个300欧元的盘子，卖的是其背后的品牌、文化、历史。这个东西是怎么加到产品里去的，它有本事把文化加到产品里去了，让产品做文化的载体。

佛山这么历史悠久，这么多故事，为什么装不到我们的产品里去？你看佛山的第一把火出自南风古灶，这个故事现在大家都知道，但是没装进我们任何一款产品里去。唯一一家石湾酒厂，是有一点把当地的陶瓷文化挖掘出来了。我到石湾厂去看，它把当年怎么酿酒的一个个展览馆做得很用心。

要想办法把我们中国这么多故事都能跟我们的产品连上，这是要向人家蓝瓷学的。

佛山的文化根底很深，需要好好想想怎么跟产品结合？怎么跟佛山的产品一体化？要把更多的文化因素引到产品的对象。随着消费者的收入越来越高，他们看的不只是功能性的东西，对文化、历史的品位培养起来以后，对艺术的东西就会爱不释手，就会产生巨大的市场。

这是蓝瓷给我的冲击。佛山的文化元素是非常强有力的，怎么装进产品里？我们当然不是所有产品都要装进去，但凡靠得近的，有可能装进去，直接对消费者的产品至少可以率先考虑。当然要先把问题提出来，然后让专业的人去响应、去做，出题目让厉害的人去想答案，让年轻人去想答案。

德国制造撕掉“低质”标签

文/马丁·门拉特

马丁·门拉特，曾在慕尼黑理工大学研究航空航天工程，后于1989年在飞机推进系统系获取博士学位。在奔驰发动机、德国劳斯莱斯工作期间，他于产品开发、精益生产、物流、采购和质量管理等领域积累了大量的行业管理经验，还曾担任德国克劳斯—玛菲·威格曼公司的首席运营官。如今，马丁·门拉特在全球战略发展和商业运作领域担任独立顾问，也在柏林工业大学和奥格斯堡应用技术大学开设关于全球领导力和质量管理的讲座。

德国制造如今是全球高品质的代表，享誉海内外。但其实在100多年前，德国制造业曾经被贴上“低质”的标签。这些年，从品质底端逆袭，德国制造的故事曾被很多国家效仿，但成功的案例却并不多。

究其原因，德国制造发展到今天，是多方面因素作用的结果。尤其是这些要素都和德国长期形成的历史文化紧密融合，让这个制造业强国拥有了更稳定的基因。

与此同时，德国制造建立在国家、行业、工会的长期合作上，浓缩了机构智慧；学徒培训和工程师教育形成了其成功的经济基础，长期的实践知识基础则成了德国社会的宝贵财富。

更重要的是，德国企业善于向邻居学习，而不是与邻国抗争；合作中他们愿意接受妥协，将此作为一种成功而不是弱点，从而能为了一致的目标而行动。

正是这一切，让德国制造屹立在全球制造业的潮头，成为品质标杆。

质量包括主观与客观

很多国家都希望复制德国制造的成功，但他们大多都失败了。失败的原因在于，他们忽略了德国传统文化对德国制造的深刻影响。其实，德国制造实力和地位的形成，是历史和文化长期演变的结果。

19世纪初，德国还是一个传统的农业社会，随着改革推进，封建制度开始逐渐被取代。历史上，德国曾被分裂成很多小的城邦和小的国家。1871年，德国统一，才有了德意志民族和德意志国家这样一个名称。随后德国进入了一个快速发展的经济繁荣时期，人口大量涌入，城市变得越来越大，基础设施建设有明显进步。1880年，德国就将工人和工程师培训引入了职业教育体系，建立了早期的双元制教育体系。

其实，最初的德国制造曾是“低质”的代表。1870年，英国人为了标记外国产品，针对从德国进口的低质量产品，专门推出了英国商品标志法条款。

进入20世纪，小规模生产向大规模生产转变，这也推动了德国生产的现代化和标准化。尤其是在军备领域，为促使工厂完成军方需求，德国在生产组织方面进行了很大的改造，推动了德国工业新领域的发展。同时，当时的德国科学家爆发出了巨大的生产力，全球有1/4的高端生产制造产品都来自德国的科学家。

1960年，德国开始加强出口。国内消费和高出口拉动了德国的繁荣，另外，中小企业高素质的劳动力也推动了德国经济的发展，他们成长为德国经济的中坚力量。

此外，德国再次成为欧洲的主要经济体得益于三个因素：第一个是国家，第二个是公司，第三个是工会。这三者之间紧密合作，共同推进了技术和质量的拓展，使其市场经济得以极大提升。

德国制造之所以名闻世界，还和其在主观质量上得到的高评价有关。

其实大家对于质量的看法是不一致的，质量没有一个准确的定义。对于质量来说，有主观的看法和客观的看法。

客观的质量，包括社会制度、标准以及科学技术、详细的参数等。很多公司注重客观方面的质量水平，他们认为提高客观的指标就可以提升他们的质量。实际上最终决定企业品质的并不是公司，而应该是他们的客户。因此，质量更需要侧重主观评价指标，这包括产品的社会背景，以及客户的理解、思维和期望。

另外，主观质量还包括兑现承诺。举一个例子，对于客户的承诺，德国企业在几条原则上从来不让客户失望。他们信守承诺、快速反应、为客户创造价值，即使这些信条有的时候会让企业赔钱。但质量比价格重要得多，价格可能会被遗忘，但质量是永存的。所以德国企业宁可赔钱，也不能赔客户。

德国制造能走到今天，正是因为它改变了以往人们对它的印象，撕掉了“低质”的标签。有机构对中国消费者做过调查，问他们为何要买德国生产的东西。受访者90%都回答他们注重德国制造的品质；还有85%的人认为德国制造有安全性，这是他们认可的第二因素；78%的人肯定了德国制造的科技含量；40%的人觉得德国的产品对于环境非常友好。

决策独立造就强大中小企业群

中小企业是践行德国品质的一个重要主体。中小型企业在德国的经济发展中取得决定性成功，主要是因为他们专注、独立性强，做决定的自由度大，能够适应市场客户需求快速变化带来的挑战。

中小型企业很多直接服务客户，对客户需求的反馈较快，他们根据客户的需求解决问题的能力也较为突出，所以企业发展也较快。德国的中小型企业做投资基本上没有外债，决策不受任何投资者或股东的干涉。因此，其投资决策以及应变能力要比大的上市公司强。

德国中小型企业市场融资一般是通过放债权或者放期权，现在德国也在研究新的融资方式。企业的债权方、用人和投资战略，是德国的中小型企业之所以具备强大生存能力的原因。

德国很多中小型企业之所以能成为隐形冠军，首先也是基于以上的原因，这值得特别关注。另外，企业很注重对客户关系的维护。在当前的世界经济形势下，时间非常宝贵，一个企业的决策和运作能不能做到快速非常关键；此外，企业制定的方向也很重要。一般德国企业都是以十年发展为目标，这个十年发展的目标定得是否准确，企业应变目标变化是否快速，是其将来能不能做大的关键因素。

做大了但是没有质量，这样的企业是没有价值的。企业只有在成长过程中同时实现产品高质量，才能真正强大。因此，德国中小型企业首先都聚焦于做强产品质量或者技术质量。

对于德国企业来说，一定要先强大，才能成长，才能变大，要是自己本身不强大，就做不大，只会像泡沫一样消失。

还有一点值得注意，德国的很多企业都很小却很强的原因在于，虽然它们是边缘经济或者边缘品牌，但是能做到全球化；全球化扩张以后，企业就能成长得很快。

在走向全球化的过程中，有时并不是技术或者质量的问题，而是跨文化的理解和沟通能力影响了企业的扩张。

除了全球化，德国企业本土化做得也很突出。前面说过，产品质量是由本地客户来定义的，只有本地客户不断挑战、激发你对于产品质量的高要求，才能诞生更好的企业；同时，更高需求的本土化市场是企业进军国际化并取得成功的一个前提。先做好本土化，才能发展未来的全球化。

“实践教育+学历教育”催生一流人才

提高质量，不仅是投资机器设备，还要对人投资，尤其要对工人的观念转变进行投资。有高学位的高端人才、工程师固然重要，普通工人、一线的操作人员这些基层生产人才同样十分重要。德国制造实际上是一个连接各种社会资源的组合，并不是具有单一人力资源就可以构成。

而人的优质，和教育密不可分。德国实际上有两套教育体系，一种是注重实践知识的教育体系，比如说培育学徒工匠、推动他们成长的体系；还有一种就是我们常规理解的学历教育体系。很多德国企业的CEO或者COO以及高级管理人员，都具备实践和理论这两种才能。

1960年，那时正值德国经济繁荣时期，德国受到实践教育的人数占比能达到90%，仅仅10%左右的人受过学历教育。然而到了2010年，更多的人因为所谓的知识社会去选择了学历教育，现在接受这一教育的人数比例达到了60%，接受学徒教育、工匠教育的人数比例反而不足40%。这种变化背后有一定的政治因素，因为政府希望更多的人去读大学。但是这对于德国经济发展来说并不是好事。实际上，德国还是需要更多有实践经验的技术人员去推动经济社会的发展。

工业4.0需要更多人的参与，尤其是工匠、手艺人这种接受过实践教育、有实践知识的人的参与。

其实，在提出工业4.0之前，德国很早之前就已经提出一个计算机集成制造计划，它提倡在生产中百分之百由计算机控制的制造设备来替代人工设备。这个计划当时的设想是全自动化，没有人工的干预。最后这个计划在1990年彻头彻尾地失败了，没有再继续。这实际上是对工业4.0的一个警告，它给我们一个提示，就是全自动化实际上也是离不开人的。

未来不论技术多发达，智能化生产都不能没有人的参与。如何把人跟机械的智能化结合起来，这是现在工业4.0要突破的一个关键命题。德国所谓的高等教育也有改革，包括对智能技术的培训。原来的技工掌握了一定的技术能力以后，可以直接去大学读本科或者读研继续深造。而现在这个途径是走不通的，必须走常规的高等教育才可以做大学生。

目前，德国国内生产总值的25%来自工业。德国有很多的私营企业和中小型企业。从企业品牌这个角度来说，在一百个品牌企业当中，只有几个著名的大型企业，比如西

□ 马丁·门拉特认为要构建好的企业文化和架构，这样才可以更好发挥“人”的价值

门子、大众和SAP。在全世界比较著名的德国品牌，大多是一些中小型企业的品牌。德国中小型企业如此强大的重要原因，也和工人的高质量分不开。

优化企业决策力成就稳定品质

做好品质，还需要应对各种企业内部和外部的复杂性，这要求企业具备很强的决策和管理能力。

一个企业的决策独立性很关键，能不能自主决策，甚至在很短的时间内，根据长期目标来进行决策调整，这也是一个重点。因为目标是不变的，但是市场在变，所以企业要有应变能力。

企业主要会面临两种复杂性。一种是外部的，包括市场的动态、全球化形势以及增长的客户需求和增质降本的大环境要求等；另一种复杂性又可称为冗余性，是指客观复杂性带来的公司内部的复杂性，包括公司的人员结构的复杂性，各类员工在生产流程中所面临的不同的复杂局面，即人们应对复杂性所作出的更加复杂的反应。

很多企业容易犯的错误是，为了应对外部复杂性，增加了内部复杂性，让管理层人数加倍了，结果效率反而没有提高。创新企业肯定有磨合期，磨合期过了以后就要确定工作模式，工作模式确定后就要确定管理层，然后开启合适的企业运营渠道，这是一个循环。随着市场的复杂性在变化，客户的要求在变化，你可能会添人、减人，或是重组团队，然后又重新进入一个应对复杂性的流程，去重新建立质量流程标准，适应新的市场跟客户的需求。

所以关键点在于，应对外部复杂环境的同时保持企业内部管理效率。我认为重要的是构建好的企业文化和架构。这样才可以更好发挥“人”的价值。

为了突出“人”这一要素，在数字化时代欧洲企业的管理结构已经是扁平化的权力下放形式，这与中国有较大区别。在欧洲，员工跟领导层之间的信任度高，他们采用一种公开型的沟通方式，所以增加彼此的信任度，减少了沟通的阻力，提高员工潜力和积极性。

同时，企业还要解决团队怎么合作的问题。一旦找到了一条大家有效合作的途径，企业就能根据团队的合作方式来寻求破题之道，解决复杂、技术含量比较高的问题。

之后，企业还可以再根据自己团队的工作方式确定质量流程。有了质量流程，大家只要根据流程去操作，就能达到制定的工作目标。通过制定质量流程，企业还可以确定扁平化管理模式，让大家下放责任，降低管理层的复杂性。

此外，企业还要注意管理团队的国际化。现在大型跨国企业，其管理团队一定是国际化的。一些德国企业的高级管理人员不仅有德国人，还有中国人、英国人等各个国籍的人员。走向国际化的企业，不会单一地使用本土化团队来进行管理。

埃因霍温打造开放创新场

文/张少先

张少先，荷兰Vision&Action中欧技术合作与产业化公司总裁、中科院微电子所兼职研究员，在埃因霍温科技大学获得光电子学博士学位，曾在全球光刻机龙头企业阿斯麦公司从事研发工作。

荷兰埃因霍温是欧洲技术最集中的地方之一，一个名副其实的创新之都。如果按国际专利来统计，全球1.25%的专利产生在这里。埃因霍温拥有几十家硬科技领域里的隐形冠军。例如做光刻机的阿斯麦，一台设备可以卖10亿元人民币。

在整个的产业创新方面，埃因霍温已经形成了一个完整的生态体系。正如在珠三角生产手机，我相信在方圆几公里或者几十公里范围内，所有的供应链就能齐备。在埃因霍温，谁想要做一个产业技术的创新、研发某种新产品，都可以进行外包，很容易就能把这些创新要素整合起来。

这几十家企业的成长，与埃因霍温独特的创新环境息息相关。

开放创新助阿斯麦“逆袭”对手

我们先解剖阿斯麦这个“麻雀”，借此看到开放式创新体系在微观层面是怎么一回事。同时，也探讨一下在这种开放式创新背后，有着怎样的生态体系和商业规则。

阿斯麦就是专注于系统集成、市场开拓。到底要干什么东西？你给谁干？企业要把这“一头一尾”牢牢抓在自己手里面。除了整机设计、全局性关键技术开发和系统整合，其他全部通过开放式的创新与大范围的协作来完成。

中间的过程不是不重要，而是开放式的。埃因霍温当地的电子、磁学、光学、装备等各种领域的研发型企业都参与进来，就像搭积木一样高效。这些公司不仅数量多，而且在专业细分领域也处于世界领先。

为什么光刻机那么难？它是人类工业的皇冠，把所有最尖端的东西全都用了，每一个细节都是人类工业的极限。阿斯麦能够整合指挥外部几百家企业、几万名工程师一起做这件极复杂的事情。几间屋子那么大的产品，一台能卖10亿元人民币。

这个模式其实不难理解，制造业企业平时做生产外包的时候全是这样来操作的。把它换成生产外包管理，就是一种很熟悉的事情。但阿斯麦的特色在于，研发一个新东西的时候也可以用这套体系。

成立之初，阿斯麦就朴素而自觉地推行了外部生态体系建设。它曾经是飞利浦研发部门旗下一个项目，独立成为公司时遇到很多困难。因为光刻机本质上就是个“大照相机”，蔡司镜头是阿斯麦最重要的合作商。阿斯麦就去找蔡司，要求在镜头供应上提供优惠的协作，并承诺超额利润分享。

进入21世纪，阿斯麦迅速建立起行业领导地位，在新一代光刻机上遥遥领先于此前最主要的竞争对手尼康和佳能。这其实是开放式创新体系的胜利。因为当面临着代差性技术升级时，以前的积累有相当一部分可以说是“不算数”的。企业如果靠着自己，或者是比较固化封闭的体系来一步步探索着走，就很慢。与之不同的快速布局方式是，同时找一批术业有专攻的协同单位，给他们提出探索方向需求，对每家都提供节点淘汰的渐进式合同，在各个方向上同时推进，大幅提高整体效率。阿斯麦就采取了这样一种方式迅速甩开竞争对手。

阿斯麦在企业内部也实现了高效协同，销售、市场、技术、供应链、客服等一体化工作，这个本事很多企业都没有。我10年前在阿斯麦的时候，研发部门有5000人，配合摩尔定律每18个月左右都必须推出新一代产品。对于光刻机这样复杂的产品，在高速发展中，既能保持整体的品质稳定，又能保持微观的创新活力，阿斯麦体现出了非常高的管理水平。

需求拉动形成创新链条

移动互联网时代，大众对快消品和网络应用的创新比较熟悉，这些创新很多在快速迭代中完善，不一定要求严谨布局和系统性的演进，经验性方法很多时候更有效些。但在光刻机这样的复杂性装备背后，方方面面的影响因素非常多，大部分超出了经验之外，我们无法以经验的方式去管理。

企业家需要对世界的复杂性有深刻的认识，从本质上提升做事的体系、方法。当然不仅是复杂性装备，很多企业家可能都有体会，越在自己的行业里深入，面对的越是一个多元化的问题。行业头部企业、“单打冠军”不断专精下去，其实越尖端的单点问题往往越需要综合性的解决手段。一些细节表面上好像没什么，但打开之后又是另外一个世界。

我的观察是，大企业有大企业做法，中小企业有中小企业的做法。如果就从中小企业的视角来看的话，创新是在大致四个层次上很好地结合。大学是在最底层的层次上做基础研究，各种应用研究所是第二层次做应用基础研究，第三层次是大量的专业技术服务公司做应用开发，企业是在最上面的市场应用层次上。

大多数领域的中小企业很难跟大学和应用研究所直接合作，埃因霍温有大量的专业化技术服务公司来支持企业做应用创新。对于一家中小企业来说，我把自己从市场中提炼出的创新需求跟一家在相关领域非常专业的技术服务公司讲，他们解决不了的问题，再由他们请专业研究所来支持，依次传递到基础研究。并且这个过程是个明晰的经济账，涉及项目制的进度管理和明晰的知识产权定义。这是一个整体效率高和资源配置较为优化的创新过程。

产业级创新基本都是需求拉动。通过跟20多家在荷兰、德国、比利时等地的“单打冠军”合作，我的这种体会非常强烈。当自己说自己有一门手艺，或者自己在哪个方面很强，想把它变成一个能够销售出去的产品、形成整个链条，这是极难的事情。但是反过来讲，客户有了明确的、愿意直接来付费的需求，再传导下去的话，两者成功率至少差一个数量级。

□ 张少先根据自己与多家“单打冠军”的合作经历，认为产业级创新基本都是由需求拉动

企业是创新需求的驱动主体，但不是创新过程的承载主体。创新过程没有单一主体，是个分层次的体系，哪个层次高人一等，是定位不同。

商业生态支撑开放式创新

阿斯麦这类企业是在埃因霍温的开放式创新土壤中成长起来的。这个地区给其提供了营养，有一套生态体系和商业规则、共识，有一系列很朴素的制度性安排。在这个地方，按照一定的套路，很容易能做出来创新性成果。埃因霍温的企业来找技术服务商合作，双方在三个方面会不需要做太多探讨，但这在其他地方可能会是很大的问题。

第一个方面就是知识产权归属，这是一个重要问题。这里有一套约定俗成的文化和商业规则。这包括两点。一方面，出资者拥有新产生的知识产权。另一方面，技术开发方不可以为同行业做相似的东西。其他有的地方可能是，请一家公司或研究组接受委托开发了一件东西之后，可能稍微变化一下就给别人做，他也几乎没有觉得什么不妥之处。如果在这种事情上没有一个约定俗成的、很容易执行的规矩，企业创新服务做不起来。

第二个方面是风险控制与承担。创新都想做，但创新就要投入，就要承担风险。不仅是财务风险，而且还有时间成本。并且在做一件创新工作的时候，可能有多种路径选择，怎么来控制风险？技术开发方是受委托开发，拿钱办事，不承担风险。在实践中，创新的工作要分阶段走，比如第一阶段就一小笔资金，做初步可行性研究，把方向性的东西很简洁地讲清楚即可。然后再通过详细可研、样品、样机、小规模、大规模一步步分阶段走过来。委托方和开发方以合同关系，清晰地界定每一步，并且每一个阶段后可能通过终止来止损，这样通过控制走的节奏来控制财务风险、时间风险，实现“小步快走”。

埃因霍温有一种鼓励创新的精神，允许创新失败。技术提供方就是失败了，也能拿到已做的工作应该收取的报酬。从企业角度来讲，这些事情最终都要算经济账，通过上述小步快走的方式把风险控制在一个可接受的范围内。

企业进行创新支付了很小的一笔研发费用，后来不小心挣了一亿元，但这是企业的运气，开发者也别眼红，因为这个付费研发中产生的知识产权是归企业的。但反过来讲，当企业花了一大笔研发费用来做创新，但这件事情最后失败了，开发方拿研发费用也心安理得，双方按照合同约定互动。

第三个不需要花费太多精力探讨的方面，就是技术成熟度等级。对于一个项目能做到什么程度，大家有着清晰的共识。企业不会指望着创新就一下子做出产品来。产业创新有自己的内在规律，技术成熟度从一到九级，每一级都有其内涵和定义。一个技术开发商可能只做到第五级别，第六级要找其他人做，这是一套体系。

在埃因霍温做创新研发有这样的套路和规则，及所形成的生态系统。创新，特别是严肃的深层次创新，没有规则和系统是不可能的。

大平台孵化“单打冠军”

开放式创新体系之所以能够比较好地在埃因霍温建立起来，飞利浦很重要。很多都是飞利浦孵化出来的，本来都是同一个家族，大家的管理方式、文化差不多，都是一个模子出来的。所以大家互相的信任度高，沟通成本、交易成本又低了。

阿斯麦从1984年在艰难的情况下成立，1988年就获得盈利。飞利浦对它起到一个非常重要的支撑作用。埃因霍温有几十家“单打冠军”，其中绝大多数都跟飞利浦有渊源，它们早期的创新很多都是飞利浦培育出来的，根在飞利浦。20世纪60—80年代的飞利浦，规模非常大，而且开展了很多的基础研究和关键技术与装备的布局，不追求短期回报。阿斯麦的前身就是飞利浦研发部门的一个项目，技术溯源可到20世纪60年代中期，1984年阿斯麦独立出来后也持续地受到飞利浦的全面支持，直到1995年上市。

做一件复杂性很高的事情时候，要有能够提供丰富资源的技术孵化和产业化支持平台。像阿斯麦这么厉害的企业，如果没有像飞利浦这种超大型组织约30年的培育和支持，很难取得今天的成功。阿斯麦以及孕育了这样一批单打冠军的体系不是一般意义上完全市场自由竞争环境的产物。这对中国的体制机制也是很好的对比印证。

荷兰的市场经济非常完善，现代市场经济其实相当程度上就是在荷兰发轫，埃因霍温这里的产业集群和生态体系的发展历程很值得玩味。中国发展到今天的阶段，创新体系也需要更加协同、开放，希望埃因霍温的经验对中国能够产生借鉴。

小国丹麦擅做世界名牌

文/图本·皮特森

图本·皮特森，哥本哈根商学院战略管理与全球化系教授，生于1958年。1988年在罗斯基德大学经济与规划学院获政治学硕士，1999年在哥本哈根大学获国际商务博士学位。曾任哥本哈根商学院国际经济与管理系系主任、丹麦国际商业学院院士。曾在意大利帕多瓦大学、印度金奈帕克全球商学院、维也纳大学、西班牙巴伦西亚大学、瑞典哥德堡大学等高校担任客座教授。

丹麦的制造业具有灵活、敏锐、可持续性的特点。丹麦有一些世界出名的企业，有大家所熟知的嘉士伯、ECCO鞋业，乐高、诺和诺德、维斯塔斯、马士基等，其实可以不夸张地说，这些可能只是冰山的上部，水下还有更多丹麦的企业也值得大家进一步的研究。

丹麦是一个面积并不大的国家，人口也只有550万左右，可能它的面积也抵不上中国很多中大型城市的一半。但是为什么这么小的一个国土上，能够诞生这么多世界有名的品牌？

如果看一下丹麦制造业的发展历史，自21世纪初以来是面临了很多各种各样的挑战，但是丹麦的商界、工业界、政府以及高校、科研机构、人才，大家都会联合在一起，形成丹麦制造业的一个强大的协作，他们的愿景就是希望把丹麦塑造成世界上领先的制造业国家。最近几年，丹麦制造已经从原来最初的单纯数字化，逐渐转向成以数字化为基础开展工作，实现可持续性发展以及人才的培养和发展。

数字化转型助力智能化工厂

对于丹麦制造业的强大，我们探究一下它的原因，第一，丹麦的文化或者是人与人之间的信任相对是比较均衡的，它是均质化比较明显的一个国家；第二，大家如果研究丹麦的历史会发现，这个国家是不断地变化，不断地改变自己，从而适应一些大的邻居邻国；第三，比较重要的就是这边的企业家都是非常富有创业精神，同时他们也都有非常愿意合作的心态；第四，这里有相对来说适合于人才发展的法律法规的环境。在丹麦，即使在企业中你有一天不幸失业了，你也有相应的福利保障制度，能够使大家没有失去基本生活保障的后顾之忧。这些可以说都是丹麦为什么能够在小小的国土上铸造出不少举世闻名的品牌的重要原因。

使得丹麦的制造业能够越来越强有三大要素，第一是科研，第二是创新，第三是教育。科研是主要是跟院校合作，创新是跟企业结合，然后再加上不断的培训，不管是企业内的培训还是外部培训。所有的这些合在一起，构成了一个非常好的生态系统。也就是说，在丹麦，你能看到制造业方方面面的利益相关者，大家联合一起来发力，使得丹麦的制造业能够更好，这可能也是丹麦这个小国发展制造业的一大优势。

还有很重要的一点就是，近年来，丹麦的制造业不断往数字化方向转型。有一个

□ 图本·皮特森（右）认为丹麦能够在数字化浪潮中快速适应新的技术

例子，从1940年到2010年，计算机的成本在持续下降。这意味着，越来越低廉的计算机使用成本或者运算成本，导致我们能够更多地使用计算机数字化带来的便利。自动化的机器人模拟、工业的物联网、网络的安全云计算等数字化技术的应用，这些其实就使得我们能够给制造业带来越来越多的有利因素，同时又能反哺计算机技术的发展。

我也遇到过很多的企业，他们实际上就是借助计算机功能的日益强大而变得更加智能。大家都知道3D打印、增强现实、虚拟现实、合作性机器人等技术，所有这些实际上都是帮助制造业更加智能地发展，帮助制造业打造智能化工厂，归根结底还是要帮助企业更好地适应客户的需求。通过这样的智能化工厂，能够把生产线变得更快捷、更灵活，同时也能把工厂布局在距离客户更近的地方。一个例子就是优傲机器人。为了安全，原来传统的机器人手臂需要有一个护栏，与人的操作隔离开来。现在优傲机器人手臂能够做到跟操作员肩并肩一起来作业。

可持续性发展让企业从中获益

丹麦的制造业为何变得越来越强大？除了数字化外，还有就是灵活、敏捷、可持续性以及人才。

谈到灵活、敏捷，通过数字化已经实现了一部分，当然这两个方面也可以做得更好。现在我们加入了新元素，其中一个就是可持续性，指制造企业越来越侧重可持续性发展，是一个不可阻挡的趋势，这已经成为丹麦制造业的共识。

可持续性发展是企业主动性的选择，他们承受了来自方方面面的压力，促使他们要做这样的一个转变。譬如说来自一些新制定的、新推出的法律法规的要求，来自政府层面的政策的一些要求，还有来自客户的要求，所有这些都给企业形成了压力，使得企业要越来越重视可持续性发展。如果企业现在不采取相应措施改变，可能在未来就要被淘汰了。

另外，可持续性的发展并非只是一个概念，其实对企业来说也是有非常好的商业案例，所以企业在可持续性发展的转变过程中也能从中获益，甚至是一个长远来看非常值得的投入。

谈到可持续性发展的趋势，实际上有四个方面：一是回收计划，这个计划是帮助企业思考，把一些旧的产品回收回来拆解，然后看哪些东西可以再次利用，而不会造成全部浪费。比如，丹麦的诺和诺德公司每年销售15亿个胰岛素注射器，注射器使用了金属玻璃、塑料等原材料，为了减少资源的浪费，他们会回收这些产品。

二是产品设计环节引入循环理念。例如，丹麦格兰富水泵公司的水泵如果要更有效率的话，很多的元器件要更加集成化，但越集成化就越难把它拆开，为了能让一些相应的元器件再重新使用，在产品的设计的阶段就要考虑保证效率不断提高，同时要保证可拆解性。

三是可持续性供应链的设计，要保证整个供应链，不管是供应方还是中间的生产方都要能够达到实现设计中体现可持续性的因素。

四是当你销售一个产品的时候，你卖的或者是客户看中的并不是这个产品本身，而是产品的功能，所以不是像以前的概念只是卖物品、产品，更多的是卖包含其中的服务。如丹麦雷达监测生产商WEIBEL，现在他们不光是销售他们的雷达设备，更多是帮助企业、帮助他们的用户更好地使用他们的产品，所以对于一些他们的用户来说，现在更关注的是WEIBEL除了产品以外能够提供一系列的解决方案。

忠诚好学的员工支撑产业创新

丹麦制造变得越来越强的另一个重要因素是人才。现在人才的竞争对企业来说也是至关重要。因为有虚拟现实和增强现实这两种技术，能帮助我们对人才的培养有一些新的理念，可能不一定像以前那样一定要让人才去看什么读懂什么，因为有虚拟现实出现，大家能够更直观地了解。现在很多企业能够通过使用现代的技术，帮助企业更快更好地升级人才的知识储备和知识结构。

丹麦企业有一个特点，他们很多员工都非常热爱公司，也把公司当成了自己的事业，所以他们不光是非常忠实于自己的企业，也同时会非常愿意为企业做很多设想，思考怎么样能够更加创新，帮助企业更好地发展。

这不是短期形成的，实际上是经过了几十年甚至上百年的传统，使得整个丹麦不论是在文化方面、人与人之间的信任方面是比较均质化的，这可能就是这里的员工的忠诚度比较高的一个重要原因。我除了在丹麦生活，也在意大利居住过好些年，能够看到丹麦作为一个比较小的国家，不管是文化还是人与人之间的关系上，都有一个比较均质化的一个特性，这在其他的欧洲国家你并不能看到类似的特点。

另外，再补充一点，也许大家看一下整个世界的工业发展中，丹麦并没有真正创新了太多的技术，但是他们强在能够快速适应新的技术。譬如说数字化浪潮中能够很快适应；还有一点就是企业的员工都能够以非常开放的心态去学习新的技术。

丹麦的员工很大部分，或者可能有一部分，害怕失去他们的工作。所以在数字化浪潮、智能制造的过程中，他们感受到了压力，必须要不断学习更新自己的技能，但更多的员工实际上是愿意学习的，他们保持着一直学习的习惯。其实现在通过应用更多自动化、机器人取代了一些日常的、重复性或者是繁重的体力劳动的工作，人们能够把时间和精力放到他们更感兴趣的编程，可能你做一个机器人编程员比机器人去做那些事要更有趣得多。

总而言之，不管是研究机构、企业还是政府，大家都在合作推动丹麦的制造业发展，从原来最初的单纯数字化，现在已逐渐转向在数字化的基础上，实现可持续性发展以及人才的培养和发展。

第四章

佛山笔记

传统产业能否创新

“他们敢于追求比较大的梦想，希望达到万亿级、千亿级的产值。而佛山的企业善于把自己的事情做好，慢慢推进自己的创新。”一天内走访了华讯方舟集团和大族激光智能装备集团两家企业后，日丰企业集团副总裁李白千感慨。

一个进入了鲜有民营企业敢于触碰的通讯行业，探索颠覆式创新；一个凭借强大的“地面作战能力”，以应用式创新开辟多个产业市场。华讯方舟和大族激光等科技企业，为何会具有这样的创新魄力？

在制造业大市佛山，创新是最受企业关注的话题之一。在坐拥大批传统产业的背景下，佛山应该如何用创新来引领传统产业焕发新的生机，并不断培育新的创新价值点？更重要的是，如何进一步优化佛山的创新氛围，培育敢闯敢试的土壤？

佛山企业如何仰望星空

鲍杰军（欧神诺陶瓷董事长）：深圳有这样充满活力的企业，跟我们在佛山看到的企业确实不一样。大家各有千秋，并不是说谁好谁坏。我认为这两家企业给我总体的印象是特别有活力，两家企业的创始人都很有情怀、激情、梦想，他们做的事情都是有追求的事情。这跟我们佛山企业家的做事风格可能不太一样。

华讯方舟做太赫兹这个新的方向，是凭着情怀往前跑。这家公司目前的经营状况可能是通过各种方法向太赫兹这个业务输送弹药，坚持往前走。深圳这些创新者，就是想方设法找到资金来支持他想做的东西，期待着成功。但是我对此也有思考，在这种经营方式下，企业不是完全按照市场化的方向往前走，可能会依靠政府的支持，未来将怎样发展？

李白千（日丰企业集团副总裁）：华讯方舟的创始人很不一般，他有很新的想法，在坚持往更高科技领域进攻的同时，他又懂得“退而求其次”，把难度稍微没有那么大的技术产业化，从而支撑更高难度技术的开发。比如在Ku、Ka波段兼容卫星地面网络方面，他们做到了全球市场占有率第一。利用Ku、Ka波段，他们实现了人体安检仪等产品的生产和销售。

华讯方舟带给我的感触是，深圳的创新意识是比较强的，站的起点也高，创业者敢于追求比较大的梦想，希望达到万亿级、千亿级的产值。这种胸怀是我们佛山的企业家所欠缺的，佛山的企业家善于把自己的事情做好，慢慢推进自己的创新。如果要跨出很大一步，特别是在还看不清楚前景的时候，对佛山企业家而言非常难。而深圳的土壤就让企业家有敢闯的勇气。正如周其仁教授所说，这些企业中，有失败的，但同时也肯定有成功的。重要的是，这里有土壤让大家敢于闯。

深圳的企业既有仰望星空的能力，也能脚踏实地做好自己的工作。华讯方舟创始人站在很高的起点，有很大的梦想，同时他也在落地推动Ku、Ka波段的产业化；大族激光一边在推动万瓦级激光设备的研发，一边把激光加工方式进行多种演变，应用到多个领域，将可以产业化的部分，成功利用深圳很好的产业配套来实现产业化。

如何实现最大限度产业化

张伟明（星联科技董事长）：我所在的企业星联精密，主业是做模具的，1993年开始到现在，做了30多年。现在，做模具的规模体量相对有限，但是它的利润空间还是有一点。我们现在做到2亿多元的规模，有5000万元左右的利润，我们之前新增了4亿元的固定资产投资，包括产房和装备，希望能够做到4亿—5亿元，做到4亿—5亿元时利润相对比较可观。

大族激光发射器使我联想到我一个已经做了5年的新项目。项目源自华南理工大学一位教授的科技成果，该教授同时也是工程院院士。这个新项目是将院士的科技成果进行产业化，我们专门成立了一个公司，从2015年开始做到现在。

这个新项目做的是压印技术，是对于高分子材料的一种新的成型原理，过去的成型原理已经用了100多年了，它是把高分子材料熔融塑化到能够输送，这也是目前注塑机的成型原理。注塑机对于我们行业的作用就相当于激光发射器对于激光行业的作用，它可以用在很多产品上面。塑料制品、管材、薄膜等都离不开材料的熔融塑化。而我们现在做的新成型技术，有别于原来的一个成型原理，它的加工范围更宽了，加工材料的性能也有很大的提升。

新技术有了，用怎样的模式做产业化？其中最重要的一个是角色的分配，作为原理发明者的院士，他是行业的泰斗，有卓越的成就。但是在产业化的时候，他未必能够把握得住。科学家很多是带着一种做科研的心态，这跟我们做产业的心态有很大的区别。我们将来做这方面事情，一定要注意角色分配，包括某个方面的技术路线或者市场，谁来负责决策？科学家当然也很想把事情做成，也投入了很大精力，问题在于商业决策的角色和以前做科研的角色不同，在判断上可能存在很大出入，取得的效果会不一样。作为企业家，我们是思考怎么样先把技术落地，在循环当中，再去一步一步升级。企业要先生存再发展。这一块必须要平衡好，企业才不会走弯路。

叶永楷（新明珠陶瓷常务副总裁）：大族激光在2017年做了很重要的产业布局，对于消费变革，特别是在手机行业的爆发性增长，把握得很准。同时，大族激光把激光技术很广泛地对接了很多产业。

以陶瓷行业来说，十几二十年前所有的瓷砖都是靠人盖章的，大概在三四年前的时候，新明珠全部换上了激光打码，而且可以溯源。每一片瓷砖用激光打上的码都留有痕迹，每卖出去一片瓷砖，都可以凭此溯源。新明珠在2014年的时候建了一个智能化工厂，也是中国陶瓷行业首个绿色智能制造工程，在这个过程中我们创造了六个“第一”，其中一个就是扫码系统。大族激光其实跟陶瓷行业还没有对接上，我们用得更多的是另一个品牌。中国现有陶瓷企业超过3000家，几千条生产线，每一条生产线最少都要一台激光打码机，如果产量大，还需要两台，这也是一个很大的市场。我认为激光可以应用到很多产业。

传承的困境与创新的迷茫

周建新（承安铜业总经理）：我们公司是生产应用在线路板上的铜球。每台手机里都有绿色的线路板，这个板看上去是一整块，但是里面其实有很多不同产品。在制作线路板时，用激光打出小孔以后，再电镀铜球去连接每一层电路，这就是铜球的作用。

承安铜业从1992年开始做铜球，做了20多年，直到2017年之前都是单一工厂、单一行业、单一产品。一讲到铜球我们都是响当当的，目前公司最大的优势在于产品已经占全世界1/3的市场份额，但是最大的劣势也在于此，最大的优点也是最大的缺点。我接班以后，90%的精力放在这个产品上，但是我没有信心再去提升10%。这也是企业传承遇到的问题。

我接班这两年做了两件事情。第一，我在国内开了一家新公司，同时在韩国也开了一家子公司。我的想法是，不管是韩国子公司，还是国内这家新的产销分离的公司，目的都是做更多的产品。因为PCB线路板有很多产品可以做，我希望除了铜球以外，公司还可以卖更多东西，直到有一天量变产生质变，成为一个品牌。

第二，我开了一个环保公司，环保公司也是为了给线路板厂做一些环保处理。制作线路板的时候会产生很多废液，废液里面有铜，这个环保公司主攻方向就是把废液里面的铜提出来，再用铜球去置换这些提取出来的铜，形成一个闭循环。

接下来，我希望在日本、泰国、新加坡都开公司。由于环保公司本身有很多化学制成的需要，比如线路板本身需要很多药水，我打算继续延伸做这些。我感觉自己是越做越多，越做越杂，似乎与“简就是美”相违背的。

同时，我在参观华讯方舟的时候还有一个疑虑，到底一家企业的董事长对技术的了解和参与的程度需要多高？企业的研发方向是怎么定的？怎么开展的？再延伸一下，企业的接班人是否也需要对技术有了解？研发的时间越长，深度越深，其实接班人越难接手。这也是我现在面临的问题之一。我布局的环保公司，也没有百分之百弄懂很多技术上的问题，我进入这个领域是觉得市场需要，正好我的企业也有这些优势，可以形成闭循环，而且承安铜业规模还是比较小，可以在这个方面赋能。我其实挺想知道其他的企业家接班人在做产业延伸的时候是不是也有我这些顾虑？是不是需要去赌？

制造业大市需要新形象

张伟明：继续我刚才所说的项目，经历了这么长时间以后终于有产品出来了，要开始推向市场。现阶段，我们又面临另一个问题。因为技术应用面相当广，高分子材料仅仅是国内市场就是几万亿级的，如何让技术有时效性呢？如何在尽量短的时间内，利用好各方资源，尽快地把它推广开来？我认为问题在于如何能把人才聚集起来，把人才统筹好，发挥出他们的能力。星联精密从1993年成立到现在20多年了，经过慢慢招人培养的漫长过程，如今在模具方面我们不缺人才，但是要一下子组织一个战斗力比较强的团队，确实很吃力，这一块我有很大的疑惑。

华讯方舟有一点让我很受启发，为什么深圳有这么多人才汇集？而在佛山要招比较高水平人才却很难？可能是城市形象的问题，大家对佛山企业和深圳企业的认知有本质区别，人们普遍认为佛山可能很稳、很守旧，不那么愿意冒险。而深圳就是“冒险家的乐园”，很多机会，所以人才都聚集在深圳。研发说到底靠人才，深圳企业的人才，摆出来都是豪华团，前台都有可能是“985”毕业生。为什么佛山这么难招这类人，差异在哪里？佛山不能在这方面形成短板，这是企业发展的核心。

深圳还有一个特点，即城市化，生活配套非常好。在这方面，佛山也要对症下药，怎么去弥补这方面的短板？接下来佛山很多传统制造业企业、企业家，要思考怎么样可以有一个好的新形象。政府要思考如何吸引人才进来，在人才引进上要有举措，政府要帮助企业解决人才这个核心问题。吸引人才，第一有集群的效应，第二他们会考虑有无发展空间，以及城市的生活品质怎么样、医疗教育能否跟上等。

吴平平（*精铟海洋总经理*）：深圳有其高大上的地方，更贴近世界的潮流，更有创新的大环境，聚集了大量的高科技人才，这都是深圳优于佛山的地方。而我们佛山有什么呢？佛山有企业家资源优势，有产业集群的优势，佛山人的商业意识自古就有。佛山要做的是找对自己的定位，不按深圳的发展模式去追赶深圳，而是发挥自己的优势，为深圳、为珠江东岸做好配套。高科技最终还是要落地的，佛山对其落地有着不可比拟的优势。我们的企业也同样地需要做好定位，在深圳企业面前就能挺起胸膛做好自己。我们不是落伍更不是落后，我们只是在不同的分工中各自发挥不同的功能，各有千秋。

其仁夜话

要敢于在边界上尝试新的东西

周其仁

敢于碰一个产业界以及大多数中国人都不敢碰的新东西，这是中国企业需要的精神，也是在中国一定要有人做的事。若是谁都不敢碰，产业发展与突围将没有出路，所有企业都只能在“红海”里面煎熬着。

这种精神，我在深圳企业华讯方舟身上看到了。华讯方舟涉足的产业领域是通讯行业（业务包括卫星、太赫兹等）。这个行业过去并没有开放，竞争很激烈，一定要找新的出口。华讯方舟敢于碰通讯领域，是恰好遇到了有想法的科学家，并且没有错过这些想法。这值得佛山企业学习。

马斯克是一个典型的“敢想”的企业家。

马斯克所发家的硅谷，其做派一直是尝试别人不敢想的事情。他本人更是如此。他一贯大胆，着手的所有题目都是开脑洞的；他开发的一些项目即使不一定成功，也给人类创立了一种新的可能，比如瞄准移民火星的Space X。他的一些探索甚至超越了NASA（美国国家航空航天局），引来NASA向他学习。

我访问过马斯克的几个项目。其中一个是在洛杉矶的一片沙漠中，由70多个人历经10年，以摩托车做试验，探索制造登陆火星的发动机。该项目资金来自风险投资，投资者的想法是，若项目一旦成功，前景利润将极为可观。因此愿意投资的大有人在。

企业家能百无禁忌地想、脚踏实地做，哪怕不一定成功，这也是给国家经济发展开路。佛山这么大的地区，聚集了这么优秀的制造业，总要有一支队伍干这件事情。

佛山企业要敢于在边界上尝试新的东西，能经受得起好听的话、难听的话、怀疑的话以及各种翻江倒海的挑战。如果企业家都爱惜羽毛，承受不住争议、怀疑，干每一件事情都一定要成功，就很难杀出一条路。

创新都需要决策。以华讯方舟为例，它涉足多个新的应用市场，包括检测、扫描、爆破分析等。这些市场看上去前景都不小，都具备可能性。但是逻辑上可能的事情，要最终在现实层面变为可能、切实开辟出一个产业，这中间还有很多难关。关于进入哪些市场，企业内部人员、科学家都有自己的观点道理，华讯方舟的老总怎么判断？他也不是无所不知的人。我认为，最可靠的还是回到自己的经验，从自己的决策模式当中去思考。

现在深圳有一批头部企业在怀疑的声音中一直生长、做着创新决策，这是健康的发展。佛山则比较缺少这样的企业，佛山的老总没有练习过这种“科目”，要多做相关锻炼。因为你在未来的发展中早晚有一天会碰到类似的难题。

速度与质量如何取舍

“现在反过来佛山应该向外面学习，到这个时候了。”欧神诺陶瓷董事长鲍杰军说。在走访三一重工、楚天科技和星邦重工三家装备制造企业后，多位佛山企业家观察到了内陆城市后来居上的态势，也被内陆企业家敢想敢拼的精气神感染。

高铁改变了中国的格局，时代的变化悄然而至。相比当年的“孔雀东南飞”，如今劳动力从珠三角回流内陆的趋势渐显。从区域经济发展的空间格局，到每个个体的所思所想，都在发生着变化。

在企业管理上，不断推进企业职业化程度；在生产管理上，努力将精益化生产做到极致；在品质管控上，高度重视对人的投入……这些所见所闻，不断撞击着佛山企业家的思想，面对内地城市的“赶”甚至“超”，他们也更坚定了对品质的追求。

为客户争取最好的东西

何文俊（德冠薄膜新材料轮值总裁）：相比创新的深圳，长沙更多的是如何把现有的东西做到极致。关于品质，其实大家有好多的想法，但是关键没有专家对这些进行理论层面的提炼。比如说周其仁提出的“品质定力”，我是第一次听说。我的第一想法是，什么东西可以把它提炼到有定力？我们一般说要战略有定力，肯定在你要做出选择时要对坚定不移坚持的东西才需要定力，如果以这个角度来说“品质定力”应该长在我们脑海或者经常听到才是，但是并没有。我们说重视，但是很多时候又忽略了品质。周其仁教授提出的这个“品质定力”的理论升华，让我们更加坚定对品质的追求和坚持。

在市场和品质之间的取舍问题，我相信每一个企业家都经历过。订单很急，客源很重要，你现在交不出货，这个客人就会丢失，之所以会面临这种选择，首先是我们没有“品质定力”的概念。我们认为顾客是上帝，其实不是的，这句话正确的表达方式“以客户为中心”，而不是上帝。我们应该把最好的东西给他，为他争取，这才是我们正确的企业价值观。正如周其仁教授所说，你短期内为了品质而做出的市场让步，你的竞争对手最终会因为他的低质给你做最大的广告。当我们把品质做得比我们的竞争对手好很多时，他进入市场其实就是给我打广告，甚至他再也没有进入市场的机会。

周建新（承安铜业总经理）：我自己给自己的原则是，世界上只有一种正确的情绪，就是冷静。很多企业选择了发展速度而牺牲了质量，我很关心这个问题，因为承安铜业子公司环保公司就是面临这个矛盾。2018年，我们环保公司的订单一直满单，而且很多社会资本进入这个行业，对手更多了。大家都希望短期内抢到更多订单。

我们的技术提升了很多，但专业人才相对短缺。在这种情况下，我们选择了牺牲发展速度。我们从2018年9月开始，已经暂缓开发省外客户，以已经签约的客户需求为主，服务好每一个客户，建立研发中心，大力发展该领域的技术研发，招募更多人才。公司员工数量，差不多每个季度都以双倍数增长。

我相信坚持品质为先，环保公司和整个承安集团才有长远发展。这些话好像很好听，但坦白说我个人非常痛苦，因为订单很多，但还没有进入盈利阶段。高速发展的时候，其实真正回报是在后期。一边不接订单，一边又还没开始盈利，还要做决策，其实很痛苦。我们只是相信未来会更好，坚持品质，咬牙坚持下去。

张伟明（星联科技董事长）：企业发展有一个过程，不同阶段有不同阶段的红利，最早是做出来就能卖，只要市场缺乏都能卖；第二个阶段慢慢生产厂家多了，消费者要求慢慢提高，尝到了质量有问题的亏，佛山企业品质已经有相当基础。“品质革命，对标世界”，我认为这是精益求精的过程，不是我们本来品质不行。现在，品质不行的已经大浪淘沙淘掉了。

陈迪（肯富来泵业副董事长、总经理）：品质除了产品质量以外，也包括企业运行的质量。企业运行的质量，可能现在也是我们中国企业通过引入卓越运营体系、ISO曲线，实现可持续发展的核心问题。企业除了产品要做到极致以外，最终企业要盈利、赚钱。企业要高速发展是正常的，因为要上规模，要做龙头企业。

老员工是企业的宝贵财富

谢建（菱王电梯总经理）：楚天科技在企业内部推工匠文化非常值得我们学习，佛山市政府主导推工匠文化、工匠精神，我们企业到现在已经有两个高级工程师获评“大城工匠”，他们非常有自豪感。我们做制造业的需要工匠精神，如果我们能够学到这一招，回去以后在企业内部也有系统地、有计划地推工匠精神和文化，定期评出一些工匠，将会产生极大的影响。比如楚天科技的董事长还把工匠邀请来一起参加我们的交流、座谈，我觉得这个是非常值得我们学习的。

李白千（日丰企业集团副总裁）：现在强调工匠精神，工匠有几个层面。第一个层面就是熟能生巧，大家都是计件工资，你一个小时做10个就比别人做8个多出两成。第二个是钻研，在这个基础上钻研，通过新的工具改变方法提升效率。这个就是我们现在所需要的工匠。再更高层面，是把过程中的所有实践经验提升到理论水平，这种理论水平，变成体系、文件，让这个体系里面所有人成为工匠，放之四海而皆准，可以复制。这个未来对整个行业、产业的某些工序产生将有很大的影响。从匠人到匠师，打造工匠中的工匠，佛山未来可能在这方面，依托体系和理论，让体系里的人都成工匠。

冯国球（永久纸业董事长）：楚天科技没有看到几千万元的加工设备，但是花了大力气投在"人"上。品质革命首先从人的认知开始。"人的革命"能够解决了，我们的品质革命就能够上去了。要让所有员工对品质有充分的认知，我们再来给他们输入理念，这就是水到渠成。

我自己的企业一路发展过来，以前跟员工天天讲要有品质观念，这么多年，观念有提升，但是没有达到要求。我们研究为什么，发现就是意识不到，当意识达不到高度，观念是无法灌输的，所以要把人的思想弄通。

一个企业的老员工就是你的宝贵财富。所以多年来我们也看重对老员工的待遇提升。如果没有一个强大的员工队伍，品质革命就只是口号。

佛山很多企业做到一定程度，自己都会对标。2010年，我们做了超前十年规划，对标日本的同行。只要敢走出去就知道自己的差距，走多了就知道，不单是看高大上的东西，还有很多细节的东西。不仅要看到别人的长处，明白在他们身上能够学到什么；更要对比自己有什么样的优势、核心竞争力。

2018年我们组织厂里1/5的人、40多人去日本10天，去5家同行企业学习分享，看别人怎么生产，同行也愿意分享，回来以后思想真真正正转变，认知意识改变。100万元不到的成本送这些员工出去，回来相当值得。他们带来的头脑风暴会对整个企业有很大的启迪，我们现在的生产过程跟日本几乎一模一样。国内现在很多企业来对标我们，每年有一两百家企业过来参观学习。

推动企业组织变革

鲍杰军（欧神诺陶瓷董事长）：这几天下来，我自己也在想一个问题，我们走了深圳、长沙，自然而然会跟佛山比较。三地的企业家和政府，到底是以一个什么样的状态反思自己？我们出去学实际上是为了反思自己以提升自己。从深圳的企业家到长沙的企业家，我们发现现在的差距越来越小，特别是今天在长沙，这些企业家都很有梦想，这很有特点，又有激情。

长沙也是出乎意料，从星邦重工到楚天科技，创始人怀有梦想。我觉得这种梦想家、冒险家，从整个国家来看都是需要的。我们需要企业有梦想、激情，并为此前赴后继。这也是为什么我国这么多年会发展得这么快的原因，实际上就是有一批这样的企业家、梦想家、冒险家在拼搏，从整体的势头来看是滚滚向前的。有的人可能“死”在半途上，但是整个国家在往前走。这让我心潮澎湃。

张伟明：我们这次同行的十几位佛山企业家里有几位二代企业家，我很欣喜能看到佛山二代企业家有这样的素质。传承是佛山企业家接下来一个很重要的问题，20世纪80年代创立的民营企业，到如今企业家都有一定年龄了，打下来的江山如何运作？二代接班是首选。对“企二代”我觉得是机会但也有风险，老一辈企业家刻苦耐劳、稳当、世事洞明、人情练达，这是老一代的特点，不足之处可能是保守一点，冲劲没有那么大，而且很多没有受过高等教育。“企二代”受到很好教育，修身方面要加强，政府组织这样的活动让老一代和二代相互学习，对佛山企业未来有更大的帮助。

同时，作为公司，从董事长到基层员工必须有统一的认识。认识不是一天形成的，要天天讲、人人讲、日日讲，还需要各个层面的员工多带出去走。体系的建立，这正是佛山企业最缺乏的，我们原来一直侧重关心最后的结果。在工厂里，经过很长时间形成的习惯，就是行为准则。佛山企业的行为准则，很多是靠原来积累的经验。其实，慢慢可以考虑引进适用的体系，用体系慢慢规范员工的习惯和做法。控制好过程，结果就会是好的。

谢建：楚天科技的职业化团队建设让我很有感触，从创业初期就自己约束自己、自己给自己定位，普通的家属、亲戚都不能参与企业的一些经营管理，从我的角度来说非常值得学习。我觉得企业发展到最后就是竞争，现在都是人才的竞争，都是职业化程度的竞争、职业化程度越高，企业的竞争力可能就越强。我们看到的企业，比如佛山的美的，这些企业应该说职业化程度非常高，因为我本人也在美的工作过6年，美的职业化团队的建设、职业化精神的打造和传播做得非常不错，这个企业非常有生命力。

其仁夜话

用户才是市场竞争中的最终裁判

周其仁

在调研星邦重工的时候，我发现这家企业有一个宝贝，对我的冲击非常大。他们卖的是一辆车，但是属于专业化程度非常高的车，这个车是没有人买的，谁也不会买回去，只会租回去，用完了以后就还给租赁公司，租赁公司跟着项目、跟着产业、跟着需要的东西再租给下一家。我对这个企业的运营想了很久，这个企业是一个难得的案例，他告诉你客户不是你的用户，用的人不是出钱的人，用户是客户的客户，这拐一道弯的运营，信息损失了很多，我买一部华为的手机，我就是他的客户也是他的用户。他们这个行当面对的客户全是租赁公司，租赁公司的客户才是真正的用户，用户有权决定买什么款。

所以企业要当心，我们有很多企业真正的最后的产品使用信息，到底能不能到你这里来？有可能中间千山万水、重重阻隔，这个信息一旦存在一点偏差，最后当发生重大变化时，企业真的都不知道自己怎么死的，因为最后是用户决定你的命运。

对于我们在座的各位来说要注意，客户不一定是用户，决定产品最后命运的是用户。如果客户和用户之间拐好多道弯，这个信息怎么收集？这是很大的问题。对于星邦重工，它的研发人员自己是否上过40米高空作业台？是否跟上过40米的员工做过交流？是否跟招聘员工的HR谈过话？作家采风也要到现场去采，否则怎么会有灵感。这个是非常需要当心的事。手里没有最后用户的信息，你要当心。

华为讲以客户为中心，因为华为到目前为止很多产品的客户就是用户。我们多数人喊客户为中心，但是我们都会自觉不自觉地看对手，对手一动，我们马上就动，我们不理解什么叫竞争对手，他跟你争什么？争用户，我们是在用户面前争宠，如果你不懂用户，你只懂对手，他一动，你马上跟着动，如果他是低水平，就把你带到低水平。

因为我们偏离了竞争当中谁是竞争最后的裁判问题，是用户。我们通常很多精力都花在竞争对手身上、经销上，经销不见得接触到最后的用户，这是我在星邦重工受到的冲击。如果我对用户的理解高于对手，我用不着去看竞争对手。以客户为中心，这个话很简单，但是不容易掌握。

我们现在只有供应链的概念，没有用户链的概念。商业世界是人人给别人服务，我买你设备是用你的设备给他服务，他买这个服务是给下一家服务，你看到几层了？渗透到几层了？一层一层往下渗透。上面渗透一层，你渗透两层，下面的客户、客户的客户、客户的客户的客户，你渗透三层，竞争力就在这个地方。所以供应链管理是一条，用户链是另外一条，商业世界是都连在一起的。

佛山制造如何越战越强

在小米集团五彩城总部的小米之家，上百个品类琳琅满目，让人惊喜的“小米系”产品，刷新着来访者对这家最年轻世界500强企业的印象；距离五彩城仅6公里处的北京华力创通科技股份有限公司，以每年20%到30%的研发投入，支撑企业成为北斗圈内为数不足10家掌握核心技术的企业之一。

“小米真正提出了一种经营模式的大改变，而且这个改变足以撼动除了手机以外的其他行业。”蒙娜丽莎集团股份有限公司总裁萧礼标说。事实上，不管是小米集团还是华力创通，这些与传统制造业拥有不同基因的企业，正以各自的方式对传统制造业形成冲击，他们都是“中国制造业的鲶鱼”。

面对“鲶鱼”的冲击，佛山制造业应该如何“游”得更快？“高性价比”的底层印象如何造就？如何通过引入“强制力”提升管理水平？在短期内看不到投资回报的时候，企业如何坚持研发投入？在走访小米集团和华力创通后，佛山企业家发起一场应对“中国制造业的鲶鱼”冲击的激辩。

打破单打独斗

吴艳芬（美思内衣董事长）：小米对我冲击很大，这么强大的一个互联网公司，可以说他做出什么产品只要品质好的，就能卖什么产品。我们作为单一作战的制造企业怎么活下去？是在他们的夹缝中生存，还是拥抱？拥抱也不是那么容易，他们卖这么便宜的东西，是否把制造业的利润榨干了呢？我想这对制造、对品质的要求也是一个很大的难题，你要有足够的供应链支撑，有足够的生产规模，还要有优质的品质管理体系以及优质的成本优势。

佛山这么多制造业企业，这是一个新的课题，或者说大家都已经着手做的课题。我们可能要形成内部联盟。有没有佛山企业可以内部跨界的？如果佛山的制造业可以内部跨界，能组成这样一家公司，我觉得佛山制造的产品的名号是打得响的。比如我是做内衣的，按照现在内衣的制造量和市场的需求量是不匹配的，生产过关了，品质过关了，但是市场上没有形成具备号召力的品牌或者销售平台。我们比较习惯于单打独斗，即使行业内有一些企业自己做供应链组合，仍然还是比较草根。

萧礼标（蒙娜丽莎集团总裁）：小米真正提出了一种经营模式的大改变，而且这个改变足以撼动除了手机以外的其他行业。特别是小米的生态链，我们想象不出来，它是一个套、一个圈，能把用户越套越紧，能把用户的需要不断套在圈里面。小米提出高品质、低价格，对比目前市面上比较好或大的品牌，小米能够以其1/3，甚至1/10的价格做出满足消费者需求的产品，品质和使用功能有时比前者更厉害。这对我们冲击很大，也值得深思。

曾雪琴（华兴玻璃副总裁）：对于处于转型升级时期的企业，是否需要像小米这样“脱胎换骨”做行业升级？我们做玻璃瓶的，是否要卖酱油才是转型升级？企业如何选择适合自己所需要的转型升级之路？从华兴玻璃的经验来讲，我认为这个过程是循序渐进的。华兴玻璃分了三个步骤，第一是向高端产业靠拢，2001年之前，由于社会物资相对没有那么丰富，我们是有订单就接，客户要求也不高，只要瓶子不烂、不漏水就行。2010年，我们主动跟品牌合作，包括海天、李锦记等；第二是与强者合作，提升自己的内在管理能力和基础；第三是高标准要求，要跟上时代的发展步伐，高质量要求不可替代。我觉得有三句话可以提炼我对“品质革命　对标世界”的理解，即“以时代理念指导自己，以世界高度要求自己，以国际标准衡量自己。”

产业需做好品质定位

陈晓峰（中格家具总经理）：小米在5年前就对5年后的市场做了预判，并据此进行技术革命、渠道革命、消费升级，即消费革命，这点让我感悟非常大，我们的品质革命也是基于这三个革命。我认为品质革命比较重要的一点，就是能够对市场有一个比较好的判断，有一个精准的定位。

我们企业在2007年的时候，针对中东市场跟客户一起开发了一款产品，它的品质并不是非常好，但是半年左右，这个产品销售做到了1亿元，两年接近3亿元。我认为如果产品品质是基于准确的市场定位，它一定会取得比较好的市场反馈。

小米围绕市场做产品品质定位，所以它很成功，可以做到500亿元。从企业的角度来讲，能够生存的核心是有一个比较精准的定位。小米提出“高端产品大众化，大众产品品质化”，它不是品质最高的，也不是追求价格最低的。它融合了中国市场的发展，它的定位很准确，所以就有了量的突破。

冯斌（全刚企业集团董事长）：小米利用销售渠道、客户群开发了一系列东西，你看起来是眼花缭乱的，而且它的销售增长迅猛，未来可能慢慢会形成类似于沃尔玛的模式。我感觉小米这样做，是不是要有一个范围？对我们企业来说要有一个范围的限制，小米这样做了会不会把他的战略、企业形象模糊了。小米也许财大气粗什么都做，但是最终的结果，我们会问“小米是做什么的”？我们自己的企业在自己行业里面是不是也要思考？如果在我的客户群或者上下游的整合，什么都做的话，我们有没有这种实力？有没有这个必要？

宋科明（联塑集团副总裁）：小米的东西其实并不是最便宜的，只是质量还可以，价格也划算。为什么他不跟三星和西门子比质量？或者为什么不跟顺德一些小的电器厂比价格？因为这样比较，小米就不占优势了。但是消费者对小米有了一个印象，一想到小米，就是小米的质量还可以，尽管不一定是最佳的，但是价格也不错。

小米给了消费者一个“底层基因”，他做什么东西不重要，重要的是把这个基因、印象植入你内心深处，即这个公司的东西质量还不错，且价格厚道。他反反复复强调这个理念，向年轻人慢慢植入这个理念。

联塑是做管道的，10年前做到了100亿元的规模，我们的客户也觉得质量和价格都不错，所以我们可以做到今天。但是我们扩展其他产品的时候，并没有把这个印象植入给消费者，这是要检讨和反思的。把这种底层的印象植入好，企业未来的发展才能更持久。未来我希望客户买一套房子，或者房地产公司盖一套房子，他们喜欢联塑的东西，不见得最好，但是价格还不错，是一个合理的、最佳的选择。

传统制造业应引入强制力

黄逊青（万和新电气质量总监）：中国企业今天存在的很多品质问题，包括周其仁教授讲到的强制力问题，实际上背后就是因为我们没有经过工业文化的洗礼，尤其是佛山。

佛山的草根企业的成长背景是直接面向市场，没有看这个产品正常应该怎么做，而是可以做到这个样子就行了，这种思维方式很不一样。

20世纪80年代的时候，我所在的单位有一帮人去日本实习了一个月，其中有人跟我们说，你让日本人怎么干，他就天天这么干，不会耗费精力动脑筋。具备相似特质的还有德国人。但是大家知道他们做的产品是最好的，这背后的工业文化功不可没。

我们要接受这种工业文化，员工要按照工艺文件来执行，不管理解与否都先执行。我们如果解决不了这点，所谓的品质革命是迈不上那个槛的。

孙崇实（科顺防水科技执行总裁）：有句话是“少年强，则国强”，对于企业来说是“班组强，则企业强”。很多制造业都存在很多班组，很多产品质量都是班组做出来的。我们很多公司在培训、学习、指导的时候都注重中高层，特别是高层，给了很多战略思想指导，但是对班组人员的培训相对比较少，都是师傅带徒弟，其实今天的师傅带徒弟很难带出真正的优秀人才。

有个朋友跟我说过一句话，“我们的企业管生产的能否先做一个通道，把人先丢进去，这边出来的就是一个合格的班组人员。”如果能做到这点，可能企业的品质就上去了。我们今天没有找到一个好方法，我认为这是一个很庞大的工作，我们要设立什么工作人员培训，我觉得可能和强制力有关系，为什么军队可以做到？我们任何一个青年进入部队3年之后，出来就是一个合格军人，如果再进行训练，就成为优秀的特种兵。

攻坚关键技术

吴翠霞（兴奇金属副总裁、党委书记）：我们公司是做金属的，也在跟很多高校、研究所谈合作项目。在铜材料方面，我们自己有很多好材料，但是金字塔最顶端的材料其实都是从日本、德国这些地方进口过来的，比如手机的USB充电口，之前铜的高端材料全部靠进口，因为它对导电、快速充电以及频率接触寿命都有很高的要求，现在开始逐渐被国产的铜材料代替。我们自己也投入很多资源做这件事情。我很认同周其仁教授的话，“我们看到这个点，撕开一个口，哪怕是一点点，我们想办法把它灌进去”。虽然这个过程很艰难，但是我们希望在材料领域，公司能有更好的突破。

黄逊青：现在的品质革命是在消费升级的背景下，跟20世纪80年代引入TQC已经不是一个内涵了。当时讲的质量其实是讲工艺突破口，讲怎么让产品能够符合设计要求，怎么让产品故障率更低。

品质的观念在今天发生了转变，用户对品质的认识已经不是买回去是否坏的问题。作为企业应该对用户的需求尤其是所谓的潜在期望有所发现和了解。我们走访看到的企业，他们品质革命的第一抓手就是技术突破。我们今天通过一些新的技术手段、一些新的工具来提高企业对这些需求的满足能力，包括新产品和新的功能、性能。再严格的工艺管理，若是工艺技术上不突破、技术设备上不突破，品质革命就是空话。

孙崇实：华力创通最大的核心竞争力是研发，我们在座的很多企业，绝大多数是制造业，研发的投入不算多，我们对外公布的也不算少，实际对比以后差距特别大。华力创通有20%的研发投入，我们可能有他们的20%左右，我们把广告费用、市场营销费用加起来可能就是它的研发费用。假如我们也像他们这样投入，万一研发不成功怎么办？我们不可能把所有的技术转化为效益。但我觉得华力创通敢于暴露问题，有很强的使命感，这也是一个企业能够长久生存的核心。没有技术研发实力，没有核心竞争力，企业肯定走不长久。

其仁夜话

质量就是符合要求

周其仁

什么叫作质量？我们在2018年的佛山企业家大会里引用了美国质量学家的看法，质量并不是简单说好，质量有一个“头”，你把车都做成劳斯莱斯，是不是符合质量？质量的定义是符合要求，你做的产品要符合要求，要求是你定义的，什么要求跟定位有关。你的产品给谁做？满足他什么样的要求？是满足一年的要求、一年的需求，还是满足他终身的需求，不同条件下的质量就完全不同。

质量和定位要一起思考。什么是质量差？你定位了以后，你提出了那个要求，但是你的产品做不到，这个叫作质量上有缺陷，而不是无边地把任何东西都做到目前技术最好的。你把每辆汽车都做成坦克是安全的，但是街道受不了，马路受不了，全压垮了。所以质量是符合要求，要求由我们定义，我们定义要求的时候跟产品定位有关系。一定要把定位放在前面，做出一组关于产品的要求，我们通过质量控制来满足这个要求，这是质量过程，千万不要离开定位讨论质量。

看小米的产品，你看他这个东西放在脚底下踩一脚立刻就完了，没有坚实到踩一脚也不会坏的，这个是离谱的要求，不是他们设计的要求。他们设计的要求就是给17到35岁的年轻人做日用品，先从手机开始，再跨界到其他电子产品。你看现在年轻人很多都在工位里面工作，以前的插座在工位里面没有办法摆，很难看，占的体积大，后来小米做的插座整整齐齐一条，颜色是乳白色的，你可以在办公的时候摆在里面，不觉得难为情。这是符合需求的，卖得好是这个道理。

还有他们生产的台灯，所占的空间面积非常小，为什么？目前17到35岁的人占有的生活空间本来就很小，无论是在学校、在公司，还是在家里，任何地方的空间都不可能是豪宅，所以消费者的空间非常紧张，你要满足这个需求。这个需求产生了一组质量的控制目标，一定要定位，你这个产品给谁做？站在他的角度看，他的需要是怎样的？

小米满足了现在年轻人的要求，年轻人不希望老用这个东西，用久了就想要换，我们国家的工业垃圾成了很大的问题，当然这是下一个题目，但是目前它符合目标客户的需求。为什么要便宜？便宜就很容易更换。年轻人有这个需求，如果你产品定位是服务老要换东西的年轻人，这个质量是合乎要求的。你要是做得非常牢靠、非常难换的话，反而是不符合需求的。

质量就是符合要求，但是真正的学问是你怎么定义这个要求。每家公司、每一个发展阶段、每个产品的要求是不同的，共同的问题是什么？你定义要求了又做不到，这是一个问题。还有一个问题就是要求定错了，即其所反映的市场趋势跟环保政策、国家发展方向等不一致。这与狭义的质量问题又不同，狭义的质量问题是你定了要求却没有做到，造成次品率和返修率太高。

数字化浪潮带来什么

在酷特智能，车间里大数据在流淌，运用信息化手段，这家传统服装企业大规模提升了生产效率和产品质量。

100多公里外，国产轮胎的制造龙头企业双星集团，近年来大举投入智能制造，不仅打造出工业4.0的标杆示范工厂，还开辟了智能装备的新产业。

而跨过胶州湾大桥，海尔通过10多年的“人单合一”组织变革，实现员工与企业利益价值的最大化，从传统制造型企业向物联网生态型企业蜕变。

面对传统制造转型与新技术变革的新趋势，当佛山企业还在困惑之时，这些企业已经大胆探索，大手笔投入，如此大的气魄令来访的佛山企业家连连赞叹：“北方企业的格局如此之大！有些点我们都还没有想好，但是不少北方企业已经走在我们前面。”

滚滚而来的数字化浪潮，究竟能为传统制造业带来什么？智能制造、工业4.0该从何投入布局？这一系列话题，引起了佛山企业家深度的思考和讨论。

个性化定制与规模化生产如何平衡

吴艳芬（美思内衣董事长）：我做了30多年的服装，我很知道这个行业有7个痛点，生产、设计、销售、客户等，在这个过程中，酷特智能在IT、数据、服务层面这些都应该是可取的，不然没有今天，而且酷特智能通过建立研究院专门服务其他企业，推动整合行业迈向工业4.0的水平。

黎干（维尚家具总经理）：我们也是做个性化定制的，看完酷特智能以后，我觉得它的信息化比较厉害，工业化方面比较弱。因为我自己对针织的设备不太了解，现在都是人工的，没有数控的，目前来看比较弱。

当然，设备和信息化这两个东西其实都是工具，我认为其都不能成为核心竞争力。那到底什么是它的核心竞争力？我想还是系统能力，里面的信息化只是一个强点。

李忠良（天元汇邦新材料董事长）：我们公司做装饰类的新材料，相对来说对研发、定制化、个性化的需求比较大。但要大规模生产，成本有点受不住，包括现在的市场推广暂时没有完全打开。这次终于现场去看了酷特智能，很多东西值得我们学习。大数据、数字化驱动生产是一个趋势，不需要怀疑。但是我们这样的一个行业，怎么去推动？这值得我们思考。

霍志华（永利坚铝业董事长）：我认识很多做服装的企业，他们都感觉非常难，包括做定制的，但是酷特智能能够敢于用数据的驱动、数据化的管理来降低成本，提升效能，尽管不一定能够真正达到目标值，但是这个举动和冒险的精神值得我们学习。

传统制造如何借助新科技升级

冯斌（金刚企业集团董事长）：我们看的青岛企业，在竞争很激烈的情况下构建自己的竞争优势。这也让我反思我的核心竞争优势是什么？我认为要构建企业的核心竞争优势时，不外乎是几个，一是工具、业务流程重组再造等，智能化也好，技术创新也好，其实都是集中再造；二是抓成本，通过数字化把制造成本降下来了，但是否彻底，跟你的同行比，你的成本是否在平均水平以下？这可能还得不断改善；三是质量，质量是一家企业的生命；四是自动化，这是我们实现流程再造、减轻对人的依赖性、减轻人力成本的重要方面；五是资源整合，我们在青岛看的这几家企业其实都是资源上的整合，中间衍生出很多的成本控制、保密控制。

邓锦明（景兴健康护理副董事长）：我非常认同酷特智能的数字化战略思维。酷特智能现在的定制服装企业，我们看他的报表也知道赚钱不多，但企业是前途无量的，现在开的研究院给我的感觉即等于一个工业领域的微软。今后这家公司就可以帮我们做实业的工厂升级，这是他的战略和价值。

我觉得我们要学酷特智能，首先就是学他先撕开一个口。个性化定制，从服装行业撕开一个口，但目前也已经到达了天花板，不能为公司创造很大利润的情况下，所以他办了家智能新动能治理工程研究院，我觉得我们可以结合佛山的实际，灵活地学他。

曾雪琴（华兴玻璃副总裁）：佛山很多传统制造企业都是从人工小作坊发展起来，最近20年一直努力探索，是如何去用机器代替人。我们企业现在是半自动来开展工作，接下来的5—10年怎么做？我们之前上ERP的时候，听到过有人说“上ERP你是找死，不上ERP你是等死”。接下来，信息化的系统怎么推进？我们应该要理清楚这个思路，信息化第一个要做好标准化，没有标准化的前提，信息化不仅代替不了人工管理，而且会更乱，得到的数据也是骗人的。

吴翠霞（兴奇金属副总裁、党委书记）：对于制造业工厂来讲，让你的员工要很直接地面对市场非常难，这个过程有很多的环节，但今天酷特智能利用大数据真的做到了，这样收获会很大。

目前，酷特智能还不是一家科技公司，但已经在用科技手段去改造制造的流程。我们也一直在思考：制造业怎么加上科技的手段能帮助自己再往上升级？不管是大数据的运用还是内部沉淀很多年的这些管理体系，怎么样能够用科技的手段把他们发挥出来？我觉得酷特智能在这方面挖掘到大数据对监控整个管理流程上的潜力。

智能化投入如何引领行业发展

陈晓峰（中格家具总经理）：无论是酷特智能还是双星，我觉得他们都在转型过程做得很好，这个方面反而是我们做得不到位，因为他们做的轮胎或者定制家居，背后有一个巨大的市场容量，我觉得这一点值得我们学习。

同时这两家公司都是通过自动化来提升品质。我想通过拥抱工业4.0或者提升自动化程度，品质更容易控制。因为标准化以后，用自动化生产，自身品质控制相对比较简单。这为我们今后的生产指明了方向。

宋科明（联塑集团副总裁）：前任董事长退休以后，双星从海尔找了一位副总过来当董事长，从此为企业带来了海尔的基因。海尔虽然是做家电的，其实有很多模具工厂、机械工厂。所以他现在积极去做机器人，发展自己的智能装备事业，我觉得这是海尔带给他的基因，或者说新董事长带给他的基因。

作为一个制造工厂，我觉得智能化装备是非常重要的。如果他能够把配方技术、设备自动化技术协调好，我认为他未来有可能引领行业发展。

黄逊青（万和新电气质量总监）：青岛双星和京东方有点相似，都是用技术手段、设备把产品的不合格率大幅度降低。我在我们企业也强调，要做好品质，一方面是管理工作问题，另一方面是一定要有技术手段。我关注这两家企业共同的地方就是工艺技术的突破。双星一个技术性的突破性进步，让企业整个翻身。这是奠定其竞争地位的一个重要基础。

在海尔，他们用竞争手段提高产品质量，强调了他们的有限性，我想这一点应该值得大家关注，因为我本人工作性质可能跟他比较接近，所以对这件事情也比较关注。

另外，我本人因为行业的原因实际上我十几年前就到过海尔，在这个过程中跟他们打交道很多，应该讲他们确实有一些可取的地方，我们顺德的企业有些东西真的可以向他们学习一下。他们在检测能力方面，是花了很多工夫，而且做得比较扎实，在推动技术标准也做了很多扎实工作。这对它的产品质量保证以及开发能力的提升有很大的帮助，这一点值得学习。

KPI如何让公司价值最大化

罗维满（德冠薄膜新材料董事长）：海尔不断调整他的发展思路，特别是工具和管理模式上进行不断地创新，张瑞敏是中国非常有影响的企业家，非常勇于探索的思想家，我认为这一点非常值得我们南方的企业家敬重。我们南方企业家的基因都是比较实干，能够出系统和思想的理论比较少。产业要不断发展，我们的群体要出现有思想的人，能够出现一种管理体系可以复制，可以影响这个行业、产业以及企业的经营管理继续发展的一些人。张瑞敏所做的“人单合一”，我们虽然有很多的困惑，有很多想不明白和没有读懂，但我对他这种探索的精神，也是非常敬重。

我们怎样理解“人单合一”？我想海尔通过互联网，通过区块链新的IT技术，把传统企业的KPI、预算、管理模式放在互联网的平台，实现高效率。每一家企业发展到一定规模，作为最高决策人就感觉掌控的能力和反应的速度不够快，特别是对客户的敏感度反应慢了，海尔通过“人单合一”的方法对用户的关注、研究非常超前、有远见，推动企业能够不断再创业。

黎干：因为我们以前做软件的，后来做制造业，我是特别反对，因为有KPI就有造假，当然计件肯定是一线的员工，这个指标肯定在。我对于管理的系统KPI各个层级的指标特别反感，所以搞得自己也比较累，我觉得限制太多了。现在公司基本有300个管理干部的薪资是由我来评价给出的。

当然，我觉得海尔的KPI评价体系值得学习，它这个评价体系很厉害，评价这件事情在我这里很累很苦，我应该学习。

吴翠霞：海尔这样利益极致化地分配了以后，会产生一个影响，包括内部的对赌协议，可以让员工相互有一个选择，挺有触动的。当然了，我其实本来希望他能更多分享，因为绩效的极致化以后会很容易影响公司的战略方向和组织文化的形成。我自己也在思考这个问题，因为一到很极致的时候，怎么样让员工既拥护公司的利益又看你的KPI，这两者的结合非常微妙。

我们公司做阿米巴核算已经很多年，如果像海尔那样精细的业绩导向，企业的文化和管理的哲学需要一个很好的平衡，否则员工天天看到的就只有利益。这一方面我觉得可能回去要再做反思。

曾雪琴：“人单合一”的体系比较成熟，可以借鉴。虽然能通过5个阶段完善，但是如何能够像海尔一样做到每个人都做老板，值得我们学习。黎干说他讨厌KPI，其实我们也是遇到这个问题，KPI定到什么程度？怎么样让员工有一个跳跃性的目标？如何激励员工？我觉得还是要从基础建设以提取数据为准则。

其仁夜话

佛山企业要研究好品质革命的投资学

周其仁

现在企业都流行讲轻资产、重资产，我对这概念一直有保留。当然了，各行各业情况不同，不是都要追求重资产，但是要反过来想，所有人都倾向走轻资产路线的时候，重资产就是一条“护城河”，你们谁都别来碰。

当然，今天金融给民营企业的服务还有待提升，所以我们没有讲这句话的底气，这不是企业家的雄心不够，是我们的金融服务不够。金融如果服务好，中国的民营企业到今天这个水平就都可以上重资产了，可以把重资产作为一条“护城河”，防御他人轻易到我这个地盘。

这次我们走进双星集团得到了启发，他们调来的一位海尔的常务副总就有这样的气魄，就可以连根拔起80%的设备，换掉重新上新的。现在我们民营企业做不到，但要在心里留一些余地，打到哪一天？哪一个量级？这一招非常重要，一下把你放到完全不同的另外一个空间，原来所有追兵都到此为止，就在这条护城河对面，只能看着你走。

在酷特智能，最打动我的不是技术改造，而是员工的工作表情——认真。我看过好的员工表现，都是淡定的，这跟信息技术有关系，他们没有管理人员计件，他们自己计件，我做多少都在这个信息系统里面，有人下单就开始做。用信息技术给工人做计件工资，这一条打动我。我认为中国的产业特别是佛山民营企业要注意，如果他做得不够真，我们可以把它做真，如果他做得不够实，我们可以把它做实，这个方向是对的，这个招数是对的。

在中国，我们需要推崇一种文化，就是看准一种东西，敢砸、敢赌，敢豁进去。

对这个问题的看法是潘宁（科龙集团创始人）教我的。有一年，潘宁在成都收购了空军发动机厂的车间，拿下了以后做科龙冰箱西南地区的生产基地。当时的经济大环境也不太景气，我问他在那种条件下怎么敢大手笔投呢？潘宁说：“投资就要在最差的时候投，在这时候，你运转形成项目，一步步磨合，经济也慢慢好转，产能已经成熟了，等到市场热起来再投是错的。”这番话给我印象非常深刻，比读过的很多投资学的书还管用。

我们企业家一定要把投资的学问弄好，这是使命，品质革命如果没有投资配合是做不到的。只靠现有的流水线改一改，不可能做到。以我的定义，所有资产是能够带来未来收入的资源。什么叫重资产？就是能带来重大未来收入流的。你将来传给儿女，当然要传重资产，就怕不够重。所以我一直对轻资产这个概念有保留，我认为是误导，是对目前自己财务困难找的一个听起来很好的理由，实际上这条路越来越窄。

品质革命离开投资，是做不到品质革命的。品质就是要投资，不是说我有体量就有品质，很多品质就要上新线，老的线品质上不去了，旧的上新的线、新的技术，用新的人进入到新的产品领域，这些都包含着投资，将来在对佛山的研究上要把这个观点亮出来供大家好好批评、推敲。

让“传统制造”成为一种尊称

文/李深华（广东华兴玻璃股份有限公司董事长）

当前，科技的快速发展不断改变着人们的生活方式、消费观念和需求元素，也使供给侧发生结构性变化，直接推动产业蝶变，不断催生新兴的市场、产业和产品。但在新产业赢得追捧和掌声的同时，部分人对原来生存一定时间的产业及其产品产生了一种偏见，这不免让一生滚打在传统产业领域的主将们心灰意冷。

佛山市委、市政府深知民企之意，急其所急，点破迷津，为其解囊，赋予民营企业家“品质革命　对标世界”的命题。2019年9月，我有机会带着这种心绪，参加欧洲之旅。对标考察，深入学习，自己对传统制造企业有了新的认识：“传统制造”并不是落后，而应该是一种尊称。因为“传统”也是不断创新的代名词，只有持续地自我否定或自我扬弃，才能让“传统”成为“传统”。

“传统”是不断创新的代名词

任何产业或行业的产品，从诞生之日起，它的社会价值和投资价值必然要被时间所定义，即它能够在市场存在多久。也就是说，产品的社会价值也好，抑或是投资价值也罢，都必然与其产品在市场存在的时间系数，即产品的市场寿命成正比。换言之，产品价值大与小，就取决于它市场寿命时间的长与短。

从微观上，一个企业的某个新产品，如果在很短时间内被超越，甚至被淘汰，这是多么的可怕。再者，比如一个地区的整体经济，其原来存量经济体一个一个地衰退和消失，不断地递减，得不到巩固，只靠新兴产业替代和支撑，这个地区的经济又何来稳定的基础与进一步的递增？

作为一个地区的经济，既要存量，亦要增量。增量有两种情形构成，一是存量的增长，二是新兴经济加入或补充。概而言之，衡量一个市场产品的社会价值和投资价值大小，市场寿命的长短必然是一个对应的关键重要指标。

所谓“传统”，就是指其产品能够随着时间历史的长河，与时俱进，经得起时间的考量，根据不同时代发展要求，运用不同的科学手段，注入不同的时代价值，植入生命元素，不断丰富和满足人们生活需求，成为满足人们美好生活不可缺失的重要组成部分，与人们生活历史长河相呼应，流金岁月，日月同辉，实现自我否定的再否定，成为“传统”的再“传统”。

如德国企业汉斯格雅，从最初做水龙头，发展上升到为人们提供舒适生活的解决方案，到目前为止活了120年。丹麦的博森家私，本着以人为本、不断创新、追求更高品质的理念立足于商界，服务于社会；以注重品质、严格选材、严谨设计为生产轴心；并将时代潮流、以精湛的设计，使50多年的传统产品能够与时代潮流、人性、古典和精美性融为一体，并使本来资源贫乏的比较劣势，通过创新转化为竞争优势。如今，产品保持强劲市场生命力，Paustian已然成为时代精美观念的代名词。

以上两家传统制造老店是对所谓传统产品，以及如何让产品实现“传统”的实实在在且有说服力的写照。通过深入的考察和学习发现，欧洲剩下来的百年老店，几乎都是传统制造业，关键是它的“传统”是对创新的传承，是与时代科技的充分运用，是与人文价值的融合，是对人们美好生活的不断引领和满足，是对自我的不断否定和再否定。

在欧洲，“传统制造”不是一种落后的偏见，而是一种伟大和受钦佩的尊称。就此意义上的“传统”，是不断创新的代名词。那么，如何让自己的产品能够成为“传统”？当然要不断实现自我否定或自我扬弃，且必须展开一场抽根动骨的品质革命——观念创新、模式创新、制度创新、方法与技术的创新，这才是根本的。

创新只有必须付出　没有必定回报

纵观欧洲制造业百年老店，经过三次的工业革命洗礼而屹立不倒，依然活力强劲直奔工业4.0，可持续发展势头十足，它们几乎无一不是以创新为法宝参与国际竞争、以创新为手段使产品走向全球化、以创新为内生动力保持可持续发展、以创新为途径使企业成为百年老店。“创新”，早已成为欧洲制造企业最普遍的现象和企业最本质的内核——企业DNA。

在整个“品质革命　对标世界”欧洲之旅的考察学习中，我参观了很多欧洲传统制造百年老店，对其创新的普遍现象背后进行了重点关注和探究。

在我看来，创新是“一种必然”。企业创新的动因总体上说有其二，其一是外在“变”的环境压力因素；其二是企业自身可持续发展的内在需求。创新，必然是企业可持续发展的内生动力和必然途径。企业创新，只有开始而没有结束，只有必然没有或然。

企业要创新还需要“两个前提”，即“一实一虚”。所谓实者，是充足的资源支配，即企业要不吝惜所有，坚持不懈地倾注人力、物力；谓之虚者，是企业文化最本质的内核——创新的DNA，即企业要持之以恒、锲而不舍地精心培育创新文化，在企业内部形成创新的文化氛围。概而言之，所谓的“一实一虚”，企业要具有充实的资源支配的同时，内部也必须是孕育创新文化的营地。

我们在参观凯驰（清洁机）、汉斯格雅、博森（办公家具）、丹佛斯（制冷、供热和水处理及其传动制造）等公司时，不论它们是处于产业链的C端（面向消费者）还是B端（面向商家），企业都在不同层面以不同方式凸显创新的特色。

但企业的创新不可能是俗话所言的“朝栽树，晚锯板”，企业创新是要具有一笔庞大的创新经费所支撑，而且要源源不绝地注入经费。按照德国斯图加特经济区域经发局发布的有关资料，这个地区最高的制造业企业研发投入是“常年平均”占总收入的12%，一般都不低于3%—6%，如德国的汉臣（液压件）公司研发费用达到6%。

在这个长期大手笔经费倾注于企业创新和研发背后，有一个让我们看不清、摸不透的底，并成为在迈向创新道路上无法回避的塄坎——“只有必需的付出，没有必定的回报”。

我觉得在这个问题上，作为试图创新投入的企业，要考虑效果如何？在自问中是无法找到肯定的答案，因为企业在打造创新基础、培育创新能力的过程中，要持续不断地倾注投资，而至于何时何日能够看到希望、获得成效，绝对不是一时一事和一朝一夕就可以立竿见影的，而是需要漫长时间形成基础而厚积薄发。

要真正实现企业创新，对于没有进入过体验阶段的企业来说，都是没有心得、难以把握的，犹如进入了一个迷宫。企业要勇于迈出创新这一步，往往需要企业家有泰山顶上观日出的视野和境界、过人才略的魄力、所向无敌的自信，以及高超的职业智慧来判断和自我把握。

企业文化既是虚的又是实的

企业创新文化的氛围是创新的另一重要前提。企业要持之以恒、锲而不舍地精心培育创新文化，在企业内部营造创新的文化氛围。

在此次考察的企业中，在创新文化氛围上比较突出的是丹麦的奥迪康助听器集团公司。这家公司以“科技领先创新无限”为宗旨，在科研上做出了巨大投入，企业旗下拥有全球最大的听力研究中心——艾瑞克斯姆听力研究中心，拥有全球唯一的、展品最全的助听器博物馆以及一个全球最大的听力学图书馆和一个全球最先进的、规模最大的听力学研究室。

不断探索、研发的创新精神将奥迪康助听器品质推向一个又一个新高峰，与竞争对手拉开了很大的距离，确保了自身长期处于高收益的状态。奥迪康的成功源于始终坚持“科技领先创新无限”的核心价值，坚持不懈完善创新机制和培育创新人才，营造创新文化氛围，创新精神引领这家公司走过了110年的辉煌历程，打造了一个真正的百年品牌。

其次是丹麦的博森家具，这家成立于1964年的家具企业，经过50多年的精心经营，目前已经拥有60多名高级简约设计师，客户遍布世界数十个国家和地区。博森家具经久不衰的原因，不在于技术和手段的先进性，而在于设计创新，是设计创新让这家公司克服了资源贫缺和市场窄小的障碍。

如何形成企业创新文化氛围？要探究这个问题，要从企业文化说起，企业文化既是虚的，又是实的。所谓“虚”是因为企业文化的实质是理念化的内容，是渗透在企业组织内部的一系列价值准则。所谓“实”，是因为企业文化最终是通过企业组织行为和个人行为，在每一个细小环节中的行为中反映出来，并成为企业内部一种行为范式。

换言之，企业文化就是企业的一种生存方式。因此，要在企业内部构成文化氛围，就要把理念内涵，通过制度体系的形式诠释出来，以学习培训的方式进行全员教化，使得一系列理念内涵潜移默化地植入企业成员思想意识中。在时间的作用下，企业文化内化为全体成员普遍自觉的行为规范和价值准则。

企业要主导什么和实现什么，就要形成什么样的文化氛围。如此才能使到企业内部的每一个成员，在工作行为中感到使命感、创造感、价值感、荣誉感和成就感，才能使全体成员的思想自然而然地统一到企业的意志上，进而激发出源源不断的精神动力，萌发向目标奋斗强烈欲望。只有在这种企业文化氛围下，一个企业才能真正具有可持续发展动能。

所以企业要主导创新，那么，首先就要持之以恒地推动创新，构建创新的文化氛围。在我们考察过欧洲百年老店企业里，它们发展过程留下的印记，无不凸显出企业创新的锋芒，比如新产品迭代、管理方法创新、技术和工具更新换代等。他们在企业内部真正形成一种创新文化氛围，有一种创新的DNA在繁殖，一种创新的气息在扩散，一种创新的力量在搅动，一种创新的文化锋芒凸显。简而言之，一个企业要具有可持续发展的生命力，首先要培育并形成一种创新的文化氛围。

企业创新包括三个层面

企业创新表面上好似是百花齐放，但实际上是分层次、有秩序、讲方法的。在我看来，企业内部创新在不同的层面展开，所产生的价值、造成的影响和付出的代价是千差万别的。所以，企业内部创新要根据企业自身实际情况，分门别类、权衡先后，判别轻重，从而找准部位、推敲方法、择机实施。

我认为，企业创新根据企业内部结构分三个层面，一是抽象领域的理念和价值观及其宗旨层面的与时俱进，这个层面可理解为企业家意识层面；二是结构性运营模式层面的变革，这个层面可理解为形式层面；三是具体作业层面的方法、技术和工具层面的更新换代，概括为具体层面。

在企业家意识层面的创新中，企业秉持的理念和价值观是建立在企业家主观意志和自身智慧的基础上，结合企业家人生和经营企业的实践经验的总结和积累，并通过与大量的客观事件碰撞与充斥，及与外部信息的充分互动，在内在的世界观、价值观和人生观等三观进行综合考量、比较、权衡、验证和判断，最后归纳完善而形成的企业理念和价值系统，并成为企业的最高统帅和灵魂，更是企业内生动力的源泉。

这个层面完全控制着企业发展的快与慢，把握着战略定位的对与错，主导着事业的兴与衰，决定着命运的生与死。所以，当企业家的思想保守之时，就是企业落后之日；如企业家观念因陈守旧，企业就会故步自封停滞不前；企业家没有意识的地方，就是企业空白的领域。

从这个意义上，企业家首先要见多识广，不断开拓新的思路、产生新的意识、形成新的观念。概而言之，企业家意识层面的创新，永远站在时代最前位和制高点，成为促进和推动企业发展的第一动力。

其次是结构性运营模式层面的变革。在这个层面上的变革，可理解为形式创新。在这种组织形式内部，部门与部门之间、职能与职能之间，永远处于角色与专业的互补分工及协同互动的有机统一之中。所以，形式上的变革，牵一发而动全身。因此企业在这种形式层面的创新，要根据企业战略需要和经营管理风格，结合实际情况加以谨慎权衡把握。

形式层面的创新，如果把握得好，所产生的影响将具有战略性、整体性和深远性，产生变化是深刻的和巨大的。反之，把握不准，付出的代价也可能是巨大的。因此，企业需要根据现状择机而为，优先考虑“以内至外，由下至上，以内容推动形式”的有效方法。

最后是具体层面的创新。这个层面之所以是具体，是因为它是处于最具体、最基础、最广泛和最普遍的方法、技术和工具和人、机、物等领域，可以说是展开全员创新的最理想领域。

这个层面的创新，牵涉面小、灵活性大、独立性强、可控性高、风险甚低。其展开的方法上可以是随机，也可以是随时的。虽然，这种方式往往是从一个小单元展开，或

□ 近年来，华兴玻璃大力引入自动化设备提升产品品质

是在一个小工具、小环节中进行，但它的价值贡献是极大的，影响力千万不可忽视，因为方法、技术和工具层面的创新，可以从点到面、从微及著、从内至外、从下至上，从基础领域推动上层建筑、从生产力推动生产关系、从局部推动整体、从量变到质变。比如在产品上的创新，都是从小小的零部件到整个产品，再从产品延伸到解决方案；从产品款色提升产品价值，再将产品价值转变为企业价值。

可想而知，企业在具体层面的创新是不可小看，更不可忽视，它有如“合抱具木之毫末，九层高台之累土”。因此，企业如果没有方法、技术和工具的点滴具体层面的创新，不可能推动更高更大层面的创新，也绝对不可能出现企业之巨变。

换言之，要推动企业创新，最好还是回过头来脚踏实地从方法、技术和工具，以及人、机、物等具体层面的点滴做起。用时间，培育企业创新文化；用氛围，焕发全员首创精神；用创新，形成企业的内生动力。

企业行动

华兴玻璃：“快而好”的质造之道

2019年10月中旬，生产规模亚洲第一、世界第二的广东华兴玻璃股份有限公司投资18亿元的重庆荣昌生产基地正式开工建设，这是该公司在中国西部地区的第一个生产基地。

作为“亚洲日用玻璃大王”，华兴玻璃是可口可乐、李锦记、海天调味、老干妈等众多知名企业的供应商。目前该公司玻璃年产量达600万吨，品种达4000多个，年产值超过70亿元，占国内15%的市场份额。

近年来，步入发展快车道的华兴玻璃，几乎每年新增一家工厂。在规模快速扩张下，华兴玻璃坚守对不良品“零容忍”原则，并主动拥抱新技术以提升产品质量，做到了“快而好”。在企业内部，华兴玻璃大力引入自动化设备，降低人对品质带来的不可控因素。在行业前沿，华兴玻璃以轻量化技术，让玻璃产品实现“减重提质”的变革。

唤醒质量意识　用好品质征服全球好客户

“客户要找志同道合的，双方在战略层面的理念也一定要一致。这样一来，业务层面的合作探索才会推进得更加得心应手。”在“品质革命　对标世界”调研活动期间，华兴玻璃董事长李深华在走访欧洲企业汉臣的时候如是感慨。

与好客户为伍，从优质客户中汲取发展动力，是全球液压缸和驱动技术领域的隐形冠军汉臣的发展秘诀。无独有偶，华兴玻璃也在全球范围内拥有一批好客户，包括全球饮料行业巨头可口可乐、全球食品行业巨头雀巢、调味品龙头企业海天味业等。

好客户的青睐基于产品的好品质。数据显示，作为国内日用玻璃市场占有率最高的企业，华兴玻璃产品不良率仅为行业平均水平的一半。在追求好品质的道路上，华兴玻璃付出了不小的代价。其中，发生在17年前的“砸玻璃”事件，就是华兴玻璃坚守品质底线的缩影。

2002年，已在日用玻璃行业走过15载的华兴玻璃，拿到了第一张白酒企业的酒瓶订单。但由于彼时生产图纸与设计图存在的细微差距，导致产品生产出来后，瓶身的商标出现部分不平整的“质量缺陷”。

据当时负责生产的员工回忆说，从产品外观来看，实际上不平整的问题必须细看才能发现，而且数百万只产品中，也只能挑出几只“问题产品”。同时，客户也主动提出乐意接受产品的意愿。

但作为华兴玻璃创始人的李深华却做出了一个惊人的决定：把价值100多万元的玻璃瓶全部当废品处理——砸掉！他的一句话至今还让很多老员工印象深刻。“如果不能保证产品百分之百的合格，那就算是亏损，也绝不能让不合格的产品流向市面！”李深华说。

对企业而言，“砸玻璃”的举动不仅是保证一批产品的好质量，更重要的是要唤醒了企业员工的质量意识。“对质量的重视必须是自上而下的，砸玻璃瓶就是希望员工也能意识到质量的重要性。”一位老员工事后回忆说。“砸玻璃”之后，华兴玻璃也用好品质敲开越来越多好客户的大门。

目前在日用玻璃领域，华兴玻璃不仅在数量上占据绝对的第一，面对一些挑剔的客户，比如类似喜力这样的企业，每年都会把全球做得最好的供应商的做法记录在册后，直接列入对于供应商的最新要求的客户，凭着质造硬实力，华兴玻璃同样挺进了这类企业的供应链中。

推自动化改造　收购上游公司加速设备改良

在华兴玻璃总部工厂内，每一条玻璃瓶的运输带上，都会有一段专门设置了背景灯板，一名员工正目不转睛地看着一个接一个流转而过的玻璃瓶。

这道名为“灯检”的监测工序完全依赖人来完成。负责这道工序的员工在灯光的支持下，需要用肉眼去识别眼前的玻璃瓶是否存在裂纹或气泡。由于检验难度很高，为了确保准确性，这道工序每20分钟就需要轮换一名员工。

如今，在华兴玻璃的其他新工厂内，这样的检测工序已被一款名为裂纹验瓶机的自动化设备所替代。该设备利用光学原理给每一个瓶子进行拍照，在拍照的过程中，如果遇到裂纹，产品会出现反光。一旦设备识别出有反光点，便将自动把产品“踢”到废品槽。

自动化设备的引入大大提升了华兴玻璃产品的质量。数据显示，在华兴玻璃，光是一台裂纹验瓶机的引入，产品裂纹的不良率就降低了一半。

为提高产品品质，在核心设备上，华兴玻璃还通过收购设备公司的方式，加快设备的提升改良。2017年，华兴玻璃正式收购了专注生产行列机的三江机械设备公司。收购上游设备公司后，一方面从供应链的角度，可以确保核心设备技术的独有性，同时公司内部也能够把改良技术实现公开化，让整个围绕品质提升的设备改造进度变得更快。

小瓶子大创新　轻量化技术实现质量效益双赢

要让产品品质实现更快的提升，除了借助设备的力量，在华兴玻璃的品质提升路上，还离不开创新的力量。

近年来，在日用玻璃行业，轻量化成为新的发展趋势。以李锦记500毫升玻璃瓶的产品为例，容量不变的情况下，目前华兴玻璃推出的玻璃瓶重量已经从320克降低到230克。“瘦身”后的玻璃瓶不仅能够降低运输成本，而且更薄的瓶身能让整个玻璃瓶厚壁变得更加均匀，也让整个玻璃瓶变得更好看。

但要研发出这样的产品并不容易。光是筛选砂质就大有学问，相比一般的日用玻璃产品，轻量化的玻璃瓶对原材料的稳定性提出了很高的要求。

而原材料还仅仅只是第一步。当砂子配送到窑炉后，窑炉温度的控制也极为关键。只有控制好这两个关键影响因素，整个产品的理化性能才能做强，做出来的产品质量方能保证较高的稳定性。

利用小口压吹成型技术实现轻量化的日用玻璃产品，不仅仅是质量的提升，对企业来说也是效益的提升。同样容量的瓶子重量减轻既能节能省材，产品的运输成本也因此降低。

据了解，目前国内能突破该项技术的企业依然是少数。

这样的产品也受到众多市场的欢迎。数据显示，目前华兴玻璃在中国南部市场，超过40%的产品均为轻量化玻璃瓶。围绕这款技术，目前华兴玻璃还在推进一轮接一轮的轻量化。

打造品质高地，呼唤企业家精神

文/鲍杰军（广东欧神诺陶瓷有限公司董事长）

2019年，我参加了佛山市工商联、南方日报社组织的“品质革命 对标世界”佛山企业迈向高质量发展跨省跨国调研活动，我们与著名经济学家周其仁教授近距离接触，学习了学者思考问题的角度和方法，进一步打开了眼界。我最大的感受就是佛山需要呼唤企业家精神，我们一定要有梦想、有追求、有担当，要敢于创新。“佛山制造”一定要与时俱进，一定要提高我们的产品品质，提升我们的制造水平。佛山众多的老板们，一定要成为企业家，要为我们国家的发展做出贡献，为佛山的进步做出应有的担当。

品质革命是形势所迫

纵观当今世界，大家对品质的需求其实各有不同。一些发达国家的企业，比如德国，是靠科技来提升品质，它敢于把最新的科技运用到产品上，来引领产品的发展方向；日本则是靠精益来保障品质。

中国人多地广，消费层次参差不齐，不同的市场有不同的需求，非常灵活，不足的地方是可能导致我们的质量标准不一。佛山是一个制造业大市，我们面对的不仅是国内市场，还有全球市场。我们该如何面对这种品质需求？这是我们这次学习的一个最重要的出发点。

为什么要追求品质革命？有三个原因。第一，从制造端来讲，这是形势所迫，制造端的成本越来越高，我们在产业链的分工需要不断地提升；第二，从客户端来看，市场在倒逼提升品质，国内消费者的消费需求在不断升级，特别是对于新一代的“85后”“90后”，他们对品质的追求已经远远走在制造的前面，所以我们必须尽快提升品质；第三，从竞争视角来看，面对激烈的竞争，佛山的企业一定要继续引领，一定要提供高品质的产品和服务。所以，无论是形势所迫，还是市场倒逼，还是竞争需要，对佛山制造业来说，在新的时代，我们一定需要品质革命。

到底应该怎么理解品质？比如说像瓷砖的质量包括吸水率、强度、平整度、尺寸误差等，除此之外，还有砖的表面硬度、防滑、表面质感、功能性、花色美感等，这些都属于审美类、功能类，不在质量的标准控制范围。可对消费者而言，却是非常重要的，所以对于产品，综合考虑才是品质。

另外，在企业经营层面，追求高质量发展，也需要提升品质。如制造的数字化、智能化、环保水平、规范化程度、研发投入、人才培养、品牌经营等，都要对标全球优秀企业，突破现有瓶颈，不断提升经营品质。

所以，从实的角度看，包括经营质量、效益、规模、环保水平、规范和创新能力等；从虚的一面看，包括经营品位、文化、团队精神、品牌美誉度等。总结一下品质革命，实际上就是虚实结合。

为宏大目标敢于冒险

这次我走访了其中7家企业，深圳就有4家，包括华讯方舟、大族激光、优必选、柔宇科技。深圳有一批大胆的淘金者、一批有情怀的冒险家。比如华讯的创始人很有家国情怀，他以“为国家着想，为人民服务，按市场规律办事”这个价值观为担当和引领。

华讯方舟所做的事情，包括进入卫星通讯领域、研究太赫兹、建立星地通讯、目标定位发108个卫星等。这对很多传统企业来说不可想象，不过深圳能包容这样的企业和这样的企业家，等待着他们的将是宏大目标成功的那天。

柔宇科技是我很早就知道的企业，但当我穿着防尘服，走在复杂的通道上，看到一堆堆封闭的设备，就像一群外星人走进了未来世界。凭着我机械设计的专业水平都无法看懂这些机械。在这么短的时间内花上百亿元，搭建这样一个无尘真空的、前所未有的柔性屏生产线，真的无法想象。柔宇干的是从无到有、从论文到量产，且无处可抄的事。这正是中国现在所需要的，可以载入史册。

还有长沙的3家企业，其中星邦重工是一家“夫妻店”，两人各自发挥所长，配合得简直是天衣无缝。星邦重工正好碰到风口上，在高速成长，前途也非常好。只要他们能够把握最近三五年，通过资本市场再上一个台阶，未来可以有很大的发展空间。相比之下，三一重工做的都是大国重器，让我们开了眼界。尤其是其在低谷时期“断臂求生”的痛苦经历，让我感触很深。

总体来说，无论是深圳，还是长沙，他们的企业家都很有梦想，同时也很有情怀。虽然为了梦想和情怀，会去冒险，也可能会失败，但从整个国家的视角来看，是非常有必要的。一个国家的进步，可能就需要我们企业家不断前赴后继地去追求。如此，整个国家的经济才能得到发展，社会才能得到进步。

从政府角度而言，深圳的营商环境已经为创业者、梦想家、冒险家建立了一座乐园；而长沙也具备着一定的后发优势，一旦他们进入到市场经济的大环境中，出手力度也很大。因此，佛山需要加强自身的紧迫感。

企业行动

欧神诺陶瓷：与时俱进的“品质经”

2019年9月，“2019年佛山市政府质量奖”揭晓，佛山欧神诺陶瓷有限公司与佛山维尚家具制造有限公司等6家佛山企业获此殊荣。该奖项设立于2013年，获奖企业均是行业中的质量标杆。

创立于1998年的欧神诺陶瓷，是中高端陶瓷领域的领军企业。不管是十多年前在行业首创“陶瓷时装化”的概念，还是如今率先布局线上线下全渠道营销，“与时俱进”深植于欧神诺陶瓷的企业价值观中。在质量追求上，欧神诺陶瓷创始人鲍杰军坚持，品

□ 2019中国住博会上，欧神诺陶瓷新品吸引参观者关注

质是“品”与“质”的结合，品质同样要与时俱进，需要满足客户不断变化的需求。

打造一站式定制服务

2019年9月底的北京国际建材展上，欧神诺陶瓷展示的智慧门店一经亮相就吸引了不少关注。在智慧门店内，消费者通过扫描“电子价签”可直达DIY手机换砖页面，快速体验空间1秒DIY换砖，直观地了解产品在不同空间区域的铺贴效果。

“产品发展必须要围绕着时代趋势，要了解消费者的需求，不管是审美上的还是消费方式上的需求。”鲍杰军说。对于当代消费者而言，消费的便捷性、多样性等均包含在产品评价中。正是基于这样的消费变迁，近年来，欧神诺陶瓷大力推动线上线下全渠道新零售布局，率先在行业内发起“互联网+”变革，开始从传统生产制作商到整体空间解决方案服务商的角色转型。

从2013年起，欧神诺陶瓷携手IBM、华为、阿里云等科技巨头，成立了大云商项目，投入数亿元资金自主研发出欧神诺在线、IPAD接待系统、720°换砖DIY等一系列营运服务系统，涵盖户型案例、选材辅助、效果预览、方案设计等过程。

2017年，欧神诺全面启动新零售模式，在大云商的技术基础上，发布了020新零售“31319”服务效率标准，包括线上3秒线下3分钟极速响应、瓷砖DIY空间体验1秒换转、3分钟体验全屋铺砖图、一键导出施工图、9分钟3D效果图极速渲染等，全面提升消费场景体验。整合了一系列服务系统的智慧门店，让原来需要一两周甚至更长时间的瓷砖选材与空间设计，在最快1天的时间内即可完成。

用细节打动消费者

1999年，刚成立不久的欧神诺陶瓷凭借“雨花石”声名鹊起；后来陆续推出天韵石、刚玉石、伊丽石等11个系列产品，以及建陶材质革命性产品晶立方轻质砖，每一次产品更新都代表了行业生产技术与工艺的革新，逐步奠定了其“高端瓷砖领导者”的地位。

“产品品质应该包含‘品’和‘质’两个方面，其中‘品’是品味，产品要有设计和审美。”鲍杰军说。2005年他在行业内首度提出陶瓷时装化的概念，并且多次在不同场合强调这一概念，“消费者不需要一匹布，而是需要时装，对欧神诺而言，不是卖瓷砖，而是要卖装饰。”

在企业创立早期，鲍杰军经常和设计师一起把控产品设计风格。现如今，对于设计细节他仍能细细道来，“比如木纹砖，多一道纹路和少一道纹路，纹路的凸起程度如何，这些对质感都会有很大的影响。”

客户究竟喜好哪一种质感，不能靠设计师想象。鲍杰军认为，与消费者零距离接触，缩短中间环节，才是真正了解消费者的需求。“企业通过大数据可以精准地找到消费者的需求；知道了需求，就可以定制价值曲线，根据消费者的需求做匹配”。

“我们曾花费300万元与专业的咨询公司合作，通过调查，最终确定了目标消费人群——40多岁的精英阶层。”鲍杰军表示，中高端客户在消费过程中弹性非常大，一定要站在消费者的角度。“像爱马仕、LV这样的高端品牌，他们的品牌效应和规模都非常之大。”鲍杰军要求欧神诺要有这样的远见，产品不仅要提供精致的细节，更要提供一流的消费体验。

品质革命要掌握“创新的套路”

文/张伟明（广东星联科技有限公司董事长）

这次参加“品质革命　对标世界”佛山企业迈向高质量发展跨省跨国调研活动，我的收获非常大。我们的队伍里有老一辈的企业家，他们具备丰富的阅历，敏锐的眼光；有年轻一代的新生力量，他们掌握了新一代的知识，拥有很强的学习能力；也有资深的媒体人，他们对经济有着多维度的视角；还有著名经济学家，能站在另一个高度深入浅出地剖析问题，具有强大的归纳、提炼、总结能力。

参观其他企业时不需要去质疑、评价，因为那不是我们的目的，关键是看对方哪里对自己的思想有触动、冲击，然后结合自身情况去思考。高强度、长续航的学习模式，使得此行非常充实。知识面的互补，更加有利于相互学习。

做好品质革命的“加减法”

过去几十年，我们佛山企业发展有一个过程，不同阶段有不同阶段的红利。第一个阶段是“做出来就能卖”，因为很多产品在市场上的需求量很大；第二个阶段，生产厂家慢慢地多了，消费者、客户的要求逐渐提高，一些企业尝到了质量有问题的亏，开始走上了注重质量管理的道路。可以说到现在，佛山企业在品质上已经有相当基础，品质不行的企业已经被“大浪淘沙”淘掉了。

企业要深入开展品质革命，在原有的基础上继续提高品质，最重要的是思想转变。人的认识很重要，我们究竟要做出怎样的产品？怎样做出来？

产品品质的提升是“加法”，但品质提升的路径可以是“减法”。周其仁教授在深圳调研时讲到，企业产品线太多时就要做减法。

同时，我们不仅是在产品线做减法，产品线之内也还要做减法。每个产品的研发、制造、服务有很多流程，企业精力有限，要明白哪些必须自己做、哪些可以找人协助做。当企业做好减法，自己聚焦核心时，就能建立更大优势。哪怕只是很小的一个方面，把它做极致了，就能形成核心竞争力。

员工观念也很重要。成立星联科技之前，我在广东星联精密机械有限公司任职总经理近20年。在星联精密，企业从上到下都建立了品质观念，形成了“人人都是质检员”的氛围。星联精密有60%以上的员工在公司持续工作超过10年，对于企业的文化和运作方式有很强的认同感。公司也在奖惩机制、工作流程等方面进行优化，增强员工落实品质革命的主动性。

对标全球同行最好产品

佛山制造业有着辉煌的历史，在产品质量、生产效率、成本控制等方面都有着很强的实力。时代在进步，需求在变化，竞争方式也在变化。过去我们把产品做到“能用”，现在是把能用的东西变得更“好用”。今后，还要对标各自行业全球范围内最好的产品。

在丹麦哥本哈根，我们参观了全球助听器行业龙头奥迪康。它每年研发投入高达10亿元人民币，每两年就要开发一款新产品，一直走在全球同行的最前面。20多年前，奥迪康投入10万元开发出来的产品，可以一直卖10年。如今数亿元研发出来的产品，最多只能卖两年。这个是谁在逼它？是自己在逼自己前进，这一点让我非常佩服。这种压力就是这家企业能够长盛不衰的重要原因，永远走在其他同行的前列。

为了走在全球同行前列，我们必然要建立全球化的视野格局。佛山的一些企业过去虽然很成功，但是眼光局限在本地或者国内。过于依赖过去的成功路径，将会越走越艰难。要避免自己的产品成为过剩的产能，就要开拓出新的产品市场，产品销售要有全球的眼光。在这里过剩，有可能在别的地方就是适销对路。

同时，国际一流的高端客户，也能推动企业进行品质提升，星联精密当年打入可口可乐供应链的故事就是印证。1999年，随着国际饮料品牌在中国打开市场，星联精密希望通过打开它们的高端市场，首先就瞄准了可口可乐，最终通过艰辛的努力赢得了客户信任。现在，我们的客户已经遍布世界各地，品质也与国外一流同行不相上下。

怎样把产品卖到世界、怎样及时提供服务，需要很多专业化的支撑。对于正在推进全球化的其他企业来说，希望有关部门能够在渠道开拓等方面提供扶持。

用分工提升企业创新效率

佛山有很多企业现在越来越注重创新，但是还处于一种比较迷茫的状态，不知道该怎么创新才有效率。事实上，现在是一个分工的社会，还需要利用和整合好外部的资源，避免单打独斗。

那么我们怎么整合好这些优质资源？在荷兰参访时我对此有很多感触。埃因霍温的企业都懂得，如何把一个创新的整个过程的分解成角色一、角色二、角色三……不同企业各司其职。我们欠缺的就是那种“套路”。

讲创新，效率很重要，花多少时间能把一个东西搞定？佛山企业的创新，大多是靠企业内部的研发人员，只有很一小部分是外聘。但是，技术的创新涉及很多方面，自己的人很难方方面面都拔尖。换言之，企业创新有很多方面不能够找到这个领域最优秀的群体来做。佛山可以借鉴埃因霍温这样的技术交易体系，从而提升企业创新的效率。

佛山一些大企业可能已经有了类似“套路”，但更多的中小微企业还很需要引导。我们可以把这套创新的体系进行优化，让它更加适合本地产业环境。这需要长期的努力，企业、行业、政府都可以想想办法。

企业行动

星联科技：新材料产业的“鲶鱼”

南海三山新城，由广东星联科技有限公司打造的ERE产业园于2019年10月动工，全面推动“拉伸流变挤出设备”（ERE）在高分子加工行业新技术研发的进程。

五年前，星联与中国工程院院士、华南理工大学教授瞿金平团队合作，共同成立了星联科技，张伟明的事业中心逐渐从模具制造转移到新材料领域，开启了他的“二次创业”。

ERE装备的核心技术由瞿金平院士发明。它颠覆了全球已沿用100多年的剪切流变技术原理，成为新材料产业的一条“鲶鱼”。目前，ERE主要应用在塑料加工领域，未来有望引发更多行业的“品质革命”。

跨领域推动品质革命

在高分子材料加工行业，传统的技术存在能耗高、成本高、加工难等问题。而ERE开创出全新的材料加工成型原理，并打造相关工作母机，让高分子材料加工在能耗方面下降25%，节约生产材料和成本，同时制品力学性能普遍提高20%以上。

目前，星联科技已经推出了运用ERE技术生产的“多层复合高性能”，在新疆伽师

□ 星联科技生产的ERE设备

等地试用。利用该技术，在材料相同的情况下，加工过程降低25%的能耗，且回收率接近100%，极大地减轻了环境负担。

ERE技术为何如此神奇？张伟明比喻，就像做牛肉丸一样，原来的技术是用刀剁，将材料一层层“剥”下来，而ERE就像潮汕做法，用棍来打，使材料原有的分子结构保持得更好。

星联科技计划在现有基础上，逐步开创“ERE+N”共创共享新发展模式。“ERE是一项平台技术，从塑料挤出成型、橡胶加工到农业、环保领域，几乎所有涉及高分子材料的产业，都能使用这一技术和相关设备，形成新的技术突破。”张伟明说。

探索“科学家+企业家”合作新形式

在深圳大族激光的参访，让张伟明联想到了星联科技的未来。从2015年开始，星联与瞿金平院士团队合作成立了星联科技，对ERE技术进行产业化。该技术颠覆了过去沿用100多年高分子材料加工原理，性能大幅提升。就像激光发生器的普遍应用一样，它有望为多个不同行业带来品质革命。

在与院士团队的合作中，企业家与科学家之间的角色分配，让张伟明感受深刻。“咱们的院士是整个行业的泰斗，取得了这项突破性的成就，但是在产业化的具体环节，他的团队不一定能够把握得很好。”张伟明意识到，科研心态与产业心态有着非常大的区别。逐渐地，星联科技摸索出了一套与科学家的“AB角”分工和平衡机制。

跟星联科技自身的探索相比，荷兰埃因霍温的成熟“创新场”给了张伟明很大启发。在一个“创新场”中，企业既能获得最先进的技术，又能方便地将其进行产业化，能够更好地让科学家为企业的“品质革命”提供帮助。他希望，政府可以搭建平台，帮助企业对接埃因霍温这样成熟的“创新场”。

越是“寒冬”越要敢于投资

文/黎干（佛山市维尚家具制造有限公司总经理）

这次参加“品质革命　对标世界”佛山企业迈向高质量发展跨省跨国调研活动，我的收获很大。尤其是在调研北京企业京东方科技集团股份有限公司和青岛企业双星集团有限责任公司时，我感触很深，回来后进行了更深入的思考总结，并且因此调整了企业的发展战略。

在调研的过程中，周其仁教授的两个观点让我印象深刻，一是重资产是企业的“护城河”，二是品质是满足消费者的需求。前者对我原来的固有观念造成了冲击，后者则与我们企业的实践不谋而合。

用重资产构筑“护城河”

调研青岛的双星集团时，我内心一直带着疑问，它曾经是中国鞋业的著名品牌，后来转型轮胎行业“二次创业”，但是不管是鞋子还是轮胎，我在自己的日常生活中都很少接触过这个品牌的产品，它的市场在哪里呢？

从企业的生产现场来看，双星集团的硬件水平很高，从西门子购进的生产设备非常先进，产能应该是非常大的，并且应该处于不饱和的生产状态。从整个行业来看，国内并没有呈现爆发性增长的趋势，那么双星集团在厂房、设备上的这些重资产投入是有可能面临亏损的，如果是这种情况，企业为何要坚持在重资产上做投入呢？

后来我转念一想，企业在硬件上厉害，其实是有非常大的发展潜力的。以双星集团为例，从拓展市场的角度来说，目前企业进军欧美市场可能难度比较大，但是随着“一带一路”市场的发展，有可能会给这家企业带来很大的机遇。所以企业有硬件在，当时机来临的时候，就能乘风而上。

我们走访的另一家企业京东方，其实也是这样的，它之前几乎是不计成本地投入在屏幕和芯片的研发上。以前大众不知道它的厉害，但随着全球经济的变动，今天京东方的厉害大家都知道了，企业的机会也就来了。但如果它没有这个基础，是抓不住这个机会的。

回到我们自己的企业，维尚集团一开始是做软件起家的，一直以来对固定资产投入比较谨慎。无锡的工厂在建设中，之前受地产行业影响，我们考虑过放缓无锡工厂的建设进度，并且一度认为无锡工厂的自动化程度还不需要太高。此次调研回来后，我觉得不能放缓，要加快，要坚定地走智能化的道路。虽然现在行业发展有放缓的趋势，但是世界变化很大，万一以后机会来了呢？不能等到机会来了再做准备。

我们现在看起来在同行中是比较强的，但是很多同行也在做智能化、自动化的投资，我们投10亿元，别人也许投20亿元，可能它的自动化程度更高了。随着行业整体自动化水平的提高，以后智能化水平有可能会变成行业门槛。因为做了这些智能化投入，产品质量更好，成本更低，更具竞争优势，那些没有这部分重资产投入的企业就会被淘汰掉。所以正如周其仁教授所言，重资产是企业的护城河，经济发展还是需要投资。

品质首先要满足刚需

在调研的过程中，我们反复讨论，什么是品质？如何定义品质？周其仁教授说，品质就是满足消费者的需求。我很认同这个观点，品质不是将产品做到最好，满足消费者需求才是最佳状态，品质过剩就是浪费。

我们企业有一个特点，我们跟C端联系很紧密，基于企业的特点，我进一步认为，品质是满足消费者当下的刚需。在家具行业，消费者的刚需包括性价比、安全、质量等内容。再细化，安全也包含环保安全和使用安全，而且不能存在刮伤人的隐患，尤其是消费者家里有小孩的时候，安全往往会变成首要刚需。这些刚需都是我们提升品质的着力点，要持续去改善。

所以，品质应该是有排序的。举一个例子，有个消费者说过10天就要结婚了，通过加盟商在我们这里下了订单。在这位客户的心中，他对品质的第一要求是，你要满足10天的交付时限。如果不能按时交付，产品做得再好都“白搭”。在企业初期，生产紧张的时候，我们是把交付看得很重的，一定要按时交付。

对于消费者来说，能不能按时交付，这个就是产品品质的一个维度。当下他的第一需求就是按时交付，至于产品是不是做得足够精致，这已经是第二需求。把交付完成了，再去想精细化的问题，交付不能完成，其他就没有意义了，不可能让客户满意，企业也发展不了。

曾经出现过这样的情况，在无法自己制作完成产品交付的情况下，我们去外面买了一个产品给客户用。这个过程我们付出的成本代价是很高的，但是为了满足这个客户，我们首先还是要满足交付需求，即使产品没有完美符合他的预期，但是后面可以再替换新的原先订购的产品。我们对交付的重视足以体现。

现在除了在制造上已经可以满足交付需求，在仓储物流上，我们通过供应链系统使得货物在无锡、佛山两地的工厂中快速流通。一般情况下，货物会按照不同地域市场的需求情况进行存储，佛山存放的是华南市场畅销的产品，无锡存放华东市场畅销的产品。当出现华南地区需要无锡仓库的货物时，我们建立起的两地货车专列就会快速进行转配。

近年来交付问题已经解决了，其他维度的品质就抓得更紧了。我认为过剩就是浪费，在这种浪费中，企业的竞争力就削弱了。我们从4年前开始推行精益生产，全员参与，持续改善，实践的收益也越来越大。这两年家居行业的整个市场环境不是特别好，但是对维尚集团来讲比较容易，保持10%到20%的增长还是不难的。

企业行动

维尚家具：为工厂装上“大脑”

在佛山市维尚家具制造有限公司第五分厂的车间里，一张张贴有专属二维码的板材在生产线上有序流动，机械臂读取二维码信息后，按照指令对眼前的板材进行快速分拣。对于需要马上使用到的板材，将随着滚动轴的输送，进入下一个开料环节。

站在裁板（开料）设备旁边的生产工人面前有一个显示屏，依据显示屏上的信息，生产工人把板材放在对应位置进行裁剪。完成开料的板材在RGV送件设备的输送下，又接着进入到了封边、钻孔、质检、分拣等环节。

自动化智能化赋能品质提升

以自动化、智能化代替传统手工操作，是维尚家具提升产品品质的重要路径。眼前这些机械臂和显示屏背后的智能制造，正是维尚家具保持产品质量稳定的秘密武器。维尚家具总经理黎干介绍，目前维尚家具已经实现了从前端设计、销售到生产制造全流程的大数据管理。

在维尚家具总经理黎干看来，企业必须将核心技术掌握在自己手中，维尚家具的信息化系统均是自主研发，目前已经形成有效的迭代能力，可以持续不断地滚动更新。这是依靠外部力量搭建系统的企业往往不具备的能力。

随着软件系统的迭代进步，从2010年到2016年间，维尚家具先后建立起三厂、新一厂和五厂，每一个新厂的智能制造水平都迈上新台阶，逐渐实现生产线前工段原材料分拣、运送、开料、封边、钻孔等环节的智能化生产。维尚五厂也成为佛山唯一一家入选“2016年智能制造试点示范项目”的企业车间。

2018年，投资13亿元的维尚无锡工厂一期启动建设，该厂在自动化程度上又比维尚五厂高出30%，可实现人工减少30%，同时生产效率提升30%。

智能制造的实施，显著提高了维尚家具的产品质量和生产稳定性。比如，传统的人工进行板材喷胶处理时，常出现喷涂不均匀的问题，导致板材使用年限降低。在机械臂和大数据的运算之下，喷涂不均的问题很好地解决了，降低了出错率，保障了产品质量。

“单片流动”提升生产效率

当智能制造在维尚工厂初步实现的情况下，创新的步伐依然没有停下。“单片流动”是维尚家具最新研发的超级柔性制造技术，比之前使用的“批次流动”更加节省时间。一个柜子有50个部件，维尚家具每天制作上万个柜子，以前这些部件分类在车间里按批次流动，由一个工序流动到下一个工序，但是现在不需要再按批等待，而是单片流动过去，减少零部件的等待时间，生产速度大大加快。

单片流大幅提升了机器利用率、材料利用率和人力利用率。只要留出合理保养时间，机器工作时间可以没有限制，从而解决机器设备“忙闲不均”的问题。在此带动下，维尚家具2018年产能比2017年增长20%—30%，但是员工人数减少10%。而随着单片流在更多的生产线推广，产值预计还将进一步增加，而员工数量也将进一步减少。

无锡工厂落成后，维尚家具将在华南、华北地区均拥有生产基地，这些不同地区生产基地拥有同一个“大脑”。通过自建云计算平台，维尚家具实现所有生产基地全部数据“上云”，从而利用边缘计算进行智能排产，在提高生产效率的同时，也实现了质量的统一管控。

“把数据储存到云端后，通过算法的支撑能够优化排产计划。”黎干介绍道，当A工厂已满负荷生产时，利用智能计算可以把订单自动地调配到其他工厂。同样的原理也可以在物流配送环节进行应用。

保持创新方能创造品质

文/吴平平（广东精铟海洋工程股份有限公司总经理）

加入调研团的第一天，我首先就被问到：你理解的品质是什么？我没有任何停顿就回答：品质是生命！品质是企业的生命！

人们通常说的产品的品质大都只是“产品质量”的概念，因此与企业谈品质控制基本上就是质量控制方面的话题。但我认为，品质还包含企业组织的品质、企业管理的品质、企业文化的品质。在高质量发展的浪潮下，我们更要以创新为驱动力，在创新的环境中保持甚至是创造品质。

好品质值得付出高昂代价

品质对于制造业的重要性是显而易见的，没有品质的产品卖不出去或者卖不出好价钱，企业就无法生存，因此品质是企业的生命。

特别对于精铟海工而言，产品的品质就更重要了。我们是做海洋装备的，海上的环境千变万化，完全不可预知，因此对装备质量的要求极其严苛。在我们所面对的市场竞争因素中，价钱因素排在比较后，客户首先要求的就是安全保障、质量保障。目前，精铟海工是全球唯一100%负荷试验后交付海工产品的专业制造商，各类海工装备通过了CCS（中国船级社）和ABS（美国船级社）的认证，是世界上实行交货标准最高的企业。

在深圳，我们所看到的每一家企业，首先就是以创新为前提，在创新的前提下以品质为核心。例如华讯方舟，在新频谱、新工艺、新材料方面率先突破，构建全要素创新生态链；优必选研发出的伺服舵机技术迈开了国内人形机器人商业化的第一步，推出了一系列性能稳定、成本可控、大规模量产的机器人；大族激光连续推出四代系列光纤激光切割机并取得CE认证，设备销往欧美等地区；柔宇科技引领了柔性显示和柔性电子产业的国际新潮流。

与深圳企业的对标，也是两座城市产业环境、产业文化的对标。我非常理解这些企业发展过程中所面对的选择，因为精铟海工就是这样走过来的。要达到产品的最高标准，达到产品和企业的最高品质，企业所付出的成本和代价都是非常沉重的。这个代价值得吗？付出了这个代价换回来的是什么呢？我认为换回来的是行业领先、标准制定、高壁垒、避免低价恶性竞争、保住合理利润。

当你靠着研发积累和不断创新，站到了行业的制高点上，才会看到市场的宽广，才能掌握到选择产品和选择企业发展方向的主动权，才能够甩开追兵。

制造无可替代的产品

在欧洲，我们参访了不少行业领军企业，他们一代一代地传承下来。他们生产的那一类产品，我们许多制造业企业都需要用到，而那些企业一直能够保持其行业地位。

我们在用一些东西的时候，可能总是不停地替换，会从低档次或者是便宜的一直替换到更高档次，但是有一些东西是这个行业永远都替换不了的，它永远在那。当然，他们也在进步，让自己永远站在最高的点，让客户以及同行业的追随者都摆脱不了。

例如德国的西门子公司，在一般人的概念里面是卖装备的。但是实际上，西门子已经是全世界最大的软件公司。我们要跟它合作吗？我们要超越它吗？它在装备上的优势正在缩小，但是我们在工业上常用的许多计算、模拟、数字孪生等软件，还绕不开它。它不用操心别人会不买它的产品，别人在进步，它更是走在前面。

领先就是让别人习惯了去跟随。你有什么好的想法、新的想法，或者你遇到一个问题想去解决的时候，你会去看看他们有什么手段，这已经成了一种习惯。你自动地认为，它就是行业的权威标准。

比如在海洋工程行业里边，世界上最大、最厉害的船级社就是挪威船级社（DNV）。因为中国的市场大，所以中国船级社目前也是全球第三大。当我们一讲做标准的时候，总是要去翻一翻DNV每年发布的指引。

差距所在，也就是我们努力的方向所在。以精铟海工来说，现在在海洋工程的一些领域已经取得优势，但是每年都有新的研发项目的立项、投入，每年都有一个项目的成功产业化，否则会被人家赶上或者是甩下。

“胡思乱想”做创新

我一直很好奇，为什么在欧洲尤其是北欧地区，几乎所有人都在“胡思乱想”？

从学生到企业家，他们真是人人都在做创新，不计成败地做创新。相比之下，我们佛山的企业家通常很实在。要是投入去创新，就得有东西出来。看完这种不计成败的创新以后，我们会觉得，这怎么可以？但他们就是这样，有很多的“胡思乱想”，只要有一些成功，就是创新。

这里的大学生很厉害，他们不知天高地厚，有很多新奇的想法。当然，他们可以不知天高地厚，因为这里有一帮出色的科学家、企业家、投资人，他们能够接受这帮小孩想出来的东西，甚至是跟小孩们一起“玩”创新，还给他们提供资本。

他们那些投资者没有“投资逻辑”，因为很多东西看上去落不了地。为什么去投？他们可以投10个、投100个，总有成的。

在鹿特丹港创新孵化中心，我一下车就看到一台过船梯。那是创新的东西，价值3000万欧元。这个梯子放在两个船之间，要求可以在两米半的浪高情况下，人走过去而梯子保持纹丝不动。这个梯子他们是不卖的。

政府也把创新看得很重，支持年轻人的创新。荷兰鹿特丹港曾经是全世界最大的港口，最近20年来由于中国等市场的崛起，它全球排名持续下滑，港口周边就腾出了不少地方，厂房和仓库闲置了起来。临港的地方都是寸土寸金，但是鹿特丹选择把它做成了一个创新孵化中心，而不是用来开发别的项目。

企业行动

精铟海工：后发者的“品质突围”

在海洋工程领域，广东精铟海洋工程股份有限公司正为中国企业开发海洋资源护航。

2007年8月，精铟海工的创业团队从深圳来到佛山南海。等待他们的，除了没有大海这一地理劣势，还有来自国外的一些技术和市场壁垒。如今，精铟海工拥有多项自主核心技术，是世界同行中实行交货标准最高的企业。

“品质就是生命”，这句话对精铟海工来说不是诗意的比喻，而是真实的成长环境。海上平台作业风险很高，工程设备必须绝对可靠，否则后果不堪设想。在精铟海工总经理吴平平看来，“这个行业没有‘合格率’这一说。如果说一个产品的合格率达到99.5%，那么剩下的0.5%由谁来承担？”

□ 精铟海工风电安装平台

设备出厂前经16级台风验证

精铟海工主攻海洋工程“三件套”、海上风电设备等领域。刚成立时，尽管手中已经掌握了多项自主研发的专利技术，但在工程投标时很难赢得客户信任。海上作业是个高风险行业，业内一般的投标文件都要求描述过往发生过怎样的事故、之后如何处理、提供怎样的服务等内容。

国外的几家巨头已经有了几十年的经验，产品和公司都经受了时间的考验。但是新生的精铟海工只是一张白纸，没有事故处理经验，如何让客户信任自己的品质？

全球唯一模拟真实环境的试验机，在没有大海的南海诞生了。事实上，精铟海工的模拟试验环境比大多数的真实作业环境更加恶劣。他们仔细研究了海洋工程设备过往的事故案例和作业流程，把每一个风险点考虑在内，而且设定了更加严苛的条件。

在项目投标时，精铟海工就把业主单位请到公司，让业主亲眼见证设备的工作能力。完成全套测试后，设备某个部位变形多少、磨损多少，所有数据都清清楚楚。国际巨头的许多设备，可能一辈子都没经历过12级台风，但是精铟海工的设备，出厂前就已经受了16级台风的验证。“这个时候客户就会明白，他买我们的设备，比国外设备更可靠。”吴平平说。

深入产业链上游管控

海洋工程设备组成复杂，对每项材料和零部件的要求很高。精铟海工选择落户南海，看重的正是这里的机械装备产业基础，使得公司可以专注于核心技术研发。对于上游供应链，精铟海工建立了一套品质管理机制。

行业内本身的第三方船级社认证体系，是精铟海工上游管控的基础。“这个行业由于风险太高，所以上游、下游之间很难达到完全的相互信任。”吴平平说。

按照海洋工程行业规范，从最初的一块钢材出厂，它上面就会打上某个船级社的标记。此后的每个加工环节，打了标记的位置都不能动。如果某个工序必须加工有标签的位置，那就得由船级社派人现场监督除去这个标记，并在这道工序完成后立刻印上新的标记。从钢材出厂，直到使用这块钢材制造的设备最终下海，船级社都会进行监督保障。目前，精铟海工的所有产品都通过了中国船级社和美国船级社的认证。

精铟海工也建立了独有的质量管理体系。选择供应商之前，精铟海工会从人力资源、财务、工艺技术等方面对候选者进行综合评价。已经纳入供应体系的厂商，精铟海工会对其进行品质意识教育与技术交接。必要时，精铟海工会直接把技术人员派到供应商的生产线上。在精铟海工100余家供应商中，备有每类供应商至少3家，一旦出现问题就可立即替换。

要渠道的全球化，更要品质的全球化

文/邓锦明（广东景兴健康护理实业股份有限公司创始人、副董事长）

从“品质革命　对标世界”跨省跨国调研活动的北京站和青岛站回来后，我思考最多的事，就是如何把一些跨行业的新战略思想，运用到我所创立企业的运营中。调研了外部企业后我发现，哪怕行业完全不同，但很多战略是共通的。我们不学产业流程，但是战略思维一定值得学。

华力创通引入强制力保护创新成果的探索，给予一向关注知识产权的我新的启发；在京东方、双星等企业关于社会责任的探讨，让我对企业家责任感有了新思考；主打智造的酷特智能组建商学院的做法，更是让我也有了搭建新平台的想法。

而放眼我所选择的立业之地佛山，其未来如何从一座制造业大市向品质高地转变，更是深刻影响着企业个体的高质量发展。佛山形成高品质的“场”，需要打造高标准、权威的佛山制造认证体系，让佛山制造成为高品质代表，提升其全球认可度，这比任何广告都有用。

要让客户感知产品的特别

眼界对于企业家来说至关重要。具备了广阔眼界，企业才能对市场空间和客户群体有更充分的认识。这种认识包含几层含义，而它们能决定企业在品质革命中的格局。

一方面，企业家要更透彻地理解全球化，明白小地方的普通人也能在全球的舞台上创大业。全球有不少历经百年、练就一流竞争力的大公司，早年都是从农业文明开始一步一步地走过来的。这样的历史传承，佛山也拥有，因此它完全有可能、有机会造就一批登顶全球市场的企业。

全球化的另一层含义，是造出好产品、供应全人类。企业家眼光不要窄，要增强自信，相信别人也会欣赏我们。人类有很多共通的需求，而满足这些需求能为好品质找到更广阔市场。中国的茶叶“出去”了，针灸“出去”了，就是找到了共通需求。

改革开放40多年以来，中国制造从模仿到原创，不少产品均吸引了世界不同层级的消费者的目光。与“学中文热”共同高涨的，还有全球市场对中国制造的认知和兴趣。这也预示了中国制造在世界市场的潜力。而我们正在掀起的品质革命，将进一步放大这一潜力。

除了全球化，推进品质革命一定需要企业家更新对客户的认识，从客户的角度去筑好品质护城河。

好品质的关键是什么？是企业要换位思考，让客户感知到我们的产品是更好、更精、更专、更特别的。这句话说起来很简单，可是我们如何能知悉服务和产品到底哪一点打动了客户？这个学问不简单。不过，天下没有哪个学问是我们花了力气去总结理论、去实践而学不会的。只要持之以恒登台阶、爬上坡、攀高峰，把这个学问做扎实，就不怕没有过硬的品质。

为佛山贴上“质造”的权威标签

对于企业来说，高质量发展的重点在于打造一流的产品和服务品质。对于佛山这座城市来说，高质量发展的关键则是让整个佛山制造成为高品质的代表。2019年佛山企业大会提出，佛山要做品质革命登顶的大本营，打造高品质的“场”，也正是抓住了发展核心。

其实，佛山制造在不少客观指标上已经达到一流水平，目前其缺少的是主观上的质量认同。要形成佛山制造业的高品质场域，乃至推动佛山质造卖向全球，就一定要进一步打响“佛山制造”的名气。

佛山是制造大市，中小制造业企业数量众多。这些企业的产品能不能让消费者充分信任，是企业能否做大做强、转型升级的关键。因此，如果能通过打造高标准的“佛山制造”认证体系，实施“佛山制造”标准提升工程，提升“佛山制造”核心竞争力和国际国内美誉度，就能真正在消费者心中占据一席之地。

在具体操作层面，佛山可以与全球知名的权威认证机构展开合作，研究制定与国际接轨的“佛山制造”产品系列标准，推动这些机构在佛山落地，为本土企业提供原料检验、流程标准的制定、产品成品出厂检测等环节的认证，为佛山贴上“质造”的权威标签，让其真正成为像日本、德国那样的品质标杆。

有了国际权威的区域性、规模性认证，佛山制造才能让优质的产品获得更广泛认同，不仅具备销路的全球化，更重要是实现品质、价值的全球化。这比任何广告营销都要有用。

除了做强认证、打造高品质氛围，平台化的探索也可以成为佛山品质革命的努力方向。品质革命不能靠单打独斗。因此，政府也可以有意识地引导搭建公共服务平台集中提供新设备、创新资源或是“走出去”的服务，惠及更多企业的技改和创新攻关，让企业普遍具有构建品质竞争力的底气。

既要靠“引入”又要靠“扶持”

在迈向品质高地过程中，佛山离不开它的根本——制造业。而推动制造业转型升级，实现经济高质量发展，既要靠“引入”，又要靠“扶持”。

从“引入”来说，政府在加大招商力度的同时，应考虑到通过引入的企业调动现有企业的潜力和积极性，这样才能引入真正能带动现有制造业产业转型升级的企业。比如，吸引AI（人工智能）的企业来带动传统制造业向智能化的转型等，达到“一加一大于二”的效果。

至于“扶持”方面，受到制造业劳工短缺、国际油价高涨等影响，民营企业的人力和石油副产品原材料的成本均有不同幅度的上涨。政府应该通过多种举措和探索，进一步降低民营企业负担和高质量发展成本，为企业转型发展进一步扫清障碍。

在做好品质的外部环境不断优化的情况下，企业就更需要练好内功，用更多切实的变革走出一条有效的高质量发展路径。

我创立的广东景兴健康护理，正在引入其他行业的新兴战略思维，让企业的发展更有谋略性。同时，我们的经营重点是进一步深化以消费者为核心，以健康护理专业化为发展方向，进一步完善销售渠道，加强技术研发和信息化系统的投入，以及产品质量控制优势。有这些举措的支撑，我们在国内个人健康护理领域，尤其是卫生巾和护垫细分市场的优势才能真正夯实。

企业行动

景兴健护：“全员行动”守卫企业生命线

“最近，我们在逐步梳理企业内部流程、改革管理模式，通过规范化运作来降低企业运营成本。另一方面，我们正在企业内发起‘让人人都成为首席质量官’行动。”这是邓锦明最近的工作重点之一。

□ 景兴健护以“人人都是首席质量官”的理念强化品质管控

在不断深入的品质革命浪潮中，邓锦明所创立的广东景兴健康护理实业股份有限公司，也在不断摸索中更新着高质量发展的世界观和方法论。

在他看来，在企业生产经营中从观念到行动上把“人”的环节抓好，层层落实责任，企业才能形成真正的品质护城河，登顶细分市场。

高标准的行业“领跑者”

对于邓锦明来说，从源头上确立品质格局，是企业迈向高质量发展的基础。尤其于景兴健护这种个人护理用品企业而言，产品质量就是企业的生命线。“在品质把控这一块，人是最重要的，品质管控需要企业全员行动，需要用‘人人都是首席质量官’的品质理念来引导员工树立起重视品质的意识。”邓锦明说。

为严把质量关、充分发挥每个员工首席质量官的潜力，景兴健护还配套了高标准的硬件和体制规范。

该企业按药品生产质量管理规范要求设计净化车间，配备完善的生产设备、独立的实验区及齐全的检测仪器，并建立完善的质量控制和生产管理体系。其所有产品均在极其严苛的高标准生产环境下制作完成；人力之外，自动化、智能化的在线检测系统也确保卫生巾可达到国际国内高标准。

在邓锦明看来，从观念到规范、软硬件配套上把“人”的环节抓好，企业才能形成真正的品质护城河。“我们不放松生产的任何环节，层层责任制贯穿到每一个环节，杜绝任何可能产生的问题。而且我们奖励员工，充分调动员工的积极性，让品质革命具有内生动力。”

而景兴健护也在以更高的标准带动行业标准的建立，掀起新一轮质量变革。景兴健护参与编写的《医护级卫生巾标准要点及实施指南》填补了该行业的空白，提高了产品品质和要求。

2019年，景兴健护入选全国企业标准“领跑者”名单，更进一步巩固着其行业品质标杆的地位。

跨行业的创新方法论

除了观念的源头，如何从技术源头上树立产品的产异化优势，同样是景兴健护在长期花工夫做的一大功课。

1998年，当景兴健护旗下的ABC品牌卫生巾上市时，中国卫生巾市场主要由宝洁、尤妮佳等外资厂商占据绝对市场份额。与此同时，不少国产品牌也开始涌现。

市场的多元化竞争大幕开启，彼时初生的景兴健护专门推出了KMS（清凉因子）健康配方，在卫生巾上加入了抑菌配方，以清爽凉快的使用体验与健康理念打开了市场。这一配方经过多次改良一直沿用至今。

随后，邓锦明带领研发团队借鉴了皮具、服装等行业思路，结合需求改进生产设备，引入蓝芯片设计加快渗透，引领了行业产品发展新潮流。

“未来几年，我们将充分发挥企业品牌优势、技术研发优势、产品质量控制优势和人才优势，通过进一步拓展营销网络、加强品牌推广、提升研发能力和信息化水平等措施实现经营目标，推动公司产品市场份额及经营规模的稳步增长。”邓锦明说。

做游得更快的“沙丁鱼”

文/萧礼标（蒙娜丽莎集团股份有限公司总裁）

2019年有幸参加了佛山2019年“品质革命　对标世界”跨省跨国调研活动，获益很大，不管是跟周其仁教授交流的收获，还是调研企业时受到的冲击。

我此次走访的企业都与我所在的行业相距甚远，但是并不影响我从中学到很多，尤其是在小米科技和华力创通两家企业。在小米科技，我感受到“新制造”的冲击；在华力创通，我敬佩这家企业在创新研发上的专注。行业不同，但是这些企业都有值得关注和学习之处。

如何做出高性价比的产品？

2019年初我曾经去过一次小米，当时看了手机和一些AI产品，第一感觉这是一个定位年轻人市场的企业。由于小米产品的价格比较便宜，设计又比较前卫和先进，我当时就在想，到底他们的品控处于什么水平？

在品质革命的调研中，小米集团联合创始人刘德介绍，小米要做到精品价格大众化，是靠打破传统的定价逻辑。也就是说小米是采取反向定价模式，即依托海量的“米粉”用户群，假设一个巨大的需求，然后在确保质量的前提下压缩成本，最终得出一个企业可以承受的零售价。

小米的性价比可以做到什么程度？相比市面上同类的大品牌，小米能够提供比较好的质量，满足消费者的使用需求，同时在价格上可能只是大品牌的1/3。

这给我带来了很大的冲击。过去我们都知道，要做高品质的产品，只要你肯投入，是肯定可以的。就像俗话说的，便宜没有好货，但是小米的模式实际上是尽量做到高性价比，也就是在较低的成本上保持较高的品质。

这其实是经营模式的一次大改变。看完小米我就在思考，在经营企业的过程中，如何在保证品质的前提下，通过提高管理水平，来控制整个制造的成本？这实际上是企业一个很大的竞争力。通过管理提升创造的利润空间，一方面为产品价格优势的形成提供了条件；另一方面，相比同行，你有更多的钱可以投入研发，不断提升企业的竞争力。

另外一个是小米的生态链。依托庞大的“米粉”，小米围绕着手机及其周边和小米用户日常消费用品去逐步对外投资：手环、移动电源、耳机、电视、电饭煲，甚至毛巾、内裤等。

原来我们一直以为小米主要做手机，但是通过打造生态链平台，如今卖毛巾都能卖出千万件。这样的客户黏性是如何做出来的？为什么别人提供的产品也能做成爆款。企业都在考虑跨界竞争，这种竞争就在不经意间形成，那么我们就要思考，到底如何去应对。

客户口碑是品质的衡量标准

我们观察旗舰店内小米的产品，都有一个特点：设计简约，白色为主。看起来似乎是很简单的设计，这背后却花了很多心思，一方面，你要了解当代消费者的喜好；另一方面，设计简约但不能简陋，要有质感。小米的产品是经过打磨的，它能让消费者觉得好用，而且用起来有质感。

在消费升级的大背景下，消费者的生活水平越来越高，对产品品质也提出了更高的要求，他们追求的产品不仅要达到耐用的质量指标，还追求产品自身更高的附加值。以陶瓷为例，消费者需要可靠的品牌、时尚的花色、领先的工艺、绿色环保的保障以及配套的良好服务等。

在我看来，“质造”对于制造业企业来说，就是一种以产品品质为上、以产品品质为重的工匠精神及态度。好品质的产品最终应以消费者的认可与口碑作为衡量标准。

制造业常说“匠心”，什么是匠心？我认为匠心是不断通过技术创新，为消费者提供更高、更好品质的产品和消费体验。匠心不是埋头苦干就行，还要抬头观察你的消费者，贴近消费者。在这一点上小米无疑是成功的，也值得我们思考和学习。

周其仁教授常说一句话，佛山的企业“地面战争”很厉害。的确，佛山的这些民营企业都是在市场的“厮杀”中的幸存者，都是被消费者选择和认可的企业，对市场、消费者需求有着高度的敏感性。

只是现在互联网给世界经济带来了快速而巨大的改变，从消费心态到消费方式都在迭代。这其中，一批像小米这样的具有互联网基因的新制造企业崛起，对我们造成了一定的冲击，但是这种冲击也不是件坏事，小米在这个领域是“鲶鱼”，那我们这些传统制造业的“沙丁鱼”也要更快地游起来。

持续不断地投入研发

另一家企业华力创通，也给我留下了很深刻的印象。2014年发展高峰期时，华力创通的研发投入占销售收入高达30%，这两年降下来了也仍然还有20%。这在传统制造业是不敢想象的，一般来说，传统制造业达到5%都已经是比较高的。

这里面有行业的差异，华力创通属于高科技企业，本身就重研发投入的。但是这依然让人敬佩，因为研发投入回报周期一般是比较长的。尤其是这个行业，不像家电等制造业，研发一个“爆款”产品，很快就能有成效。卫星通信、芯片研发，一旦有真正的成果，回报是巨大的，但是也许一投入就是10年、20年，企业需要抗住巨大的压力，耐得住寂寞，也要想方设法挣钱支撑这个投入。

在研发投入这件事上，传统企业当然比不了这种高科技企业，但是这种对创新的重视值得致敬和学习。产品品质的飞跃说到底是靠科技创新实现的。对我们陶瓷行业来说也是这样，生产设备的迭代、新材料的研发，直接推动产品质量飞跃。

因此，我们在深度研究消费者，不断更新产品的同时，也坚持做一些创新的长期投入，比如在生产工艺上、在陶瓷新材料上。传统企业无法像华力创通那样高比例投入创新，但是也要坚持投入，每年固定有几个百分点投入。

蒙娜丽莎近年来在科研投入上也非常重视，我们早年就先后建立国家企业技术中心、省市区三级院士工作站、博士后科研工作站等创新平台。2016年，蒙娜丽莎院士工作站获2016年全国示范院士专家工作站。

还有，蒙娜丽莎推出的新一代陶瓷岩板，也是一次材料上的革新，它在强度、硬度、耐摩擦、抗腐蚀等特性上，其性能远优于传统的陶瓷材料。这就是我们一直坚持在做的事情，这次调研回来，也更加坚定了我的信心和决心，在创新上要持续不断地研发投入。

企业行动

蒙娜丽莎：技术创新推动制造跃迁

2019年末，蒙娜丽莎集团股份有限公司董事张旗康频繁往返于佛山与广西藤县之间。蒙娜丽莎藤县工厂正进入紧锣密鼓的建设中，该工厂在生产设备与数字信息化系统上将比另外两个生产基地更加先进。

□ 蒙娜丽莎坚持制造智能化和新材料迭代

“从开始的原料加工到最后的磨边抛光、分级打包入库，都尽可能地用机器替代人力。我们要求所有设备都要满足自动化制造的要求。”张旗康说。以技术创新推动制造智能化、工艺更新和新材料迭代，从而实现产品质量飞跃，这是蒙娜丽莎一直以来坚持的道路。

设备更新促进制造升级

数据显示，2018年，蒙娜丽莎投入过亿元用于研发，占企业销售收入的3.71%；研发人员占公司总人数的10%以上；用于研发的费用里，研发人员的工资占比约30%；多台先进的研发检测设备，如衍射仪等众多百万元以上的试验设备，大多从德国进口……

针对厨房板材应用领域的新一代岩板产品是蒙娜丽莎近两年来的创新突破之一。2018年，蒙娜丽莎推出15款针对厨房板材应用领域的新一代岩板产品。新一代岩板不仅具有传统大理石、花岗岩的优势，并且具有耐高温、一体化成型、防污性强、不易变色、零甲醛、强度高等特点。

事实上，早在2014年，意大利、西班牙的陶瓷企业就提出了岩板的概念，并较长一段时间垄断大规格岩板的生产技术。为改变这一局面，蒙娜丽莎自2018年起开始投入岩板的研发生产。

要生产大规格岩板，首先要突破的是设备。经过1年多的技术攻关，2019年7月，由蒙娜丽莎与恒力泰公司合作研发的首台HT36000压机在蒙娜丽莎西樵生产基地上线运行，并且成功压制出3600㎜×600㎜超大规格陶瓷大板，成为国内自主研发生产的最大规格陶瓷大板。压机从运行到投产只用了不到1个月。

构建团队和平台保持创新力

为了保证持续的创新能力，蒙娜丽莎格外重视引人和留人。对于有突出贡献的科技人员，蒙娜丽莎会进行绩效奖励，包括申请专利、发表论文等；如晋升到相应的职称，蒙娜丽莎还会对其每月补贴不同额度的津贴；不仅如此，如果员工有提高学历的意愿，如报读硕士、博士等，学费基本由公司支付。

自2007年开始做陶瓷薄板以来，蒙娜丽莎逐步建立起高水平的技术团队和平台，包括国家企业技术中心、院士工作站、博士后工作站、全国无机材料重点实验室等。来自蒙娜丽莎的数据显示，企业目前拥有博士2人，教授级高级工程师2人，以及一大批高级工程师、工程师、南海区高层次人才，佛山市、南海区“大城工匠”等。

持续的创新投入带动蒙娜丽莎产品质量的跃升，让企业实现凭着质造闯全球。在近两年投入使用的多个超级工程中，均有蒙娜丽莎产品的身影。世界上最长的跨海大桥——港珠澳大桥的口岸办公区、珠澳旅检楼、交通连廊等位置大量铺贴蒙娜丽莎瓷砖，累计用量超过10万平方米。2019年投用的大兴机场也在多个区域使用了蒙娜丽莎瓷砖和陶瓷薄板。

可以说，蒙娜丽莎20多年的发展史就是一部不断围绕质量提升的创新史，创新的力量为企业质造升级插上了腾飞“翅膀”，让质量成为蒙娜丽莎品牌最浓重的底色。

用世界眼光探寻佛山制造的价值

文/罗维满（广东德冠薄膜新材料股份有限公司董事长）

从中国到欧洲，行万里路。2019年8月底到9月初，“品质革命　对标世界”跨省跨国调研团在佛山市工商联的带领下、在周其仁教授的指导下，考察了德国、荷兰、丹麦等世界品质强国多家百年乃至数百年的企业，深入解剖其持续成功背后的动因、可持续发展的密码。

10天的访学，我们每天7时起床、8时出发，晚上完成当天的讨论和复盘，躺在床上时常常已是第二天的凌晨。访学团的成员中有纵横商海、打拼数十年的佛山头部企业“大当家”，也有从海外学成归来，肩负着承前启后，继续开拓家族事业的意气风发“创二代”。这是一幅佛山企业家代代有传人、大中小企业共同进步的生动画卷。

我们内心都有一个共同驱动力——以“品质革命　对标世界”为契机，为全世界的客户树起中国佛山制造的新标杆。

高品质需要高质量的领导力

要实现高质量发展，首先需要高质量的领导力；高质量的领导力，来自高质量的学习；高质量的学习，就要有高瞻远瞩、对中国制造怀有强烈的使命感和责任感的教授做指导。

我们在欧洲调研的企业，除了德国巴斯夫是以集团化生产的“大产品”占领全世界的“大市场”之外，总体上还有三个特点：小地方，大企业；小国家，大市场；小产品，大品牌。事实上，佛山和很多企业都具有类似的特质。比如丹麦有500多万人口，佛山的人口还比丹麦要多一些。他们企业做的那些产品，有不少是我们也能做的。

我们可以对标上述三个特点去努力。我们一定要有全球的世界观和战略，去布局自己的企业，不要老是守着原先的一亩三分地。

重新认知与定位质量

传统的质量管理思维，要因应数字化时代的要求而转换。对企业家来说，要清晰地认知和定位质量，改变“品质只是质量管理部门的事”“质量标准就等同于ISO标准”等传统观念。德国制造业专家马丁·门拉特博士在给我们的讲座中指出，质量不仅有标准化的“客观质量”，更有随客户而变的“主观质量”。

我们在液压缸隐形冠军德国汉臣公司看到，由于它一直以全球不同客户的需求为导向，所以生产的完全是差异化的产品。它的质量标准不是自己定的，而是把主观的和客观的质量标准融合在一起，因而得以长期保持行业地位和竞争力。

许多欧洲企业都把自己的客户标在了全球地图上。面对这样一张地图，企业家们不得不反思：你的产品是为谁生产？如何满足其对“质量”的要求？如何将制造端传统意义的“正规”和客户需求的“非正规”两个质量概念进行有机整合？如何将“佛山制造”由中国区域性的符号，转换成贴在全世界消费者心中的标签？

不一样的工匠精神

这次调研，我们还看到了不一样的工匠精神。中国传统意义上的工匠精神传承是“师徒制”，年复一年通过口授心传的方法，使后来者获得高超的技能。但这个方法仅适合于艺术创作或传统工艺制作，对于现代工业来说，它不能系统、批量地培养优秀产业工人。同时，人才成长跟不上时代变化，经验不能转化为知识，从而难以管理。

德国制造能在短短的数十年间，撕掉低质的标签成为高质量的代名词，其“双元制”职业教育体系值得引以为傲。“双元制”最突出的地方，就是通过企业与学校的复合教育，从而可以批量地产生“工匠”，为产品的品质打下了坚实的人力资源基础。

德国99.3%的企业是中小型企业，只有0.7%是大型企业。其中，家族企业竟占到90%以上。家族企业由于考虑问题更加长远，受经济周期影响较小，使员工的稳定性高于其他类型企业。“双元制”教育，加上员工一代一代服务于企业，沉淀出强大的竞争力——不一样的工匠精神！

教授、发明家、企业家“三位一体”

欧洲人对科研和创新有着不同的认识。他们认为，发明创造的关键是要转化为生产力。欧洲的大学也和企业长期保持紧密的合作。任正非有类似的说法："技术本身是没有任何价值的，它的价值是由将其市场化的运营模式决定的。"

德国创新体系中有个很特别的职位——首席研究员，它是"教授、发明家、企业家"的合成体，一个角色去研发创新，另一个角色去研究加工工艺，再一个角色去研究企业管理，三件事情放在一个脑袋里。由此产生一套有理论基础、有实践经验指导、有运营流程支撑的科学技术研发体系。中国的企业往往与很多大学合作，但是有些大学对市场和管理的认知并不太充分，导致创新成果不是很能符合客户的要求。

我也认可一种观点，即企业不是科技创新的主体，而是应用创新成果的主体。不同于德国创新体系的"合"，我们在荷兰埃因霍温看到了"分"。企业、科研院所、成果转化机构之间，形成了层次分明、高度信任的技术交易体系。这样的创新生态链很适合中小企业，值得佛山借鉴和培育。

从差距中看到机遇

我们和欧洲相隔万里，但"中国制造"的产品已经遍布欧洲的大小商场。很多欧洲人问我们，你们是来合作还是来替代我们？我可以肯定地回答：佛山的企业家愿意站在巨人的肩膀上，去进行基于客户需求的开放式合作和创新，聚焦全球客户关注的痛点、困难、挑战和压力，用品质革命的观念和方法，以发展的眼光把握消费者需求的变化，以客户满意度作为衡量品质的准绳。在追赶世界一流品质的路上，我们将抓紧每分每秒加快步伐。

企业行动

德冠薄膜：以全球化推动品质革命

作为中国BOPP（双向拉伸聚丙烯薄膜）行业的隐形冠军，广东德冠薄膜新材料股份有限公司已有33年历史，从当初的小型集体工厂逐渐成长为了一家国际化企业。

11年前，德冠薄膜新材料董事长罗维满提出"本土国际化"战略，是该公司发展中的关键一跃。以世界500强企业在中国投资的企业为切入点，德冠薄膜逐渐打入世界500强的全球供应链体系，走向海外高端市场。高端客户需求的倒逼以及自身主动与全球巨头合作创新，推动着德冠薄膜的品质革命。

□ 德冠薄膜引进英国先进的ATLAS分切机

跟着高端客户闯全球

尽管名字略显生僻，但是BOPP的应用却几乎无处不在。从面膜到矿泉水、超市蔬菜，它们往往要利用塑料包装，而BOPP正是目前应用最广泛的塑料包装基材之一。作为一项标准化程度非常高的产品，不同地域、不同文化背景的客户有着共同的需求，BOPP行业天然具备国际化的条件。

德冠薄膜首先把目光瞄准了全球最大的两家标签公司的中国分公司，宝洁、强生、联合利华等国际日化品巨头都是他们的客户。其初入中国时，包装基材主要从美国进口。德冠薄膜的第一步，就是成为这两家巨头的在华供应链合作伙伴。

进入世界巨头的供应链，是德冠的一次品质革命。原先德冠的质量已经在全国做到了一流，但是以他们的眼光看仍然不够。罗维满介绍，这些企业有一套严密的体系，每个供应商从生产设备、厂房环境、技术工艺到最终产品，每个细节都要经过反复的检测，其中国公司和全球总部都要参与这个过程，前后超过一年。一番“硬仗”打下来，德冠的品质不但得到了验证，更得到了升华。

以世界标签巨头的中国分公司为突破口，德冠逐渐进入了他们在全球其他国家和地区的市场。百事可乐、可口可乐、农夫山泉等越来越多的国内外著名企业，在包装中用上了德冠的BOPP基材。目前，德冠已经成为中国聚丙烯标签材料最大的研发制造企业，并保持快速增长态势。

“绑定”全球创新巨头

“是一家什么样的中国公司，连续近十年坚持与我们在最前沿同行？”为了解答心中的疑惑，陶氏化学全球营销总监曾经专程经过广东，只为见罗维满一面。

全球化创新，是德冠薄膜品质革命的又一项“武器”。近年来，德冠薄膜与陶氏化学、住友化学等世界巨头建立了密切合作，共同突破新材料领域的关键技术和新型应用。

其中，与陶氏化学的合作成果尤为丰富。2017年7月，德冠薄膜与陶氏化学在上海举行联合发布会，发布了双方合作开发的新型BOPE（双向拉伸聚乙烯）产品，在多项指标上突破了行业原有的产品极限。

使用BOPE材料的薄膜产品，与传统薄膜相比最显著的特性就是轻量化。目前，德冠薄膜已经成为中国唯一一家将该领域的轻量化产品卖到欧盟地区的企业。“如果能够降低塑料产品在日常的应用量，德冠薄膜对全球环保也是一个贡献。”罗维满说。

由于许多技术都走在“无人区”，所以与陶氏化学的合作过程非常艰辛，但是德冠薄膜坚持了下来。罗维满曾经对陶氏化学亚太区负责人表示，“你们这么大的集团都能坚持，我们也要学习你们的战略定力。”

做好二代接班的品质功课

文/周建新（佛山市承安铜业有限公司总经理）

离参加“品质革命　对标世界”跨省跨国调研已经过去很久，但我仍然会时常将调研中的随行笔记拿出来复习。

追根溯源，一切都和做好品质的理念与方法论相关。而我在对企业的日常经营管理中，已经在践行其中的一些观念与策略。

作为一位企业管理者与企业家二代，我一方面探索决策方法的创新，向新的产业领域做价值延伸；另一方面，传承父辈对高品质的坚守，在开辟新业务时仍然坚持“宁愿牺牲发展速度也不牺牲质量”。

毕竟，品质才是真正的突围之路。

精准界定企业家角色

品质需要传承。而这种传承的一个重要前提是，企业家本身也要做好代际交接与传承。这对于家族企业来说尤为关键。

不少人会困惑，假如老板对研发和技术是十分了解的，当企业老板的第二代接班的时候，企业家二代们还需要了解这些研发和技术吗？通常来讲，当一家企业在某一技术领域研发的时间越长、深度越深，接班人会越难接手。那么，接班的企业家到底需要怎样的创新决策力，才能让接棒与传承变得更加顺利？作为企业家二代的我，就曾面临这样的疑惑。

而通过开放式的学习和讨论，我的疑惑在一定程度上得到了解答。企业家确实需要“懂”一些事，但这种“懂”不是让你变成技术专家。你需要懂的是如何用将，具备帅才本领，有判断力；你可能不会技术，但是会识人。企业家与科学家不同，科学家负责技术研发，而企业家主要负责发掘该技术的市场潜力以及其应用。

其实追溯起来，我自己的一些决策也是在往这个方向靠拢。我所经营的承安铜业，主营业务是生产线路板所需的铜材，用于手机线路板里面连接每一层电路。我父亲从1992年开始做铜球，做了20多年，目前产品占全世界1/3的市场份额。在2017年以前我们都是单一工厂、单一行业、单一产品。

自我2017年接任公司总经理以来，承安铜业开始拓展环保领域，专注线路板厂的环保处理，希望拓展高质量发展背景下环保产业的巨大市场潜力。无论是铜材还是环保产业，我本身并非专业技术领域出身，而是依靠洞察市场需要、依托对本身优势的判断等来做决策，进一步为企业本身赋能。

布局环保产业、延伸产业链，这也算是我对父辈所积累的产业财富与价值的传承与拓展，从而延续企业的高质量发展。

宁愿牺牲速度也要保证品质

当然，不管是在线路板用铜材行业还是环保处理行业，我们都要用实际行动守住每个行业的品质底线。

我一直认为，在商业上坚持品质是一种“生而为人”的表现。很多产业都存在劣币驱逐良币的现象，良币在死亡，而牺牲质量的劣币却在发展。然而即使遭遇这种情况，企业还是要坚持做良币。因为坚持品质才是长远发展之计，这源于信念和底线。对我而言，这是坚持自己认为对的东西；水流有顺有逆，但我会选择逆流而上。

我们在长沙走访了一家企业叫星邦重工，它生产高空作业平台。得益于高空作业平台在中国乃至全球需求猛增的天时和地利，以及创始人的独到眼光，这家企业近几年业绩几乎是每年都翻一番。在这种背景下，该企业管理人提出了一个问题：在企业的高速发展过程中，管理如何与速度相匹配？碰到“管理过度”或“管理不足”的问题，该怎么办？

这个问题引发了热议。当时有佛山企业家认为，管理人员需要知道：在亢奋状态下怎么冷静下来。而周其仁教授的意见是，企业在这种状态下，往往会面对发展速度和产品质量的矛盾；企业切不可只为发展速度，而牺牲了质量。

我对这个问题保持了高度关注，因为承安铜业的子公司德同环保现在正面临着这个矛盾。近年来国家高度重视环保问题，德同环保公司的订单一直满单。同时社会上的很多资金、人才、技术都突然间涌入这个领域，令这个细分行业产生了很多的变化。随着竞争加剧，大家都希望在短时间内抢到更多的订单；与此同时，企业技术快速提升，导致专业人才相对短缺的问题也进一步暴露。

在这个时间点上，我们选择的是牺牲发展速度、保证品质的路。从2018年9月开始，德同环保开始放缓接单的步伐。我们以已签约的客户需求为主，服务好每一个客户；建立研发中心，大力发展该领域的技术研发；招募更多人才，公司员工数量以每个季度10%的速度增长。我相信，只有坚持品质为先，德同环保以及整个承安集团才会有长远的发展。

当然，除了企业个体的努力，政府从区域层面塑造做优品质的大环境和品牌效应，也十分必要。佛山可以挖掘、梳理出分别参与了国标、行标等的起草工作的企业，将这些企业打造成证明佛山高品质的区域标杆。

此外，目前很多新的产业、复杂的产品仍然缺乏标准，很容易遇到纠纷和问题。佛山政府应该加以引导，协助制定复杂产品的品质标准，率先在质量标准树立上布局、引领行业发展。

企业行动

承安铜业：跨界掘金背后的品质传承

“我们都说做企业要专注。但当你把90%的精力都放在单一产品上面，如何做新的价值提升是一个很大的问题。”从父亲那里接过承安铜业经营接力棒时，周建新面临的是一个技术、市场已经充分开发了的磷铜阳极行业。那么，如何进一步实现突围？周建新选择新开一家环保公司，改变单一产品路线，通过给线路板厂提供环保处理业务，挖掘新利润和价值。

对于周建新来说，这既没有完全脱离承安铜业主营业务，又能够乘着高质量发展趋势下环保产业的东风，创造巨大的经济效益和社会效益。

主动转型　以跨界倒逼价值提升

在业内，承安铜业已经是名副其实的隐形冠军。这家企业的主打产品是磷铜阳极这一铜材。目前全球生产这一产品的主要企业不过10家左右，而承安铜业则占据全球市场1/3份额。

磷铜阳极通常被放在线路板内，用来导电。如果铜材不好造成线路板导电不良，那么不少电子产品的功能都会受到影响。但周建新坦言，从问世至今，该产品拥有超过50年历史，利用率超过99%，带给客户的价值已经很难进行革命性地创新。

□ 承安铜业是PCB线路板磷铜阳极领域的“隐形冠军”

于是，周建新决定进军新领域，掘金环保产业、提取新价值。他成立了广东德同环保科技有限公司，专注线路板厂的环保处理。这家企业开发蚀刻废液处理设备和技术，为线路板厂从源头上降低90%以上的危废蚀刻液的排放，能有效提取危废蚀刻液中的贵金属，重新用于承安铜业铜球生产，形成一个产业闭环；同时，蚀刻废液经调配后也可循环利用。

对于周建新来说，这是一个全新的领域，此前并无经验积累。作为新想法的提出者，周建新希望建立新的决策机制，发挥团队的经验知识判断，避免企业决策的“一言堂”。他在市场上寻找合作团队，如果团队和他意见发生分歧，他们会探讨论证更合适的策略。“我会把资源决策权下放，如果没有权力，团队的执行动力会很差。”周建新说。

新产业的品质之道　与客户形成“强关系”

尽管进入了新领域，但是坚守品质底线的理念，仍然是周建新做事的出发点。

周建新充分发挥承安铜业深耕单一产业领域数十年的经验优势，将保证铜材开发生产品质稳定性的经验，同样注入新的环保设备、技术开发领域。

据周建新介绍，承安铜业作为母公司一直在赋能德同环保，例如推动两者财务制度及人员的统一，以确保德同环保发展的规范性。此外，周建新表示："老的销售人员卖新的环保设备。"承安铜业的销售团队新增了销售德同环保设备的职责与挑战；安全管理方面，承安铜业的安全主管会定期考察德同环保的各个服务驻点，形成安全规范。

同时，德同环保还开创了一个新的销售路径。客户无须出资购买环保设备，与德同环保签订合约，允许环保设备入驻，即可享受设备维护与运营服务。从客户的废液里提取出来的铜，德同环保参与分享。

"我们会与好客户捆绑，并增加客户对我们的需求和关注，让客户与企业从弱关系变成'强关系'，这样才能切实延伸出产业新价值。"周建新说。

思想和观念首先革命

文/李鹏程（佛山市佛晶金属工具制造有限公司总经理）

“品质革命”首先是思想和观念上的革命。

许多的革新都要从思想源头上进行。在改革开放初期，中国经历了很多商品从无到有的过程，大家主要追求数量，对品质重视不够；与欧洲做好品质的悠久历史传统相比，我们在打造制造业的一流品质上，经验还不够、品质观念还不够深入，企业浮躁、难以沉下心的情况仍然存在。

一方面，佛山制造业企业要主动向一些品质标杆企业学习，多和优秀的企业接触以便自觉接受好经验的熏陶，汲取科学的高质量发展方法，找到自身与外部优秀企业的差距，并培养自己推进品质变革的追求和动力。

另一方面，政府部门也需要引导品质理念深入企业，并通过优质的顶层设计、提升创新政策扶持的精准性、搭建汇聚创新资源的公共服务平台等，切实保障企业开展品质革命的环境，让企业蓄足高质量发展的动力。

用科学的方法和流程管理创新

欧洲的品质标杆企业，无论是百年老店还是科技新贵，其产品和服务的一流品质背后，是其强大的创新能力。可以说，掌握原创的核心技术，并且一直以产品和技术的迭代保证企业新的竞争力，是欧洲企业在技术层面维持高品质的重要策略。

那么，企业到底如何释放创新动能？这与区域创新传统的承袭有关。

企业创新，需要真正的好机遇与好环境。欧洲有一些城市经过一百多年的传承，已经慢慢地形成了成熟的创新制度和科学方法。还有一些老牌企业凭借强大的创新外溢，带动了产业的创新升级。比如飞利浦，从自身研发活动中延伸出更多创新资源，推动了创新环境的塑造，为其所在区域的产业土壤播撒下了创新的基因。

国内很多城市也在大力实施创新驱动战略。但提到创新，一些城市可能更多是投钱，利用资本寻找人才等。但将人才找到后，城市里的企业可能还没有一个比较科学的方法去进行创新管理。很多企业不知道真正的创新该怎么推进；钱投下去以后，创新可能仍然只是挂在嘴上的一句口号。

通过在欧洲的调研，我发现创新不仅需要投钱，还需要用科学的方法来管理资金，并且形成完善的创新分工链条，分步骤、分阶段进行；甚至需要不同团队、企业的配合与协作，共同达成一个最终的创新目标。

因此对于企业来说，要尝试形成自己的创新想法和路径，并且学会用科学的流程和方法推动、优化创新进程。我们可以把创新的思路和环节整理得更清晰，或者把项目列得更详细、更具体，细化到每一个步骤和人员安排，以此来服务企业的终极发展目标。这是我受到的最大启发之一；在今后的经营管理上我也会尽量去应用和实践。

当然，政府也要从环境和氛围的塑造上服务企业创新，让企业尝到创新的甜头。

尽管创新活动可能会失败，但是它仍然需要不断的尝试和持续的投入，所以资金对企业尤其中小企业来说尤为重要。因此，政府要强化创新扶持，但是要注意提升扶持的精准性和有效性，有针对性地和企业对接，让真正在大力做研发的企业能够切实得到资金支持。

以创新升级提高行业议价底气

这次跨国调研归来，我对我的企业及其所处行业的高质量发展也有了更多思考。

我的企业主要制造专业陶瓷加工用金刚石工具。其所处的国内五金市场前景广阔，行业发展迅速，无论产品数量还是生产规模都有飞跃式的提高和发展，销量和出口量与日俱增。

但是，中国庞大的消费市场也吸引了国外五金企业的进驻，跨国公司的涌入加剧了五金行业的竞争。为了应对全球竞争，加强中国五金企业的竞争力，这个产业要在发挥传统产业根基优势的基础上，催生产业结构升级，尤其注重提高高端产品市场竞争力，推动其由劳动力密集型向技术密集型产业的转型。

要实现这一产业蝶变，核心的支撑力量还是全面升级研发创新，拓宽金刚石的应用领域，以技术换市场。

目前国内五金行业还是以量的扩张为主，五金工具生产以及新产品开发、工艺技术研究等方面的资金投入不足。要改变这一现状，就要狠抓新产品的开发和新技术、新工艺的推广。企业需要积极与科研单位、高等院校合作，联合开发新产品，努力开拓国内外市场，进而改变数量型增长，实现产品科技附加值与品质的增长，创造更好的自主品牌效应。

只有采取创新策略，才能提升我国五金企业在全球产业分工中的地位，提高抗风险能力、议价底气和话语权，进而增强五金行业的可持续发展竞争力，让这个产业真正迈向高质量发展。

此外，创新发展与品质革命都离不开人才。目前缺乏专业人才已成为制约五金行业进一步发展的瓶颈，也成为影响国内五金行业国际竞争力的关键因素。要解决这个问题，就要将培育和引进相结合，促进智力资本要素向国内城市区域的集聚。

一方面，企业可加强对现有员工的短期培训，以改善现有的人力资源状况。另一方面，像佛山这样的制造业大市可以借鉴德国“三合一”职教体系经验，即政府、企业、协会联合推动职业教育培训、教材制定等。政府和协会可以引导行业内培训资源的集聚，让更多企业可以加入优质职业教育的大军中。

企业行动

佛晶金属：重塑品质竞争力

2019年11月初，佛晶金属工具制造有限公司总经理李鹏程带着工程师前往泉州，用新产品帮助一个陶瓷行业内客户解决了新难题。与以往等着客户找上门不同，这次是李鹏程主动上门对接客户、开发新产品和服务。

这样的转变，在李鹏程从欧洲调研回来后就立刻发生了。“欧洲企业的好做法，我觉得需要立刻在企业中践行。”

那次调研后，作为一家五金企业老板的李鹏程一个最大感受就是，“感觉自己找到了一些做好品质的细化想法与方法。”无论是“以客户为中心”，还是用更科学的工具与方法抓实高质量创新，他开始融入新的外部经验、制定详细路径，切实推进企业的品质变革。

研发中心让员工可以“异想天开”

李鹏程深知自己所处的五金行业是个传统产业，企业急需一场创新变革来树立竞争优势。

而在对荷兰埃因霍温的“创新场”调研中深受触动的李鹏程，一回来便开始重塑佛

□ 佛晶工具生产车间

晶的创新体系、打造更强大的科研竞争力。

“埃因霍温出了很多创新龙头企业，比如飞利浦、阿斯麦，这些企业自身有充足的创新人才和资源、完善的创新分工，给予研发人员很大空间，同时也会将研发进行外包。这让他们在竞争中立于不败之地。”李鹏程说。

受此启发，李鹏程在佛晶也开启了一场创新实验。从欧洲调研回来后，李鹏程将几个原有员工与新招人才组合在一起，成立了专门的研发中心。

为此，他对这个研发中心提的要求就是，可以异想天开，就研发客户需要的，“先不要想可不可行，而是尽量去实现，能实现多少就实现多少。”

在这个研发中心，工艺和制造端的课题讨论，往往会聚焦在工艺路线、可实施度等细节。“原来我们研发只是讨论个大概，现在把实验室的数据、人力、物力都拿出来讨论。”李鹏程说。

此外，欧洲国家不少企业虽小却将产品卖到全球的做法，也启发李鹏程更加关注全球市场。

据他介绍，以前企业出口并不多，但如今企业会有意识寻找欧洲订单，且专门安排人重点对接土耳其、巴西、意大利等国家需求，或是通过一些国际化的客户找到新客户，改进新产品方案，扩大企业发展版图。

奔赴客户生产一线

“我们的产品主要用于陶瓷设备上，可提高陶瓷加工效率。尽管我们是行业佼佼者，占全国市场份额的35%—40%；但产品附加值仍要提高。”李鹏程说，原来生产产品是追求“能用”，现在方向完全不一样了，而提升产品的一个最佳途径，就是从客户的痛点、需求出发，让产品可以切实为客户解决问题。

为此，李鹏程不再只是等着客户上门，而是自己带领研发人员前往客户工厂访谈，了解客户的需求，针对其生产线实际问题开发新工艺，并将新工艺、产品带到客户工厂检验，以就地调整。

不久前，一家泉州陶瓷厂曾对李鹏程提出要求，希望制陶的工具和设备性能有量级化提升。“现在他们的设备电耗高、效率低，客户希望通过我们的零部件产品让制陶设备的旋转速度加大，甚至提高几倍，”李鹏程说。

工艺调整需要解决产品稳定性和精度问题，李鹏程组织了研发小组专门攻克这些问题。他们到达泉州的客户工厂后，当天晚上就熬通宵把新产品——用于磨边这一工艺环节的钢磨轮做出来了，再去现场测试。依靠这样的途径，佛晶进一步巩固并拓展着客户资源。

“品质有自己的产品定位，也包含了客户对我们的要求。我们现在很注重综合外部客户和企业内部意见，做好品质定位。这是打响品质革命的前提。”李鹏程说。

建立系统的战略支撑

文/梁锡强（广东福田电器有限公司总经理）

在“品质革命　对标世界”跨省跨国调研活动的欧洲调研中，我们进行了充实而紧凑的考察与交流。企业对工匠精神的坚守、协同创新的方法、全球化的眼光，给我带来了巨大的冲击和启发。在经济迈向高质量发展、加快产业转型升级的当下，欧洲的经验值得我们佛山企业家静心思考。

归来之后，我立即组织公司管理层进行“品质革命”专题研讨学习。我还把现有的员工生日会活动升级，每次从中随机挑选几名一线员工，请他们吃饭并把欧洲故事讲给他们听。以此为契机，我们公司已经正式把“品质革命”确立为公司战略，启动新一轮变革。

“品质革命”不是纸上谈兵

“品质革命”，是革自己的命。这句话不简单，老板或者企业把它当成口号讲出来容易，做起来不容易。做好品质不是一个部门、一个老板讲了就能做到。实际上，品质与企业的价值观、发展战略紧紧相连，需要长期的积累和系统的支撑。

这是德国汉臣公司给我的启示。汉臣是全球液压器隐形冠军，位于德国斯图加特一个郊区。虽然只有2000万欧元的年营收，但是它把客户做到了世界各地，也是中国C919大飞机的供应商。在其过去的近百年历史中，客户不断地提出新要求，它不断地满足客户的要求，随着客户的变化而不断进步。

反观自身，福田的品质在国内同行里面是不错，但这还不够。前几个月，福田给欧洲一个客户做订单的时候，工程师一开始很简单地告诉对方，我们的产品可以达到欧洲的标准。这个客户就很较真地问，你凭什么说能达到这个标准？你是用什么手段达到这个标准？他举个例子说，这个产品如果改用某种材料做，在某种温度条件下，它的性能是怎样的？工程师刚好没掌握那类数据，当时就没有很好地应对。

要补上这个差距，我们需要的不是某个部门努力，而是整个公司在战略层面的变革。从供应链、研发、生产到最后的销售、服务，企业每个环节都要纳入质量控制系统。有的企业在质量管理上，总是不停地“救火”，今天解决一个问题、明天解决一个问题，却没有找到问题的源头。例如一种注塑模具，为什么出来的产品总是变形？原因可能不在模具加工，而在产品最初的设计缺陷上。

企业家必须从战略层面去思考，如何从企业文化到管理体制、工作流程等全方面为品质提供保障。这个支撑系统不完善，任何“品质革命”都是纸上谈兵。

以规则共识激发创新活力

被称为“欧洲硅谷”的荷兰埃因霍温，有着让我非常惊讶的创新土壤。它从最早飞利浦的诞生开始，逐渐形成一套完整的技术交易网络，有企业之间形成高度共识的商业规则。从尖端研发到应用转化，再到批量生产，这个过程被精细地分解，每家企业或者研究机构各司其职，又相互信赖。我认为，这样的创新土壤激发了创新者的活力，促成了飞利浦的壮大，也让埃因霍温其他的创新企业发展到今天。

很多公司不是不想创新，而是它所在的地方没有对规则的共识，所以只能对创新“望而却步”。埃因霍温的企业、研发机构之间的共识非常难得，值得我们研究学习。一家企业委托一家研究机构进行某项研发，那么这家企业就拥有最终的知识产权。即便研究不成功，企业也会给机构照付所有的研发费用。如果研发成果带来的收益远超预期，受委托的机构不能“眼红”。比如说，这家机构今后不能给企业的竞争对手做相同或相似的研发。即便要将相似的技术应用到其他行业，也要征得企业的同意。

创新并不一定要由企业独立完成，但必须有良好的商业规则，创新交易的网络才能真正发展起来。企业想要推出一种新型产品，或者是想解决一个特别的问题，只要提出明确的需求，就能够从外部找到相应的技术服务商，后者可能再把任务进行分解、发包。这个过程跟我们在制造上面找外协是相似的。我在武汉参加一个学习班时发现，在一些技术中介服务公司推动下，这样的创新交易体系正在国内逐步建立起来。

工匠精神也需要精准定位

低调的丹麦制造背后蕴藏大能量。总部位于哥本哈根的奥迪康，给了我很深的触动。在这里，“People First”（以人为本）的标语随处可见。而它的产品也真的是以人为本不断地进化、不断地精益求精，从创始人的妻子因为听力不行需要进口助听器，到自己研发制造助听器，到现在成为全球行业龙头企业。

从战略角度看，以人为本不只是一句经营口号，实际上也是对公司产品的精准定位——瞄准有特定需求的人群，去解决这个需求。从这个定位出发，奥迪康几十年来专业专注、精益求精，他们的工匠精神让我非常敬佩。不管一个行业是“夕阳”也好，“朝阳”也好，我们只要向着高品质方向努力，全人类肯定都需要我们的产品。

这也启发了我们，做企业要先把方向搞清楚，然后再把所有的资源聚焦到一个点，不要着急扩张。企业家每天睡觉也好、吃饭也好，都要时时刻刻想着这个问题。我相信做任何的行业、任何的企业，定位非常精确的时候，这家企业肯定会走到前列。欧洲很多企业为什么能干一百年甚至几百年？首先就是因为做好了定位。

在参加“品质革命　对标世界”欧洲调研之前，有一个欧洲客户还在犹豫要不要与福田电器合作。我回来后主动跟对方的老板分享了对欧洲制造业的看法，他也非常有感触。他对我说：“因为你体会到了欧洲企业怎样做制造，所以我放心把订单给你做。”

从福田的这个案例可以看到，欧洲企业家感受到了我们的进步。在一定程度上，企业的“品质革命”不仅仅为了满足客户需求，也为了全面提升自身发展水平，成为更加优秀的企业和品牌，为佛山乃至中国制造建功立业。

企业行动

福田电器：让“品质革命”理念融入血液

福田电器迎来一场企业发展的重大变革。过去，福田电器在业内一直以注重品质著称，不仅对供应链和生产过程中的质量管理十分注重，形成完善的品质管理流程，而且建立了符合CNAS（中国合格评定国家认可委员会）标准的国家级检测实验室，并打造了专门的“品质博物馆”。

但是在公司总经理梁锡强看来，从制度层面注重品质还不够，还必须将品质的精神融入管理层到每个一线员工的内心。在管理层，可以发动每个人进行“品质革命”专题学习。针对一线员工，梁锡强发明了“讲故事”的办法。

“自曝问题”的品质博物馆

“品质是价值与尊严的起点，也是企业赖以生存的命脉。”福田电器品质博物馆门口的题词，诠释了梁锡强对品质的理解。过去20多年来，福田电器在行业内成为品质标杆，供应商也把为福田供货作为自身品质的标志。

2014至2015年，福田确立了由“质量发展规划、质量战略地图、质量管理体系”三部分组成的品质管理系统，并通过系统管理将品质工作细化分解，每一个点都有专人负责，实现精益求精的品质之路。

许多企业都会建立展厅，向来者讲述自己过往的“威水史”，但是少有企业敢于主动展示过去发生的问题。在正向引导基础上，福田电器2016年打造了品质博物馆，把过往发生的60个重要的质量事故、客户投诉和质量提升案例纳入，作为对公司的反向鞭策。

2013年，福田电器发现一批销往埃及的开关功能件结构有温升及电气间隙等方面问题，于是组建了专项改进小组，不惜变更11套模具，终于找到最优方案；2014年，一批销往湖北的万能插功能键出现质量问题，让福田电器损失90多万元，公司通过改进材料、变革设计结构彻底解决了这个问题，而且产品性能比原来更好……

如今，博物馆已经成为福田新客户来访、新员工入职的必选参观点。“这里是福田的文化客厅，每一块展板都是我们‘品质革命’的动力。”梁锡强说。

把“品质革命”故事讲出来

从欧洲归来之后，梁锡强在福田电器发动了“品质革命”。对于企业高管，让他们

□ 福田电器的生产车间

明白和认可“品质革命”相对简单，可以通过一系列的学习讨论、相应的组织变革促使大家形成共识。但是仅有他们的参与远远不够，如何把“品质革命”的理念传递给全公司每一个人，尤其是一线技术工人？

“他们喜欢听故事，我就把这次调研里的故事讲给他们听。”福田电器每个月都要举行一场集体生日会，梁锡强把生日会活动升级。他让人事部门从中每次随机抽出约10名一线工人，另外专门准备一桌酒菜，自己陪他们一起吃。

对普通一线员工来说，平时见到公司老板的机会不多，同桌吃饭更是非常难得，因此格外珍惜这样的交流机会。对梁锡强来说，在吃饭的过程中一边讲自己的见闻感受，一边能够听到最直接的反馈。参加吃饭的员工，之后又会发朋友圈，身边同事也会好奇地问“今天老板讲了什么”。

这样的“品质革命”生日会在员工中引起不小的反响。“通过从上到下、从点到面的传播、实践，‘品质革命’的理念将进入我们每个人的血液中。”梁锡强说。

“标准”的标准化是品质的根本

文/冯国球（佛山永久纸业制品有限公司董事长）

对佛山制造而言，品质革命的风口就在眼前。

我们对标世界找差距，发现品质革命关键在于人的革命。同时我认为，“标准”的标准化是品质的根本，生产制造现场既是基本工序标准化的制作主体，又是执行主体，应当鼓励佛山企业推行生产制造现场的基本工序标准化、模块化。

走访学习让我们看到了品质革命的方向，面对复杂的市场竞争，我们巧妙做减法；面对品质革命，我们专注专一，用一生去成就品质。

革命首先发生在观念里

前往深圳、长沙五天的学习行程中，访学团走进华讯方舟、大族激光、优必选、柔宇科技、星邦重工、楚天科技、三一重工等“高大上”的企业，新场景和新模式让大家眼前一亮，引发了一场由视觉到思想的冲击。

所到企业高精尖技术“琳琅满目”，如太赫兹、激光标记技术和人形机器人、厚度0.01毫米的全球最薄彩色柔性显示屏等，他们的特点是“高技术、高性能、产品适应高端人群”，结合佛山的情况，我们缺的是创新的前沿科技研发。但另一方面，我们有的是扎实的制造业基础。放眼中国乃至世界，佛山制造已经在人民的“衣、食、住、行”生活四大基础要素中占据了重要位置。

佛山已是当之无愧的制造业大市，但并不能称为制造业强市。要改变佛山在全球产业链上相对低端的地位，改变品种结构、产品品质、品牌培育等方面与发达国家的差距，就必须提升佛山制造的品质，对消费端用户的需求进行研究，满足不断增加的中高端品质消费。这场品质革命迫在眉睫。

周其仁教授说："这一场革命首先在哪里发生？首先在观念里面发生。"可以预见，品质观念的认知与提升决定了品质革命能否顺利开展，"态度决定一切，思想决定行动"，深圳、长沙之行是佛山新一轮品质革命的起点。

在改革开放40年的发展历程中，大部分佛山企业都是从"看到了、模仿造"发展起来的，这当中也经历了三个阶段：粗放生产、工艺进步、质量意识转变。周其仁教授对柔宇科技的评价是"想到了造"，是看着论文造的，这是最厉害的打法。柔宇科技走的是创造的路。

我们这次走访发现，当地政府对企业扶持力度大，设置专项跟踪、专人对接、专事专办等制度，政府服务到位，企业自主创新力非常强大，自主知识产权、发明专利从几百项到2000多项不等，产品开发大投入，规模定位大手笔，团队建设阵容强大，高端人才如云、创新团队专业、年轻，吸募资本能力超强，动辄豪掷百亿，这种创新能力和吸引力是我们佛山本土企业所欠缺的，外延发展与全球布局观念方面我们还有差距，佛商传统精神有待优化。

激励企业以品质取胜

从国外经验看，德、日、韩等制造强国在工业化中后期都经历过"质量低谷"时期，但最终成功实现质量升级和转型，佛山制造要想实现品质提升，就要借鉴这些制造强国实现质量升级的路径和经验。

在宏观层面，德、日、韩都曾经制定了"质量强国"发展战略。例如日本的"质量救国"战略、韩国的"质量赶超计划"。在微观层面，各国的做法各有侧重。例如德国建立了"法律法规—行业标准—质量认证"管理体系；日本重点推广全面质量管理；韩国则通过构建品牌体系，提升消费者认知度。在这些成功实施了"品质革命"的制造强国中，"日本制造"和"德国制造"无疑具有典型性和代表性。20世纪中后期，两国通过制造业的大规模发展，成为全球优质制造的代名词。

从重工、汽车、家用电器到消费电子产品，今天的日本制造几乎在每个领域都有佼佼者。可是，在20世纪中叶，日本制造除了产品质量不大靠谱外，更重要的是靠山寨产品起家，这一点，佛山与它们有点相近。后来，日本政府逐渐意识到，山寨并非长久之计，推出了一系列改革措施，鼓励企业创新。尤其是对质量的重视，使日本一跃成为全球质量管理方面的佼佼者，体系包括全面质量管理、看板管理、模块化管理、精益管理……带动了日本制造的品质革命。

标准的"标准化"是品质的根本。所谓自上而下，就是大力推进国家标准，同时，鼓励行业标准和企业标准的制定。但是这些还远远不够，应当鼓励佛山企业自下而上地推行生产制造现场的基本工序的标准化、模块化。这是佛山制造业未来维持品质的方法。

生产制造现场既是基本工序标准化的制作主体，又是执行主体。这项工作推进得好的企业，既保证了品质形成过程的可视化管理，又保证了品质不因为人员的变动而波动，还能在最短的时间内找出造成品质不良的特定环节。反之，这项工作推进得不好的企业，无形中让生产制造的过程滋生“暗箱操作”，不仅不利于管理监督，还极大地造成对特定人员的巨大依赖性。

佛山企业需要持续不断地提升品质，走创新之路。“品质革命”是一项系统工程，涉及教育（尤其是技术工人、工程师）、研发、物流、销售、服务等各个领域，需要各方的协作保障，需要在制度层面建立激励乃至倒逼机制，使得企业以品质取胜，而非固守薄利多销的思维。

企业行动

永久纸业：视品质如企业生命

“双十一”的余热还未散去，大大小小的纸箱装载着货品奔赴各地。这些并不被大多数人留意的纸箱，却是保障商品完好无损的重要外壳。

佛山永久纸业制品有限公司与纸箱打交道已有30余年，专注生产各种纸箱、纸盒、纸板等产品。撑不破、压不坏、戳不穿是高质量纸箱的基本“素质”，永久纸业通过超前布局企业内控标准建设，推进、落实工序标准化，同时推进全员质量官制度。这群纸业人有一个信条：品质是企业的生命。

品质革命首先要“革心”

“品质就是生命，品质如生命般可贵。”这是冯国球常挂在嘴边的一句话，也是企业每一位员工的共识。

一家企业的产品品质，决定着企业的生命力。“品质•生命•可贵”6个字不仅写进了员工的手册中，也挂在生产基地的外墙上，埋入员工的意识深处。

在冯国球看来，品质的先决条件是人的革命，人的革命解决了，才有可能完成品质革命，基于此，永久纸业在2013年提出“全员质量官”制度。“之前，整个工厂有17名品管人员，大家下意识地将‘把关’工作后置，这个阶段，品质是靠检出来的。”冯国

□ 永久纸业的生产车间

球说，制度改革之后，工厂品管人员减少至4人，生产线上的员工为自己工序的产出质量负责，这种“不把问题留到下一个环节”的做法，让企业产品的整体品质越来越好。

另一方面，永久纸业还注重提升员工的品质素养，为员工提供大量学习培训的平台。“公司员工的平均工龄在8.5年，拥有一批稳定性极高的‘骨干’，这样的团队孕育了浓厚的品质氛围与坚韧的工匠精神，我们以老带新，从副机长、机长、技术员、工程师各个层次培养新的‘工匠’。”冯国球表示。

将人为操作影响降到最低

冯国球的办公室里，一幅写着“变则通”的书法作品被摆放在显眼位置。冯国球察觉到技术、管理革新对于企业改革发展的重要性，领先行业10年引入行业先进的“品质管理学”。

2009年，永久纸业的负责人背上行囊，赴日本取经，对纸箱制造领先的企业进行参观、走访，实地考察他们的制造水平，同时，公司派出总经理到中国台湾同行参观学习。

最终，永久纸业决定引入台湾的企业管理模式。在冯国球看来，台湾的企业管理模式实质上是对工人的认知和操作工艺步骤进行有效的管控，这与日本企业管理模式有着异曲同工之妙，通过这些管理条例有效规范员工的工作行为，强调什么是品质，要求员工严格按照标准去生产产品。这对保障产品的品质起到了显著的效果。

“生产工序标准化推进得好的企业，既实现了品质形成过程的可视化管理，又保证了品质不因为人员的变动而波动，还能在最短的时间内找出造成品质不良的特定环节。”冯国球说。

回来后，冯国球和他的团队就制定了新厂房建设方案，尤其是在设备、装备、生产工艺流程和管理模式上，进行了比当时国内的生产水平超前十年的规划，最终实现提升企业产能，降低用工成本，大大提升了企业的竞争力。

如今，永久纸业生产能力每年达2.5亿平方米，可满足粮油食品、建筑陶瓷、家电、制药、日化用品、现代电商物流等行业纸包装箱的需要。2019年，公司继续投入5000万元进行自动化、智能化改造，进一步减少生产、物流环节的人为干预。

以全球眼光推动品质革命

文/陈迪（广东肯富来泵业股份有限公司总经理）

2019年5月，我有幸参加了“品质革命　对标世界”佛山企业迈向高质量发展跨省跨国调研，随团走访深圳与长沙的标杆企业，其中有科创企业，如优必选机器人、柔宇科技，也有装备制造企业，如大族激光、三一重工等。

访问过程中除参观了解企业，更有机会与企业董事长或创始人及核心管理人员进行直接对话交流，深入了解企业成长所遇到的困难以及经验。本次随团的周其仁教授在每天晚上的复盘学习中点评企业的优劣势以及未来发展所需解决的关键课题，对我启发良多。

重塑中国产品的世界印象

企业在不同的发展阶段会遇到不一样的困难，当然这也一定程度受外部环境的影响。面对各种难题和困境，如何打造一个可持续发展的企业，这是每一名企业家或高级管理人员每时每刻都需要思考的一个问题。企业家更要有清晰的认识，企业为何而来？如何制定企业发展战略并付诸行动？

在这次走访调研中，有几家企业让我印象尤为深刻。第一个是柔宇科技。其创始人刘自鸿，从大学研究的课题开始，就对柔性屏幕的应用进行了规划与设想，之后借助资本的力量，快速地把一个科研课题落地，成为具有自主知识产权的柔性屏幕制造商。

此外，让我印象深刻的还有三一重工，在企业的低谷期，坚持对工厂进行智造提升，坚持把品质、把客户的利益放在首位。还有深圳的大族激光，跟我们一样是装备制造企业，这些企业发展刚好遇上了装备国产化的重要机遇，国内庞大的市场就是“练兵场”，企业抓住了机会做大做强自己。

不管是新生代的科创企业柔宇科技，还是传统企业三一重工，都在通过不同的方式改变中国制造的国际印象。

在过去一段时期内，中国产品是依靠低价开拓海外市场的，因此也在国际上留下了低质廉价的印象。后来我们想要开拓海外中高端市场的时候，这种印象就造成了负面影响，甚至有的项目我们连投标的机会都没有。我们付出了很多努力，有些产品做到了全球数一数二的水平，最终我们通过中间商，即工程总承包公司把我们的产品带出去了，并获得了客户的认可，逐步建立起我们的全球品牌形象。

这个过程是付出了很大代价的，我也为低质廉价的刻板印象感到很痛心。要刷新这个印象，不是一个企业可以解决的，我们需要抱团，也需要鼓励质量提升的活动，把中国制造的产品拉上更高的档次，从而重塑全球对中国产品的印象。

做出好产品供应全人类

参加“品质革命　对标世界”访问团，我是带着问题来的。我们企业发展经历了好几个阶段，早年还是国有企业的时候，我们定位是做出口产品，是一个外向型企业。从2000年开始，我们慢慢将市场定位偏向国内，注重国内的客户，因为我们是做大型装备的，当时国内市场发展速度和市场容量比国外要大。

所以过去十几年里，我们一直都是盯着国内市场去做，目前在国内市场我们销售额占比超过85%，以前我们出口占比是超过1/3的。当然出口产品也随着整个企业盘子的做大，它的份额也是在增长，但没有国内增长幅度大。这几年我也一直在思考企业未来的发展，显然拓展全球市场是大趋势。

当我们将目光再次聚焦在国际市场时，很多困难和疑惑冒出来了。我曾经向周其仁教授请教，当今中国企业往海外发展，遇到一些困难，其中国内与国外的产品标准不一致是一大难题，该如何应对？

周教授指出，为何不转变思路，在产品设计或者生产制造过程中，就按照国际的标准来要求，生产出既符合国际标准又符合国内标准的产品。很简单的一句话但一下子刺激了我，过去我们以服务国内市场为主，产品也是按照国内客户的需求进行设计与生产，近年开拓海外市场的过程中遇到的困难，主要是产品不符合当地标准，技术资料不充分等。

我们习惯将国际市场和国内市场进行划分，尤其是传统企业，需要进军国际市场的时候才会去思考，如何适应国际市场的标准。相比之下，我们此次参访的柔宇科技、优必选这些新生代企业，他们反而是更加立足国际市场的，比如2016年优必选的机器人登陆苹果零售店，此时企业成立仅4年。在国外不少传统企业也有全球格局，比如荷兰代尔夫特蓝瓷，规模不大，营业额仅有几千万人民币，但是客户遍布全球。

所谓对标世界，其中牵扯到企业内部很多东西的调整。但是最关键的不是设备要更高级，或者车间要像外企一样干净整洁，最关键的是，企业的客户定位要面向全球。在企业内部不要有国内市场国外市场的划分概念，要定位做一个全球的企业，而不是一个中国的企业。

从历史趋势来讲，传统企业不能局限于国内市场，必须走出去适应全球市场，否则丢失的不仅是发展机会，还可能是生存的基础。从品质提升的角度来讲，定位全球市场就意味着更高的品质要求，当企业的产品在全球市场获得认可了，这就是最好的品质证书。

作为一个佛山本地的装备生产企业，我们需要从源头进行再定位，志存高远，放眼全球，以全球市场作为目标，以服务全球客户为己任。正如周其仁教授所言："做出好产品，供应全人类。"

企业行动

肯富来：用品质赢得世界好客户的信任

茫茫渤海中，矗立着中海油的钻井作业平台，数千米海底下的油气借助平台"浮出水面"。为了提高油层压力，提高开采效率，平台上的注水泵昼夜不息运转。这一印有"佛山制造"的机械装备，来自广东肯富来泵业股份有限公司。

自1954年建厂以来，肯富来已经走过60余年历史。半个多世纪以来，肯富来专注于泵领域的研究和应用，从单个品类做到了数十个品类，并且在液环真空泵等领域做到了国际领先水平。如何练就国际认可的高品质？肯富来的方法是向世界标杆企业学习，不断吸取客户的意见，并且勇于挑战好客户。

请客户来提意见

2019年9月初，陈迪走访了合作多年的客户——德国SEW-传动设备公司在苏州建设的工厂，这家工厂的智能化水平给陈迪留下了深刻的印象。"我们生产的产品有点类似，但它展现出来的是跟汽车厂没差别，不管是物流管理还是零件包装，像对艺术品一样对待零件包装。"陈迪说。

当陈迪仍在企业销售部门工作的时候，就经常走访世界各地的客户，并且观察一些

□ 肯富来车间

智造标杆企业的生产车间。这其中，有不少给他留下了深刻的印象，也影响了肯富来的智造战略。2018年，肯富来更换了一批设备，并且引进管理工具，推动企业流程再造。

对标世界的另一种方式是，邀请客户到企业观察并提出改进意见。“产品质量单纯从表面看是看不出来的，需要看过程控制。我们很乐意邀请客户到工厂去参观考查，给我们提出一些要求和指点。”陈迪说，这些宝贵的意见就是企业成长的财富。

正是这种重视客户意见的举动，使得肯富来在从国有企业转向私营企业，从卖方市场转向买方市场的过程中，能适应市场需求的变化，在大浪淘沙中存活下来。也是基于对客户口碑的重视，肯富来从来不在质量上做妥协，“不会为了尽快交货，或者盈利更多，就放松质量要求，质量不会受价格波动影响。”陈迪说。

挑战世界好客户

2018年，一家德国企业在肯富来定制了一台全世界最大的液环真空泵，并将其应用到墨西哥的地热发电项目上。事实上，肯富来的泵产品已经广泛应用在挪威炼油厂、巴西淡水河谷、冰岛地热发电厂、越南尿素工程项目等国际项目上。

主动挑战好客户，是肯富来提升品质的重要路径。与中海油的合作，便是肯富来挑战好客户的代表性案例。当时，中海油海上作业平台的一个关键的泵坏了，由于该泵是国外进口，替换零部件也需要进口，从购进到修理安装完成，需要花费长达8个月时间，并且价格昂贵。

于是中海油向国内泵领域制造商发出邀请，其中包括肯富来。从来没有做过该类泵的肯富来决定“练练手”，“60多年制造泵的经验让我们有信心接受这个挑战。”陈迪说。最终，肯富来完成了挑战，制造出符合海上作业性能要求的泵，实现了又一个泵类的国产化。

不断挑战好客户，让肯富来成为越来越多好企业的合作伙伴。落户在辽宁大连的恒力石化是全球单体产能最大的PTA工厂之一，其对供应商有着极其苛刻的要求，一般仅行业内全球前三的企业才能进入企业的供应商备选名单。肯富来进入了恒力石化泵类供应商备选名单，并且凭借性价比取得最终合作机会。

“你如何对待一个产品，如何对待、控制生产过程，客户是看在眼里的。”陈迪表示，质量是肯富来赢得好客户信任最重要的筹码，也是肯富来打造“百年老店”的基石。

品质革命源自创新驱动

文/李勤（广东金意陶陶瓷集团有限公司集团副总经理）

品质革命是一个需要企业与政府共同努力的重大课题。

对于企业来说，它需要从内部优化创新和管理机制，增加市场研究，快速反应并生产出市场需要的产品，并且在企业内部营造创新和独立决策的氛围，通过不断优化运营，提升产品和管理品质。从外部来看，企业则需要用好客户这一资源，寻找高端客户，以提升其品牌在应用端的高度。

对于政府来说，未来需要重视引入、集聚更多能够帮企业提出创新命题、给与企业创新灵感的高端人才，为企业做好创新与技术转化的顶层设计。同时，可以利用大数据对辖区内的企业进行更加精准的政策推送，为企业提供更优质的创新服务。

营造企业内部独立决策的氛围

创新是企业和区域高质量发展中的重要一环。我们调研过的一些欧洲城市和企业，发现他们之所以能够缔造一流产品和服务，是源于其拥有一套成熟的创新方法论。

首先，是企业要鼓励年轻人“胡说八道”“胡思乱想”。青年人可以想各种各样的东西；然后在这些想法基础上，你要允许他“胡说八道”，让其他人知道他们的想法，避免创新只是停留在想法上。紧接着，当有人听到了这些，还要能允许年轻人“胡作非为”，将想到的东西造出来，让想法落地。

其次，是需要有一些资本大佬，愿意投资年轻人的想法和创意，就像飞利浦在埃因霍温给予很多从其派生出的企业创新资助一样。所有的创新都需要时间孵化，投下去之后才能显示出效果。

从企业层面来说，企业家在公司中是不是也可以考虑去扮演一个投资人的角色，是不是也可以去营造一个给年轻人“胡说八道”“胡思乱想”的平台，然后像一个投资人那样去发现好的想法，给予年轻人机会，让他们在这个平台上面去践行创新想法。在企业内部做出的这些小小的改变，也有可能会在未来收到意想不到的效果。

同时，我们应该在企业内部营造创新和独立决策的氛围，通过信息系统去记录基层员工的工作结果，减少行政性审批和官僚主义。

欧洲企业重视企业的敏捷度、基层员工的自主决策，以及各层领导与员工的信任建立。随着信息技术的不断发展，越来越多的操作信息可以被系统所记录，这也促使企业能够更加放心地将基础工作的决策权不断下放，让前端的业务员做出最合理的销售决策，让基层的生产员工做出最合理的制造决策，从而达成企业的敏捷生产和运行。这样的做法值得中国企业借鉴。

此外，从一个更长远的角度看，企业可以降低对生产、供应链相关环节的附加价值依赖，能外包的就尽量外包；同时，加强研发端和客户服务、售后相关的环节建设，提高客户满意度。企业价值链条一般由“市场研发-生产-供应-售后服务”几个环节组成。欧洲企业如今比较注重两头的能力培养，将中间的生产和供应尽可能外包。

我所在的金意陶也一直强调服务。我在思考，未来能否将公司定位为行业内最好的、能帮助客户做好瓷砖生意的企业。也就是说，除了研究产品本身之外，企业也需要研究服务体系如何更好提升客户的体验感。

品牌要寻找最高端的使用者

做好企业内部的创新功课是打响品质革命的一个维度，而利用好外部客户资源、以客户倒逼管理创新的提升，同样是品质革命的应有之义。

一方面，品牌要占据应用端的制高点，寻找最高端使用者。这是我调研的不少欧洲企业拥有的经验。例如，德国一家做高压清洗机的企业，免费为美国国会山的总统头像做清洗，甚至为全世界各地的著名地标性建筑免费做清洗维护。

通过这种活动，企业能够持续输出品牌活动，扩大品牌影响力，还能通过高难度的使用场景，测试设备和产品的性能，并将此反馈到研发部门用于产品升级。

另一方面，企业要把好的客户、优秀的客户作为最宝贵的资源来使用。因为好客户能带着我们去往更高的地方。欧洲众多小国家都出现了优秀的世界级企业，将产品卖到世界各地；同时也有许多隐形冠军，尽管规模不大，但在细分领域将产品做到全世界第一。

总结其中的原因，全球视野与好客户都是重要原因。众多冠军企业都不缺一些世界级的长久合作的客户。这些客户会对企业提出各种要求，无论是针对产品本身，还是生产现场条件、供应服务体系。而企业也会在逐步满足客户各项条件和要求的过程中日渐成长起来。

最后，关于品质革命这个主题，我们需要去发掘其中的深层含义。在我的这次欧洲调研之行当中，我最深刻的感受就是，不管是以往我们熟知的一些全球龙头企业，还是我们在欧洲看到的所有企业当中，他们做好品质就像人要喝水、要呼吸空气一样自然。

这是一种刚性需求。只有把产品和服务的品质做好了之后，才能够让企业真正走出去，才能够让企业拥有长久的生命力。

调研归来后，我对未来也有了更多思考。总结起来，尽管我们了解现在的欧洲企业非常的发达，不少中国企业与之相比可能还存在一定的差距，但是我对中国的企业非常有信心，对身处中国制造业大市的佛山企业也非常有信心。我相信，中国会在世界舞台有更精彩的表现；佛山下一代的企业家也会在未来创造更多财富和价值。

企业行动

金意陶：客户倒逼品质升级

从品质革命跨国调研回来后，李勤着手做的第一件事就是组织员工，将广东金意陶陶瓷集团有限公司集团的客户重新梳理一遍，建立客户管理制度。

“客户，尤其是好客户太重要了。在欧洲，很多世界级的企业都有一帮宝贵的优质客户。这些客户能将你带到更高的地方。”李勤说。

作为金意陶总经理助理，李勤开始将“客户就是生命线”这个企业共识，用更多数据分析、决策机制等去落实。

“我们原来的思路就是在陶瓷市场自己做最好的品质，让客户跟着我们走。现在则努力在领跑和适应市场间做更好的平衡。”李勤说。

从客户梳理中寻找自身问题

品质革命不仅有自我的革新，还有客户的倒逼。如何用好客户资源，甚至为客户“画像”，成为一个重要命题。为了解好这个命题，金意陶做了一个新尝试。

“我组织员工梳理客户贡献。每个业务员都要去梳理，自己手上有哪些客户，这些客户分别创造了多少价值。我们对于价值高的客户要提供什么服务，对于价值不理想的客户如何改进服务。”李勤说。

□ 金意陶注重客户资源的梳理，以此倒逼品质升级

对客户的梳理，不仅停留在其所创造的价值，更要挖掘这背后的原因。对于每一个客户，金意陶的业务员都会分析这家企业经营状况和客观的市场情况。

李勤表示，这样是为了判断客户的价值组成，有多少是金意陶带给它的，又有多少是客户自己跨界开拓创新或是别的客户带来的。“通过这样的策略，我们给自己的内部服务做诊断，倒逼产品和服务的提升。”

除了价值梳理，金意陶还开始做流程梳理。李勤说，员工会进一步确认企业自己的产品标准如何，并检查产品是否符合客户标准。“梳理客户的切入口可以挖出很多，主要还是找自身问题。”

为了拓展优质客户，金意陶也将眼光放到了全球。此前，金意陶就在马来西亚建了工厂，计划以此为支点撬动国际市场。“都说小企业要有大格局。我们以此为理念，在海外建厂的基础上，进一步规划国际化。”李勤说。

利用大数据分析抬高产业层次

“差异化产品也能占领大市场”，这是金意陶一直以来的理念。在这个理念的引导下，金意陶给自己设定的角色是做行业的领风者。

“我们原来的思路就是自己做最好的品质，让客户跟着我们走。领风者在各方面都是领跑的。”李勤说，现在金意陶依然在用差异化的产品引领市场，但是随着市场越来越细分，“我们也会去做适应市场的动作。以前我们推动客户，现在客户想法越来越多，更需要倾听他们。”

除了从客户端汲取品质革命动力，金意陶还从企业内部的生产和运营管理倒逼品质提升。“管理是最重要的，以后竞争就在精细化管理。”李勤说。

近年来金意陶一直在推动信息化改造，将大数据管理切入生产系统和人力资源系统，把评价维度标准化、数据化，实时打分并反馈到数据终端。从金意陶内部还衍生出一家企业专门从事信息化服务。

在李勤看来，企业的高质量发展必然离不开引入新设备、新技术，利用大数据分析、设备自动化升级等把产业层次做上去。

他认为，陶瓷行业的信息化改造既简单又困难。简单之处在于，陶瓷制造过程不复杂，设备工艺成熟，改造难度不大。困难处则是，这是个传统行业，没人系统性干过这件事；单独产线、窑炉进行信息化改造比较常见，整个工厂的改造则比较难。

李勤说，从信息化改造中提升“质造”的稳定性，这也是金意陶接下来的发展重点。

从“看到造”向“想到造”的品质飞跃

文/甄荣辉（广东伊之密精密机械股份有限公司董事总经理）

2019年5月，我有幸参加了“品质革命　对标世界”跨省跨国调研活动。调研团队的组合非常新颖——企业家+学者+政府+媒体。通过政府安排可以接触到很多优质的企业，学者的参与会从宏观的视角去看问题，企业的参与可以得到很多实际的启发，媒体可以对活动进行沟通、传播与总结。在我参与的外访参观活动中，这是一次新鲜而深刻的体验。

我参加了这次活动中深圳和长沙的调研。这次调研选择深圳、长沙非常有意义。佛山刚好处于这两座城市的创新与制造的中间地带，创新我们要和深圳比赛，同时又要面临长沙的追赶和竞争。

当下，佛山企业面临的新一轮挑战是企业主、高层管理者的学习能力要增强。相比深圳、长沙，佛山企业是否有点传统保守了，我们原本传统的产业确实需要坚持，但也需要围绕自己的战略主航道，将收入中的一定比例投入到一些现在还看不到，但能想象得到的原创领域。

敢于投入看不见但想得到的领域

深圳是中国创新最前沿、最活跃的地方，我们看到一大批有梦想、有冒险精神的高科技创业者，这也让我们反思，为什么高科技创业者能够在深圳落地生根？我认为这是由深圳的特殊环境决定的。

在深圳，我们看到三家初创型企业，华讯方舟、优必选和柔宇科技。其中，柔宇科技是从海外毕业的刘自鸿博士回国创办的。他将实验室的创意尝试在中国大规模地落地量产，打造出全球第一个大规模生产柔性屏的工厂。

从深圳企业的创新案例，我们反思到佛山企业家的特点：务实有余，创新不足。周其仁教授说深圳企业是从“看到了造”到“想到了造”。反观佛山企业，一直在做一些看得到的事，而不是做一些想得到的事。相比起深圳，佛山企业是否有点传统保守了，我们原本传统的产业确实需要坚持，但也需要围绕自己的战略主航道，将收入中的一定比例投入到一些现在还看不到，但能想象得到的原创领域。

当企业创造价值的时候，我们要尝试硬性规定自己去做一些研发项目。在企业有利润、有效益的条件下，要敢于去延展一些企业布局未来的领域，而不是单纯为了追逐风口。

这几年，我们伊之密也不断为未来的发展加大了投资。2016年前，我们引进了德国注塑机领域的专家作为伊之密的首席战略官。通过其引进德国技术，帮助公司建立起德国的研发中心和中国的全球创新中心。这些新技术、新工艺在欧洲已成功产业化，我们希望连接中欧技术，在中国乃至其他海外市场进一步推广。

关注产品全生命周期

深圳的大族激光和长沙的三一重工，这两家装备制造企业的历史都比伊之密要长。两家公司今天已经发展成为行业里的世界级龙头。

大族激光，抓住整个中国制造业发展，激光代替很多传统制造方法的发展契机。大族激光原本从打标机开始，随着市场的发展深挖激光应用，将激光应用的范围做阔做深。当其发展到一定规模，就攻关核心技术激光发生器，这是一个很好的做法。

从小功率产品到大功率产品再到核心零部件最终自己掌握，大族激光在应用端的不断深挖，推动企业持续保持高成长，这样的发展路径值得我们借鉴。如何利用一个主机将其应用的广度和深度拓展？这是伊之密当下也在思考的发展模式。我们在欧洲也看到很多企业，投入了最多资源去研究如何适应下游客户不断变化的应用场景，就是为了将应用的广度深度做好。

中国很多装备企业只是关注如何做好装备主机，甚至有个别企业是为了价格不断去降成本，牺牲品质，这样的路子必定走不长久。因为主机的降成本到一定临界点必然会牺牲质量，除非有技术上和材料上的重大突破，不然成本与质量的天平就会倾斜，从而出现为了追求价格而无序的恶性竞争。

所以，我认为装备企业关注品质不能只关注主机，还要关注整个产品生命周期。尤其是参与国际化竞争的过程中，越是中高端客户，越关注全生命周期的成本。近年来，我们一直在专注应用技术，确保提供的综合解决方案能与客户的需求、工艺和产品结合得更好，从主机供应商向系统解决方案提供商转变。

从依赖人到依赖组织、方法、数据

三一重工的转型探索让我印象深刻。2008年国家4万亿元投放后，三一重工非常有雄心壮志，最高峰时集团达到7万人，现在只剩下2万多人。在裁撤人员的过程中，三一重工投入了很多生产环境的智能化应用。他们的18号工厂，是国家级的智能制造示范基地，尽管投入了很多钱，但对其生产效率、库存周转、产品质量有了明显改善。

过去，我们关注产品品质很多时候强调设计、质检，但在现代化先进制造，这可能不是最重要的，整个制造过程的组织方法、大量的数据利用，对品质起到关键作用。同样的产品设计水准，同样供应商环境，可以通过工作方法、组织设计和自动化，将产品品质进行优化提升，这是中国制造业转型升级必然经过的阶段。

三一重工很显然已经迈过了这道坎，从依赖人到依赖组织、方法、数据，这对我们推进品质革命有比较大的启发。有条件的企业可以尝试走这条路。

企业行动

伊之密：借力全球化创新　推动中国装备质造升级

在佛山装备制造业丛林中，广东伊之密精密机械股份有限公司是近十年来迅猛发展的生力军。

从2002年创业，靠注塑机起家，陆续拓展到压铸机、橡胶机、高速包装系统和机器人自动化等领域，如今伊之密已成为模压成型装备全领域发展的企业，并跻身行业全球前十的位置。

如何保持企业的高成长性，伊之密董事、总经理甄荣辉强调要品质取胜。对标欧洲先进品质管理体系，收购北美百年企业HPM、成立德国研发中心，连接中欧新技术、新工艺，甄荣辉希望能够借助全球化创新推动中国装备向中高端领域升级。

对标先进建立标准化品控体系

近年来，中国的装备制造业迎来了高速发展的黄金期，但随着产能的增加和客户要求的提升，也面临着品质提升的一系列新的挑战。

“要做好质量，不能只着眼于产品，还要着眼于产品背后的体系。”甄荣辉介绍，以往装备行业因按传统方法组织生产，如遇上产量短期内大幅增加，就很容易出现产品

□ 伊之密凭借技术创新和领先的装备品质，跻身行业全球前十的位置

质量不稳定。

“我们不能只用机械装备行业传统的经验来看产品品质提升，而要跳出自身行业的限制，深入了解汽车行业。”甄荣辉说，近年来，公司一直在努力学习汽车工业高度进化的运营模式，通过模块化产品设计、模组化多级生产计划和整机总装流水线生产，进一步提升产品的质量标准，缩短产品交货期。

此外，伊之密还不断吸收欧美发达国家的先进经验。自2009年以来，伊之密董事长陈敬财带领公司管理人员多次前往日本、德国参观学习精益生产运行模式，打造卓越工作流程，建设覆盖全生命周期的品质管理体系。如今，公司已建立起严格的标准化管理制度，能够有效控制从产品的设计研发、生产装配、检验检测到客户服务的全过程。

伊之密的品质提升之道也获得了行业的认可。目前，伊之密在产品技术标准方面已经主导或参与了1个国际标准、7个国家标准、6个行业标准和1个地方标准的制定，逐步树立了行业话语权。公司先后荣获“2011年度顺德区政府质量奖”“2017年度广东省政府质量奖”。

连接中欧新技术打开国际市场

2019年10月，伊之密全球创新中心在顺德大良五沙工业园正式奠基启建。该中心投资1亿元，将用于新材料、新工艺的应用技术研发，新型设备、新产品的研发与测试，以及吸引全球科技团队与人才到这里与伊之密合作开发。

这是伊之密整合全球创新资源，驱动品质革命厚积薄发的结果。

2011年，伊之密正式收购了美国百年企业HPM。通过5年吸收转化HPM的技术，2017年采用“美国设计+中国制造”模式，伊之密和HPM有史以来最大吨位的HPM4500T压铸机扬帆出海，在激烈的北美市场竞争中获得海外知名汽配企业的青睐。

此外，伊之密还聘请欧洲注塑机行业专家汉斯·韦伯博士担任其首席战略官，在德国亚琛设立研发中心。伊之密还对标德国技术自主创新推出两板式注塑机，该产品性能指标可与欧美高性能产品媲美，已成为伊之密海外市场增长的利器，2018年销售同比增长80%，广泛出口至美国、法国、意大利等国家和地区，成功赢得全球市场的认可。

在甄荣辉看来，尽管2019年以来全球经济受国际形势影响复杂多变，但海外的客户还是愿意在全球范围内寻找一个能够把控好品质与成本最优的解决方案提供商，这是伊之密卡位进军全球市场的好时机。

“现在到了中国装备从中低端向中高端发展的关键阶段，如果我们能够跟得上的话，就可以推动整个制造业的转型升级。”甄荣辉说。

走出认知舒适区，以创新坚守实业

文/吴艳芬（广东美思内衣有限公司董事长）

2019年5月开始，佛山市工商联、南方日报社联合发起“品质革命 对标世界”佛山企业迈向高质量发展跨省跨国调研活动，经济学家周其仁教授带领大家参访了北京、深圳、青岛、长沙四座国内城市，又奔赴德国、荷兰、丹麦三大质量强国，累计调研国内外企业26家，我有幸成为其中唯一全程参与的企业家。

对标过程给了我迫切的变革动力。调研期间，我每天把当日的见闻、思考转发到美思的内部管理群，让公司管理层同步进行学习。回来后我也在公司分类组织多次分享会，希望将调研所得融入企业发展中。

作为佛山本土企业，我们要秉承“质量革命”的新精神，走出认知的舒适区，不断学习和成长。在迈向高质量发展的新征程中，要有忧患意识和更精准的定位，才能把企业更好地传承下去。

企业家精神的三个维度

什么是企业家精神？怎样的人才可以成为企业家？我们有自己古老灿烂的文化，在向欧洲、日本等国企业家学习的同时，也应该总结出自己的商道。经过这段时间的参访学习，我认为企业家精神至少有三个维度。

首先，创新是企业家精神的核心。中国已经进入后工业时代，变革变化是企业家的实质，也是时代的需要。佛山的企业家一般而言，相对于深圳等一些地方，太过于稳重和低调，缺乏冒险精神。佛山需要呼唤的企业家精神，是有梦想、有追求、有担当，要敢于创新。

经济的高质量发展、中高速增长需要我们改变经营方式。互联网、5G、大数据的发展等因素带来商业变化和企业发展新契机。我们要向国内先进地区和发达国家的企业家学习，借鉴他们的市场意识和企业实践。

其次是坚守。我做内衣行业30多年了，一直没有离开过主业。我也一直在跟我的团队讲，对我们的行业要有幸福感和信心。“佛山制造”要专心专注于实业，要与时俱进，通过“品质革命　对标世界”的深入，一定要提高我们的产品质量，提升我们的制造水平。在每个行业，我们要有“企图心”、有信心，成为不可替代的行业龙头。

最后，企业家应当有家国情怀、兼济天下的精神。这一方面是社会责任，能够为社会提供就业岗位是企业家的荣耀。另一方面，我们要有更强烈的世界眼光。正如周其仁教授所说，“造出好产品，供应全人类”。

之前自己的心里还有一个比较大的自我设限，觉得做好中国的产品已经很不错了。美思内衣从原来的广东本土品牌到全国性品牌，其实走得比较顺。我觉得我们走向全球化也是大有可为的，因为世界各国的人都需要这个产品。

传统企业的跨界创新路径

传统行业如何创新？企业如何变革？企业家如何做决策？我经常跟同事们说，其实穷不怕，就怕没有见识。企业家也要扩大视野和格局，“对标世界”的时候见识很重要。先不求员工的意识，企业家的意识最重要，我们自己醒了就带动一批人醒。

所谓隔行如隔山，我原以为高科技企业跟传统服装行业很难产生关联，自身企业向科技化转型的路径也比较有限，很多地方还在“摸着石头过河”。这次深入许多高科技企业调研之后我发现，我们与高科技的融合有大量文章可以做，找到了传统企业技术升级、智慧化发展的新思路。

例如服装行业此前一直在强调推行机械化、智能化的困难，很难做到全自动化，很多环节机器不能替代人。目前电脑裁床自动化相对成熟，可以减少人力、提高效率，但是在车缝、包装特别是设计环节，使用的软件还很不智能；在人力建模、大数据的收集、提取、分析等方面，行业内不少企业都是很茫然的。包括我们调研中参访的一家在数字化转型中走在前列的同行企业，也更多的是在大数据分析、信息化管理等方面做得不错，大量环节仍然是依靠人力进行。但是在深圳华讯方舟，我发现他们的自动安检门技术可以运用在内衣设计上，他们也正在推进一个类似项目。如果这个技术最终可行，将解决我们一个很大的痛点。

小米的跨界融合路径对我冲击也很大。这么强大的一个互联网公司，可以说它几乎做什么就能卖什么。我们作为单一作战的制造企业怎么活下去？是在它们的夹缝中生存，还是拥抱？拥抱也不是那么容易，对质量管理体系、对供应链支撑的要求很高。佛山这么多制造业企业，能不能形成更紧密的内部联盟，实现内部跨界？形成更具号召力的品牌或者销售平台？

“品质革命”是品牌和质量的双提升

“品质革命”意味着品牌、质量要双提升，对中国制造、佛山制造提出了更高的要求。首先是既要在质量上有所突破，更要在品牌上站稳脚跟。同时，还需要企业在设计和技术、标准化、管理模式等方面开启全链条的质量革命。

我参加这次调研有个很大的感受是，质和价并不矛盾。制造业不能理解为简单的加工，而要把握微笑曲线的两端。怎么把品质做到极致？留住需要极致产品的消费者很重要。从价格战到质量战，以质论价，有利于消费者的信心消费。

质量是企业在众多竞争中脱颖而出的基石，只有筑牢了这个基石，才能留住国人的消费，也能够吸引国外的消费，让中国的质量之路走得更好、更远。

在这背后，一方面是对科技创新的坚持，另一方面是对工匠精神的坚守。用持之以恒的精神，把一件事做到极致并不容易。同时工匠精神不仅表现在制造端狭义的“工匠”身上，也体现在每个部门的工作要求中。我们有不少员工都在公司工作了10年以上，持之以恒坚守岗位，随着公司和岗位的发展而发展。

品牌的提升，就是要做好自身的价值管理。时代一直在变化，企业应该坚守的是什么？我认为就是价值管理。价值管理的最核心部分，是坚持以客户为中心做产品。日本和德国的产品常常以人性化的设计、高质量和服务深得人心。

如何打造自身企业的产品名片，甚至一个地区的产业名片？是我一直在探索和思考的课题。我们中国制造、佛山制造的产品要发掘自己的品牌宝藏，还有一段路要走。但是经过这次的调研，我更有信心坚持高质量、坚守实业的创新传承，把企业做强做大。

企业行动

美思内衣：以标准“强制力”引领品质提升

2019年11月6日，年度企业标准“领跑者”大会在济南举行，公布了新一批企业标准“领跑者”名单，美思内衣成为全国同行业仅有的四家入选企业之一，也是佛山同行中的唯一入选者。

从1988年由3台衣车的小作坊起家开始，到如今成为全国内衣品牌的佼佼者，美思

□ 美思内衣在品质上下了很多硬功夫，如今已成为全国内衣品牌的佼佼者

内衣在品质上下了很多硬功夫。作为“草根”民营企业，美思内衣用客观标准推动品质提升，与周其仁所提倡的“在民企‘品质革命’中引入强制力”非常相通。

业内首获国际“双认证”

“入选这项榜单是无心插柳，但企业以标准化推动品质提升的做法由来已久。”美思内衣董事长吴艳芬表示，公司把企业标准上传到平台，参与了由国家市场监管总局等八部门联合开展的评定，成为全国针织内衣四大主导品牌之一并成功入选，是对企业标准化实践的认可。

美思内衣对标准的执着在业内少有。目前，是国内内衣行业唯一一家同时获得CQC中国环保产品认证、CNAS国家实验室认证的企业，采用六项国际标准，参与三个行业标准制定，以及首家获ISO9001国际质量体系、ISO14001国际环境管理体系双认证的企业。此外，美思内衣为了加大向海外进军的力度，也按照欧洲等发达市场的高标准来要求自己。

2011年，美思启动了CNAS国家实验室认证的准备。通过改造场室，购置专业设备，从专业检测机构“挖”来人才，并招聘对口专业的大学毕业生组成团队，美思内衣在2013年成功获得了首次的CNAS国家实验室认证。

在申请CNAS认证的同时，美思内衣也全面开展“中国环保产品认证”工作。结合具体实际，编制了企业的生态纺织品环保体系文件。相关程序文件于2011年发布实施，当年就进行了第一次内部审核。现在，美思内衣的新品都会挂着“CQC中国环保产品认证”的小标签。

探索“软硬结合”的新标准

传统行业的转型升级有许多不易，对于内衣服装行业来说尤为如此。在制造端，许多工序仍然需要由人力来完成，自动化程度较难提升；在产品端，消费者的传统消费模式已经成型，对创新产品的接受度并不如其他一些行业那么高。

尽管如此，美思内衣还是选择了加快智能化步伐。2016年，美思内衣推出了行业内首款量产的智能内衣产品。结合可穿戴设备概念，这件内衣在内部植入智能芯片，依托大数据技术可收集人体心率等健康数据，同时还能找准穴位实现按摩功能。仅一年多，就达到了2000万元销售额。

“智能内衣的概念一度很火，但是只有美思内衣实现了大规模量产。”吴艳芬说。在量产过程中遇到很多问题，其中最困难的就是如何把硬的芯片植入软的内衣，实现智能技术与内衣技术的融合。例如内衣衣压模需高温定型，这一过程如何不损坏内置芯片电路？美思内衣花了几个月时间才成功攻关工艺改造，为这个新领域探索“软硬结合”的新标准。

目前，智能内衣产品正在进行第二代的开发。“我们既关注市场动态，也与有关科研机构加强了合作，未来产品品质将再上一个台阶。”吴艳分说。

制造“品质战士”，打好“地面战争”

文/李白千（日丰企业集团有限公司副总裁）

2019年5月开始，我代表日丰企业集团参加了“品质革命　对标世界”佛山企业迈向高质量发展跨省跨国调研活动，在北京、深圳、青岛、长沙等国内制造业重镇参访了多家优秀企业。这是一个以企业家为主的团队，而我是一名职业经理人。能够“误打误撞”进入这个调研团队里面来，我很珍惜这样难得的学习机会。

从20年前我离开大学讲台前往佛山，在日丰企业从负责技术开始到现在负责技术与质量板块，我看到了佛山制造业这些年来在产业质量、发展环境上的变化。跟国内其他制造业重镇相比，我们应该正视佛山的不足之处，更应该清晰地抓住和放大自身的优势，尤其推动工匠精神的传承与创新。

发挥佛山制造“地面战”优势

在深圳，我们参访了华讯方舟、柔宇、优必选等几家高科技企业，他们的创新意识比较高，站的起点也高，创业者敢于追求比较大的梦想，希望达到万亿级、千亿级的产值。这种胸怀是我们佛山企业家所欠缺的，佛山的企业家善于把自己的事情做好，慢慢推进自己的创新。如果要跨出很大一步，特别是还看不清楚前景的时候，对佛山企业家而言就不那么容易。

刚看完深圳企业时，确实情绪低落，自己简直弱爆了。但是快要离开深圳的时候，我在高铁站看到了日丰管的广告。我想，高科技最终要落地。我们有几万家分销商，充分利用这个资源，一样可以打周其仁教授所说的“地面战争”。后来在长沙看几家装备企业，他们的制造业也在快速提档升级，对佛山也很有压力。

佛山下一步怎么做？我自己的想法是，毕竟佛山改革开放40多年来积累的企业家资源、企业资源、本土商业基因，比中西部地区还是有优势。不能跟深圳比吸引全球人才，但是可以吸引中西部地区的人才。

另外，我们还要善于发挥打“地面战争”的优势。在大湾区内，佛山要放低自己的身段，主动迎接变革，包括给深圳创新中心做配套。一是利用制造业精耕细作的优势，配套它的上游。深圳做产业，上游一定有东西，不管是原料还是装备；二是配套下游，把深圳的东西用到我们的产业上，产业链再一步延伸。

例如柔宇的柔性显示屏，第一条线已经出来了，第二条、第三条一定会做出来，而且成本更低。未来，它的柔性显示屏可以在衣、食、住、行各个领域充分利用。现在我们公司做“健康供水”，对家庭管道进行健康管理，也有可能应用柔性显示技术。

工匠精神有三个层次

要打好“地面战”，就需要一批走在前列的“战士”，也就是我们广大的一线技术工人。在全面质量管理的“人机料法环”五个主要因素中，“人”是排第一位的。但是总体而言，社会对技术工人的关注不够多。

现在从全国到佛山以及到我们企业，都强调工匠精神，企业家精神和工匠精神被称为照亮佛山工业文明的“双子灯塔”。在佛山，目前大概391万就业人口里面，制造业占了一大半。在外参访的过程中，楚天科技等企业的重视工匠培养、采取各种办法把工匠精神落到实处的做法给我留下了深刻印象。

在佛山也是，许多公司都会有一些国宝级的员工，比如像日丰，中国第一位铝塑复合管焊接者现在还在我们公司。我们在每一个车间、每一个工序都会有一些经验丰富的老师傅。我们也会有一些专家，基本上摸一下这个水管就知道有没有出现问题、在哪里出现问题。

在我看来，工匠有几个层面。第一个层面就是熟能生巧，大家都是计件工资，你一个小时做10个就比别人做8个多出两成。第二个是钻研，在这个基础上钻研，通过新的工具改变新的方法提升，来提升效率，这个就是我们现在所需要的工匠。再高层次，是把过程中的所有实践经验变成体系，让这个体系里面所有人成为工匠，放之四海而皆准。佛山未来可能在这方面会有作为，依托体系和理论，让体系里都成工匠。

“工匠精神+科学精神”练出好“战士”

“品质革命”的战士至关重要，但是相比一些制造业更加先进的地区、国家，佛山企业的熟练工人数量不够多，而且工人稳定性总体上不太高。以日丰所在的工业园区来看，也存在类似的情况。

如果说企业家精神更多的是关注战略层面，那么工匠精神就是更多的在战术层面。佛山在战术层面可以怎样把品质做得好，怎么样把工匠精神传承下去？

针对熟练工人少的问题，我们可不可以批量制造？在工匠的培养上，传统的师傅带徒弟的模式有它的限制。进入大工业时代，如何使品质的可复制、可预测？就要工匠精神加上科学精神，从经验到科学，从定性到定量，这样我们可以找准影响品质的关键因素，吃透其中的基础原理，形成可复制的体系文件和作业指令。这样我们就可以批量"制造"工匠，帮助这一批工匠从匠人升华到匠师的水平。

员工流动性大怎么办？我们发现，有不少企业在减少对熟练工人的依赖。很多这样的办法，比如傻瓜式操作，把一步一步的工序一键化操作，也可以把一些比较需要的操作简化。还有一些防呆的操作，就是防止工人的简单错误。

如果说我们把这些东西都充分运用起来，对工人的动作、操作手法进行总结、提炼、研究，提炼成一个标准化操作的作业文件或者作业指令，让所有员工走在这个体系下统一培训、统一做出来，这样就可以保证每一米日丰管都管用50年。

还有一点是，练兵先练将。我们佛山应该坚持首席质量官制度，首先练出一批品质革命的将军，然后由品质革命的将军们用工匠精神去训练出一批品质战士。这样的战士应该步调一致，服从标准的工业指令。有了这样的一批队伍，我相信佛山的品质革命一定可以成功。

企业行动

日丰管："品质革命"战士的养成之道

在国内铝塑管道行业，敢于公开打出"管用五十年"口号的只有总部位于佛山的日丰企业集团。成立至今的20多年里，日丰逐渐实现了铝塑管产量全球第一，品质也走在了全球同行的前列，成为佛山制造"品质革命"的代表性企业。

对工匠精神的坚持，是日丰在品质上不断取得突破的一件"利器"。还在初创阶段时，日丰就花重金用于礼聘人才。如今的公司副总裁、总工程师李白千正是在那时"孔雀东南飞"、从高校教师变成一名技术大咖，还陆续获得了佛山"大城工匠"、轻工"大国工匠"等荣誉，成为日丰"品质革命"的一名"将军"。

对于更多的一线技术工人，日丰在制度硬建设和人文软关怀上同时发力。不但培养出一批优秀的技术工人，还把他们留在了公司，成为日丰"品质革命"的广大"战士"。

□ 日丰企业生产车间内，工人在生产线上生产某型号管件

用制度让人人成为能工巧匠

“日丰对工人的培养和管理，结合了ISO9000体系与全面质量管理体系。”李白千说。

全面质量管理体系主要在日本较为发达，特别强调制造业中每个工人的主观能动性，给工人充分的自由空间，相信他们按照既定指令把任务完成好。相对而言，ISO9000管理体系则更强调规则的清晰指引。

在日丰，工人的岗前培训近年来越来越简化，因为许多工序已经实现了自动化。培训手册和作业文件中，连先出左脚还是先出右脚都规定得清清楚楚。只要工人形成了严格的习惯，就很难出错。

对工人的规范化管理与公司整体的质量体系建设结合在一起。在日丰的每款产品从实验室研发成功到量产，要先经过5000次冷热水循环试验；管道生产过程中，每200米就要对管材进行尺寸、外观、受力等检验测试；出厂成品每90千米要进行爆破、扩径、静液压等测试，确保每1米日丰管都管用50年。

李白千说，严格的技术和质量管理体系支撑起日丰企业推崇的“匠师”理念，让人人都可以成为能工巧匠。

用人文关怀把优秀技工留下来

2014年，日丰搬到如今所在的工业园。公司发现，每到暑假就有很多留守儿童会过来跟父母相聚。公司在思考，这帮孩子能够跟父母相聚是很快乐的，为什么会有这么多儿童不能跟爸妈待在一起？怎样能够触碰到人性当中最柔软的地方？

如果夫妻能够有稍微好一些条件住在一起，就可以把孩子接过来，至少一家可以团聚，还可以在这边上幼儿园。这样就大大减少流动儿童的数量，而且留住了这帮员工。

意识到这个问题以后，日丰在进行工业园二期、三期建设时，有意识地在员工宿舍里面配建夫妻房，加强对员工的人文关怀。这一举措受到了员工的广泛欢迎。

2019年底，日丰已经有171对夫妻入住夫妻房，入住人数占在职员工总人数的13.7%。“如果能够留住员工的心，就一定可以留住他们的人，留住了技术骨干，就留住了品质革命的种子和希望。”李白千说。

推动品质革命，企业需敢于投入

文/孙崇实（科顺防水科技股份有限公司执行总裁）

品质革命离不开企业高质量的管理。用一段管理金句作为我此次学习心得的总结：企业管理分三个层次，最低的层次是管事，高一个层次是管人，最高层次是管机制。所谓管事的就是兵来将挡，水来土掩；管人就是找到事背后的责任人是谁；但最重要的是管机制，机制让整个企业处于一个有序的发展轨道当中。

将“强制力”引入到管理中

在北京参观华力创通公司时，其“强制力”管理令我印象深刻。华力创通的产品涉及军工，属于国家二级保密单位。在保密管理上，采用的是“强制力”管理，这一点是非常值得我们企业学习的，我们民营企业就应该引进“强制力”管理模式。

什么是“强制力”管理，周其仁教授举例说，一辆5万元的汽车，需要学习考试获得驾照，并且遵守交通法规才能驾驶。而在企业，一台上百万元、甚至上千万元的设备，工人在操作时，同样需要通过严格的学习考试，并遵守操作规则。

针对员工的保密管理，在华力创通，所有的电脑是不能识别U盘的；内部以局域网链接，以更好管理，所有的资料都由一个窗口出去；部分科室不能带个人手机进去工作……这些措施都能帮助企业规避核心信息的泄露。

其实很多企业都有相似的制度，但是不是都在有效地执行？我理解的“强制力”管理，就是把在军事化管理过程中的一些方法用在企业中，要让企业管理变得有纪律性和约束性，这点我们一般的民营企业可能做得比较弱。

聚焦主业将生态链做大做强

如果说华力创通的模式是从0到1的模式，注重研发，从无到有，投入了大量资源在研发上并不断孵化，那么，小米就是从1到100的企业。它以手机为核心，并延伸到一些普通的日常产品，而且做得特别好。

小米颠覆了很多人的生活理念。小米集团联合创始人、副总裁刘德说的一句话——“衣服不应该叫装饰品，应该叫耗材”，这对我触动很大。这是很大的创意，从这个角度去定义产品，企业就能发掘更大的市场空间。

刘德总结小米的定位非常好：“高端产品大众化，大众产品品质化，品质产品设计化，设计产品国际化。”小米强调对用户的研究，而我们对用户需求的调研还不够。如果我们研发的一个产品卖不好，可能很大程度是因为没有调研好客户的需求。我们没有问业主需要防水的程度，或者没有问防水施工人员，他在施工的时候需要怎么样的感觉和施工体验。如果我们注重对用户的研究，我们的市场就会变得无限大。

小米的生态链战略也是一种多元化发展战略。现在很多中国的企业都说要多元化发展，我们公司前两年也讨论过这个议题，因为企业上市有钱了，如何才能利用资本的力量做得更好？我觉得我们要从多元化发展迈向生态发展，多元化是做不擅长的事情，生态链发展是做我们自己擅长的事情——区别在于瞄准的客户群体是否一样。

最近几年，我们企业的营收从12亿元开始一路攀升。下一个10年，我们都不知道能做到多少？我们保守地猜想一下，可能未来2—3年能做到100亿元？100亿元之后呢？300亿元？那么要做到300亿—500亿元，我们下一个方向在哪？小米的经验和模式，值得我回去好好消化，为佛山制造业的做大做强贡献力量。

品质革命离不开投入

品质革命，离不开投资，没有投资，就没办法提升品质，何来革命。

最近几年，我们公司在推进品质提升上也是进行了较大的投入。从行业来看，我们对生产的投入一直比较领先。这两年，我们从欧美进口了6条自动化生产线，投入了将近1.5亿元，带来了品质的显著提升。

以往是通过SQE（供应商质量工程师）、QC（质量控制小组）在现场巡检检查来发现质量问题，但人工总会有疏忽和漏洞。现有我们生产线上的设备装了很多传感器和控制系统，数据能及时反馈到集成面板，即使管理者在后台，也能捕捉到产品生产过程的问题和瑕疵，从而大大提升了质量管理的可控度和稳定性。

以目前看，科顺防水在推进智能制造上还需要一个过程。我们从2018年开始推动生产的自动化，2019年致力于推动智能化，预计到2021年能在公司八大工厂内基本全部实现智能化改造。

企业行动

科顺防水：以技术创新驱动品质提升

北京大兴国际机场、水立方、国家会议中心、上海虹桥国家会展中心……这是科顺防水科技股份有限公司近年来参与的众多闪耀全国的重大工程项目，也是科顺防水凭借品质抢占行业制高点的实力见证。

“‘品质铸就明天’这是科顺防水最早喊出的口号。”科顺防水科技执行总裁孙崇实说，企业诞生之初就明确把品质放在最重要的位置，近年来又不断通过技术创新和采用科学管理工具去完善提升，目前公司的产品主要质量水平已领先于国内行业水平，甚至能达到国际先进水平。

将品质管理理念转化为创新产品

在鱼龙混杂的建筑防水行业中，科顺防水向来以技术创新而脱颖而出。孙崇实说，

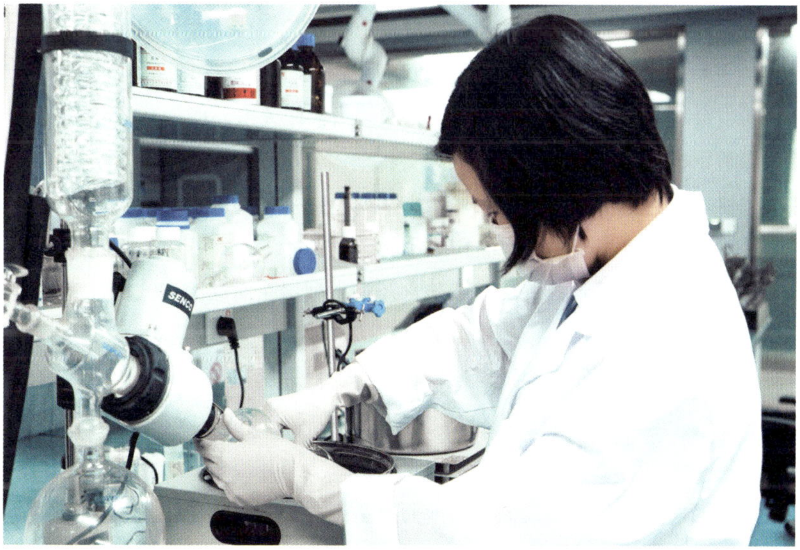

□ 科顺防水一直注重以技术创新提升产品品质

“技术科顺、诚信科顺、服务科顺”，技术于科顺经营理念中排在第一位，也是驱动产品品质不断提升第一大动力。

“一次做对”“一次就好”是克劳斯比等著名质量管理大师反复强调的质量管理核心要义。在此理念下，2019年，科顺防水首创的“一次防水”系统正式推出市场，在业内率先承诺30年以上持续保障。

早在2007年，科顺防水在推出奇封防排水系统时，就第一次提出了“一次防水”的概念。随后12年间，科顺研发团队从材料类型、市场需求、应用功能等方面出发，不断完善整合，形成涵盖阻隔防水、排水、导流、蓄水、种植、装饰以及雨水管理等众多技术的功能型综合系统。同时，引入“一次设计”“一次施工”“一次保险”等内容，从而大幅度提高防水工程使用寿命，降低建筑渗漏率。

除了注重自主研发，2019年3月，科顺防水还与中国科学院院士、清华大学教授杨万泰合作共建院士工作站。杨万泰院士是高分子化学领域的知名专家，多项专利成果已进入工业应用。院士工作站的建立将加快科顺防水在行业前沿技术领域的布局。

孙崇实介绍，目前科顺防水拥有院士工作站、博士后工作站、研发中心、品管中心等健全的研发组织系统，囊括了院士、博士后、博士、硕士等近百人的强大科研队伍，与中科院、清华大学等科研院所、高校有深度合作，2018年研发经费支出超过公司营业收入的4.22%，助力企业产品走在行业品质的最前端。

协同上下游打造全链条品控体系

凭借良好的品质，科顺防水的产品及解决方案已广泛应用于诸多国家与城市标志性建筑、市政工程、交通工程、住宅商业地产及特种工程。公司先后与恒大、万达、保利、碧桂园、金地、华夏幸福等知名房企结成战略合作关系并成为其核心供应商。

“跟高手下棋会大有长进。”在孙崇实看来，公司一直以来都将客户群体聚焦大型客户和大项目，虽然他们提出的要求非常高，但也正是在与大客户合作、参与大项目的过程中，科顺防水得以不断提升产品和服务的品质水平。

除了与高手过招中得到锻炼，科顺防水还将大型房企对品控模式输出到供应商的管理中。

“我们对原材料研究比较深，对原材料供应的标准甚至还要高于行业标准。”孙崇实介绍，公司每个季度会从质量、价格、服务、售后、反应机动5个维度对供应商进行评分，分数越高公司给予的供应份额就相应越高。

在此基础上，科顺防水还会派遣供应商质量工程师到供应商工厂现场进行辅导，帮助其提升生产工艺管理，让供应商与公司一起共同成长。而对于一些长期评分偏低的供应商，公司也会定期进行淘汰。

而在企业内部，科顺防水则营造全员关注质量的氛围。每天让员工在充满质量宣传的环境中工作；每月要求各工厂质检部门进行技能和意识的培训；每年对质量工作制定计划并按节点实施。2019年5月是科顺防水的“质量月”，通过完善相关标准、操作规范，发现问题，并持续改进，不断提高产品质量，从而全面推动质量管理工作。

近年来，科顺防水还加大生产自动化、智能化的投入，从原料、工艺、生产、设备、施工等方面全方位升级优化，引进美国、日本等先进生产线，为品质提升提供智造支撑。

从内到外，从上游的供应商到下游的客户，高质量品控体系的建立让科顺防水得以实现又快又好的高质量发展。数据显示，2018年度，公司的产量比2017年上升约70%，且成品合格率依然保持稳步上升，产品投诉次数及投诉折算均有明显的下降。

用管理现代化培育品质革命工业文化

文/黄逊青（广东万和新电气股份有限公司质量总监）

我在公司里从事质量管理工作，理解“品质”有两个层次：一是基本要求——符合法规、标准的要求，产品的技术指标持续满足合格的要求；二是期望要求——满足用户明确和潜在的期望，通过对市场的研究和产品的开发活动，对用户的期望及时响应，从而赢得市场的竞争优势。

在新阶段，佛山制造业一方面需要适应消费升级的市场需求，另一方面又需要适应以产品同质化所带来的市场竞争压力。因此，需要正视企业内部管理所存在的问题，尽快实现企业管理方式的现代化，其中最具普遍性的途径就是对照ISO9000系列标准，构建企业规范的管理体系，同时需要在佛山制造业培养尊重规则、尊重规律的工业文化。

依靠工艺技术突破实现品质跃升

华力创通从卖产品的贸易企业转变为开发产品的高技术研究型企业，在早期卖产品的过程中对产品和用户需求有充分的了解，尤其是已经基本掌握了产品的技术关键，所以在供应商的货源发生问题时，能够迅速组织产品开发工作并形成生产能力，这类企业的转型模式具有一定的代表性。

华力创通的成功在于在企业转型过程中，通过技术创新将业务迅速扩大，同时及时把握市场发展的趋势，选择有利于发挥自身优势的新领域进行发展。尽管目前他只有7亿元的产值，比我们佛山很多企业产值要低，但是它是做人家没有的产品，而且对于竞争对手而言是技术风险很高的业务领域。而该公司所强调的管理强制性，是对工业文化的一种表述，又恰恰是佛山企业需要提升的短板。

京东方和双星推动品质提升有一个共同的特点：都是用技术手段、设备把产品的不合格率大幅度降低。要做好品质，一是管理工作要到位，二是一定要有技术手段支撑，这是两个相互依存、相互促进的要素，缺一不可。

重视标准是品质提升的重要举措

在改革开放浪潮中发展壮大的佛山制造业，以民营企业为主体，在卖方市场主导和相对宽松的法制、政策环境下，多数企业的发展取决于企业领导人对市场直觉和机会把握，简单仿制、规模化生产以及低成本经营，成为多数佛山企业的早期的发展模式。

这样的发展路径导致了一部分佛山企业缺乏规范的内部管理体系，同时产品质量控制能力和技术开发能力相对薄弱，限制了企业在超越符合性质量要求的背景下，主动识别和满足用户明确和潜在要求的能力。

正视在企业管理观念方面存在的问题，是目前品质革命需要解决的基本问题。在新形势下，以往的一些成功的做法已经失去作用，在寻求新的发展路径过程中，学习运用基本的工业社会的规则可能是比较适宜的方式。

ISO9000系列标准对应的中国标准是GB/T19001-2016《质量管理体系要求》为代表的系列标准，佛山制造业对此并不陌生。对多数企业来说，在以往30年，该标准是产品进入市场需要满足的要求，但从另一个角度来看，该标准其实就是工业化社会对企业的基本要求。所以，以新的视角重新认识GB/T19001标准要求是佛山制造业实现品质提升的重要措施。

在此基础上，利用IATF16949:2016《汽车生产件及相关服务件组织的质量管理体系要求》标准可以丰富对制造企业产品质量管理的内容，而GB/T19580 2012《卓越绩效评价准则》则是对企业管理体系要求的全方位描述，这些标准大致上构成了制造业工业文化的体系要求。

近年来，万和在内部管理工作中，按上述思路强化质量工作，引入了一系列科学工具和检测方法，实现管理观念和管理模式的转变，取得了显著的成效。虽然这会增加成本，但从实际运行效果来衡量，每投入1%的直接成本，可以获得3%—5%的收益，规范化管理所带来的质量提升让企业尝到了实实在在的甜头。

尊重规则是品质革命最根本的内涵之一

今天在佛山进行品质革命，需要培养工业文化。工业文化看上去很玄妙，但具体落地就是对规则和规律尊重。

20世纪80年代，我在一家国企工作，当时的单位曾经派出了一批员工到日本培训了一个月，回来后其中一个人跟我说："其实日本人很死板，你让他怎么干他就天天这么干，他不会动脑筋。"我想，按照他的逻辑，世界上最死板的应该是德国人和日本人，然而，恰恰是他们出的产品是最好的，这就是工业文化的缩影。

我们这次去考察的华力创通执行的强制性管理，其实也是工业文化的缩影。我们对工业文化归纳为三个尊重：第一尊重我们的顾客、尊重我们的社会；第二尊重规则，规则就是法规、制度；第三是尊重规律，包括科学规律和社会规律。这是我们理解的品质革命最根本的内涵之一。

企业行动

万和电气：打造技术管理体系推动质量变革

作为佛山龙头家电企业，广东万和新电气股份有限公司深耕燃气具行业20多年，以匠心和品质著称，曾获得省市区等多个级别的政府质量奖。尤其近几年产品质量又得到了显著的提升。

身为万和的质量总监，黄逊青常常代表公司在行业内分享万和近年来质量变革的经验。在他看来，近年来万和质量管理的成功之道在于：没有大投入和增加制造成本的前提下，通过观念和方法的转变，引入先进检测技术、方法，依靠ISO9001等体系的规范化运行，实现了质量管理持续改进。

先进检测技术、方法带动质量提升

"品质革命在技术层面包含产品设计、工艺方法和检测技术三方面的内容，但是在佛山的不少企业往往会忽视后两者。"黄逊青认为，其中，检测技术是产品技术和质量水平的重要决定性因素。中国产品与国外的差距，往往是由于没有掌握先进的测量方法和手段，因为这是在产品开发和制造过程发现产品缺陷的一个至关重要的工具。

针对这一痛点，万和近几年新增投资了超6000万元建成了公司中心实验大楼等重点监测设施，配备了各种先进的检测设备和技术。

走进实验大楼，行业唯一的燃气具噪音实验室，56工位寿命实验室、水路腐蚀实验室、喷淋实验室、带电部件安全实验室、环境模拟实验室以及7大类产品性能分析实验室等20多个实验室，可以模拟全球任何一个地区的水、电、气使用环境进行检测。

如今，在这里，每一个产品细节都需要经过重重检测，即使是一个部件可能要经历

□ 万和生产车间上的自动化生产线使用多台智能机器人协作生产

比相关国标、行标更多的检测项目和更严酷的检测条件；而一款燃气热水器的使用寿命检测，可能要在检测试验台上模拟8年甚至10余年的运行。

检测技术除了为产品设计和开发提供有力的支撑外，新的检测方法也让万和产品的质量控制能力得到显著的提升，其中关键的"秘密武器"就是窄限判据规则。黄逊青介绍，这是基于质量风险和成本约束的评估和控制方法，通过运用统计学方法对产品生产过程的分析，制定一个既符合产品质量要求，又不会增加太多成本的内部控制指标，形成好品质和成本的平衡。

"刚开始实施这一规则时，公司内部很多人不适应，但最终通过市场检验，大家发现因为规范化所增加一定成本，最终会减少了后面不合理处理的成本。"据黄逊青测算，实施新的内控要求后，直接成本每增加1%，最后摊分到质量总成本会下降3%—5%。

以质量管理体系支撑高水平规范化管理

检测环节只是从产品出厂前严格把关，如何保证产品合格，而且是持续合格，关键还需要依靠统一的质量体系来保证。

目前，万和在内部已经建立和实施12大卓越经营管理体系。由质量管理部组织体系内审组成员，每月对全国七大生产基地的体系运作情况进行滚动审核、打分、排名，发布行政公文通报，表彰前2名，鞭策后2名。

其中，ISO9001质量管理体系是万和的质量体系模式的基础。“从多年的实践来看，ISO9001对于规范企业内部质量工作，建立外部的信任发挥了重要的作用。”黄逊青说，总结公司质量体系管理的经验，能够把体系标准规定的简单要求都做好，就是不简单；能够高水平地满足ISO9001的要求，质量体系运行就能达到高水平。

作为家电企业，万和还主动“升维”对标复杂工业的管理模式，将汽车行业的技术规范和质量管理标准IATF16949的主要内容引入到公司质量体系中，以丰富对制造企业产品质量管理的内容。

此外，万和还引入了卓越绩效模式，对公司的经营管理体系进行规范，在公司经营层面进一步加强质量体系运行的保障水平。

质量体系的落实离不开人。为了营造全员质量观，强化质量的主体责任。近期，万和就完善了生产过程质量异常报告细节，基于生产过程质量异常风险等级评定，规定了报告的规则。如果发生高风险异常时，生产班长可以越级直接用电话短信向质控中心领导报告。

除了赋予权利责任，万和也从物质上向守卫着品质一线的员工倾斜。在黄逊青看来，薪酬制度是指挥棒，要保障基层品质岗位员工收入水平维持到合理范围。“同等的学历和经历条件下，从事品质岗位的员工起码要达到车间班组长的工资水平，这样他们才更有动力去做好质量工作。”

把目光放长远，打好品质持久战

文/吴翠霞（广东兴奇金属有限公司副总裁、党委书记）

回顾“品质革命 对标世界”调研历程，我的内心仍充满激动。小米集团的高性价比产品、京东方的液晶显示器、海尔的“人单合一”组织变革等都历历在目。

今天小米科技已经是最年轻的世界500强企业，它的成功与超前的战略规划有脱不开的关系。基于小米的冲击，我们调研组在复盘的过程中同样讨论了未来10年的话题。未来10年将会是怎样的10年？小米说是大企业的10年，是准国企的10年，是民生的10年，是文化与复兴的10年。回过头来看，我们作为金属领域的多元化企业，未来10年应该往哪一个方向走呢？我不断反思：我们如今推进的项目，它的方向是对的吗？符合未来的发展吗？

品质提升需持续投入

在小米集团北京总部的小米之家，上百种商品琳琅满目，全部以简洁优雅的白色为主打，迎合现在年轻人的需求。比对市场上的大品牌，小米能够以1/3甚至更低的价格，做出满足消费者需要的各项高性价比的产品。

随着年轻一代对优质生活的追求，大消费无疑将成为未来的消费趋势。小米身上透露的信息是，企业必须提供差异化的产品，来满足消费者的需求。小米通过“产品+互联网”撬动了整个生态圈，通过“铁人三项”（硬件、软件和互联网服务）将互联网与实体经济有机结合。既做出了优质的产品又能提供优质的体验服务，最后两者组合带来了规模化经济。

京东方也给我带来了很多启发。这家企业的口号是“成为地球上最受人尊敬的伟大企业”。京东方坚持投入研发 7 年，才有了国产液晶电视在2001年的面市，也正是京东方在研发上撕开的“口子”，才让国产液晶屏从海外的技术和价格的垄断中突围而出，以更高的性价比进入普通家庭，从而改写了电脑、电视的消费结构。品质是一场持久战，需要我们不断投入，坚持不懈地执行下去，才能做出突破性的产品。

海尔通过人单合一模式，充分激发员工的积极性，实现与用户零距离，达到共创共赢的目标。海尔高层的分享让我深刻体会到企业组织设计与员工积极性的关系，我总结出五个要点：

第一，激发员工的积极性，不是一个萝卜一个坑，尽量做到一个萝卜三个坑，激发人的潜能，让你的员工充分发挥；

第二，让员工参与经营，让他听到一线炮火的声音，越接近经营一线越能理解企业的做法，应当好好研究如何让激励做到这一点；

第三，在组织变革过程中，培养一个好的企业文化和习惯非常难，一旦培养起来你的收获会非常大，诚然培养习惯是一个艰难的过程；

第四，组织是企业最大的成本，变革最大的障碍也是组织；

第五，帮助别人解决问题，你帮助别人解决了多大的问题，你的机会就有多大。

撕开“小口”后要狠狠地打

我所在的企业——兴奇金属集团是做金属再生、制造供应链和贸易的，与这次走访的企业在所属领域上有比较大的区别。但是，相同之处是兴奇近年来也在探索行业里的“无人区”，积极投入研发，希望在金属材料上有新的突破。目前，我们已经跟国内的一些高校和研究所在开展相关的项目合作。

我们做的是铜及铜合金材料，属于高性能及应用领域广泛的材料。但是处于金字塔最顶端的材料大部分都是从日本、德国等地方进口的，包括我们的手机插口使用的铜配件即属于高端铜材料，必须经受住频繁操作与高速导电散热功能，同理还有新能源汽车的充电插座。

在这个方面我们与日本、德国还有比较大的差距。为了缩小差距，打破国外的技术封锁，近年来，兴奇不断投入资源做高端铜材料的研发。我很认同周其仁教授的观点，如果我们看好这个机会，就要努力在这个领域撕开一个“口子”，哪怕一点点，再使劲往里面钻，狠狠地打。

虽然这个过程是艰难的，很多决策被不断地探讨、推翻、重建。中国人有“愚公移山”的精神，这也是兴奇人身上的宝贵品质。我们仍然希望在高端材料领域，我们公司能有一个更好的突破并坚守住。我们原本一直在探讨，过去一两年投入的各种人力、资金、资源方面并没有取得明显的回报，管理层也在自问：这是否值得？但从中长期发展及需求判断，这个方向吸引我们坚持走下去。我就这次调研后与集团董事会交流，更加坚定了我们的一些想法，我们期待开启兴奇的新未来。

另外，在调研小米科技的时候，周其仁教授强调的环保概念，也让我颇有感触。我们是做废旧金属起家，30多年前，企业创始人陈传奇从一家废旧金属回收店白手起家，从收破烂的行业一直做到全国行业的劳动模范。如今，兴奇开始负责制定行业国家标准，还把废料转化成有色金属新材料、铜文化产品。我们的有色金属产业从有限的资源正在创造出无限的产品结构。

近年来我们一直在研究再生资源，如何通过废料的回收循环让公司持续发展、更上一层。以前我们做工业材料的回收，大部分是从国外回收，现在是从国内回收。我们现在思考如何将回收这个环节延伸应用到消费领域。

在国内看到很多企业在回收方面都付出很大的努力，但并未成功，包括家电回收、汽车回收，因为很多国家政策与专业分类方面未得到解决。我们是专门做回收的，不是简单依靠国家补贴政策就可以做到的，一定是企业本身在这个领域有钻研、有积累，并希望通过回收对未来的民生和经济产生积极的影响，我们有责任真正要把回收这个领域做好。

“回收”可以说是兴奇金属企业起源的根基，我们现在再回到这个根基上做研究，尤其是在环保大趋势下，希望在这个点上有一些突破，在探索循环经济的路上留下足迹，为生态文明建设做出贡献。

企业行动

兴奇金属：以新材料迭代带动品质飞跃

在广东兴奇金属有限公司总部大楼展示区域内，数种高端铜及铜合金材料陈列于玻璃展架内。这些外表差异无几的铜材料在用途上却大相径庭，其中不乏应用于新能源汽车、手机、通信、医疗器械等领域。

成立于1988年的兴奇金属，最初从收废品起家，历经30多年深耕细作及创新发展，已成为集金属循环再生、有色金属贸易制造、新材料研发、金融投资、地产物业及铜文化等业务板块于一体的多元化产业型集团企业。向金字塔顶端的铜材料迈进，以新材料的研发迭代带动品质的飞跃，是兴奇金属近年发展的一个重要方向。

□ 兴奇金属生产的用于汽车、手机、芯片等行业的高导铜镍硅材料

从“吨”到“克”的跨越

“以前做大宗贸易，铜是论吨计算的，现在我们让这个计算单位从吨到千克，从千克到克转变。”吴翠霞说。计量单位转变背后，是铜的附加值的提升，是从做普通铜材料到做高端铜材料跨越，更具备不断延伸铜文化的历史意义。

过去很长一段时间，国内高端铜材料大都依赖进口。“行业金字塔顶端的铜材料大部分是日本、德国等地方生产的。”吴翠霞说。这些高端铜材料在手机、新能源汽车等领域应用，使用量不大，但是极为关键。以手机为例，手机插口处细细一圈铜材料重量极轻，但是精度和标准要求极高，需要铜材料具有良好的导电性能，并且要经受频繁操作。

随着5G时代的到来，大量5G基站铺开建设。吴翠霞介绍，5G基站运转更快，其对铜材料的导电性和散热性都有极高的要求。这些应用在5G基站设备中的铜材料也是金字塔顶端的材料。

攻坚高端铜材料是金属材料领域的大趋势，兴奇金属近年来提出“由吨到千克，由千克到克”的发展思路与策略，通过与高校及科研院所合作，向高端铜材料发起进攻。

“在高端铜材料的突破，对企业而言是产品质的飞跃。”吴翠霞表示，国内不少科研院所在铜材料方面有研究成果，但很多难以落地。兴奇金属与科研院所的合作既能加快兴奇金属在该领域的推进布局，也有利于科研成果的市场化。

消除“蓝领歧视”

在调研过程中，吴翠霞特别关注企业在人才激励方面的行动，“企业要把人才价值发挥最大化，不是简单的股票、分红激励，而是要让人才价值发挥最大化，要肯定员工的价值。”

在兴奇金属，以人为本，消除“蓝领歧视”是企业一直秉持的理念。吴翠霞说，在薪酬上，兴奇金属一线技术工人的工资不少是超过白领员工的。她强调，企业在内部灌输人才价值导向，即一线工人与办公室白领是平等的，一线工人只要付出相应的努力及产出，可以获得更高的收入回报。

此外，还要让员工有看得见的企业优势和职业前景。吴翠霞表示，兴奇金属的平均收入普遍高于同区域同行。同时，企业建立起一套平等薪酬制度，鼓励员工多劳多得，以此保留优秀且适合的人才。“从目前的情况来看，我们企业工人的流动性是比较小的，员工自己会比较，这里的多方面条件都会吸引他们留下来工作。”吴翠霞说。

加大品质投入，筑起企业“护城河”

文/宋科明（中国联塑集团控股有限公司副总裁）

如何推进企业的品质革命？2019年6月，我参加了“品质革命　对标世界”佛山企业迈向高质量发展跨省跨国调研活动后，更进一步加深了对品质的理解。

品质革命需要结合当下消费升级的大趋势去理解和推进。相比其他地区，佛山企业最大的优势就在于制造。如果我们能将工厂的自动化、人员的培养、日常的品质管理、标准化执行做得好，外来新的模式对佛山产业的冲击终究有限。而对品质的重视和投入又将成为佛山企业发展的“护城河”。

“品质革命”建立在消费升级之上

对于“品质革命”，我们首先要放在消费升级这一大背景下谈论理解。随着中国经济的发展，整个消费趋势是一个向上过程，消费者对生活追求、对品质的要求越来越高是社会发展的大趋势。

我们这次参访的企业有一个共同的特点，他们的产品都处在品质升级的过程。酷特，原来是做服装，现在做个性化定制；小米，定位做高性价比的产品。这些企业对品质的看法和行为，都是因应市场而变化。

小米做行李箱，本身并没有做太多新的技术变革，但通过信息技术实现更好的供应链管理和品质要求，成为消费者追捧的爆品。今天，品质升级已经成为企业的共识，但由于不同行业的差异，不同企业对于消费升级、品质的理解不一样，会选择不同道路去升级产品。

反观我所在的企业，联塑的产品遍及全国乃至全球。作为行业龙头企业，我们有责任去引导消费、引导客户，选择更高品质的产品去获得更高的价值，逐渐推动整个消费市场升级。品质革命是需要借助市场来推动，这个过程中也需要社会观念对产品认知的提升。

“制造”是佛山企业的最大优势

这次我到小米集团参观学习后感触颇深。我对小米的理解，这是一家流量以及商业模式成功的公司，是一家资源整合和利益分配成功的公司。

结合我所在的公司，怎样去看小米模式？联塑2010年上市，目前是全世界最大塑料管道生产企业。上市后，公司反复讨论未来怎么发展。考虑到塑料管道本身就是一种建筑材料，我们选择了拓展到更全面的建材领域。于是，从2010年开始，公司的业务逐渐拓展到了水暖卫浴、整体厨房、消防器材、建筑门窗、建筑板材、防水密封等其他各类建筑材料领域。而这样做的目的就是希望利用好我们在管道领域的流量优势。目前，有一些领域已经发展比较好，但还有一些业务还在拓展阶段。相比起小米过去几年的高速增长，还是有较大的差距。

我觉得两者最大的不同还是企业基因的不同。小米是一家互联网公司，能够更好地利用互联网的手段进行资源整合和市场营销，比如说它的大部分产品都是通过外包实现的。我们佛山企业的基因是什么？最大的优势是什么？我认为关键还是制造，制造是我们最大的优势。

大家都知道小米在做净水器，但鲜为人知的是，它选了两家佛山顺德的企业代工，其中一家是联塑集团的下属公司。小米的营销做得再好还是需要回归到制造，制造本身就涉及工厂的管理。我们的基因和优势就是我们做了几十年的工厂，能把工厂管理好。如果我们能将工厂的自动化、人员的培养、日常的品质管理、标准化执行做得好，各种新的模式的冲击终究是有限的。

当然，我们也要检讨和反思：联塑把塑料管道做到全球领先，但是其他的建材产品目前还是需要持久的培育和发展。我们希望未来的联塑是一个建筑材料全面解决方案的提供商，能够全面地“为居者带来轻松生活”，这需要我们持续的奋斗。

保证质量可靠性和安全性需要投入

青岛双星集团的前任董事长退休以后，双星从海尔找了一名副总过来当董事长，从此为企业带来了海尔的基因。海尔作为全球领先的家电巨头，它有很多模具工厂、机械工厂。所以双星现在从做轮胎到做机器人，发展自己的智能装备事业，我觉得这是海尔带给它的基因，或者说新董事长带给双星的基因。

对于双星集团的发展，周其仁教授的一句话对我冲击很大。他说，轻资产是一个伪命题，重资产是“护城河”。我也在反思我所在的企业，一直以来我们对品质的理解是，要把安全性和可靠性一直放在首位。管道是一个和建筑同寿命的产品，对品质要求更高，如何更好地实现可靠性和安全性？这需要提供更完整、全面的系统，需要更多工厂、设备、仪器投入作为支撑，需要对整个产品系统进行更全面的投入。

我们公司具有国内同行业最多的工厂、设备、最齐全的产品，能够比同行提供更完整、齐备的系统。这样完善的系统既是为客户提供更安全可靠的产品的重要因素，也是我们作为龙头企业领跑行业最大的竞争力。

企业行动

联塑集团：技术创新+品质工程驱动质造领跑

塑料管材管件，在日常生活中司空见惯，看上去平平无奇，但来自佛山顺德的中国联塑集团却深耕这一产品坚守了30多年，成为塑料管道领域的国内市场占有率第一。从家居建材到城市给排水再到深海养殖，无处不在的联塑产品，正是依靠持续稳定的高品质来决胜千里。

□ 联塑以“车轮战”的形式对不同类别的产品进行持续的品质改进

作为联塑品质管理的带头人，宋科明认为，品质需要两大抓手去驱动，一方面依靠技术创新，另一方面需要打造品质工程。希望技术能够带来新的变革，品质工程所带来的统一的管理体系、品质方法、品质项目，能确保不同的工厂都能实现质量的一致性。

技术创新引领行业标准

“品质的提升离不开技术的创新。”宋科明介绍，联塑目前拥有科研人员1000余名，建有国家认定企业技术中心、博士后科研工作站、CNAS国家认可实验室等科研平台，研发专利2000余项，这是推动联塑持续实现品质领先的动力所在。

2011年，联塑开始推动PVC管道无铅化技术的研发工作，时任联塑集团品质管理中心总监的宋科明正是项目牵头人。

“刚开始研发出来的生产工艺，在单个生产线上能达到预设的效果，但放到其他生产线，就会存在很多问题。”宋科明表示，联塑在全国有20多个工厂，生产线众多，新的生产工艺要在每条生产线保证效果，难度非常大。他们只能一次次尝试、改进，研发通用的工艺和配方，确保所有产线出来的产品品质有保障。

历时5年的研发，累计投入超亿元，宋科明带领团队克服了一系列的难题，终于在2016年，联塑在国内率先实现PVC排水管材、管件产品无铅化，这比欧洲无铅化标准仅晚了一年。2017年，联塑成为国内第一家实现了全系列PVC管材、管件、型材产品无铅化的企业，并凭此获得广东省科学技术奖二等奖。

此外，由宋科明牵头研究的“高性能厚壁高密度聚乙烯（HDPE）管材管件的研发及产业化”项目，还斩获了2018年度广东科技进步奖一等奖。该项目通过在材料、模具设备、加工工艺等方面的组合创新，解决了厚壁产品存在的行业关键技术难题，能有效取代铸铁管道，并大幅延长市政管道的使用寿命。经专家鉴定，该项目成果达到国际先进水平。

“我们对品质的理解是尊重标准，超越标准，这需要创新来实现。”宋科明说。以技术创新领跑行业，目前联塑主持或参与制定和修订的国家标准、行业标准已达数十项，有力推动了塑料管道产品的标准化、规范化。

千锤百炼打造高品质工程

走进联塑集团质量计量检测中心，一批批管道正在等待出厂前的严苛考验。

在冲击实验室，塑料管道要经受住落锤冲击、摆锤冲击，以及100℃至70℃的高低温考验；在耐候性能室，为了快速评估到管材老化的效果，样品在试验箱中度过的1000小时，大约相当于华南地区自然环境中老化一年的效果；而在系统性能室，管材管件组装后要接受耐冷热循环系统试验，60秒内从15℃到95℃的快速循环，检查管材和管件的渗漏情况，以确保严格控制质量……

如此严格的检测程序贯穿在生产全过程。从原料入厂、产品设计、打样、生产到产品出厂进行全面立体检测，联塑依靠“自检、互检、抽检”三检制度对生产进行控制。

在宋科明看来，品质革命需要打造品质工程，建立起一系列的管理体系、品质方法、品质项目作为支撑。

QC小组的模式正是联塑练就高品质的“杀手锏”。2005年起，联塑成立由生产、品质、技术、检测等多个部门员工组成的QC小组，通过持续不断的小组活动，从产品外观、尺寸、合格率等多方面入手。目前联塑有近70个QC小组，每个QC小组5—10人，他们不断变换组合，轮番上阵，以“车轮战”的形式对不同类别的产品进行持续的品质改进。

品控体系已然建立，如何彻底贯彻落实？对联塑而言，品质管控一大难点就在于不同工厂生产的一致性。为此，在不久前举行的联塑质量大会上，宋科明提出，集团要做“一个联塑”“一个标准”“一个体系”。

“联塑有这么多工厂，怎么去管理质量？除了产品本身有差异外，每个地区经济发展水平的差异也会影响到当地对质量理解和要求不同，我们要从集团层面把质量一致性的理念贯彻下去，避免走弯路。”宋科明说，要构建制度、体系、标准和文化等因素共同保障产品质量全过程。

品质革命应为“一把手”工程

文/文胜良（广东盛路通信科技股份有限公司董事会办公室主任）

2019年5月，佛山市工商联、南方日报社共同组织了“品质革命　对标世界”佛山企业迈向高质量发展跨省跨国调研活动，周其仁教授同行指导。我有幸代表盛路通信参加了此次学习活动。

对于企业来说，人才就是企业荣辱兴衰的根本，也是做好品质管理的第一要素。通过深入这些高新技术及智能智造企业参观、座谈，我发现优秀企业虽然各有各的特长、优点，但之所以能成为优秀企业，也有诸多的共同之处。

要学会激发人才内驱力

一方面，企业要重视人才、用人识人。周其仁教授多次强调，从“看到了造”到“想到了造”，是中国今后制造业创新的重要方向。这方面以柔宇科技为代表。该公司重视人，重视人的知识、人的价值、人的思想。该公司创始人从一篇毕业论文开始创业，然后招揽全球化人才，逐步集中了全球优秀的管理人才、科技创新人才，最终使得柔宇科技的人才资源效益尽快充分发挥，实现了公司超常发展。

另一方面，企业要做到精神激励、和谐融洽。这方面以楚天科技为杰出代表，该公司采用本地区最高薪酬、送员工去德国学习，打造培养企业工匠体系等。该企业在直接使用物质激励的同时，还通过企业内的工会等渠道，吸收员工参加管理，发挥内酬的作用，管理层与员工之间、雇主与雇员之间，彼此相互尊重、信任，气氛和谐融洽，员工归属感强。楚天科技还将“不录用自己的亲属”为公司的法规而严格贯彻执行，帮助该公司迅速成为行业的标杆。

对人才真正有效的激励是工作的本身，物质、精神等方面的奖励只能说是短暂的。

如何做到工作本身的激励性？首先选拔人才要注重内驱力强的、具有自我激励性的人员。他们会热情主动地投入任务中，甚至不计报酬地寻求创造性解决方案。其次，组织设计和工作设计要合适，多关注怎样让员工享受工作的乐趣，将工作视为人生意义的一部分。此外，还有放权的艺术。如果赋予员工充分的权力，配以合适的责任，那他一定会有自我驱动的意识。

在很多知名企业，管理责任的重要一面就是帮助下属进行职业发展。但是我们现在的很多民营企业在培养下属方面只是空谈，因为没有很好的激励和平衡机制，很多中层不愿意花精力去培养下属，或者有些本身就不具备培养下属的能力，不知道如何去做。一个人从普通员工走向管理者一般需要2—3年，我们现在很多管理者都是“拔苗助长”型的，自己还没稳定根基，如何让他去培养人才？

品质“战士”要有三种意识

优秀的企业都是把品质作为“一把手”工程。如优必选公司聘用全球顶尖级的专家担任品质总监，星邦重工质量管理人员的招聘由创始人亲自面试把关，楚天科技聘请品质形象代言人等，都是由企业“一把手”来策划、管理品质工作，并由上至下坚决贯彻执行。

在推行品质管理的同时，公司还应该弘扬企业文化，在企业内推行品质教育。个人认为，做好品质管理，首先要注重培养员工三种意识。

一是自检意识。产品质量是制造出来的，而不是检验出来的。生产质量控制的秘诀是让每个人做好自己的产品。在自检中发现的不合格品，要做好标识并把它分开放置。只有自己认为是合格品，才可以流向下道工序或车间。二是互检意识。对于上道工序或车间流过来的产品，员工不要看都不看，就往下做，要检验认为是合格品，才可以进行生产。坚决做到不制造不良品、不接收不良品、不传递不良品。三是专检意识。其他员工一边要生产，一边都在做自检和互检的工作，作为专职的检验员，就更应该有强烈的质量控制意识。

其次是紧跟过程控制。生产过程中的品质控制，不是在上升，就是在下降。在管理中，大家都看重结果。不管白猫黑猫，捉到老鼠就是好猫。但是如果没有过程，哪来的结果呢？只有跟紧了过程控制，才可控制住品质。

此外，企业要再加“明刀”和“暗箭”两把武器。要实现品质管理的“长治久安”，管理人员就必须随身携带两把“武器”。

一把是“明刀”，包括“三分析”“三不放过”（质量问题产生的原因不分析不放过、纠正措施不制定不放过、跟踪验证措施不落实不放过）等。每天生产早会上，都要分析昨日生产中出现和碰到的质量问题，深入分析这些质量问题的危害性，使大家充分认识到质量出问题的危害，接下来分析产生这些问题的原因，层层追溯责任，找出漏洞。

另一把是“暗箭”，即人员质量意识试验法。在品质控制中，如果没有这把“暗箭”，怎能杜绝员工出现麻痹大意思想。人员质量意识试验法的实施过程，需要管理者不定期地找一些质量缺陷不明显的不合格品。

“质量是企业的生命”，这是众多企业用经验或教训总结出来的结论，大家已深信不疑。的确。产品质量好坏事关企业生死存亡，如果没做好的话，最终就会被消费者拒绝和被市场淘汰，企业产品卖不出去，企业就会倒闭关门。

企业行动

盛路通信：瞄准“好客户”需求主动升级

一根天线连通了珠江东西两岸的通信产业。在华为通信基站所用的微波天线中，约70%都来自总部位于佛山三水的广东盛路通信科技股份有限公司。作为中国天线行业首家上市企业，盛路通信在产品品质上走在了全国乃至全球前列。当前全球5G建设方兴未艾，盛路通信随着华为等产业龙头一同进军世界高端市场。

瞄准“好客户”的需求、跟随好客户的战略，是企业开展“品质革命”的一条重要路径。对于盛路通信而言，华为、中国电信等都是这样的“好客户”。盛路通信既在产品标准上进行对标，也在发展战略上与客户同步。继5G之后，盛路通信又在行业内率先启动6G研究。

“小华为”让华为打开“绿灯”

来自华为的订单占盛路通信下游市场的近三分之一，盛路通信的微波天线等产品也在华为的采购清单上居于前列。早在2006年，盛路通信就获得了华为的“最佳技术支持奖”。2010年，盛路通信成为华为一级供应商。而盛路通信之所以被称为“小华为”，不仅因为这两家企业在产业链上的合作关系，更在于二者在品质提升上的密切相通。

在合作过程中，盛路通信将华为的生产管理理念导入，双方共同成长。“有一个华为的工程师长期驻扎在这里，帮我们建厂线、做审查，看每个质量监控点是不是合理的。”盛路通信技术中心总经理陈志兴说。

□ 盛路通信的微波暗室

盛路通信对华为的学习、对标融入了企业方方面面。例如在软件方面，盛路通信学习华为的控制系统。在产品方面，盛路通信则将华为标准完全转化为了自己的标准，严格落实到选材、包装、交货等程序。

“华为的专家编制标准后，会将其发给核心供应商。”陈志兴说，这些本来属于外来文件，但盛路通信将其转印，“消化”为内部文件，在全公司执行。也正因为如此，华为才对盛路通信产品亮起了免检的“绿灯”。

主动创新打造品质标杆

面对“好客户”，盛路通信不是亦步亦趋地跟随，而是通过主动创新成为客户心中的品质样板。在生产微波天线时，盛路通信从产品投料到制成环节，创新性地设九大关键质量控制点，这些控制点标识醒目，将全程受IT监控。在盛路通信提出这九大控制点后，华为认为十分很有价值，便把这个标准推广到所有供应商之中。

同时，盛路通信也主动进行前瞻性的技术研究。在目前盛路通信的技术创新、新品开发中，有大约60%是由客户在先的需求推动。另外还有40%则是来自公司本身对于产业发展趋势的判断，与中国科学院、华南理工大学、北京邮电大学等高校科研院所进行合作，率先进行探索。

盛路通信每年产品开发、检测投入占销售额的比例超过百分之五，在公司内，盛路通信投入超过1亿元高标准建立了数个用于检测天线品质“暗室”。2016年时，同类型的“暗室”设备在全球也只有5套。目前，盛路通信的检测实验室已获得国内最高的CNAS认证，更巩固了其在行业内的品质标杆地位。

时间见证品质，专注成就老店

文/梁永标（菱王电梯股份有限公司董事长）

2019年9月，在周其仁教授的带领下，我和佛山一众企业家同仁白天深入德国、荷兰和丹麦3个国家的隐形冠军企业、百年老店一线，对话当地企业家和权威专家；晚上与大家一起复盘、探讨、分享，去透视欧洲的高品质密码，并形成自己的品质思想。

他山之石，可以攻玉。借鉴欧洲优秀企业的先进经验，就是要从企业实际出发，胸怀世界，积极面对痛点、困难、挑战和压力；同时以全球化的眼光把握客户的需求，以客户满意度作为产品及服务品质衡量的标准，对标世界最高、最好、最优，做高品质产品和服务。

在这些探索下，企业走的必定是一条高质量发展之路。而只有这样，企业才能打造百年老店，真正做到基业长青。

培养好下一代的家族观和品牌观

德国和日本的品质在世界上皆处于一流水平，因为它们有悠久的工业发展历程，所以沉淀了很多优质的资源、习惯、规范以及文化传统。相较之下，中国尽管工业增长速度快，但是在沉淀这一方面，我们与德国、日本有一定的距离。

在中国，不少企业多元发展，而不是集中深耕一个行业。比如，在看到房地产赚钱时，有人会跟风投资房地产。这样一来分散精力，二来分流资金。所以有时候由于跨行业投资造成分心，企业反而影响了主业的资金投入、精力投入，降低了产品的品质。

怎样才能让企业将优质的主业和好的产品延续下去？欧洲的好几个企业给出了答案。

在液压缸领域，德国企业汉臣是国际公认的品质标杆，其生产的液压缸据说可以连续工作40年而不损坏。该公司创始人海尔伯特汉臣先生在1925年在波兰建立了汉臣公司（之后搬到德国斯图加特）；1969年创始人去世，此后第二代、第三代连续接班，2017年扩大生产量、建立物流中心，2018年营业额为2200万欧元，其中12%是研发费。

2200万欧元的营收并不高，但汉臣却能坚守一个行业90多年。这是为什么？这源于这家企业对产品质量还有其创新研发能力持续的提升。而这也让其全球客户对汉臣十分“长情”。汉臣大大小小的客户基本上都长期使用汉臣开发的部件产品。没有特殊情况下，可以说这些客户会永远和汉臣合作下去。

这种案例还有很多，譬如1904年成立的丹麦国宝级品牌——乔治杰生银器的工艺师三代都在企业工作；1904年成立的助听器企业奥迪康创始人汉斯·戴蒙特的儿子设立奥迪康基金，保证奥迪康始终为听力损失人士服务……

这些企业的专注背后还有精准定位。比如奥迪康将其理念“People First”（以人为本）印在办公大楼上，而它也将全部资源和精力集中在做人类需要的东西——助听器。

在某个领域聚焦，就是不要着急扩张，要时时刻刻想着这个聚焦点的问题，不断向这个聚焦点靠拢，哪怕只是每次挪动一厘米。这样一来，企业定位会非常精确，走在行业前列也是必然。

一个家族几代人，近百年时间，专注做一个产品，而且产品战略不断聚焦。这就是工匠精神最好的诠释。而匠心成就品质，时间就是最好的检验师。用时间见证品质，用品质成就品牌，用品牌体现价值，这就是欧洲百年企业留给我们的启示。

反观中国，不少企业也面临下一代接班的情况。如何培养好下一代的家族观、公司观、客户观、价值观、品牌观，非常值得我们深度思考。

在全球走入“无人区”

除了有颗专注的心，企业还需要有颗大格局的心。

企业产品市场规模可以小，所处城市可以小，但企业家的心不能小，格局、视野一定要大。此次欧洲访学，让我知道小地方也能出大企业。飞利浦总部所在的埃因霍温是个小城市，汉臣总部在奥斯特费尔登的小镇。

此外，小国家也可以有大市场，小市场也需要有大格局。全球最大的集装箱运输服务公司马士基、全球最大的积木公司乐高、全球最大的水泥设备与水泥生产商史密斯在丹麦，而丹麦人口只有580万人。

这些从小地方、小国家起步，最终却占领了大市场的企业，不仅有眼界，还有一套将世界市场实实在在研究透彻、以完善自身产品与服务的方法论。

丹麦企业丹佛斯，其技术和解决方案广泛应用于民用和商用供暖、制冷和空调、食品冷冻和工业产品线自动控制领域，推动了环保和清洁能源的发展。它的国际化策略就是不断去满足世界各地的需求。

它在努力了解全世界不同地区所需要的东西，不仅调研市场情况，还研究各国的政策、国情、历史等。在了解世界所需要东西的情况下，丹佛斯进一步推动产品研发精益求精。在其发言人对中国市场的解析中，我甚至感觉其对中国的了解比中国本土企业还要多。这让我震撼。

所以这家企业能做出来的东西，肯定是世界性的，也是这个领域最优质的精品。这也是它能在全球细分市场走进“无人区”的原因。

这给我们的启示是，胸怀世界，不妄自菲薄，用全球化的眼光看待我们的企业和产品，对标世界，我们才能做到最好，才有可能成长为百年老店。

除了全球化，百年老店需要有一个稳定的企业人力体系。这需要优化对员工的激励，提升其忠诚度。我们在欧洲调研的几家企业，在股权激励这块都制定了完善的制度。他们的研发人员和管理人员等骨干可以持股。他们设定了持股以及退出的机制，这使其人员流动性比较小，保证了企业一些骨干人员的稳定性。

零距离走进欧洲百年名企学习，既开拓了企业家的视野，也为企业下一步的发展指明了方向。吸收优秀的外部经验，我也在督促自己的企业对标世界先进，做高品质的电梯和服务，打造电梯行业百年老店，做驰名世界的民族品牌。

企业行动

菱王电梯：为打造电梯业百年老店探路

从欧洲调研回来后，梁永标打造百年老店的方向更加明确了。

他所创立的菱王电梯，凭借长期对科研与质量的重视与投入，在一众外资品牌中突围，以黑马的姿态成为中国一线民族电梯品牌代表。而菱王电梯一直以来都有一个坚定的目标，那就是做电梯行业的百年老店。

外部经验则给了菱王电梯在塑造品质护城河上更多细节的启发。“借鉴优秀企业的经验，我们更仔细地剖析用户，收集用户痛点，并将其反映到设计、生产中，以进一步完善产品与服务。”同样参加了品质革命跨省调研的菱王电梯总经理谢建说。

□ 菱王电梯致力于做电梯行业的百年老店

守卫企业生命线

在市场上，有时企业客户不是它的用户，用的人不是出钱的人，用户是客户的客户，拐一道弯信息损失了很多。因此企业要注意弄清真正最后用你产品的用户信息，“因为最后是用户定你的命”。

这个情况，不少To B的企业都面临过。菱王电梯也不例外。

菱王电梯的客户分为几种，一种是代理商、中间商，还有一种是直接用户，包括使用电梯的公司以及房地产商等。此前，菱王电梯将这些全部理解为用户，并没有进行细分，去分别剖析其需求。而如今，针对不同客户它会制定不同推广服务策略。

决定企业生死存亡的是真正的用户。受此启发，菱王电梯更加关注终端用户的痛点、需求，会去住宅小区做安全宣讲，针对物业公司做维护保养、应急救援方面的宣传和指导。

与此同时，菱王电梯也在关注新用户的崛起。在菱王电梯产品体系中，非标产品占据比重较大，客户对此的定制需求较高。近几年，旧楼改造加装电梯、别墅等家用电梯市场发展迅速，变得炙手可热。而这个市场的个性化需求更加多样。为此，菱王电梯根据这个特点调整策略，快速响应加强个性化产品解决方案的研发制定。“电梯不是快消品，品牌与品质打造非一日之功。我们要坚守初心，认真做产品，用心做服务，坚守品质红线。”梁永标说。

让技术与市场需求贴得更近

为了更好地了解客户和用户需求，菱王电梯利用大数据、物联网等技术工具来精准分析产品的用户使用情况，从中提取有价值的信息，进行产品升级。

在佛山地区，菱王电梯建立了自己的营销及服务队伍，运用CRM客户关系管理系统，全方位覆盖回访工作，及时处理服务反馈，实现为用户提供系统解决方案。通过客户的数据分析，企业及时对市场做出服务调控。

早在2010年，菱王电梯在国内电梯行业中率先跟踪、调研国内外电梯物联网技术发展动态及应用状况。电梯物联网为电梯制造企业、维保单位、使用单位和政府监管部门搭建了一个共享平台，通过大数据分析，维保人员可以实时检测、及时掌握电梯的运行状况和故障信息，对电梯进行保姆式的监测和维护保养，第一时间处理解决现场故障、解救被困乘客。

此外，为了促进技术与市场的紧密结合，菱王电梯要求其销售员也需懂技术，研发人员则要有销售意识。企业的质量改进会、市场类会议都要求技术人员参加；销售人员也会和技术人员一起找市场。而技术部绩效考核指标也包括市场对产品的评价、带给公司的效益等。

“我们在产品创新、智能化、非标上面不断探索，在内部管理上持续提升管理效率，降本增效、挖掘后市场服务潜力，最大程度提升自身竞争力。”谢建说。

唯品质革命才能斩获资本和流量

文/冯斌（佛山金刚企业集团有限公司董事长）

此次品质革命调研所深入的样本企业都证明着：任何企业没有品质，一切都是空话。

在佛山乃至全国的企业中，贯彻低成本领先战略的，生命力都不强。拥有韧性和一流竞争力的企业，走的都是高品质、高技术、差异化的高质量发展之路。只有这条路才能真正获得资本和流量。

品质革命需要一流创新生态

为何欧洲企业的产品以优质著称？一方面其“质造”的传统根深蒂固；还有一点很重要，那就是其创新氛围浓厚。很多欧洲企业把制造环节外包出去了，但是其高水平的研发技术仍然能赋予其产品差异化竞争力，并从源头上保证品质。

欧洲企业的创新能力首先得益于其所在城市形成的“创新场”。人口只有25万的小城埃因霍温被称为“世界上最智慧的城市”。在那里，许多创新协作的知识产权、利润分配规则已经成为人与人之间公认的“行规”，不用法律强制保障也能得到落实，大大提升创新效率、降低交易成本。

为什么国内有些城市创新交易成本高？因为没有好的氛围，高薪人才的需求、高薪人才的个税等，让高新技术企业存在较高的引人成本；此外，实验室场地、知识产权的维权等也是创新隐性成本。

对于要打造品质高地的佛山来说，一定要把创新环境打造的题解好。佛山需要进一步发挥行业协会和学会的力量，引导其参与政府牵头的行业共性问题解决中，推动行业内的创新成本降下来。

另外，利用龙头企业的带动效应。埃因霍温的创新环境和龙头企业飞利浦的成长、裂变密不可分。不少当地中小企业背靠飞利浦这棵“大树”，为其服务就能享受到很多创新资源的外溢。

目前，佛山也在打造以美的等龙头企业为引领的创新生态。我认为这是个正确的方向。如此一来，佛山可以推动建立以创新为特色的产业集群，这个集群利用大企业的吸引力能集合很多创新团队，形成创新社区。

与此同时，佛山要推动建设市级层面的实验室，并争取更多省级、国家级实验室的落地。不同层级的实验室可以针对不同层次的创新需求进行研发技术攻关。比如，落户佛山的广东省委、省政府启动的首批四个省级实验室之一——季华实验室，立足攻克基础性研发难题；其他市区实验室可以瞄准更多产业应用难题，这样可为佛山形成系统的科研助力。

对于企业个体来说，创新则需要明确自己的需求。比如在和高校、科研机构的创新协作中，企业要清楚自己要什么。高校的特长是原理性、基础性研究，而不是技术产业化。如果企业和高校等机构的需求不匹配，双方的合作效果也不会理想。

所以企业一定要确立自己的创新分工，在和高校合作的同时自主探索技术落地，注重技术的可行性研究和孵化。

破职教发展难题

推行品质革命过程中有一股重要力量容易被忽视，那就是行业协会和学会。德国制造成功的一大秘籍，就是其建立在国家、协会、工会的长期合作上，浓缩了机构智慧。

这一点在德国的职业教育上尤为明显。德国的培训大纲是工业部、行会、定点公司一起制作的。考试怎么考、培训课程等也都是三方确定，这种三合一系统经过法律认定。劳动力如果不经过这个培训系统认证，就不能摸机器。德国的这个系统不是一蹴而就，但可以作为参照经验。

在佛山，不少产业领域的行业协会和学会都经历了长期发展，拥有成熟的运作体系。除了前述创新领域，佛山的职业教育同样需要协会和学会的支持。

目前，佛山的职业院校以综合性的院校为主，专业比较广泛，缺少针对特定行业的专业职校，比如陶瓷行业职校。要补上这个短板，就需要政府引入行业协会和学会，共同打造行业内的职业人才培训机构。

协会和学会具有专业知识，再辅以经费与引导，打造出深入各行业的培训机构可以不用瞄准顶尖人才的培养，而是聚焦能满足实战需求的技工类人才。因为当下，制造业企业在熟练技术工人，比如窑炉工等方面存在的缺口最大。因此，政府融合协会、学会、企业力量切实解决企业用工的实际痛点，应成为佛山制造业高质量发展的一个重要探索。

在推动企业尤其是中小企业融入全球化中，协会和学会同样应该担起重要角色。

品质革命需要有面向全球的产品输出和技术输出，来赋予其更强的生命力和市场支撑。无论是鼓励产品“走出去”，还是引导资本、技术“走出去”，佛山政府要注重引导协会搭建佛山企业“抱团出海”的平台，集各家之所长为企业解决“出海”后顾之忧。

甚至，政府可以考虑引导核心企业、市场力量，在佛山企业出海的热门国家地区，比如非洲、东南亚等区域，建设特定行业的产业园。

当然，政府还要在法律、劳务等风险方面，强化政策咨询服务，并优化并购等“出海”资金的供给；企业自身则要在深入了解“走出去”的政策基础上做好提前量，更重要的是提升产品的技术品质层次，让产品不可替代，拥有参与全球竞争的核心竞争力。

政府和企业在力所能及的层面做好功课，将为佛山的品质革命开辟更宽广的空间。

企业行动

金刚集团：以创新协作“收割”品质红利

跟随品质革命调研组赴北京、青岛调研后，冯斌越发意识到从创新研发源头赋予品质保护层的重要性。

“外部的创新经验一定要落地。”冯斌说。于是，受北京一家北斗企业引入强制力保护知识产权的启示，他计划在他担任董事长的佛山金刚企业集团有限公司内，提升技术保密、资料保管、知识积累等工作的强制性。

与此同时，冯斌还在金刚原有的创新体系下，以建立联合研发机构的新尝试进一步强化企业内外部的创新协作。在他看来，在科研创新的全面升级下，产品才能以差异化竞争力收割超额的利润。

寻找品质革命动能　创新研发必须要股份化

企业创新的一大难点，是如何通过体制机制保证其实效、激发其动能。在调研中对创新十分重视的冯斌，在实践层面也开始了新探索。而他的选择是建立联合研发机构。

冯斌介绍，联合研发机构由金刚引入外部高校和科研机构的博士或老师，在不同国家地区不同行业领域所成立。金刚会选择参股或控股。

□ 通过加强创新研发和自动化改造，金刚塑造差异化优势

金刚的主打产品，是依托新材料技术开发的陶瓷等行业所需零部件。其主业涉足众多领域，拓宽新材料的应用，因此在创新研发上有较大需求。

“这个联合研发机构会承接项目，然后实施科研成果共享，研发人员可以按股份分红，金刚则可以优先购买或转让其所需的成果。”冯斌说，创新研发必须要股份化，才能提升研发人员积极性，为企业供给源源不断的新动能。

目前，金刚已经在肇庆和美国的匹兹堡大学分别设立了联合研发机构，和当地高校老师合作开发陶瓷传感器等项目。接下来，金刚还将推动这样的研发机构深入更多地区。

抓好原创技术开发的同时，金刚也把技术转化摆在重要位置。为此，该企业专门在内部设立研究院。联合实验室的成果会放到这个研究院进行孵化。

研究院设有多个实验室，分别负责不同项目。每个实验室的团队都要从原材料、产品测试、工艺改造等多个环节，包揽技术落地的任务，并承担相应的成本。不过这些成本也会从技术量产后的收益中抵扣。金刚还规定，收益转化后的提成获得周期不能超过2年。

瞄准质量稳定性　一场自动化与标准化的变革

除了研发端，生产环节的品质保障也一直是金刚推行品质革命的重点。

“我认为高质量的保证，必须依赖生产自动化程度的提升。”冯斌说。

为了摆脱对人的依赖，尽可能降低“人”这一不稳定因素的影响，金刚引入了多种自动化设备，并且大力推进原材料的标准化。

冯斌说，金刚配置了很多设备来检测原料，同时在检测中既重视产品理化性能指标也看重微观结构指标，保证质量的稳定性。“毕竟，设备不存在情绪管理、加班等问题，只要设备维护得当，它在质量稳定方面有很大作用。”

尽管自动化程度提高可以降低用人需求，但是总有一些环节，是机器替代不了人工的。因此，员工培训、管理、激励还是要做好。

冯斌表示，金刚内部也会建立自己的职业教育体系，其中包括总经理的培训以及技术人员的继续教育等等。“现在培训内容还比较宽泛，所以我们也会通过外出的学习、参观，来增加员工的专业知识，并形成员工和客户定期沟通的机制，增进对客户的了解。”

不过冯斌也坦言，目前企业培训在考核等方面还存在一些不足，力量也有限，需要政府给予更多引导；同时他也建议，让企业与行业协会联合推荐人才，认定符合行业需求的职业技术人才，对民营企业有职称专业技术人才，出台一些提高待遇方面的政策，以鼓励和吸引专业技术人才来佛山尤其是中小企业工作。

守制造业初心，给予产品新生命

文/李忠良（广东天元汇邦新材料股份有限公司董事长）

我越来越深刻地体会到，“品质革命　对标世界”是企业应该有的自我定位，必须要有国际化的眼光才能长期发展。在具体运作上，不但要从自身角度注重新产品的研发创新，更要注重客户需求和市场导向，并且加大软硬件、人力资源等投入。

过去几年，我曾一度对制造业的前景有些迷茫，看不清未来的方向。通过这次学习，我看到了国内国际先进企业是如何坚守初心的，坚定了我对制造业高质量发展的信念。我正在对公司进行重新规划定位，将从硬件到软件进行一次全面升级，让我们的产品以新生命融入新的时代。

小企业要有“大市场”眼光

企业要有“小企业大市场”的世界眼光。虽然很多企业规模可能还不大，或者是只在起步阶段，但是眼界一定要高，对行业信息的把控需要深刻了解。我们在欧洲看到的不少企业符合这个特征，他们从一开始就把目标瞄向了全球市场。

例如已经有近百年历史的德国汉臣，是世界液压缸领域的隐形冠军，国产大飞机C919也从这家企业采购零部件。从第一代创始人至今第三代，汉臣的专注给我留下了深刻印象。它的专注来源于其精准明确的定位，它知道自己的产品是要卖给全世界的客户，所以对品质的坚守非常有信心。

对于中国或者佛山的很多企业来说，中国本身已经有个非常大的市场，大家就很容易仅仅盯住国内，只看到眼前的竞争。从就近服务的角度来说，专注中国市场确实有其合理性，但这不意味着产品就不能走向海外，尤其是海外高端市场。这一点上，我们确实要向他们深入学习。

正如周其仁教授所说，过去佛山企业的成功，一定程度上源于我们有着“中国家、佛山造”的胸怀，但是到了今天仅仅瞄准“中国家”已经远远不够，我们要看到“世界家”也可以来自佛山制造。以天元汇邦为例，装饰纸行业总体规模并不大，但是我们较早就将目光投向了全世界，已经连续12年到德国科隆参加本行业全球最大的展会，世界其他地方的主要展会也长期参加。目前，我们每年的海外份额都在增长，达到约20%左右。

我们不是“为了出口而出口”，而是把品质标准定得很高，获得了欧美市场的多项认证，已经在客户心目中建立了优质形象。同时，我们还开办了专门进出口公司，用开放的态度把国外优秀同行的产品引入中国。

靠创新坚守品质和价格定位

我们的海外市场主要在欧美，也包括一些欠发达国家和地区。有时候，客户会直接要求我们降低价格，并且表示他们对品质的要求没那么高，但我们都坚决拒绝。因为我们在国内就是定位中高端，出口也是根据自己的定位来做，任何人来买都是同样的品质定位。

这次调研中看到的很多企业也是如此，坚持制造好产品，相信好产品总会有市场。如果为了占领市场而降低品质，对我们来说是得不偿失的。无论是在国内还是国外，有时候为了扩大市场，我们会做短期的让利，但产品标准不变。等到客户通过长期合作认可了我们的品质，他也会认可我们的价格。

对高品质的坚守不是凭空而来，而是依靠持续的创新，让产品能有新生命融入新的时代。我们看到的国内国外的新老企业，都对创新投入巨大。即使产品可能还是老的产品，但是用上了新的技术，跟上了新的发展趋势。例如在北京，我们看到具有国防军工准入资质的华力创通，从一家贸易企业起家，到拥有多项自主核心技术，研发投入长期保持在20%以上，从而成长为北斗行业的佼佼者。

在荷兰，我们参访的飞利浦等企业，都是老企业在不断转型升级进行创新，还有飞行汽车企业、位于港口的3D打印公司都属于新产品的创新。荷兰尤其值得我们佛山学习的，是其高度有效而且相对低成本的创新土壤。在埃因霍温一个地方，一开始有飞利浦作为地方最大企业的主动裂变、培育，到今天，这里的“创新场”已经自成体系。我相信只要佛山找准定位和路径，今天的埃因霍温也有可能会变成我们佛山的明天。

□ 天元汇邦长期对技术创新保持着高投入

激励全员参与品质革命

众人拾柴火焰高，企业的品质革命不只是老板或者大股东的事。企业需要提升老员工、培养新员工，让员工更有企业认同感和归属感。

小米集团近两年提拔了一批“80后”干部进入中层岗位，而且频繁对全体员工进行物质激励；在青岛酷特智能的生产线上，许多员工工作中带着自然的微笑，因为他们得到了更加透明和公平的待遇；海尔集团则更进一步，启动了“人单合一”等改革，极大激发各级员工的积极性，推动企业转型升级。

过去，我们公司就一直提倡每个人共同发展。公司最开始创立时，我是唯一的股东。但是到现在，企业股东数量已经超过100名。这些股东几乎都是企业内部的高管、技术人员。

企业是为了员工而发展，品质革命也主要依靠企业内在的成长。就像楚天科技为员工成长和生活提供了优质平台，我们对于基层员工也采用增加培训、丰富企业文化等方式，取得了不错的效果。如同周其仁教授所说，我们要在品质革命中锻造一批高素质的“战士”。

企业行动

天元汇邦：向军队学习品质革命战斗力

不久前，2019年广东省高成长中小企业名单由省工信厅发布，广东天元汇邦新材料股份有限公司顺利入选。天元汇邦的名字很多普通人并不了解，但它早已是华南地区最大的人造板饰面用纸制造商。

品质是天元汇邦走在行业前列的法宝。“可能跟我个人性格有些关系，希望做一件事情做到最好，不然对不起自己。”天元汇邦董事长李忠良说。从企业2004年创立开始，天元汇邦就明确了中高端市场的定位。后来，天元汇邦逐渐开拓海外市场，对标欧美标准提升品质管理。如今，索菲亚、欧派、维意等国内外知名家具商都是其下游客户。

企业怎样“打胜仗”

在天元汇邦，“军队+学校+家庭”是企业文化的核心。为何一家普通的、创始人也非军人出身的民营企业，会将“军队”作为企业文化的重要组成？李忠良说，企业在市场竞争、品质革命中的战斗力，与军队打仗十分相似，需要有坚定的目标、凝聚的团队、强大的执行力等作为支撑。

在北京华力创通，由于需要符合国防军工相关准入资质，公司建立了一套严格的制度体系，尤其是引入了军队文化中的强制力元素。在天元汇邦，强制力的元素相对不那么强调，企业更为看重的是“打胜仗”。

通过目标和结果导向，天元汇邦在企业的各个层次都建立了早会制度，对于重要任务进行分解、倒计时。为了在战场上“打胜仗”，天元汇邦也十分注重基层建设，在公司中建立起有凝聚力的团队。

对目标的百分百专注，在面对诱惑时保持定力。作为装饰纸细分行业的龙头企业，随着装修行业未来更加高端化、环保化，天元汇邦有着广阔的发展前景。许多投资人纷纷找上门来，希望参股。但是在李忠良看来，资本的介入容易使企业偏离初心，因此全部拒绝。不仅如此，天元汇邦还主动从新三板退出。

用创新保持竞争优势

在广东省高成长中小企业的评选中，技改、专利等体现发展质量的指标很重要。而天元汇邦在技术创新上长期保持了高投入。目前，天元汇邦拥有业内唯一的省级人造板饰面纸工程技术研究开发中心，而且还是“人造板饰面专用纸”等国家标准、行业标准的起草单位。

不久前，天元汇邦与一家比利时装备制造企业合作，在行业内率先投产了一套全球领先的高速喷墨打印设备。双方在合作开发时，约定了部分技术仅可用于天元汇邦的装备。现在依靠新的装备，天元汇邦在产品尺寸、个性化定制、精度等方面大幅提升，又走在了行业前端。

现有的天元汇邦厂房已经使用20多年，在硬件布局上制约了产品创新能力。目前，李忠良准备申请总部经济用地，对天元汇邦进行重新定位和规划，更加国际化、更加智能化，同时也更大程度地优化人机结合效率，提升柔性制造能力。“‘品质革命　对标世界’不只是口号，软硬件要实打实做出来。”李忠良说。

挖掘需求精准定位，坚持创新做好品质

文/陈晓峰（佛山市中格家具实业有限公司总经理）

我认为，推进品质革命，首先要企业对市场需求的深度挖掘和对产品的精准定位，要通过市场反馈去不断支持品质革命；同时要将品质革命贯彻下去，既需要持之以恒的工匠精神作支撑，又得有新工艺、新技术、新亮点去构筑起企业品质“护城河”。

好产品能穿越时代、历久不衰

我认为推进品质革命需要迎合市场，有准确的定位，对不同的需求开发不同的产品显得尤为重要。

小米出了一款床垫，1天就卖了1万张以上，这在整个家具行业都是一个很难得的数据。即使是深耕多年的企业，要迅速地每日销售过万张床垫也是不可思议的。

小米床垫之所以获得成功，是因为其成功捕捉到市场的需求点，把产品定位得很准确，迎合了年轻人的市场。小米提出“高端产品大众化，大众产品品质化”，它不是品质最高的，也不是追求价格最低的，而是契合了中国市场的发展趋势，所以能够迅速把市场做大。

这让我想起我们企业在2007年时，针对中东市场与客户一起开发了一款PVC覆膜的家具产品，它的品质算不上非常好，但是短短半年，就销售了1亿元，2年接近3亿元。

通过对市场的挖掘形成对产品的定位，通过对产品的定位形成对品质的定位，这是我参与此次调研一个深刻的感受。丹麦博森的这把椅子是1944年设计的产品，现在拿出来卖，还能很流行，而且它的价格令人咋舌，标价近3万丹麦克朗（折合约3万元人民币）。

北欧家具为什么能够在全球风行，这与其定位有关。北欧家具的产品设计主打简约、现代、时尚等元素，能够穿越时代，迎合了当下的消费市场需求。

以工匠精神提升产品品质

我们参访的每一家企业，都有其独特之处。但有一点是相同的，那就是他们都很注重产品的品质。在国内，京东方的产品质控采用严格的质量管理体系，不计成本把控产品质量。

此外，要开展品质革命，还需要工匠精神的支撑。我们在德国调研，从事液压系统的汉臣公司虽然规模不大，但就是以持之以恒的精神去做高端品质。对于市场上一些性价比更高但品质略低的产品的冲击，他们毫不在乎，近百年的发展始终坚持把产品做到最佳，这种工匠精神值得我们学习。

我们从2006年开始做家具，13年间每一个较好的发展阶段都是因为我们能够坚持把品质做好。有时候，我们甚至需要牺牲一些利润空间把品质做好，但最终一定会获得市场的回报。

我们开发PVC覆膜的家具产品时也遇到很多困难。当时这种产品在国内还没有标准化的体系，而我又刚开始涉足家具行业，所以走过一些弯路。其中一个很大的难题就是PVC覆膜之后很容易脱落，最初有几个出海货柜的产品，基本上所有PVC覆膜都有起泡脱落的问题出现，这是一个重大质量事故，给我们和客户都带来很大损失。

后来，我们反复研究发现问题在于胶水。胶水与板材的粘结，对胶水的浓度、湿度，以及覆膜的厚度都有较高要求。为了解决这个问题，我们花了2—3个月时间，先在工厂实验室加温到80摄氏度，让产品持续1天时间去接受高温考验。现在回过头来看，恰恰是工匠精神让我们攻克了质量难关，从而形成比较稳定的品质。

以创新构建企业品质护城河

创新是企业发展的核心动力，对一家制造企业来说，生产模式的创新、产品模式的创新、营销模式的创新、用户模式的创新，都是值得我们倾力投入和研究的。

在参访荷兰企业飞利浦时，我特意了解了他们在智能家居方面的研究和积累。在智能家居方面，飞利浦做创新对底层的、基层的技术研究比较透彻。而中国的家居企业往往是在应用层做创新，应用层的创新需要的时间比较短，并且很快能够收获市场。

反思我自己的企业，今后要再往前发展，一定要有新工艺、新技术、新亮点来支撑构建企业护城河。

在小米，我们看到了它做净水器与物联网结合的应用创新案例。通过安装多种传感器感知水质变化，来提醒用户去更换滤芯，然后小米会提供滤芯供用户选购。这样净水器就不单是一个产品还是一个推销助手，小米也不单是卖产品，还在兜售一种更高体验的生活需求。

由此，我联想到我所处的家具行业，能否通过参考类似小米的经验去结合，开发一系列智能家居产品。比方说，在沙发表面植入传感器，感知空气中的不良物质，提醒用户要定期更换表面的垫子；又或者今后做的衣柜与用户进行人机交互，感应气温变化，或根据用户要出席的场合，为用户提供穿衣建议推送，还能进行洗吹烫一体化的连接。

企业行动

中格家具：凭新产品新技术闯全球

通过大力拓展“一带一路”沿线市场，佛山市中格家具实业有限公司2018年外贸营收突破4亿元，同比增长12%，连续几年保持两位数以上的增长。

这样逆势发展主要得益于作为总经理的陈晓峰，他敏锐地捕捉到海外客户的需求，开发针对中东的PVC覆膜家具创新产品，并迅速打开当地市场。

深挖用户需求开发新品闯全球，这是陈晓峰对品质革命的定位，也是企业发展的信条。瞄准智能家居发展的潮流，中格家具投入10多亿元做研发，在今后3年以新技术与

□ 中格家具凭借精准的市场定位和创新产品迅速打开海外市场

传统家具的融合为主攻方向实现品质革新。

携手外商打开“一带一路”市场

“这几年我们在海外市场的不断增长，主要在于对市场需求的深度挖掘，开发适销对路的产品。”陈晓峰如是总结。

中格家具从创业之初就主攻外贸市场，其中最打动外商的产品就是PVC覆膜家具。这款产品源于中格家具与一位迪拜的客商深入沟通后，了解到中东市场对于家具的需求以简单、便捷和容易替换为主。针对这一需求，陈晓峰便联合该迪拜客商专门开发了相应的PVC覆膜家具。

实际上，PVC覆膜的家具在国内早已有之，但国内更多盛行的是喷漆处理的家具，工艺流程偏长，产品造价较高。而中格家具则是行业里第一个将PVC覆膜家具引入到中东乃至非洲其他地区的企业，并迅速在当地打开市场。产品刚面向中东推广，3个月便拿到超过5000万元订单，1年后更是斩获了近3亿元的订单。

“这是因为我们找准市场客户需求，以客户需求为定位做好品质。”陈晓峰说，在中格家具的带动下，PVC覆膜家具在整个中东市场的发展达到上百亿元的规模，后续跟进做同类型产品的企业不下20家。

随后，中格家具再从新马泰等东南亚国家的外贸业务起步，还拓展了南亚等市场，并通过迪拜辐射整个中东，逐步迈进中欧、中亚、北非、南非等地区。今后计划在“一带一路”沿线市场开设品牌专卖店，推动中国家具品牌走出去。

押注智能家居推动应用创新

在加紧布局海外市场的同时，智能家居也成为中格家具推动品质革新的主要方向。

在创办中格家具之前，陈晓峰在摩托罗拉北京研发中心担任高管主持手机的技术研发。随着近年来大数据、物联网、云计算等新一代信息技术应用的普及，他敏锐地洞察到新技术与传统家具结合形成的智能家居巨大市场。

沙发的表面能否通过嵌入传感器，感知空气中的不良物质，提示客户定期更换表面的垫子？衣柜能否与用户进行人机交互，根据气温和场合，为用户提供穿衣建议推送……这些酷炫的智能场景都是中格家具正在致力研究的方向。

目前，中格家具投入了10亿元，正在南海大沥建设佛山市智能家居工程研究中心。“今后3年，我们将和北京工业大学、北京大学等高校合作，将家具、传感器、APP联合在起来，以智能家居的应用创新助推企业的品质革命。”陈晓峰说。

此外，中格家具还在布局智能制造。目前，企业已有厂房面积15万平方米，另有10万平方米现代化标准厂房正在建设中。新厂房位于高明，总投入近5亿元，全线引进意大利、德国等世界先进自动化生产设备和产品品质检验设备，将建成专业化、规模化、系列化生产现代中式高端家具的现代厂房。

陈晓峰介绍，公司在北京正研发连接消费者和工厂的系统，今后用户的需求可以通过与软件平台交互，获得智能家居解决方案，然后通过拆分形成技术参数输送到工厂，最终通过智能制造生产出满足消费者需求的产品。“我们希望探索C2F（消费者对工厂）的家具领域工业4.0模式。”

品质和品牌造就高质量企业

文/霍志华（广东永利坚铝业有限公司董事长）

2019年初夏，我有幸参加了佛山市工商联、南方日报社组织的“品质革命 对标世界”佛山企业迈向高质量发展跨省跨国调研活动，走访了北京、青岛一共6家企业。我们考察的都是行业龙头或具有创新能力的高新技术企业。

参加这项调研，我们肩负着信任和使命。每位企业家都希望通过“品质革命”不断提高产品品质，走出一条高质量发展道路，为佛山的企业树立榜样。

最关注企业的核心竞争力

小米集团在“感动人心 价格厚道”的理念下打造生态链，成功形成了独特的商业模式。过去的5年，小米投资、孵化了约150家硬件公司，从最初的单一品类扩展到200—300个品类。在质量控制上，小米根据16岁至36岁年轻用户更新快的特点，提供针对性的产品。而且，他们对5年、10年长期市场趋势的思考，给了我很大启发。

京东方把“价值创造 以质取胜”作为其质量战略。在京东方看来，质量是受人尊敬的基础，是企业的生命，企业要始终致力于提供高质量的产品和服务，为客户创造价值，实现公司盈利，赢得社会尊重。京东方通过大胆布局和投入，让国产液晶屏从海外的技术和价格垄断中突围而出，改写了电视、电脑的消费人群结构，为民族品牌打出一片天地。

我做企业，比较关注企业的生存和核心竞争力。参观了这些公司，在管理上、品质上、人才培养上，他们有哪些值得我们学习的？我最关注他们的核心竞争力和是否能被复制。例如小米集团，整合这么多资源，可以说是互联网时代成就的一个伟大企业，接下来可能会成为更伟大的企业。虽然他现在还有发展的不足，但是已经很成功。

企业的变革需要巨大的勇气

在青岛，我们参访了酷特智能、双星集团、海尔集团等在各自领域走在前列的企业。他们既有大型国有企业，也有迅速成长的民营企业，都在企业转型和自我变革中展现了巨大勇气，为我们的转型发展、开展“品质革命”带来很多启发。

在传统的服装行业里，从红领集团发展起来的酷特智能是一家传奇性的企业，近年来发生了革命性的变化。通过贯彻数据驱动策略，酷特智能撤销了车间内的车间主任、工段长等管理队伍，不但让客户的需求能够直接传递到生产一线的工人，而且实现了产品零库存。我认识很多做服装的企业，他们都感觉到非常难，但是酷特敢于用数据驱动推进大刀阔斧的变革，这个举动和冒险的精神值得我们学习。

酷特智能在大规模定制化生产上的探索值得借鉴。永利坚所在的铝合金行业，也遇到许多定制的情况。但是我们的设备、机械从一开始就是为大批量生产而设计安装的，工人也是按照常规的方式去培训。如果要转向定制化生产，原来的设备、工人、技术积累都难以转过来。但是酷特智能提出，可以在原来的设备上进行转型升级，他们的服装工厂也是如此实践的。

双星集团、海尔集团作为有着辉煌历史的“巨无霸”企业，他们近年来的转型发展经验令我深受触动。2008年开始，双星全面转向到轮胎和机械行业，率先主动淘汰落后产能，建起高标准的工业4.0智能工厂，实现从“汗水经济”到“智慧经济”的转变。海尔集团则不仅在智能制造、工业互联网上抢先突破，而且独创了“人单合一”等运营模式。海尔这样的企业，居然也能够自我颠覆，确实有着非凡的勇气。

品质就是企业的未来

结合企业实际情况，这次学习也给了我很多启发和信心。特别是在产品过剩、价格竞争激烈的今天，如何走向高质量发展，确实是我们一直在思考的问题。

什么才是好品质？周其仁教授指出，好品质就是符合需求。永利坚从建立到现在一直走品质路线，坚持品质高、服务优、信誉好是永利坚走到今天的关键。但是我们参与工程竞标时，很多招标方，特别是房地产商往往更注重价格。我天天跟客户讲我的品质，但是很多客户只看价格。建材是百年大计，一栋房子至少使用几十年，一个铝合金窗户占总成本不到5%，但很多客户还理解不了我们的价值，是我现在遇到的最大苦恼。

品质就是企业的未来，变革要以客户需求为出发点。虽然市场上有很多乱象，但是高质量发展的方向是明确的。我们不能盲目地追求发展速度，首先应该是把品质做好、把品牌经营好，不管是人才的积累还是技术的积累，都需要沉淀，这样才能真正建立起持续的竞争优势。

另外，我也注意到一个现象，几家参访的企业都是立足自己培养人才。企业未来发展，都需要人才。一个人再强，也强不过一个团队，要让团队中的每一个人发挥其长处和力量。对企业来说，自主培养人才的成本是最低的，引进人才有时可遇不可求。我们目前的人才也是自主培养居多，未来也将坚持这个做法。

企业发展任重道远，高质量发展也已经是所有人的共识。但是，企业的转型升级都不是一蹴而就的，而是不断探索、不断试错、不断调整的过程。只要我们沿着高质量发展的道路，做好产品和人品，依靠品质和品牌，肯定能够一步一步走向世界，走向光明。

企业行动

永利坚铝业：把用户需求作为品质准绳

广州星海音乐厅、深圳壹方中心、杭州心意广场、肯尼亚钻石塔……这些国内外各个城市知名建筑所用的铝型材，都来自佛山市高明区沧江工业区的老牌企业广东永利坚铝业有限公司。自20世纪80年代以来，永利坚逐渐成为国内铝型材行业的佼佼者之一。

好品质就是符合需求。相比家电、陶瓷等其他传统制造业品类来说，铝型材行业不但同样对产品本身品质有着高要求，而且更加强调卖产品之外的卖服务，许多产品都要

□ 铝型材行业许多产品都要根据客户的具体需求定制

根据客户的具体需求定制。从设计到制造、安装的各个环节，如果客户需求掌握不清楚或未能及时跟进，产品在应用中出问题的概率就将大大提高。凭借更加注重客户需求，永利坚在与一流对手的竞争中突围。

高标准建立品质管理体系

永利坚创立初期，正是国内各行各业大建设的年代，铝型材市场供不应求。当时就有一些同行为了占领市场而降低品质要求，在产品中掺杂废铝等。永利坚是少有的清醒者之一，依靠过硬的产品与服务稳扎稳打至今。

2004年，永利坚在高明区沧江工业园打造了全新的厂区，提供了全面提升品质的契机。此后，企业在硬件上，一方面提升制造装备的水平，另一方面引进国内外先进的检测仪器。在软件上，永利坚引入的全员质量管理体系日益成熟。在其严格的品质体系下，从原材料入仓到产品出库的全生产过程、每个环节都得到控制，品质状态也得到详细记录，确保产品的可追溯性。目前，永利坚的产品得到了欧美主要国家的准入标准认证，广泛适用于全球客户的品质要求。

永利坚铝业董事长霍志华表示，企业不但要满足这些外在标准，而且还要引领行业标准的制定。近年来，永利坚陆续参与了“铝合金建筑用木纹型材”“铝合金抛光膜层规范”等10多项国家及行业标准制定。

高品质服务满足客户需求

在永利坚，品质被分为从产品品质、服务品质到企业运行品质等几个维度，产品符合相关行业标准只是其中最低的维度。铝型材行业的特殊性在于，产品出厂时一定程度上还只是半成品，需要在工程中安装完成后才是最终成品。所以，为了适应不同区域、不同工程类型的不同客户需求，永利坚将服务品质作为品质体系中的核心环节。

曾经有一家深圳的工地客户，在安装永利坚的产品后发现有问题，部分性能指标未达到使用标准。永利坚派人到现场考察发现，事实上产品本身完全符合国家标准。由于客户的工程在海边，所用的砂石水泥都与普通工程有区别，但客户事先未能说明，而且工人的操作也不规范，才使得产品安装后存在一些缺陷。“有的供应商会说这个不是我们的问题，然后就不理客户了，但我们选择的是与客户一起商量应对措施，帮助客户解决实际问题。”永利坚质检部部长熊启权说。

永利坚会直接把客户请到公司，安排专人与其对接，在产品设计和制造的前期就将客户的需求和产品使用场景逐一明晰。有了这样高标准的服务，相比于行业内一些规模更大的厂商，永利坚的产品价格很多能做到持平甚至更高。

以质取胜，专注精耕

文/周鹏（广东科达洁能股份有限公司副总裁）

2019年5月，我参加了由佛山市工商联、南方日报社组织的“品质革命　对标世界”佛山企业迈向高质量发展跨省跨国调研活动，参观访问了深圳、长沙两地多家优秀企业。“他山之石，可以攻玉”，这些企业的经验，既印证了我们企业自身的一些实践，也为我们今后的发展提供了启发。

这些企业要实现产品的高品质，技术上的突破非常关键。而这些企业之所以能成为行业里的佼佼者，核心在于执着，专注于一个行业，精耕一个领域，不断满足客户和市场的需求，才可能获得成功。

模块化设计确保品质稳定

在深圳，作为国内激光装备行业龙头的大族激光，从单一主机生产商延伸到做激光装备整体方案的提供商。这家公司在市场上的成功也带来了产品线和品类猛增，从而触碰到批量生产与高品质这对天然矛盾：如何在产品线扩展的同时保证产品质量？大族激光的解决方法是，从物料到研发、制造整个流程推进标准化、模块化、通用化、系列化、智能化和信息化。在此基础上，大族激光通过做“减法”——提高接单的门槛主抓大单，帮客户对其产品需求瘦身，进一步凸显了公司的核心价值。

科达洁能经过20多年的发展，从单一设备供应商发展成为陶瓷整厂整线工程供应商，我们也在思考做“减法”。但我们做“减法”不是简单把品种减掉，而是根据客户的需求进行模块化设计。例如抛光线、磨边线等陶瓷机械，会根据不同客户对生产不同尺寸砖的需求设计制造不同产品，模块化设计能够确保不同品类都能达到一个稳定的品质，提升效率又保证质量。

我们还采取"科达+恒力泰"双品牌运作模式。两个品牌之间做一些区隔和错位。比如在深加工设备领域，科达已经占了全球市场60%—70%，恒力泰就没有必要再去做了。两者所走的技术路线也会有所差异。比如说针对发泡陶瓷，恒力泰会主攻梭式窑，而科达偏向辊道窑。不同的品牌面向不同的客户群。当然两个品牌之间也会有竞争，这种竞争会促进彼此更快的提质发展，实现双方价值的增长。

技术突破是高品质的保障

在深圳，我们还考察了优必选、柔宇科技等创新型企业，感受到了在中国创新最前沿的地方，一大批有梦想、有冒险精神的高科技创业者们的创新活力和激情。

优必选是一家集人工智能和人形机器人研发、平台软件开发运用及产品销售为一体高科技创新企业，它很好地把握住了对客户的需求，对市场和战略的研判做得非常深入，敏锐地将现代科技与市场需求相结合。

柔宇科技从零开始，不断的探索柔性屏技术产业化的技术落地，打造出全球领先的大规模量产柔性屏制造基地，每走一步都是一个重大突破。

正如北京大学周其仁教授所言，从"看到了造"迈向"想到了造"，他们要做的创新，就是要做别人不能做或不容易做的事。这对相对保守的传统制造型企业是一个很重要的启发。

技术上的进步是高品质的保障，科达洁能也深有体会。我们刚做陶瓷压机的时候，传统的三梁四柱结构，高疲劳工况常有断柱的情况出现。通过对国产化压机不断进行抗疲劳研究、制造工艺研究等攻关，我们自主研发了钢丝缠绕结构，使压机的刚度比传统结构提升了10%—15%，疲劳强度提高了20%—35%，终于彻底解决了国产压机可靠性及耐用性等问题。

产业集聚有助于良性竞争

任何一家企业要想成功，企业家和企业都要沉下去，在某个细分领域精心耕耘，要不断满足客户要求和市场要求。

科达洁能的发展历程也印证了这点。我们刚开始做陶瓷抛磨设备的时候，缺乏设备和人才，秉承"实现陶瓷机械国产化"的使命，执着坚守，才最终成为行业龙头。

企业的发展还需要人才的支撑，对高端人才而言，企业单纯靠年薪已经难以满足其需求。我们这次去参观的很多企业，都有针对人才的股权激励办法，使核心技术、管理人才能够分享到企业发展的红利。

我们公司一直坚持“财聚人散，财散人聚”的用人理念，至今已实施两期股权激励计划，在引入优质团队时也会给予一定的股权、期权，促进企业与员工共同成长，实现企业稳定发展的长期目标。

除了企业家和人才的努力外，企业的发展也离不开当地的行业发展环境。选择一个行业发展要与整个产业群相挂钩，未来的竞争是产业链的竞争。

我们还去长沙调研了三一重工、楚天科技、星邦重工等工程机械企业。长沙的工程机械之所以能发展起来，是因为当地已经形成了一个规模庞大的产业集群。同样，科达洁能之所以能发展成为陶瓷机械行业的佼佼者，与佛山当地发达的陶瓷产业、完善的供应链体系密不可分。产业的聚集会促使企业良性竞争，不断创新，提升品质，降低成本。

企业行动

科达洁能：中国陶机大王的“质造”赛跑

科达洁能所生产的陶瓷压机国内市场占有率90%以上，深加工设备全球的市场份额60%—70%，建材机械出口在总业务量的占比将超过50%，欧美高端市场屡获大单……科达洁能作为国内陶瓷机械龙头企业，近年来又积极对标国际，加快抢占全球市场。

在科达洁能副总裁周鹏看来，在推动中国装备走出去的路上，不再是单个企业在竞

□ 科达洁能凭借技术创新和优良品质，长期领跑国内陶瓷机械行业

争，而是产业链竞争，需要推动供应商、客户、合作伙伴等产业链上下游来一场品质革命。为此，近年来，科达洁能通过自主攻关突破核心零部件，开发智能化产线，收购意大利陶机名企，奋力拉近与国际顶尖企业的差距。

将客户奉为上帝　把供应商视作上宾

陶瓷行业属于高资源消耗、高能耗的行业，政府出台了一系列政策、措施加大节能、减排力度，陶瓷行业发展面临严峻挑战。

为了满足客户需求，以陶瓷抛光线为例，科达洁能提出了“降低30%的能源消耗，降低30%耗材消耗，提高30%的生产效率”的目标，引领了行业的技术革新。目前科达洁能的深加工设备在全球的市场份额已经达到60%—70%。

推动品质革命的动力除了来自下游的客户，还离不开上游供应体系的支撑。在科达洁能，如今已经形成了与供应商共成长的新市场协作关系。

“我们把客户奉为上帝，把供应商视作上宾。”周鹏说，科达洁能每年有两个特别重要的会议，一个是全球客户大会，另外一个是供应商大会。供应商大会规格甚至比客户大会还要高，每一年都会邀请一些宏观经济研究的专家开设论坛，共同学习、开阔视野。

掌握核心技术　实现关键零部件国产化

技术上的不断进步是科达洁能高品质的有力保障，其中核心零部件的自主研发是科达洁能提升品质的又一大突破。

液压泵作为液压机械的“心脏”，它对加工精度和技术要求非常高，长期以来，这一领域一直被日本、德国企业垄断。“数年前公司下定决心自主研发，用了4年时间实现高端液压泵国产化。”周鹏说。无论是供货时间还是售后服务，与进口产品相比，科达洁能的液压泵产品都具有明显的竞争优势。

日前，科达洁能自主研发的液压轴向柱塞泵和马达通过科技成果鉴定，鉴定委员会评价其综合技术水平均达到国际先进水平。

目前，在国内建材行业到处都可以看到科达洁能泵的身影，良好的性能还让科达的高端液压泵应用到港珠澳大桥、上海洋山港大桥等国家重大工程的桩基项目上。

收购意大利名企　推动中国装备进军欧美

在陶瓷机械行业，科达洁能的综合实力已经长期雄踞国内领跑地位，但在周鹏看来，中国陶瓷机械与国外顶尖企业相比还有一定差距，尤其是在装备的智能化水平上。在中国平均一条陶瓷砖生产线需要200人左右，而欧洲只需要20—30人。

周鹏介绍，目前科达洁能已经开发出基于互联网+、物联网的管控一体化全自动深加工抛磨设备，实现了数字化操作替代了过去的人工手动调整，降低员工的操作强度和劳动技能要求，在大大减少操作人员的数量同时稳步提升产品质量。

在2019佛山国际陶瓷装备与材料展览会上，科达洁能一口气展出了原料车间、大板压机、宽体窑炉、高速大规格全兼容包装线、集中管控智能抛磨整线等智能化产品。“这对行业是一个革命性影响，因为连国外都没有这类型的产品。”业内人士如是评价。

除了自主创新，科达洁能还积极对标国际。2019年2月，科达洁能正式完成了对意大利陶机企业Welko60%股权收购交易。Welko在欧洲、非洲、中东、北美市场均建立了良好的品牌声誉，今后双方将发挥中国成本优势和欧洲先进工艺互补的优势，打造世界上极具竞争力的产品模式，加快抢占欧美高端市场。

后　记

扛起品质革命的大旗

当本书即将付印时，“品质革命”调研组再一次出发了。在佛山市工商联的组织下，周其仁教授带领15名佛山企业家去往广州、深圳、东莞等珠三角城市，对腾讯、美的（南沙）等企业展开了对标调研。这一次的主题是“品质革命与市场突围”。

此前，在新冠肺炎疫情刚刚平复时，周教授已第一时间来到佛山开展为期2个星期的实地调研，走访了德冠薄膜、华兴玻璃、嘉腾机器人、联邦家私、安齿生物等24家企业，并连开3场座谈会与其他24位企业家进行座谈。那时，广东已全面复工复产、复商复市，进入了常态化疫情防控阶段，被疫情抑制的经济逐渐复苏。餐厅、商场、酒店中越来越多的人流，预示着经济正在恢复韧劲。

其实，佛山企业的韧劲是一直存在的，即便在疫情最为严重时，佛山经济也没有完全按下暂停键。德冠薄膜短时间内研发出熔喷布生产工艺，华兴玻璃包括湖北黄石工厂在内的全国16个生产基地无一停工，普拉迪数控在海外疫情暴发后还派出工程师逆行出国服务客户，海天味业、小熊电器等则在国内疫情最严重的第一季度还实现了经济业绩的正增长。这样的韧劲是佛山企业常年累月积累的成果。

正如调研组成员之一、华兴玻璃董事长李深华所言，当危机形成企业才急于采取化解之策，这是下医治已病，是舍本逐末、本末倒置、事必倍之，而其果微之或未知。企业的有效之策是预防为主，从法律、市场、财务、经营和人才等每一个关键要素进行全面整体考察、分析、评估，使各项要素运行在安全线之上，内在地形成低于外部风险影响的全程健康体系，把风险隐患消除于未然之中。

危机应对靠的是日积月累练就的能力，企业产品品质的锻造同样如此。德国汉臣，这是本书中被佛山企业家反复举例讲到的一家德国隐形冠军企业，在近百年的家族经营史中，生产的产品一直是液压缸，历经三代人管理而没有改变。这家企业的创办地位于今天的波兰，因为战争等各方面的原因搬迁到了德国。这些具有上百年历史的企业，甚至经历过一战、二战这样史无前例的巨大冲击，而不仅仅是代际传承的坚守。他们穿越了家国变迁的各种风浪才走到今天，并且在全球市场中确立了不可替代的持续竞争力。

当2019年佛山企业家们走进德国、丹麦、荷兰这些制造强国去探寻推进品质革命的答案时，丝毫没有想到会有一场突如其来的新冠肺炎疫情给世界带来如此巨大的改变。但是就像在荷兰百年企业代尔夫特蓝瓷实地探访时所受到的震撼一样：一家年营业额只有600万欧元的企业居然把生意做到了全世界，而支撑他们得以生存360多年的竟是一项从中国清朝传过去的传统技艺。当中国的瓷器产品因为物流被中断无法输送到荷兰时，小镇代尔夫特的人们“迫不得已”自己开办的陶瓷厂居然穿越各个时代存活到了今天，而且还成为了荷兰的“国宝”。

疫情会过去，风浪会过去，企业对品质的追求和对市场的追逐却是永久。

总有一些看不到的力量在连接供给与需求两端，推动着市场滚滚向前。比如，没有人能想到，疫情会带来小家电、调味品这类行业的繁荣。更没有人能想到，在海外疫情最吃紧时，佛山还有烧烤炉这类产品可以实现出口正增长。市场关上一扇门，总有另一扇门同时打开，当让人意想不到的需求出现时，只有那些早已做好准备的企业才能捕捉到并且抓住机遇。

品质，正是企业未雨绸缪化解危机、抓住机遇的必备。纵观那些穿越各种风浪存活到今天的百年企业，无一不是靠“品质”而成就持续竞争力的，汉臣、卡赫、奥迪康、代尔夫特蓝瓷，这些在本书中被重点提及的企业案例莫不如此。如果说2019年“品质革命　对标世界”调研对当下大变局有什么直接启示的话，那毫无疑问就是企业不管在任何时候都要坚守对品质的追求，外部环境越是艰难时，越要坚持这一点。

没有人能解释清楚为什么没有任何资源优势的佛山能够滋养出这么庞大的企业群体，唯一能够解释的就是“一方水土养育一方人”的独有文化。佛山之所以为佛山，就是因为这个地方有着与其他地方截然不同的文化：务实又有着开放胸襟、重商但不唯利至上、求进却不冒险激进。这样的文化成就了佛山制造今天的地位，也赋予了佛山制造在更宏大的全球化视野中担当更大使命：为佛山文化注入品质内涵，给中国制造贴上品质标签。

在百年未有之大变局中，扛起品质革命的大旗，这是佛山的历史地位，也是佛山的历史选择。

编者

2020年7月6日